*Dionysius Lardner*

# Die Dampfmaschine in ihrer praktischen Anwendung auf Eisenbahnen und Dampfschifffahrt

*Dionysius Lardner*

**Die Dampfmaschine in ihrer praktischen Anwendung auf Eisenbahnen und Dampfschifffahrt**

*ISBN/EAN: 9783954271498*
*Erscheinungsjahr: 2012*
*Erscheinungsort: Bremen, Deutschland*

© *maritimepress in Europäischer Hochschulverlag GmbH & Co. KG, Fahrenheitstr. 1, 28359 Bremen. Alle Rechte beim Verlag und bei den jeweiligen Lizenzgebern.*

*www.maritimepress.de | office@maritimepress.de*

*Bei diesem Titel handelt es sich um den Nachdruck eines historischen, lange vergriffenen Buches. Da elektronische Druckvorlagen für diese Titel nicht existieren, musste auf alte Vorlagen zurückgegriffen werden. Hieraus zwangsläufig resultierende Qualitätsverluste bitten wir zu entschuldigen.*

*Dionysius Lardner*

# Die Dampfmaschine in ihrer praktischen Anwendung auf Eisenbahnen und Dampfschifffahrt

# Die
# Dampfmaschine,

in ihrer praktischen Anwendung
auf
## Eisenbahnen und Dampfschifffahrt
nebst
Winken über Eisenbahn=Anlagen
und deren Bedingungen.

Von
## Dr. Dionysius Lardner.

Nach der fünften umgearbeiteten Ausgabe aus dem
Englischen übersetzt.

Mit veranschaulichenden Abbildungen.

Leipzig,
bei Friedrich Volckmar.
1836

# Vorwort.

Die erste Ausgabe dieses in England mit allgemeiner Anerkennung aufgenommenen Werkes eines Verfassers, der unter den britischen Pflegern der Naturwissenschaften einen ehrenvollen Plaz einnimmt, erschien im Jahre 1827. Lardner wollte zwar bei der Behandlung seines Gegenstandes auch diejenigen nicht ganz aus den Augen lassen, welche sich der Mechanik als ihrem Berufe widmen, vorzüglich aber zu der in seinem Vaterlande zahlreichen Klasse des Publikums sich wenden, die der hochwichtige Gegenstand seiner Schrift anzieht und die in so vielen Beispielen eines regen Erfindungsgeistes die Auffoderung findet, ihn genauer zu erforschen. ,,Für Leser dieser Klasse — sagt er — ist die Dampfmaschine ein Gegenstand, welcher, zweckmäßig behan-

delt, einen mächtigen und eigenthümlichen Reiz hat.
Mögen wir die Geschichte ihrer Erfindung in Hinsicht auf
Zeit und Ort und die daburch hervorgebrachten Wirkungen, ober auf die Mittel, durch welche diese Wirkungen
erlangt wurden, in's Auge fassen, wir finden so vieles,
das unseren Nationalstolz befriedigen, unsere Forschbe-
gier wecken, unser Erstaunen erregen, unsere Bewunderung fesseln muß. Die Erfindung und die fortschreitenden Verbesserungen dieser außerordentlichen Maschine
sind ein Werk unserer Zeit und unseres Vaterlandes; sie
ist fast ganz in dem letzten Jahrhundert zur Vollenbung
gebracht worden und verdankt ihren Ursprung dem britischen Schöpfergeiste, genährt und unterstützt durch briti-
sches Kapital. Wollten wir die Wirkungen dieser Erfindung aufzählen, so müßten fast alle Lebensbequemlich-
keiten, alle Lebensgenüsse aufgezählt werden. Sie hat
die Summe des Menschenglücks vermehrt, indem sie
nicht nur neue Annehmlichkeiten schuf, sondern auch ältere
Lebensgenüsse so wohlfeil machte, daß sie auch denjenigen zugänglich wurden, die früher nicht hoffen durften,
sie theilen zu können. Ihre Wirkungen sind nicht auf
England allein beschränkt; sie erstrecken sich über die

ganze gesittete Welt, und selbst die wilden Stämme in
Amerika, Asien und Afrika werden bald die entfernte-
ren oder unmittelbaren Wohlthaten dieser allmächtigen
Kraft fühlen."

Gewiß muß die Wirkung, welche die Dampfmaschine auf den Handel und den Wohlstand der Völker gehabt hat, unser Erstaunen erwecken, und die Mittel,
aus welchen diese Wirkung hervorgegangen ist, erregen
nicht weniger unsere Bewunderung. Die Geschichte der
Dampfmaschine zeigt uns eine Reihe von sinnreichen Erfindungen, die alles übertreffen, was von dieser Art die
Jahrbücher der Geschichte erzählen. Diese bewunderns-
würdigen Erfindungen, allen andern Ergebnissen wissenschaftlicher Forschung ungleich, haben auch die Eigenheit,
daß zu dem Verständnisse und der Würdigung ihrer Vor-
trefflichkeit wenige Vorkenntnisse nöthig sind. Eine einfache und deutliche Darstellung, so viel möglich von tech-
nischen Einzelheiten frei, und durch zweckmäßig gewählte
Abbildungen veranschaulicht, ist hinreichend, die Grundsätze verständlich zu machen, auf welchen die Einrichtung
und die Wirkung der Dampfmaschine beruht.

Lardner wollte sich nach seinem Plane darauf beschränken, diese allgemeinen Grundsätze zu geben, ohne
sich in Einzelheiten einzulassen, die nur für den praktischen Mechaniker wichtig sein können, so wie er in der
Geschichte der Erfindung und der fortschreitenden Verbesserung der Dampfmaschine nur die wichtigsten Züge
hervorhob, die kleinlichen Streitigkeiten aber, welche
über die Ansprüche auf die Erfindung von Zeit zu Zeit erhoben wurden, nur flüchtig berührte. Dieselben Rück-
sichten haben ihn bei den Beschreibungen der Theile
der Maschine geleitet. Die Anwendung der Dampfkraft zu mechanischen Zwecken ist bei verschiedenen
Gelegenheiten, in verschiedenen Ländern und unter sehr
mannigfaltigen Formen vorgeschlagen worden; aber bei
weitem die meisten dieser Plane blieben unausge-
führt. Auf die Beschreibung solcher verunglückten,
wiewohl nicht selten sinnreich erfundenen Maschinen
wollte sich der Verfasser nicht einlassen, sondern be-
gnügte sich, nur diejenigen Dampfmaschinen zu beschreiben, die wirklich in Gebrauch gekommen sind
und ein wichtiges Glied in der Kette der Erfindung
bilden.

Die fünfte Ausgabe seines Werkes, die zu Anfang dieses Jahres unter dem Titel: The Steam Engine
familiarly explained and illustrated; with a historical sketch of its invention and progressive improve-
ment; its applications to navigation and railways,
with plain maxims for railway speculators — zu
London erschien, ist gänzlich umgearbeitet. Die Veränderungen, die in der kurzen Zeit seit der Erscheinung
der ersten Ausgabe in der Anwendung der Dampfmaschine auf gemeinnützige Künste statt gefunden haben,
sind so bedeutend, daß er eine Umarbeitung seines Werkes für unumgänglich nöthig hielt. Vorzüglich hat er bei
dieser neuen Bearbeitung seine Blicke auf die Dampfschifffahrt, die nicht nur die Länder Europa's unter
sich verbindet, sondern auch schon den Weg über die
Meere in ferne Weltheile abzukürzen beginnt, und auf
die Eisenbahnen gerichtet, die überall in Europa und
in Amerika dem Handel und dem Verkehr neue erleich-
ternde Wege öffnen, und selbst den neuesten Versuchen,
Dampfwagen auf Heerstraßen anzuwenden, eine
sorgfältige Beachtung gewidmet.

Alle im Orginal enthaltenen Abbildungen sind

auch dieser Verdeutschung beigefügt worden, welcher der Herausgeber durch den aus des Ritters von Pambour später erschienenem Werke entlehnten Anhang eine Bereicherung gegeben zu haben glaubt,

Leipzig, im Junius 1836,

# Inhalt.

# Erster Abschnitt.

## Einleitende Bemerkungen.

### 1.

Unter den von der Natur zur Befriedigung der Bedürfnisse des Menschen bestimmten Erzeugnissen gibt es nur wenige, die in dem Zustande, wie die Erde sie darbietet, jenen Bedürfnissen angemessen sind, und mit Ausnahme der atmosphärischen Luft werden wir kaum ein anderes finden; denn auch das Wasser muß in den meisten Fällen aus Bächen oder Behältern herbeigeleitet werden, und selbst die Nahrungsmittel bedürfen fast in jeder Form der Kultur und der Zubereitung. Wenn wir aber von den einfachen Erhaltungsmitteln des physischen Daseins zu den Bedürfnissen und Wünschen des gesitteten Lebens hinaufsteigen, ohne noch von feineren Genüssen zu reden, so werden wir finden, daß alles, was zu unserer Bequemlichkeit beiträgt oder unserm Vergnügen dient, einen vorläufigen bedeutenden Aufwand von Arbeit verlangt. In den meisten Fällen erhalten die Gegenstände unserer Genüsse ihre Vorzüge nicht von Eigenschaften, die den natürlichen Substanzen, aus welchen sie hervorgehen, ursprünglich angehören, sondern von Eigenschaften, die menschliche Arbeit und menschliche Geschicklichkeit ihnen gegeben haben. Bei allen Veränderungen, welche die rohen Erzeugnisse der Erde erleiden müssen, um für unsere Bedürfnisse zu passen, ist eine der vorzüglichsten Wirkungskräfte die Bewegung. So fodert z. B. die Zubereitung der Baumwolle zu unserer Kleidung die Anwendung bewegender

Kräfte, die zuerst auf den Boden, dann auf die Pflanze, endlich auf die Reinigung, das Kämmen, Schlichten, Spinnen und Weben der Baumwolle angewendet werden müssen.

In dem rohen Zustande der menschlichen Gesellschaft werden die zu den einfachen Manufakturen erfoderlichen Bewegungskräfte durch die unmittelbare Anwendung der Hand gegeben. Beobachtung und Nachdenken aber zeigten bald leichtere und wirksamere Mittel zur Erreichung derselben Zwecke. Man suchte zuerst in den Kräften der Thiere eine Erleichterung der menschlichen Arbeit, bis weiteres Nachdenken und Forschen noch bessere Mittel an die Hand gaben. Sehen wir uns in der Natur um, so erblicken wir leblose Gegenstände, in welchen verschiedene, vorzüglich durch Bewegung hervorgebrachte Wirkungen vorgehen. Wir sehen Wasserfälle, den Lauf der Ströme, das Steigen und Fallen des Meeres, die Strömungen in der Atmosphäre, und es muß alsbald die Frage entstehen, ob wir nicht, statt die Mittel unseres Unterhalts mit den Thieren zu theilen, deren Kräfte wir benutzen, eben so gut und noch wirksamer die erfoderlichen bewegenden Kräfte aus den verschiedenen Naturerscheinungen ziehen könnten. Es tritt uns aber hier bald eine Schwierigkeit entgegen. Wir brauchen eine Bewegung besonderer Art, aber der Wind weht nicht, das Wasser fällt nicht, wie wir es gerade wollen oder wie es zu unseren besondern Bedürfnissen paßt, sondern nach festen Naturgesetzen. Wir brauchen eine aufwärts gehende Bewegung, und das Wasser geht abwärts, wir wünschen eine kreisförmige Bewegung, und der Wind geht in gerader Richtung. Die bewegenden Kräfte, wie sie in ihrem natürlichen Zustande sich vorfinden, müssen daher nach unsern Absichten verändert werden, und die Mittel, durch welche solche Veränderungen hervorgebracht werden, heißen Maschinen. Eine Maschine ist daher ein Werkzeug, das vermittelnd zwischen irgend einer natürlichen Kraft oder Bewegung und dem Gegenstande steht, auf welchen jene Kraft oder Bewegung angewendet werden soll. Sie verändert vermöge ihrer Einrichtung die auf sie wirkende natürliche Bewegung in der Art,

daß sie dem zu bewegenden Gegenstande jene besondere Art
der Bewegung mittheilt, die er gerade haben soll. Nehmen
wir an, es sei eine kreisförmige oder wälzende (rotirende)
Bewegung erfoderlich und die einzige uns zu Gebote stehende
bewegende Kraft sei ein senkrechter Wasserfall, so stellen wir
auf die Achse, die eine Wälzbewegung erhalten soll, ein
Rad, das an seinem Rande mit Höhlungen versehen ist,
lassen das Wasser auf den oberen Theil des Rades in die
Höhlungen oder Schaufeln auf der andern Seite hinabfallen,
wo dann das Gewicht des Wassers das Rad niederdrückt,
während die Höhlungen auf der andern Seite leer sind und
eine umgekehrte Richtung haben. Bei dem Umdrehen des
Rades gießen die Höhlungen der absteigenden Seite ihren In=
halt aus, wenn sie den untersten Punkt erreichen und stei=
gen auf der andern Seite leer empor. So drückt das Was=
sergewicht stets eine Seite des Rades nieder, wogegen die
andere unbeschwert ist, und es entsteht eine fortgesetzte wäl=
zende Bewegung.

Bei jeder Maschine kommen drei Punkte in Betrach=
tung, die bewegende Kraft, die Beschaffenheit der Maschine
selbst, und endlich der Gegenstand, auf welchen die Bewe=
gung wirken soll. Bei der Dampfmaschine entsteht die
bewegende Kraft aus gewissen Erscheinungen, die hervortre=
ten, wenn Wärme auf Flüssigkeiten wirkt, aber bei der Ein=
richtung und der Anwendung der Maschine sind verschiedene
physische Wirkungen thätig, welche wir vollkommen kennen
müssen, wenn wir das Wesen der Maschine oder ihre Wir=
kungsart begreifen wollen.

## 2.

11   Die mit der Wirksamkeit der Dampfmaschine innig ver=
bundenen physischen Wirkungen sind gewisse mechanische Ei=
genschaften der Atmosphäre, jener dünnen und durchsichtigen
Flüssigkeit, in welcher wir leben und die eingeathmet das
thierische Leben erhält. Diese Flüssigkeit ist dem Anscheine
nach so leicht und verdünnt, daß man anfangs bezweifeln
möchte, ob sie wirklich ein Körper sei. Es mag daher man=

chen überraschen, wenn die Behauptung ausgesprochen wird, daß sie nicht nur ein Körper, sondern auch ein Körper von beträchtlichem Gewicht ist. Wir können beweisen, daß sie auf jeden Quadratzoll\*) Oberfläche mit einem Gewichte von ungefähr vierzehn Pfund drückt.

### 3.

Man fülle eine über 32 Zoll lange Glasröhre AB (Fig. 2), die an dem Ende A offen und an dem andern Ende B verschlossen ist, mit Quecksilber und ebenso das gläserne Gefäß C. Dann halte man den Finger auf A, um das Auslaufen des Quecksilbers zu verhüten, kehre die Röhre um und tauche das mit dem Finger verschlossene Ende in das Quecksilber des Gefäßes C. Ist das Ende der Röhre unterhalb der Oberfläche des Quecksilbers, so ziehe man den Finger zurück, und man wird sehen, daß das Quecksilber in der Röhre nicht, wie man vermuthen könnte, auf das Niveau des Quecksilbers in dem Glasbehältnisse C fällt, was geschehen würde, wenn das Ende B offen wäre, um die Luft in den oberen Theil der Röhre einströmen zu lassen. Das Niveau des Quecksilbers D in der Röhre (Fig. 3) wird gegen 28 pariser Zoll über der Quecksilber-Oberfläche in dem Glasbehältnisse stehen.

### 4.

Die Ursache dieser Erscheinung ist, daß der Druck der Atmosphäre auf die Oberfläche des Quecksilbers C in dem Behältnisse wirkt und es aufwärts drückt oder vielmehr dem Fallen des Quecksilbers in der Röhre entgegen wirkt, und da das Fallen nicht durch den atmosphärischen Druck auf die Oberfläche D in der verschlossenen Röhre begünstigt werden kann, so folgt, daß so viel Quecksilber in der Röhre über der Oberfläche C bleibt, als der Druck der Atmosphäre zurückhalten kann. — Nehmen wir an, daß der Abschnitt

---

\*) Ein Viereck, von welchem jede Seite einen Zoll mißt, wie ABCD Fig. 1.

der Röhre einem Quadratzoll gleich sei, so wird das Gewicht der Quecksilbersäule in der Röhre über dem Punkte C genau dem Drucke der Atmosphäre auf jeden Quadratzoll der Oberfläche C gleich sein. Da nun die Höhe des Punktes D über C 28 Zoll beträgt und eine etwa zwei Zoll hohe Quecksilbersäule mit einer Grundfläche von einem Quadratzoll ungefähr ein Pfund schwer ist, so folgt, daß das Gewicht, mit welchem die Atmosphäre auf jeden Quadratzoll einer ebenen Oberfläche drückt, 14 Pfund beträgt. Ein Apparat, der mittels einer Scala die Höhe des Punktes D über dem Punkte C anzeigt, ist der gewöhnliche Barometer. Der Unterschied zwischen jenen Punkten ist einer geringen Veränderung unterworfen, welche eine entsprechende Veränderung in dem atmosphärischen Drucke anzeigt. Wir nehmen jedoch 28 Zoll als Durchschnitt an.

### 5.

Es ist eine Eigenheit von Flüssigkeiten, daß sie nach allen Richtungen einen gleichen Druck ausüben, und auch der Luft ist dieß wie jeder andern Flüssigkeit eigen. Daraus geht hervor, daß, da der abwärts gehende Druck oder das Gewicht der Atmosphäre 14 Pfund auf den Quadratzoll ist, auch der Druck seitwärts, aufwärts und in schräger Richtung eben so viel beträgt. Abgesehen von dem allgemeinen Grundsatze läßt sich dieß auch auf dem Wege eines Versuchs darthun. Man nehme vier Glasröhren von hinreichender Länge ABCD (Fig. 4), die an den Enden ABCD geschlossen, an den andern offen sind. Die offenen Enden von drei derselben seien gebogen, wie die Röhren BCD. Hat man sie mit Quecksilber gefüllt, so wende man sie vorsichtig um, daß die verschlossenen Enden sich oben befinden, wie Fig. 4 zeigt, und man wird sehen, daß das Quecksilber in allen sich hält*) und der Unterschied des Niveaus in allen derselbe ist. Das Quecksilber wird in A durch den aufwärts gehenden Druck

---

*) Der Versuch mit der Röhre A muß sehr sorgfältig gemacht werden und die Höhlung derselben einen kleinen Durchmesser haben.

der Atmosphäre gehalten, in B durch horizontalen oder seit-
lichen Druck, in C durch abwärts gerichteten, in D durch
schrägen, und da der Niveau=Unterschied in allen derselbe ist,
so wird der Druck überall gleich sein.

## 6.

In dem unter 3 beschriebenen Versuche ist der Raum
B D (Fig. 3) am obern Ende der Röhre, von welchem das
Quecksilber abwärts gefallen ist, vollkommen leer, enthält
weder Luft, noch eine andere Flüssigkeit und heißt daher eine
Leere, oder von Toricelli, dem Erfinder des Barometers,
die Toricellische Leere. Hat man aber etwas Luft in diesen
Raum eingelassen, so wird sie sogleich einen Druck auf D
ausüben, worauf denn der Punkt D abwärts geht und fortfährt zu fallen, bis die Quecksilbersäule C D so weit vermindert ist, daß das Gewicht der Atmosphäre hinreicht, sie
zu tragen, so wie den Druck, den die in dem Raume B D
enthaltene Luft auf dieselbe ausübt. Die Quecksilbermenge,
welche in diesem Falle in der Röhre niederfällt, ist nothwendig ein Ersatz für den Druck der eingedrungenen Luft, so daß
der Druck dieser Luft genau ausgemittelt werden kann, wenn
man ungefähr ein Pfund auf den Quadratzoll für zwei Zoll
des Quecksilbers annimmt, das in der Röhre gefallen ist.
Der Druck der Luft oder jeder andern Flüssigkeit über dem
Quecksilber in der Röhre ist auch auszumitteln durch Vergleichung der Höhe des Quecksilbers in der Röhre mit der Barometerhöhe. Die Differenz der Höhen wird immer den Druck
auf die Oberfläche des Quecksilbers in der Röhre bestimmen.
Die Wichtigkeit dieses Grundsatzes wird bei der Betrachtung
der Wirksamkeit der Dampfmaschinen hervorgehen.

Die Luft, welche nach unserer Voraussetzung in den
obern Theil der Röhre eingedrungen ist, drückt auf die Oberfläche des Quecksilbers mit einer Kraft, die weit größer als
ihr Gewicht ist. Wäre zum Beispiel der Raum B D (Fig. 3)
mit atmosphärischer Luft in ihrem gewöhnlichen Zustande gefüllt, so würde sie auf die Oberfläche D einen Druck ausüben, welcher dem ganzen Drucke der Atmosphäre gleich

wäre, obgleich ihr Gewicht nicht einen Gran betragen möchte. Die Eigenschaft, durch welche die Luft diesen Druck ausübt, ist ihre Elasticität, und diese Kraft vermindert sich genau in dem Verhältnisse, in welchem der Raum, den die Luft einnimmt, vergrößert wird. So wissen wir, daß atmosphärische Luft in ihrem gewöhnlichen Zustande auf die Oberfläche eines Gefäßes, worin sie eingeschlossen ist, einen Druck ausübt, der ungefähr 14 Pfund auf jeden Quadratzoll beträgt. Ist der Inhalt des Gefäßes, worin sie sich befindet, doppelt so groß, so dehnt sie sich alsbald aus und füllt den doppelten Raum, verliert aber dabei die Hälfte ihrer elastischen Kraft, und drückt nur mit einem Gewicht von 7 Pfund auf jeden Quadratzoll. Ist der Inhalt des Gefäßes fünffach vergrößert worden, so würde die Luft gleichfalls so sehr ausgedehnt werden, daß sie es ausfüllte, aber nur den fünften Theil ihres ursprünglichen Drucks von fast 3 Pfd. auf den Quadratzoll ausüben. Dieser Verlust an elastischer Kraft bei der Vermehrung ihres Volumens oder ihres Umfangs ist nicht der Luft allein, sondern allen elastischen Flüssigkeiten eigen, daher wir sie auch bei dem Dampfe finden, und es ist unumgänglich nothwendig, darauf zu achten, um die Wirkungen dieser Kraft zu ermessen.

### 7.

Es gibt unzählige Beispiele der Wirkungen jener Eigenschaften der atmosphärischen Luft, die sich der gewöhnlichen Beobachtung aufdringen. Verstopft man die Röhre und das Klappenventil eines Blasebalgs, so wird eine bedeutende Kraft erfodert, um die Breter von einander zu trennen. Diese Wirkung entsteht aus der verminderten elastischen Kraft der zwischen den Bretern noch befindlichen Luft bei der geringsten Vergrößerung des Raumes innerhalb des Blasebalgs, während die Atmosphäre mit unverminderter Kraft auf die äußeren Oberflächen der Breter drückt. Werden die Breter so von einander getrennt, daß der innere Raum verdoppelt wird, so wirkt die eingeschlossene Luft mit einem Gewicht von ungefähr 7 Pfund auf jeden Quadratzoll, während der Druck

auf die äußeren Oberflächen 14 Pfund auf jeden Quadratzoll
beträgt, und es wird daher eine eben so große Kraft erfo=
dert, die Breter in einer solchen Lage zu erhalten, als nöthig
sein würde, sie von einander zu trennen, wenn jedes Bret
gegen das andere mit einem Druck von 7 Pfund auf den
Quadratzoll ihrer äußeren Oberflächen getrieben würde. —
Drückt man ein Stück feuchtes Leder so fest auf einen Stein,
daß sich zwischen beiden ein luftleerer Raum befindet, so kann
selbst ein schwerer Stein mittels einer an dem Leder befestig=
ten Schnur aufgehoben werden, weil der atmosphärische Druck
das Leder und den Stein zusammenhält.

## 8.

Wenden wir uns nun zu der Erklärung der physischen
Wirkungen, die entstehen, wenn Körpern Wärme mitge=
theilt oder entzogen wird.

Wird einem Körper Wärme mitgetheilt, so ist im All=
gemeinen eine Vergrößerung des Umfangs die unmittelbare
Folge, und zu gleicher Zeit fühlt der Körper sich wärmer an.
Man hat diese beiden stets mit einander eintretenden Wirkun=
gen, Ausdehnung und Wärmevermehrung, benutzt,
die eine mittels der andern zu messen, und darauf beruht die
Einrichtung des Thermometers; der bekanntlich aus einer
Glasröhre besteht, welche sich in eine Kugel endigt, die in
Verhältniß zu dem Durchmesser der innern Höhlung der Röhre
von beträchtlicher Größe ist. Die Kugel und ein Theil der
Röhre werden mit Quecksilber oder einer andern Flüssigkeit
(Weingeist) gefüllt, worauf das Ende der Röhre zugeschmelzt
wird. Bringt man nun die Kugel mit irgend einer Wärme=
quelle in Berührung, so erhält das darin befindliche Queck=
silber einen höhern Wärmegrad und nimmt zu gleicher Zeit
einen größern Raum ein oder wird ausgedehnt, und da
der Umfang der Kugel nicht hinlänglich ist, das ausgedehnte
Quecksilber zu fassen, so steigt dieses in der Röhre empor,
und das Maß der Ausdehnung wird durch die Beobachtung
des Steigens der Quecksilbersäule bestimmt. Der Wärme
oder der Kälte ausgesetzt, wird der Thermometer Abwech=

felungen zeigen und die Queckſilberſäule in der Wärme ſteigen, in der Kälte fallen.

Zur genauen Beſtimmung dieſes Steigens und Fallens dient die nach Graden eingetheilte Scala, die bei den verſchiedenen Arten des Thermometers verſchieden iſt. Im Allgemeinen bezeichnet ſie die Theile eines Raumes zwiſchen zwei ſtets gleich weit von einander entfernten Punkten. Taucht man die Kugel in ſchmelzendes Eis, ſo fällt das Queckſilber bis auf einen gewiſſen Punkt, wo es dann unverändert ſtehen bleibt; bringt man die Kugel in ſiedendes Waſſer, ſo erreicht die Queckſilberſäule eine gewiſſe Höhe, wo ſie gleichfalls ihren Stand behält; da aber der durch den Barometerſtand bezeichnete jedesmalige Luftdruck das Sieden des Waſſers verzögert oder beſchleunigt, ſo muß bei der Beſtimmung dieſes Punktes eine beſtimmte Barometerhöhe beachtet werden, die bei den verſchiedenen Thermometern zu 27 bis 28 pariſer Zoll angenommen wird. Jene beiden feſten Punkte ſind der natürliche Eispunkt und der Siedepunkt*). Der Wärmegrad wird nach der Höhe beſtimmt, zu welcher das Queckſilber in der Röhre ſteigen würde, wenn es dieſelbe Temperatur hätte.

## 9.

Die mit der Erhöhung der Temperatur verbundene Ausdehnung iſt eine der allgemeinſten Wirkungen der Wärme.

*) Der Raum zwiſchen beiden Punkten wird bei den drei gewöhnlichen Thermometerarten auf verſchiedene Weiſe getheilt. Réaumur's Thermometer theilt ihn in 80, der in Frankreich und Deutſchland immer mehr von den Naturforſchern gebrauchte Hunderttheilige in 100 Grade; beide ſetzen den Eispunkt auf 0, den Siedepunkt jenes auf 80, dieſes auf 100 Grad. Fahrenheit's Thermometer, in England gewöhnlich, zählt 180 Grade vom Eispunkt unter 32° bis zum Siedepunkt unter 212°. Unter dem natürlichen Eispunkt zählt es bis auf Null zum künſtlichen, der durch die Eintauchung in eine Miſchung von Schnee und Salmiak beſtimmt wird. Bei der erſten Erfindung der Thermometer wurde dieſer künſtliche Punkt nach der falſchen Vorausſetzung angenommen, daß die Temperatur jener Miſchung die möglich niedrigſte ſei.

Sie ist jedoch verschieden in verschiedenen Körpern, am geringsten in festen, größer in flüssigen, am größten in luftförmigen Körpern. Auch feste Körper aber sind dieser Ausdehnung in verschiedenem Grade fähig. Metalle sind in dieser Hinsicht am empfänglichsten, aber Metalle verschiedener Art werden auf verschiedene Weise durch Wärme ausgedehnt. Wie eine Erhöhung des Wärmegrades eine Ausdehnung des Körpers im Raume hervorbringt, so verursacht eine Veränderung der Temperatur eine damit in Verbindung stehende Verminderung des Volumens, und immer hat derselbe Körper bei gleicher Temperatur gleichen Umfang. Eine schlaffe, nur wenig Luft enthaltende und fest verschlossene Blase wird bei der Erwärmung sich ausdehnen, aber wieder schlaff werden, sobald sie der Kälte ausgesetzt ist. Eine zugestöpselte Flasche mit gegohrenem Getränke wird in der Nähe des Feuers durch die Wirkung der darin enthaltenen, bei der Erwärmung ausgedehaten Luft zerspringen.

Man stelle die Röhre A B (Fig. 5), die an beiden Enden offen ist, mit einem Ende in das Gefäß C D, das eine gefärbte Flüssigkeit enthält, deren Oberfläche mit der atmosphärischen Luft in Berührung steht, und schließe das in dem Gefäße stehende Ende luftdicht ein. Erhitzt man nun das Gefäß, so wird die darin enthaltene warme Luft über der Flüssigkeit sich auszudehnen anfangen und so sehr auf die Oberfläche der Flüssigkeit drücken, daß diese in der Röhre A B aufsteigt. Bei Brücken oder andern eisernen Bauwerken werden mechanische Vorrichtungen angebracht, um einen Bruch oder eine Spannung zu verhüten, wenn das Metall bei dem Wechsel der Temperatur in verschiedenen Jahreszeiten, selbst in verschiedenen Stunden des Tages, sich ausdehnt oder zusammenzieht. So wird in der ganzen belebten und unbelebten, organischen und unorganischen Natur unaufhörlich Wärme geathmet, indem sie dieselbe in dem einen Augenblicke in allen ihren Dimensionen aufnimmt, in dem andern aber wieder abgibt.

**10.**

Die Veränderung des Volumens aber ist nicht die einzige und nicht die auffallendste Wirkung, welche die Zunahme oder die Verminderung der Wärmemenge in einem Körper begleitet. In einigen Fällen wird eine gänzliche Veränderung der Form und der mechanischen Eigenschaften dadurch hervorgebracht. Wird einem festen Körper in hinlänglicher Menge Wärme mitgetheilt, so verwandelt er sich nach einer gewissen Zeit in eine Flüssigkeit, und wenn wieder diese Flüssigkeit hinlänglich erwärmt wird, so bleibt sie nicht in dem tropfbar flüssigen Zustande, sondern geht in die Form des Dampfes über. Durch Entziehung der Wärme wird eine Reihe von Veränderungen in entgegengesetzter Ordnung hervorgebracht. Wird dem Dampfe eine hinlängliche Wärmemenge entzogen, so kehrt er in den flüssigen Zustand zurück, und wird dieser Flüssigkeit Wärme genommen, so nimmt sie endlich wieder ihren ursprünglichen festen Zustand an. Der Uebergang eines Körpers aus dem festen in den flüssigen Zustand durch Einwirkung der Wärme wird Flüssigwerden oder Schmelzen genannt, der Uebergang aus dem flüssigen in den festen Zustand Gefrieren oder Festwerden, der Uebergang aus dem tropfbar flüssigen Zustand in den dunstförmigen Verdampfung oder Verdünstung*), der Uebergang des Dampfes in den flüssigen Zustand endlich Verdichtung oder Condensation.

**11.**

Wir betrachten nun genauer die Umstände, welche jene merkwürdigen und wichtigen Veränderungen in dem Zustande des Körpers begleiten.

Nehmen wir an, ein Thermometer werde mit einem festen Körper, z. B. einer Masse Schwefel, in Berührung gebracht, bei dem Thermometerstande von 12° R. oder

---

*) Verdampfung, die bei dem Sieden statt findet, und Verdünstung oder die allmälige Bildung der Dämpfe, die an der Oberfläche der verdünstenden Körper geschieht, sind im Wesentlichen dieselben Erscheinungen.

60° Fahrenheit, und der in einem Gefäße befindliche Schwe=
fel der Wirkung des Feuers ausgesetzt. Der Thermometer
wird dann allmälig und fortdauernd steigen, bis es die Höhe
von 90° R. erreicht. Hier aber wird, ungeachtet der fort=
dauernden Wirkung des Feuers auf den Schwefel, der Ther=
mometer stehen bleiben, ein Beweis, daß trotz dem vom Feuer
ausgehenden Wärmezufluß, der Schwefel aufgehört hat wär=
mer zu werden. In dem Augenblicke, wo der Thermometer
jenen festen Stand erreicht, bemerkt man, daß der Schwefel
angefangen habe zu schmelzen, und dieß dauert bei beständi=
gem Thermometerstande fort, bis die ganze Masse flüssig ge=
worden ist. Nach vollendeter Schmelzung wird man den Ther=
mometer wieder steigen sehen und er steigt fortdauernd, bis
es auf 239° R. steht. Hier aber erhält er wieder einen festen
Stand, und ungeachtet des fortdauernden Wärmezuflusses, wird
der flüssige Schwefel nicht wärmer. Nun siedet der Schwe=
fel, und wenn er dem Feuer lange genug ausgesetzt wird, so
vermindert er sich allmälig, bis er endlich aus dem Gefäße,
worin er enthalten war, verschwindet. Er ist verdampft.

Aus diesen Erscheinungen geht hervor, daß alle während
des Flüssigwerdens und der Verdampfung zugeführte Wärme
verzehrt wird, um jene Veränderungen in dem Zustande des
Körpers zu bewirken, und daß sie unter solchen Umständen
den Wärmegrad des Körpers, welcher die Veränderung er=
leidet, nicht vermehrt. Diese Wirkungen sind allgemein, und
alle festen Körper würden durch hinlängliche Anwendung von
Wärme in den flüssigen, alle flüssigen durch dieselben Mittel
in den dampfförmigen Zustand übergehen. In allen Fällen
würde der Thermometer während dieser Veränderungen seinen
Stand behalten und folglich die Temperatur des Körpers in
jenen Zeitpunkten unverändert bleiben.

## 12.

Feste Körper sind verschieden hinsichtlich des Wärme=
grades, bei welchem sie flüssig werden. Man nennt einen
solchen Wärmegrad den Schmelzpunkt. So ist der Schmelz=

punkt des Bleis 250° R., des Goldes 2284° R.*) Die
Wärme, welche einem Körper während der Schmelzung oder
der Verdampfung zugeführt wird und nicht auf den Thermo=
meter wirkt, nicht den Wärmegrad des schmelzenden oder ver=
dampfenden Körpers erhöht, nennt man gebunden oder
latent. Es läßt sich darthun, daß sie in dem schmelzenden
oder verdampfenden Körper vorhanden ist und demselben sogar
entzogen werden kann. Wenn sie einen Körper verläßt, so
wird dessen Wärmegrad nicht vermindert und folglich der Ver=
lust dieser Wärme eben so wenig als die Aufnahme derselben
durch den Thermometer angezeigt. Der Ausdruck gebundene
Wärme, soll nur die Thatsache angeben, daß der Thermome=
ter für die Gegenwart oder Abwesenheit dieses nicht nach außen
wirkenden Wärmetheiles nicht empfindlich ist.

### 13.

Bei der Erklärung der Einrichtung und der Wirksamkeit
der Dampfmaschine ist es zwar zuweilen nöthig, zu den Wir=
kungen der Wärme auf Körper überhaupt zurückzugehen; der=
jenige Körper aber, der vorzüglich beachtet werden muß, in=
sofern die Wirkungen der Hitze auf denselben zu berücksichtigen
sind, ist das Wasser. Dieser Körper kommt in 3 verschie=
denen Zuständen vor, in dem festen, flüssigen und dampf=
förmigen, je nach den verschiedenen Wärmegraden, welchen
er ausgesetzt ist. Alle in Beziehung auf die Metalle und den
Schwefel insbesondere erklärten Umstände sind, mit den nö=
thigen Veränderungen, auch auf das Wasser anwendbar;
um aber die Eigenschaften der Dampfmaschine vollkommen zu
begreifen, ist es nöthig, jene Erscheinungen genauer zu be=
trachten, in so fern sie sich auf die Veränderungen beziehen,
welche durch die Wirkungen der Wärme auf das Wasser her=
vorgebracht werden.

---

*) Wärmegrade über 282 R. können nicht mehr durch Quecksilber=Ther=
mometer gemessen, sondern nur annähernd durch Pyrometer, die aus
Metallstangen oder Thon (Wedgwood's Erfindung) bestehen, bestimmt
werden.

Legt man ein Stück Eis in eine Mischung von Schnee und gepulverten Salzkristallen, so wird es nach einiger Zeit die Temperatur derselben erhalten und ein damit in Berührung gebrachter Thermometer mit Fahrenheit's Scala auf dem künstlichen Eispunkt, und das achtzigtheilige auf — 14° fallen. Man nehme das Eis aus der Mischung und lasse den Thermometer bei der gewöhnlichen Temperatur der Atmosphäre von 60° F. oder 12° R. mit demselben in Berührung. Der Thermometer wird nach und nach und fortdauernd steigen, bis er den natürlichen Eispunkt, 32° Fahrenheit oder 0 Réaumur, erreicht. Dann wird er seinen Stand behalten und das Eis schmelzen, der Thermometer aber bis zur vollendeten Schmelzung stehen bleiben. Wenn das geschmolzene Eis und der Thermometer sich in demselben Gefäße befinden, so wird nach vollendeter Schmelzung der Thermometer wieder zu steigen anfangen und fortdauernd steigen, bis er die Temperatur der Atmosphäre erreicht hat. Das Eis oder Wasser hat bis jetzt einen Wärmezufluß von der umgebenden Luft erhalten, nun aber ist ein Gleichgewicht der Temperatur hergestellt, es kann kein Wärmezufluß mehr aufgenommen werden, und wenn wir die weiteren Wirkungen zunehmender Wärme untersuchen wollen, so müssen wir die Flüssigkeit dem Feuer oder einer andern Wärmequelle aussetzen. Der Thermometer bleibt während der Schmelzung des Eises auf seinem Stande hundert und vierzigmal so lange als die Wärme des Wassers im flüssigen Zustande um einen Grad nach Fahrenheit's Scala steigt, und um daher festes Eis in eine Flüssigkeit zu verwandeln, muß es von der umgebenden Atmosphäre hundert und vierzigmal so viel Wärme erhalten, als erforderlich wäre, das flüssige Wasser um einen Wärmegrad zu erheben, oder es ist, um ein bestimmtes Gewicht Eis zu schmelzen, so viel Wärme nöthig als dasselbe Gewicht Wasser zu der Temperatur von 140° F. oder von 32° bis 172° erheben würde. Die bei der Schmelzung erlangte gebundene Wärme ist daher 140°.

## 14.

Bringen wir eine Weingeist = Lampe unter das bereits auf die Temperatur der Atmosphäre gestiegene Wasser, um

die Wirkungen eines weiteren Wärmezuflusses zu betrachten,
so wird der Thermometer bei einer Barometerhöhe von 28
pariser Zoll steigen, bis es auf 80° R. steht. Hat er diesen
Punkt erreicht, so steigt er nicht mehr, das Wasser wird da=
her nicht wärmer und zu gleicher Zeit werden auf dem Boden
des Gefäßes, worin sich das Wasser befindet, zunächst der
Weingeist=Flamme Blasen gebildet. Sie steigen im Wasser
auf und verschwinden an der Oberfläche in der Luft. Das
Wasser siedet. Während dieß geschieht, behält der Thermo=
meter fortdauernd seinen Stand auf dem Siedepunkte; be=
obachtet man aber die dabei verfließende Zeit, so wird man
finden, daß das Wasser gänzlich verdünsten wird, wenn die=
selbe Wärmequelle 5¼ mal so lange auf dasselbe wirkt als nö=
thig war, es vom Eispunkte auf den Siedepunkt zu erheben;
und wenn daher die Lampe eine Stunde wirken mußte, um
den Wärmegrad des Wassers so hoch zu steigern, so wird sie
auf das siedende Wasser 5¼ Stunde wirken müssen, um es
völlig zu verdampfen. Wollte man nun den erlangten Dampf
sorgfältig in einem Behältnisse auffangen, das die Temperatur
von 80° R. behielte, so würde der Dampf diese und keine
höhere Temperatur haben, aber einen beinahe siebzehnhundert=
mal größeren Raum füllen, als das Wasser im flüssigen Zu=
stande einnahm, und eine elastische Kraft besitzen, die dem
atmosphärischen Drucke gleich wäre, unter welchem das Sie=
den erfolgte, das heißt, er würde auf die Seiten des Gefä=
ßes, worin er enthalten wäre, mit einem Gewichte drücken,
gleich dem Gewichte einer 28 Zoll hohen Quecksilbersäule, oder
ungefähr 14 Pfund auf jeden Quadratzoll.

## 15.

Berechnen wir die Wärmemenge, die erfoderlich war,
das Wasser vom Eispunkte auf den Siedepunkt zu heben,
nach Fahrenheit's Scala, so beträgt sie 180° als den Abstand
zwischen jenen Punkten; und da die zur Verwandlung dessel=
ben Wassers in Dampf nöthige Wärme 5¼ mal so viel beträgt
als jene, so folgt, daß der erfoderliche Wärmegrad, um ein
bestimmtes Wassergewicht in Dampf zu verwandeln, sich fin=

den läßt, wenn man 180 mit 5½ multiplicirt. Das Ergebniß ist 990°, und um daher eine bestimmte Wassermenge bei dem Sieden in Dampf von gleicher Temperatur bei einer Barometerhöhe von 28 Zoll zu verwandeln, würde eben so viel Wärme nöthig sein, als erfodert würde, dasselbe Wasser zu einer 990° höheren Temperatur zu heben. Diese Wärme, welche der Thermometer nicht anzeigen kann, ist eine gebundene, und man kann daher sagen, daß die zur Verwandlung des Wassers in Dampf erfoderliche gebundene Wärme bei dem angegebenen atmosphärischen Drucke 1000° in runder Zahl betrage.

## 16.

Alle eben angegebenen Wirkungen der Wärme lassen sich genügend erklären, wenn man annimmt, daß das Wärmeprinzip den Atomen, aus welchem die Körper bestehen, eine Kraft mittheile, die ihnen das Streben gibt, einander abzustoßen. In Verbindung damit muß aber auch eine andere, gleichfalls in der Natur vorhandene Kraft beachtet werden, diejenige nämlich, die den Bestandtheilen der Körper eine Reizung mittheilt, zusammenzuhangen und sich zu festen Massen zu bilden, die Cohäsionskraft. Diese beiden Kräfte, der natürliche Zusammenhang der Körpertheilchen und die durch Wärme entwickelte Abstoßungskraft, sind einander gerade entgegengesetzt, und der Zustand eines Körpers wird entschieden durch das Vorwalten der einen oder der andern oder durch ihr gegenseitiges Gleichgewicht. Ist der natürliche Zusammenhang der Bestandtheile eines Körpers stärker als die durch die Wärme entwickelte abstoßende Kraft, so wird die Cohäsionskraft wirksam sein, die Bestandtheile werden sich innig vereinigen und als feste unveränderliche Masse zusammenhalten, so daß sie nicht durch die Wirkung ihres Gewichts aus einander fallen können. In solchen Fällen ist eine mehr oder minder beträchtliche Gewalt nöthig, um den Körper zu zerbrechen oder seine Theile zu trennen. Dieß ist was man den festen Zustand nennt. Ist dagegen die durch die Anwendung von Wärme entwickelte abstoßende Kraft dem natürlichen Zusammenhange der

der Körpertheilchen gleich oder beinahe gleich, so kann das
Vorwalten der Cohäsionskraft unzulänglich sein, dem Streben
der Theilchen, durch ihr Gewicht auseinander zu fallen, Wi=
derstand zu leisten. In einem solchen Falle können die Bestand=
theile eines Körpers nicht als eine feste Masse zusammenhan=
gen, sondern werden sich vermöge ihrer Schwere von einander
trennen und die Gestalt des Gefäßes annehmen, in welchem
sich der Körper etwa befindet. Der Körper wird in die flüssige
Gestalt übergehen. In diesem Zustande ist jedoch die Cohäsi=
onskraft keineswegs ganz unwirksam; sie kann und wird in
einigen Fällen in merklichem Grade vorhanden sein, wiewohl
sie nicht stark genug ist, der besonderen Schwerkraft der einzel=
nen Theile Widerstand zu leisten. Die Neigung, welche die
Theile flüssiger Körper in einigen Fällen haben, sich in Kügel=
chen zu vereinigen, zeigt deutlich das Vorwalten der Cohäsi=
onskraft; Wassertropfen, die sich auf einer Fensterscheibe
sammeln, die in der Atmosphäre verdichteten Regentropfen,
die Thräne, die über die Wangen rinnt, die Quecksilber=Kü=
gelchen, die über eine ebene Oberfläche gleiten und sich nicht
leicht in kleinere Theilchen zerstreuen lassen, alles dieß sind nahe
liegende Beweise der vorwaltenden Cohäsionskraft in flüssigen
Körpern.

Durch gehörige Anwendung von Wärme kann selbst die=
ser geringe Grad von Cohäsionskraft besiegt und ein Uebergewicht
der entgegengesetzten Abstoßungskraft herbeigeführt werden.
Hier aber kommt ein anderer physischer Einfluß zu Hilfe und
verbindet sich mit der Cohäsion, um dem Uebergange des Kör=
pers aus dem flüssigen Zustande in den dampfförmigen zu wi=
derstehen, und diese Kraft ist keine andere als der bereits er=
läuterte Druck der Atmosphäre. Dieser Druck hat die Nei=
gung die Bestandtheile des Flüssigen zusammenzuhalten und
ihrer Trennung zu widerstehen. Die abstoßende Kraft der auf=
genommenen Wärme muß daher nicht nur die Cohäsionskraft
neutralisiren, sondern auch den Bestandtheilen des flüssigen
Körpers eine hinlängliche Elasticität oder abstoßende Wirksam=
keit mittheilen, damit sie aus einander gehen und troß dem

atmosphärischen Widerstande die Gestalt von Dämpfen an= nehmen können.

Wenn nun dieser atmosphärische Widerstand, aus natür= lichen oder künstlichen Ursachen, irgend eine Veränderung hinsichtlich seiner Stärke erleide, so wird auch die Absto= ßungskraft, welche durch die Wärme mitgetheilt werden muß, sich verhältnißmäßig verändern. Vermindert sich der atmosphärische Druck, so ist weniger Wärme nothwendig, die Flüssigkeit zu verdampfen; wird dagegen der Druck vermehrt, so ist eine größere Wärmemenge erforderlich, dem Körper die nöthige Elasticität zu geben.

## 17.

Aus den dargelegten Gründen geht hervor, daß jede natürliche oder künstliche Ursache, die den Druck der Atmo= sphäre auf die Oberfläche einer Flüssigkeit vermindert, die Wirkung hat, daß diese Flüssigkeit bei einer niedrigen Tem= peratur zum Sieden kommt, wogegen jede Vermehrung des atmosphärischen Drucks auf die Flüssigkeit es nothwendig macht, ihr einen höhern Wärmegrad mitzutheilen, ehe sie sieden kann.

Die Erfahrung bestätigt dieß. Bei einem Barometer= stande von 28 Zoll, oder einem atmosphärischen Druck von 14 Pfund auf den Quadratzoll, siedet Wasser bei 80° R. Wenn aber Wasser bei einer niedrigern Temperatur, z. B. 65°, unter die Glocke einer Luftpumpe gestellt und ein luftlee= rer Raum hervorgebracht oder der atmosphärische Druck be= deutend vermindert wird, so siedet das Wasser, ungeachtet es die Temperatur von 65° behält.

Stellt man dagegen einen Thermometer luftdicht in den Deckel eines verschlossenen Digestors, welcher Wasser mit atmosphärischer Luft auf seiner Oberfläche enthält, so be= kommt die Luft bei der Erwärmung des Gefäßes eine erhöhte Elasticität, drückt, durch den Deckel zurückgedrängt, mit verstärkter Kraft auf die Oberfläche des Wassers, und der Thermometer zeigt, so lange das Gefäß der Wärme ausge= setzt ist, ein bedeutendes Steigen über den Siedepunkt, und

würde fortdauernd steigen, bis das Gefäß nicht stark genug
wäre, dem inneren Drucke zu widerstehen.

Ist der Barometerstand unter 28 Zoll, so siedet das
Wasser unter allen Umständen überhaupt bei einer niedrigern
Temperatur; ist er höher, so wird es erst bei einem höheren
Wärmegrade zum Sieden gebracht werden. Je nach der
größeren oder geringeren Wirksamkeit der Cohäsionskraft der
Theilchen flüssiger Körper sieden diese bei einem höhern oder
niedrigern Wärmegrade. Im Allgemeinen sieden die leichte=
ren Flüssigkeiten, wie Aether und Alkohol, unter niedrigern
Wärmegraden, jener bei 30°, dieser bei 64° R. Diese
Flüssigkeiten würden bei bloßer Entfernung des atmosphäri=
schen Druckes sieden, wie sich zeigt, wenn man sie unter die
luftleere Glocke bringt. Wir dürfen daraus den Schluß zie=
hen, daß diese und ähnliche Körper ohne den atmosphärischen
Druck nie in flüssigem Zustande vorhanden sein würden.

### 18.

Die Elasticität des aus einer siedenden Flüssigkeit auf=
steigenden Dampfes ist gleich dem Drucke, unter welchem er
hervorgebracht wird. So hat der Dampf, der aus Wasser
bei dem Siedepunkte, und folglich unter einem Drucke von
14 Pfund auf den Quadratzoll, aufsteigt, eine elastische
Kraft, welche auf alle Seiten eines Gefäßes, worin er ent=
halten wäre, gleichfalls einen Druck von 14 Pfund ausüben
würde. Da nun ein vermehrter Druck der Atmosphäre eine
erhöhte Temperatur zum Sieden verlangt, so folgt daß, wenn
Dampf von höherem Druck als die Atmosphäre nöthig ist,
das Wasser bei einer höheren Temperatur zum Sieden ge=
bracht werden muß.

### 19.

Wir haben bereits dargethan, daß es einen gewissen
Punkt gibt, bei welchem der Wärmegrad einer Flüssigkeit
nicht mehr steigt, und daß alle über diesen Punkt hinaus ihr
mitgetheilte Wärme zur Dampfbildung verwendet wird. Es
ist ausgemittelt worden, daß, wenn Wasser unter 80° bei

einem Barometerstande von 28 Zoll siedet, ein Kubikzoll Was-
fer einen Kubikfuß*) Dampf gibt, deſſen elaſtiſche Kraft dem
atmoſphäriſchen Drucke gleich iſt und der die Temperatur von
80° hat. Da nun ein Kubikfuß 1728 Kubikzoll hat, ſo
folgt, daß Waſſer, wenn es unter jener Temperatur aus
dem flüſſigen in den dampfförmigen Zuſtand übergeht, 1728
mal im Raum ausgedehnt wird.

## 20.

Wir haben geſehen, daß ungefähr 1000° Wärme nöthig
ſind, um eine beſtimmte Waſſermenge auf dem Siedepunkte
in Dampf von gleicher Temperatur zu verwandeln, der mit
14 Pfund auf den Quadratzoll drückt. Daraus läßt ſich
abnehmen, daß, wenn die zur Verwandlung der Flüſſigkeit in
Dampf erfoderliche Wärme entzogen würde, eine Reihe von
Veränderungen entſtehen müßte, die den bereits beſchriebenen gerade entgegengeſetzt wäre. Dieß iſt in der That der
Fall. Nehmen wir an, ein 1728 Kubikzoll enthaltendes
Gefäß werde mit Dampf von 80° R. gefüllt, der mit einem
Gewicht von 14 Pfund auf den Quadratzoll wirke. Wir
bringen 5½ Kubikzoll Waſſer auf dem Gefrierpunkt in jenes
Gefäß, und augenblicklich wird der Dampf die bei der Verdampfung verwendete Wärme dem eingegoſſenen Waſſer mittheilen und ſelbſt wieder in flüſſigen Zuſtand übergehen. Er
kehrt zugleich in ſeinen urſprünglichen Rauminhalt von einem
Kubikzoll zurück, und die Wärme, welche er abgibt, wird hinlänglich ſein, die eingegoſſenen 5½ Kubikzoll Waſſer auf die Temperatur von 80° zu bringen, und der Inhalt des Gefäßes wird nun
6½ Kubikzoll Waſſer von 80° R. betragen. Ein Kubikzoll dieſes
Inhalts iſt der wieder in Waſſer verwandelte Dampf, der vorher das Gefäß füllte, und die übrigen 5½ Kubikzoll ſind das
Waſſer, welches durch die vom Dampfe abgegebene Wärme

---

*) Ein gewöhnlicher Würfel hat die Form, die man Cubus nennt,
ein Körper, der ſechs einander gleiche Quadrate hat. Iſt jede Seite
einen Zoll lang, ſo erhalten wir einen Kubikzoll; iſt ſie einen Fuß
lang, einen Kubikfuß. Fig. 6 zeigt eine perſpektiviſche Anſicht.

auf den Siedepunkt gebracht wurde. Man bemerke, daß bei diesem Uebergange keine Wärme verloren gegangen ist, da der Kubikfuß Wasser, in welchen der Dampf sich verwandelt hat, denselben Wärmegrad zeigt, den jener vor dem Eingie= ßen des kalten Wassers hatte. Dieß ist in vollkommener Uebereinstimmung mit den Ergebnissen, auf welche uns die Beobachtung der Zeit geführt hat, die erfoderlich ist, um eine bestimmte Wassermenge durch Anwendung von Wärme in Dampf zu verwandeln. Wir sehen, daß bei der Verwand= lung einer bestimmten Dampfmenge in Wasser so viel Wärme abgegeben worden ist, als erfodert wird, um $5\frac{1}{2}$ Kubikzoll auf den Siedepunkt zu bringen.

### 21.

Es wird dabei eine Wirkung hervorgebracht, auf wel= che wir nothwendig unsere Aufmerksamkeit richten müssen. Der Dampf, der den Raum von 1728 Kubikzoll füllte, ist bei der Verwandlung in Wasser zu den Dimensionen von ei = n e m Kubikzoll zurückgekehrt, und es bleiben daher 1727 Ku= bikzoll des Gefäßes leer. Mittels dieser Eigenschaft wird der Dampf benutzt, einen luftleeren Raum hervorzubringen.

Wenn man Dampf durch ein Gefäß ziehen läßt, so kann man die Luft aus demselben entfernen und an ihre Stelle tritt Dampf. Wird das Gefäß dann verschlossen und abgekühlt, so verwandelt sich der Dampf in Wasser, und indem er in Tropfen auf den Boden und auf die Seiten des Gefäßes fällt, wird der Raum, den er vorher gefüllt hat, luftleer. Dieß läßt sich leicht durch einen Versuch nachweisen. Eine lange Glasröhre, die eine hohle Kugel an einem Ende hat und an dem andern offen ist*), wird mit etwas Weingeist gefüllt und alsdann die Kugel über eine Lampe gehalten, bis der Wein= geist siedet. Nach einiger Zeit kommt der Dampf aus dem offenen Ende der aufrecht gehaltenen Röhre hervor. Geschieht dieß, so wende man die Röhre um und tauche das offene Ende in ein Gefäß mit kaltem Wasser. Da nun auf diese Weise

---

*) Eine gewöhnliche Glasflasche mit langem Halse kann dazu dienen.

die Wärme entzogen wird, so wird die kalte Luft den Dampf
in der Röhre wieder in Flüssigkeit verwandeln, und es ent=
steht ein luftleerer Raum, in welchen der Druck der Atmo=
sphäre auf die Oberfläche der Flüssigkeit im Gefäße das Was=
ser hinauftreibt, das nun mit beträchtlicher Kraft einströmt
und die Glaskugel füllt.  Bei diesem Versuche gebraucht man
lieber Weingeist als Wasser, weil er bei einer niedrigern Tem=
peratur siedet, das Glas daher weniger dem Zerspringen aus=
gesetzt ist und die Röhre sich auch leichter handhaben läßt.

# Zweiter Abschnitt.

## Erste Schritte in der Erfindung der Dampf=maschine.

### 22.

In der Geschichte der Fortschritte nützlicher Künste und Manufakturen gibt es vielleicht keine andere Erfindung, um deren Ehre so lebhaft wäre gestritten worden, als die Dampf=maschine. Mehre Völker und verschiedene Personen unter demselben Volke haben Ansprüche darauf gemacht. Die An=hänger derjenigen, die sich um diese Ehre bewerben, haben solche Ansprüche mit einem Eifer verfochten, der zuweilen über die Gränzen der Bescheidenheit hinausgegangen ist, und der Streit ist nicht selten mit nationalen und persönlichen Vor=urtheilen verflochten und mit einer Bitterkeit geführt worden, welche einer so edlen Sache ganz unwürdig und durchaus un=ter der Würde der Wissenschaft war.

Die Wirksamkeit der Dampfmaschine, als eine mecha=nische Kraft betrachtet, ist erstens durch die verschiedenen phy=sischen Eigenschaften, aus welchen ihre Wirkung hervorgeht, und zweitens durch die mannigfaltigen mechanischen Vorkeh=rungen bedingt, welche jene Eigenschaften praktisch nutzbar machen. Muß das Verdienst der Erfindung demjenigen zu=geschrieben werden, der solche Eigenschaften entdeckt und an=gewendet hat, so wird der Streit sich leicht entscheiden lassen, weil es offenbar ist, daß der Preis nicht einem einzigen ge=bührt, sondern unter mehre nach verschiedenen Verhältnissen vertheilt werden muß. Wenn aber derjenige den gegründet=

ſten Anſpruch auf die Ehre der Erfindung hat, der durch die
Kraft ſeines mechaniſchen Genies der Maſchine jene Form und
jene Eigenſchaften gab, welchen man ihren gegenwärtigen
ausgebreiteten Nußen verdankt und durch welche ſie jene mäch=
tig wirkende Kraft geworden iſt, die ihren wohlthätigen Ein=
fluß über alle Theile der geſitteten Welt verbreitet, dann wird
das Menſchengeſchlecht durch einſtimmigen Ruf den Preis ei=
nem Manne zuerkennen, der durch ſein hohes Genie unter
allen Mitbewerbern hervorragt und durch die Anſtrengung ſei=
ner geiſtigen Kraft dieſer Maſchine erſt die großen Wirkungen
gegeben hat, welche ſie zu einem wichtigen Gegenſtande für
jeden gemacht haben, dem die Fortſchritte menſchlicher Geſit=
tung anziehend ſind.    Vor dem Zeitpunkte, den die Entde=
ckungen des Schottländers J a k o b W a t t bezeichnen, war die
Dampfmaſchine, die ſeitdem ein Gegenſtand von ſo allgemei=
ner Theilnahme geworden iſt, eine Maſchine von ſehr be=
ſchränkter Kraft und war weit unbedeutender als die meiſten
andern mechaniſchen Erfindungen, die als bewegende Kräfte
benußt wurden.    Es iſt kaum nöthig, zu zeigen, daß ſie ſeit
jener Zeit die Fortſchritte des menſchlichen Geſchlechts geför=
dert hat.    Da jedoch die Frage über die fortſchreitende Ent=
wickelung jener naturwiſſenſchaftlichen Prinzipien, auf wel=
chen die Dampfmaſchine beruht, und über ihre mechaniſche
Anwendung in der neueſten Zeit Wichtigkeit erlangt hat, ſo=
wohl durch die allgemeine Theilnahme, die man ihr zuwendet,
als durch das Anſehen der Schriftſteller, welche ſich damit
beſchäftigt haben, ſo halten wir es für angemeſſen, in ge=
drängter Kürze, aber unparteiiſch, die Schritte anzugeben,
die nach und nach zu dieſer Erfindung führten.

Die Maſchine, wie wir ſie jetzt benußen, iſt, genau ge=
nommen, nicht die alleinige Erfindung eines einzigen Menſchen,
ſondern das Ergebniß einer Reihe von Entdeckungen und Er=
findungen, welche in den letzten zwei Jahrhunderten ſich ge=
häuft haben.    Wenn wir in die Geſchichte der Maſchine zu=
rückgehen und den erſten Erfinder anzugeben verſuchen, ſo
ſtoßen wir auf dieſelben Schwierigkeiten, die wir finden, wenn
wir die Quelle eines großen Fluſſes aufſuchen wollen.    Fol=

gen wir seinem Laufe, so setzen uns die vielen ihm zufließen=
den Bäche in Verlegenheit und wir finden es unmöglich, zu
bestimmen, welcher von jenen Armen als der Hauptstrom be=
trachtet werden müsse, und am Ende sehen wir zahlreiche
Wasserfäden, deren jeder an sich so unbedeutend ist, daß er
nicht würdig erscheint, für die Quelle des majestätischen Fluss=
ses angesehen zu werden, der unsere Forschbegierde ge=
reizt hat.

Schon in sehr früher Zeit betrachtete man die Wirkun=
gen der Wärme auf Flüssigkeiten und insbesondere die Erzeu=
gung des Dampfes als eine wahrscheinliche Quelle mechani=
scher Kraft. Viele Forscher richteten ihre Aufmerksamkeit auf
diesen Gegenstand und strengten ihren Erfindungsgeist an, eine
bewegende Kraft darin zu finden. Nicht eher als zu Anfange
des achtzehnten Jahrhunderts aber ward irgend eine Erfindung
gemacht, die praktisch, wenn auch ohne Erfolg, wäre ange=
wendet worden. Alle frühern Versuche waren entweder Plä=
ne, die bloß auf dem Papier gemacht wurden, oder Versuche,
die sich auf Modelle beschränkten, oder wenn sie darüber hin=
ausgingen, überlebten sie doch nie eine einzige Anwendung
im Großen. Viele dieser Entwürfe und Versuche aber, die
aufgezeichnet und späteren Forschern zugänglich gemacht wur=
den, gaben ohne Zweifel nützliche Winke und praktischen Bei=
stand jenen glücklichern Erfindern, welchen es gelang, Ma=
schinen in solchen Formen aufzustellen, daß sie im großen
Maßstabe für mechanische Zwecke praktisch anwendbar waren.
Es ist daher gerecht, an jene Bemühungen, obgleich sie ver=
unglückten, hier zu erinnern, damit jeder seinen gebührenden
Antheil an der Ehre dieser glänzenden Erfindung erhalte.

## 23.

Hero von Alexandria, der 120 vor Christus lebte,
gibt in einem seiner zahlreichen Werke, das auf uns gekom=
men ist, Spiritualia genannt, die Beschreibung einer durch
Wasserdampf bewegten Maschine. Eine hohle Kugel, von
welcher A B (Fig. 7) einen Abschnitt zeigt, wird durch zwei
Zapfen in A und B gestützt, die Enden der Röhren A C D

und B E F, welche in einen Keſſel gehen, wo derDampf
erzeugt wird. Dieſer Dampf ſtrömt durch eine kleine
Oeffnung an den Enden A und B und füllt die hohle Kugel.
Einer oder mehr wagerechte Arme K G und I H treten aus
der Kugel hervor und werden gleichfalls mit Dampf gefüllt,
ſind aber an ihren Enden verſchloſſen. An dem Ende G be=
ſinde ſich auf einer Hälfte der Röhre eine kleine Oeffnung,
aus welcher der in der Kugel und der Röhre eingeſchloſſene
Dampf mit einer dem Drucke im Innern angemeſſenen Ge=
walt ſtrömen würde. Nach den Geſetzen der Mechanik würde
dabei eine Gegenwirkung hervorgebracht werden und die Röhre
zurückprallen, wie eine Kanone beim Abfeuern. Da nun
der Arm K G in einer Richtung gedrückt würde, die derjeni=
gen, nach welcher der Dampf ausſtrömte, entgegengeſetzt wäre,
ſo würde die Kugel ſich umdrehen und zwar ſo lange als der
Dampf aus der Oeffnung bei G ſtrömte. Die zurückprallende
Kraft würde vermehrt werden, wenn man ähnliche Oeffnun=
gen in zwei oder mehren Armen anbrächte und dabei bedacht
wäre, allen Oeffnungen eine ſolche Stellung zu geben, daß
ſich die Kugel in derſelben Richtung bewegen müßte. Dieſe
einmal hervorgebrachte Bewegung könnte dann durch gewöhn=
liche mechaniſche Vorrichtungen auf irgend ein Maſchinenwerk
übertragen werden, auf welches ihre Kraft wirken könnte.
Dieſe Art der Benutzung des Dampfes iſt in keinem Theile
und keiner Form der heutigen Dampfmaſchine angewendet
worden.

### 24.

Der Oberaufſeher des ſpaniſchen Staatsarchivs zu Si=
mancas, Thomas Gonſalez, gab 1826 in Zach's monat=
licher Correſpondenz Nachricht von einem Verſuche, der im
Jahre 1543 auf Befehl Karl's V. im Hafen zu Barcelona
gemacht wurde. Der Seekapitän Blasco de Garay hatte
eine Maſchine erfunden, durch welche er Schiffe ohne Ruder
oder Segel bewegen wollte. Garay verbarg die Beſchaffen=
heit der von ihm gebrauchten Maſchine, und man ſah bei dem
Verſuche nur, daß ſie aus einem großen Waſſerkeſſel beſtand,

und daß sich Räder auf beiden Seiten des Schiffes umdreh=
ten. Der Versuch wurde mit einem Schiffe von 200 Ton=
nen gemacht, und mehre Beamte waren auf Befehl des Kai=
sers als Zeugen zugegen. Nach dem Berichte eines dieser
Zeugen war die Maschine im Stande, ein Schiff in drei Stun=
den zwei Seemeilen weit zu bewegen, aber sehr verwickelt und
kostspielig und der Gefahr des Zerspringens ausgesetzt. Ein
anderer Zeuge gab einen günstigern Bericht. Man hatte gute
Erwartungen von dem Erfolge des Versuchs und der Erfin=
der wurde belohnt.

Der Umstand, daß Garay die Beschaffenheit der fort=
treibenden Kraft verhehlte, macht es unmöglich, etwas über
die Einrichtung der Maschine zu bestimmen oder auch nur
zu sagen, ob Dampf dabei wirksam gewesen sei, oder ob,
wenn dieß der Fall war, sie nicht eine Wiederholung von
Hero's Erfindung gewesen sei, was sehr wahrscheinlich ist.
Den Ansprüchen, welche die Sachwalter des Spaniers er=
hoben haben, ist es nicht sehr günstig, daß man, ungeach=
tet der dem Erfinder gewährten Belohnung, doch, wie es
scheint, den Versuch nicht wiederholt, und noch weniger
praktisch benutzt hat. −

## 25.

Ein zu Frankfurt im Jahr 1615 von dem Franzosen
Salomo de Caus herausgegebenes Werk, unter dem Ti=
tel: Les raisons des forces mouvantes enthält den Lehr=
satz: „Wasser wird mit Hilfe des Feuers über
sein Niveau steigen.“ Zur Erklärung und zum Beweise
dieses Satzes setzt er hinzu: „Nach diesem Grundsatze lassen
sich verschiedene Maschinen bauen, und ich will eine derselben
beschreiben. An einer kupfernen überall wohl verlötheten Ku=
gel A (Fig. 8) bringe man eine Röhre mit einem Hahn D
an, durch welche Wasser eingebracht werden kann, und eine
andere Röhre B C, die auf dem obern Theile der Kugel einge=
löthet wird, und deren unteres Ende C bis beinahe auf den
Boden der Kugel geht, ohne ihn jedoch zu berühren. Dann
fülle man die Kugel durch die Röhre D mit Wasser, schließe

den Hahn D, öffne den Hahn in der senkrechten Röhre BC,
stelle die Kugel auf das Feuer, und indem die Wärme auf die=
selbe wirkt, wird das Wasser in der Röhre BC steigen."

Auf diese von Salomo de Caus gegebene Beschreibung
hat man einen Anspruch auf die Erfindung der Dampfmaschine
gegründet. Man bemerke, daß weder in dem Lehrsatze, noch
in der Beschreibung das Wort Dampf gebraucht wird. Allen
Kennern der Physik war es lange vor der Bekanntmachung jener
Beschreibung bekannt, daß erwärmte atmosphärische Luft eine
vermehrte elastische Kraft erhält. Wie der Versuch beschrieben
ist, wird der andere Theil der Kugel mit atmosphärischer Luft
gefüllt, und die Wärme des Feuers, welche durch die äußere
Oberfläche der Kugel auf die Luft wirkt und auch durch das Was=
ser mitgetheilt wird, müßte die Temperatur der in dem Gefäße
enthaltenen Luft erhöhen, dadurch ihre Elasticität vermehren
und das Wasser in der Röhre BC zum Steigen bringen, nach
einem von den Eigenschaften des Dampfes ganz unabhängigen
Grundsatze. Die hervorgebrachte Wirkung ist daher von der
Art, wie sie jeder erwarten konnte, der mit den gewöhnlichen
Eigenschaften der Luft bekannt, wiewohl mit den Eigenschaften
des Dampfes ganz unbekannt ist, und der Druck der Luft hat
in diesem Falle an der Hebung des Wassers eben so viel Antheil
als der Druck des Dampfes.

Dieser Einwurf aber wird durch einen andern Lehrsatz ent=
kräftet, der in demselben Werke enthalten ist. Der Verfasser
spricht darin von der Stärke des durch die Wirkung des Feuers
hervorgebrachten Dampfes, der nach dem Austreiben des Was=
sers mit großer Gewalt aus dem Hahn hervordringe. Wenn man
zugeben will, daß de Caus die elastische Eigenschaft des Was=
serdampfes gekannt und das Steigen des Wassers in der Röhre
CB dem Drucke jenes Dampfes auf die Oberfläche des in der
kupfernen Kugel eingeschlossenen Wassers zugeschrieben habe,
so muß zugestanden werden, daß er eines der Mittel, den Dampf
als mechanische Kraft zu benutzen, angegeben habe. In der
heutigen Dampfmaschine wird dieser Druck jetzt nicht gegen eine
flüssige Oberfläche, sondern gegen die feste Oberfläche des Kol=
bens gebraucht.

## 26.

In einem zu Rom im Jahre 1629 herausgegebenem Werke,
Le machine diverse, von Branca befindet sich die Be=
schreibung einer Maschine zur Bewegung eines Rades durch
einen Dampfstrom. Diese Erfindung besteht in einem Rade mit
flachen Schaufeln auf dem Rande, wie die Breter eines Mühl=
rades. Der Dampf wird in einem verschlossenen Gefäße erzeugt
und bringt mit Heftigkeit aus dem Ende einer Röhre. Gegen
die Schaufeln gerichtet, bringt er das Rad zum Umschwunge,
und diese Bewegung konnte mittels der gewöhnlichen mechani=
schen Vorrichtungen jedem Maschinenwerke mitgetheilt werden.
Diese Erfindung hat keine Aehnlichkeit mit irgend einem Theil
unserer Dampfmaschinen.

## 27.

Unter allen, welchen man die Erfindung der Dampfmaschine
zugeschrieben hat, ist der berühmteste der Marquis von
Worcester, der Verfasser des im Jahre 1663 erschienenen
Werkes „Hundert Erfindungen." Die meisten Schrift=
steller schreiben ihm die Erfindung der Dampfmaschine zu. Hö=
ren wir ihn selber über seine Erfindung sprechen. „Ich habe
ein bewundernswürdiges und kräftiges Mittel gefunden, Was=
ser durch Feuer emporzutreiben, und zwar nicht dadurch, daß
ich es durch eine Saugpumpe erhebe. Mein Mittel ist unbegränzt
in seiner Wirkung, wenn die Gefäße stark genug sind. Ich füllte
ein Stück eines Kanonenlaufs, von welchem das Ende abge=
brochen war, mit Wasser, verstopfte darauf das abgesprungene
Ende und das Zündloch und ließ ein beständiges Feuer darunter
brennen. Nach vierundzwanzig Stunden sprang die Kanone mit
großem Krachen. Da ich nur ein Mittel habe, meine Gefäße
so einzurichten, daß sie durch die in ihnen befindliche Kraft Stärke
erhalten, und eines nach dem andern zu füllen, so habe ich
das Wasser in einem stetigen Strome vierzig Fuß hoch steigen
sehen. Ein Gefäß, worin das Wasser durch Feuer in Dampf
verwandelt ist, kann das kalte Wasser aus vierzig andern heben,
und ein Mann, der das Werk besorgt, braucht bloß zwei
Hähne umzudrehen. Ist das eine Gefäß entleert, so wird ein

anderes mit kaltem Wasser gefüllt und so weiter. Das Feuer wird dabei stets unterhalten, was der Aufseher, der die Hähne umzudrehen hat, in der Zwischenzeit bequem verrichten kann."

Diese Versuche müssen vor dem Jahre 1663, wo das Werk erschien, gemacht worden sein. Die Beschreibung der Ma=schine hat bloß den Zweck, die hervorgebrachten Wirkungen und den physikalischen Grundsatz, auf welchem sie beruhen, anzu=geben. Sie ist jedoch bestimmt genug, um jedem, der mit Sa=very's späterer Erfindung bekannt ist, zu zeigen, daß Lord Worcester eine Maschine erfunden haben muß, die den Theil von Savery's Maschine enthielt, in welchem die unmittelbare Kraft des Dampfes gebraucht wurde. Die Beschreibung gibt bestimmt einen abgesonderten Kessel oder Dampferzeuger an. Der Dampf wird aus diesem in ein anderes Gefäß geleitet, welches das zu hebende kalte Wasser enthält; dieses Wasser wird durch den Druck des auf seine Oberfläche wirkenden Dam=pfes gehoben; wenn ein Gefäß ausgeleert ist, wirkt der Dampf auf das in einem andern enthaltene Wasser, während das erste wieder gefüllt wird, und es wird ein stetiger Wasserstrahl geho=ben, indem man den Dampf abwechselnd auf zwei Gefäße wirken läßt und die Zwischenzeit benutzt, eines zu füllen, wäh=rend das Wasser des andern entleert wird.

Vergleicht man diese Angaben mit der Erfindung des Fran=zosen de Caus, so wird man bemerken, daß, selbst wenn die=ser die physische Kraft kannte, durch welche das Wasser in der von ihm angegebenen Vorrichtung gehoben wurde, diese doch nur ein Mittel war, um ein Gefäß mit siedendem Wasser sich selbst entleeren zu lassen, und ehe eine Wiederholung jener Wir=kung vorgehen konnte, sollte das Gefäß wieder angefüllt und noch einmal zum Sieden gebracht werden. Bei der Erfindung des Lords Worcester hingegen wurde die Kraft des Dampfes eben so angewendet als in unseren Dampfmaschinen, indem der Dampf in einem Gefäße erzeugt und in dem anderen für mecha=nische Zwecke gebraucht wurde. Man darf diese Unterscheidung nicht für unbedeutend halten, denn auf ihr allein beruht die Aus=führbarkeit einer Benutzung des Dampfes als einer mechanischen Kraft. Wäre die Wirkung des Dampfes auf das Gefäß beschränkt gewesen, worin er erzeugt wurde, so hätte er sich nie zu einem nützlichen Zwecke anwenden lassen.

## 28.

Aus einer im britischen Museum aufbewahrten Handschrift geht hervor, daß Sir Samuel Morland dem Könige Ludwig XIV. ein Mittel vorgeschlagen hat, Wasser durch Dampf zu heben. Man findet hier jedoch nichts mehr als was sich aus der von dem Marquis von Worcester gegebene Beschreibung entlehnen ließ, und die Angabe ist nur darum merkwürdig, weil sie zeigt, daß Morland die Ausdehnung kannte, welche bei dem Uebergange des Wassers in Dampf statt findet. Nach jener Handschrift hatte Morland seine Entdeckung im Jahre 1682 gemacht und im folgenden Jahre dem Könige von Frankreich sie vorgelegt. „Wenn Wasser — sagt die Nachricht — durch die Wirkung des Feuers in Dampf verwandelt wird, nehmen die Dämpfe bald einen beinahe zweitausendmal größern Raum ein, als das Wasser vorher ausfüllte, und würden, wenn sie stets eingeschlossen sein sollten, eine Kanone zersprengen. Werden sie aber nach den Gesetzen der Statik gehörig geregelt und nach den Grundsätzen der Wissenschaft auf Maß, Gewicht und Gleichgewicht zurückgeführt, so tragen sie ihre Last ruhig, wie gute Pferde, und werden dem menschlichen Geschlechte sehr nützlich, besonders um Wasser zu heben."

## 29.

Um dieselbe Zeit war Papin, aus Blois, Professor der Mathematik zu Marburg, mit der Erfindung einer Maschine beschäftigt, durch welche der atmosphärische Druck als bewegende Kraft benutzt werden sollte, indem unter dem Kolben in einem Cylinder ein luftleerer Raum hervorgebracht würde. Seine ersten Versuche*) waren darauf gerichtet, diesen luftleeren Raum durch mechanische Mittel hervorzubringen, und er wollte

---

*) Um das Jahr 1685. Schon früher (1681) hatte er die Kraft der Dämpfe durch den von ihm erfundenen Digestor (der päpinische Topf genannt) kennen gelernt, den er zur Auflösung der Knochen benutzte.

ein Wasserrad anwenden, eine Luftpumpe zu treiben, um sich so
den erfoderlichen luftleeren Raum zu verschaffen. Dieß würde
jedoch nur dazu geführt haben, die Kraft des Wasserrades auf
eine andere Maschine überzutragen, da der auf diese Weise her=
vorgebrachte luftleere Raum nur die durch das Wasserrad aus=
geübte, durch die Reibung der Pumpen aber verminderte Kraft
hätte zurückgeben können. Papin's ursprünglicher Zweck würde
jedoch dadurch erreicht worden sein, der bloß darin bestand, die
Kraft eines Stromes oder eines Wasserfalles auf einen entfern=
ten Punkt überzuleiten. Später versuchte er einen luftleeren
Raum durch entzündetes Schießpulver zu erzeugen, er fand
dieses Mittel aber unzureichend, da so viel Luft unter dem Kol=
ben im Cylinder blieb, daß wenigstens die halbe einem luftleeren
Raum zukommende Kraft verloren gegangen sein würde. „Ich
schlug einen anderen Weg ein, sagt er. Da Wasser, durch Wär=
me in Dampf verwandelt, elastisch wie die Luft wird und nach=
her durch Kälte so vollkommen condensirt werden kann, daß es
keine Elasticität mehr behält, so habe ich es nicht für schwierig
gehalten, Maschinen einzurichten, in welchen durch mäßige
Wärme und mit geringen Kosten Wasser jenen vollkommen luft=
leeren Raum hervorbringen könnte, den man vergebens durch
Schießpulver zu erzeugen versucht hat."

   Papin verfertigte nun das Modell einer Maschine, die
aus einer kleinen Pumpe bestand, in welcher sich ein Kolben be=
wegte. Auf dem Boden des Cylinders unter dem Kolben befand
sich etwas Wasser. Da der Kolben in unmittelbarer Berührung
mit diesem Wasser stand und die atmosphärische Luft dadurch
ausgeschlossen war, so wurde durch ein unter dem Boden des
Cylinders wirkendes Feuer Dampf erzeugt, dessen elastische Kraft
den Kolben bis an den Rand des Cylinders hob. Dann wurde
das Feuer weggenommen, der Cylinder durch die umgebende
Luft abgekühlt, der Dampf verdichtet und wieder in Wasser
verwandelt, wobei in dem Cylinder ein luftleerer Raum entstand,
in welchen der Kolben durch das Gewicht der Atmosphäre hinab=
gedrückt wurde. Durch Wiederanfachen und Auslöschen des
Feuers konnte ein neues Steigen und Fallen des Kolbens be=
wirkt werden, und auf gleiche Weise ließ sich die abwechselnde

Bewegung desselben fortsetzen. Papin beschrieb keine andere Maschine, durch welche diese Eigenschaft praktisch nützlich gemacht werden konnte, aber er sagt im Allgemeinen, daß derselbe Zweck sich durch verschiedene, leicht aufzufindende Formen von Maschinen erreichen lasse.

## 30.

Die Entdeckung des Mittels, einen leeren Raum durch Condensation des Dampfes zu erzeugen, wurde vor 1688 von dem englischen Kapitän Thomas Savery*) von neuem gemacht. Er erhielt in jenem Jahre ein Patent für eine Dampfmaschine zur Hebung von Wasser. Er wollte die von dem Marquis von Worcester angegebene Maschine mit einer Vorrichtung verbinden, um Wasser durch ein Saugwerk in einen durch Verdichtung von Dämpfen erzeugten luftleeren Raum zu bringen. Savery scheint Papin's Schrift**) nicht gekannt zu haben und erzählt den Umstand, welchem er die Entdeckung der Dampfverdichtung verdankte. Er hatte in einem Wirthshause eine Flasche Wein getrunken, schleuderte die leere Flasche gegen das Feuer, und ließ sich dann ein Waschbecken geben, um sich die Hände zu waschen. In der Flasche war ein wenig Wein zurückgeblieben, der in der Nähe des Feuers zu sieden begann, und aus der Oeffnung der Flasche kam Dampf hervor. Savery fiel nun auf den Gedanken, zu versuchen, welche Wirkung entstehen würde, wenn er die Flasche umkehrte und die Mündung derselben in das kalte Wasser tauchte. Er zog einen Handschuh an, faßte die heiße Flasche, und in dem Augenblicke, wo er ihre Mündung in das Waschbecken brachte, drang das Wasser in den Hals der Flasche und füllte sie. (Sieh 21.)

Savery behauptet, dieser Umstand habe ihm sogleich die Möglichkeit gezeigt, durch Erzeugung eines luftleeren Raumes den Druck der Atmosphäre wirksam zu machen. Er glaubte, daß, wenn man, statt auf die gewöhnliche mühsame Art eine Pumpe

---

*) Andere nennen ihn Savary.
**) Recueil des diverses pièces touchant quelques nouvelles machines. Kassel 1695.

auszuleeren, sie zuerst mit Dampf füllte und dann diesen Dampf condensirte, der Druck der Atmosphäre das Wasser aus dem Brunnen in die Pumpe und dann in ein mit ihr verbundenes Gefäß treiben würde, vorausgesetzt, daß ein solches Gefäß nicht mehr als etwa 34 Fuß über dem Wasserspiegel des Brunnens sich befinde. Auch entging es ihm nicht, daß, wenn das Wasser auf diese Höhe gehoben wäre, er die elastische Kraft der Dämpfe auf die von dem Marquis von Worcester beschriebene Weise benutzen könnte, um dasselbe Wasser auf eine noch größere Höhe zu heben, und daß der Dampf, der jene mechanische Wirkung vollendet hätte, durch seine spätere Verdichtung dazu dienen würde, den luftleeren Raum wieder zu erzeugen und noch mehr Wasser heraufzuziehen. Nach diesem Grundsatze baute Savery die erste Maschine, in welcher Dampf zu einer praktischen Wirksamkeit angewendet ward.

# Dritter Abschnitt.

## Savery's und Newcomen's Dampfmaschinen.

### 31.

Die von Savery erfundene Maschine bestand, wie jede andere seitdem gebaute, aus zwei wesentlich verschiedenen Theilen, aus demjenigen, worin der Dampf erzeugt wird, oder dem Kessel, und demjenigen, worin der Dampf als bewegende Kraft angewendet wird.

Der erste dieser Theile bestand in Savery's Vorrichtung aus zwei starken Kesseln, von welchen D und E (Fig. 9.) Durchschnitte geben, dem größeren Kessel D und dem kleineren E. Die Röhren T und T' stehen in Verbindung mit dem wirkenden Apparat, den wir beschreiben wollen. Eine dünne Metallplatte R ist dicht auf den obern Theil des größeren Kessels gelegt, die sich um das Centrum C bewegt, so daß mittels eines bei C außen angebrachten Hebels die Platte R abwechselnd von der Oeffnung einer Röhre auf die Mündung einer andern gebracht werden kann. Dieses sogenannte Schieb=Ventil heißt der Regulator, der die Verbindung zwischen dem Kessel und zwei unten zu beschreibenden Dampfbehältern (Recipienten) abwechselnd öffnet und schließt. Der Hebel, der dieß bewirkt, wird stets durch die Hand des Aufsehers in Thätigkeit gesetzt.

Zwei Röhren G u. G' haben die Bestimmung, die Tiefe des Wassers im Kessel anzugeben. Eine derselben G hat ihre untere Oeffnung ein wenig über der gehörigen Wassertiefe, und die andere G' ein wenig darunter. An den obern Enden GG' sind Hähne angebracht, die man nach Belieben öffnen und schließen

3 *

kann. Der im obern Theile des Keſſels geſammelte Dampf,
der auf die Oberfläche des Waſſers drückt, treibt dieſes in die
Röhren GG′, wenn derén untere Enden eingetaucht ſind.
Wenn bei der Oeffnung der Hähne GG′ Waſſer aus beiden
ſtrömt, ſo iſt zu viel Waſſer in dem Keſſel, da die Mündung
von G unter der Oberfläche deſſelben iſt; ſtrömt aber Dampf
aus beiden, ſo hat der Keſſel zu wenig Waſſer, weil die Mündung von G′ über der Oberfläche ſich befindet. Wenn hingegen Dampf aus G und Waſſer aus G′ ſtrömt, ſo iſt das Waſſer im Keſſel auf dem gehörigen Niveau. Dieſe ſinnreiche Einrichtung, den Waſſerſtand in dem Keſſel zu beſtimmen, iſt Savery's Erfindung und wird in vielen Fällen noch heutiges Tages benutzt.

Die Mündung von G ſollte eigentlich etwas unter ⅓ der
ganzen Tiefe des Keſſels angebracht ſein und die Mündung
von G′ etwas tiefer als ⅔, da es nothwendig iſt, daß beinahe
⅔ des Keſſels immer mit Waſſer gefüllt ſind. Die Röhre J
bildet eine Verbindung zwiſchen dem größeren Keſſel D und
dem kleineren oder dem Speiſekeſſel E, und geht beinahe bis
auf deſſen Boden. Dieſe Verbindung kann nach Belieben durch
den Hahn K geöffnet oder geſchloſſen werden. Eine Proberöhre
wie GG′ geht beinahe bis auf den Boden. Aus dieſem Keſſel
führt eine Röhre F bis zu dem Behälter C (Fig. 10), und es
befindet ſich ein Hahn bei M, welcher, wenn man ihn öffnet, das Waſſer aus dem Behälter in den Speiſekeſſel E fließen läßt und nach der Füllung dieſes Keſſels geſchloſſen wird.
Die Art, wie dieſer Behälter gefüllt wird, ſoll ſpäter be-
ſchrieben werden.

Nehmen wir nun an, der große Keſſel ſei bis zu dem
gehörigen Stande zwiſchen den beiden Proberöhren gefüllt, der
kleinere Keſſel beinahe voll, der Hahn K aber und die Röhren-
hähne GG′ ſollen geſchloſſen ſein. Wird das Feuer unter D
angezündet und das Waſſer zum Sieden gebracht, ſo bildet
ſich Dampf, der durch eine der beiden Röhren TT′ zu der
wirkenden Vorrichtung geführt wird. Iſt das Waſſer in D durch
Verdünſtung unter das Niveau von G′ gekommen, ſo wird
es nothwendig, den Keſſel wieder zu füllen. Es wird zu dieſem

Zwecke ein Feuer unter dem Speiſekeſſel E angezündet, und
der in demſelben über dem Waſſer erzeugte Dampf drückt, da
er keinen Ausgang hat, auf die Oberfläche und treibt das Waſſer in die Röhre J. Wird dann der Hahn K geöffnet, ſo dringt
das ſiedende Waſſer in den großen Keſſel D, in welchen man
es einſtrömen läßt, bis Waſſer aus dem Hahn der Proberöhre
G' fließt. Geſchieht dieß, ſo wird der Hahn K geſchloſſen
und das Feuer unter E ausgelöſcht, bis der große Keſſel wieder gefüllt werden muß. Iſt der Speiſekeſſel E entleert, ſo
wird er aus dem Behälter C (Fig. 10) wieder angefüllt, indem man den Hahn M der Röhre F öffnet.

## 32.

Beſchreiben wir nun die wirkende Vorrichtung, mittels
welcher der Dampf als bewegende Kraft benutzt wird.

Es ſeien VV' (Fig. 10) zwei Dampfbehälter, welche
durch die Röhren TT' (eben ſo bezeichnet in Fig. 9) mit dem
großen Keſſel D verbunden ſind.

Eine Röhre S, die Saugröhre genannt, geht in den
Brunnen oder den Behälter hinab, aus welchem das Waſſer
gehoben werden ſoll, und ſteht mit jedem Dampfbehälter durch
die Röhren DD' und die aufwärts ſich öffnenden Ventile AA'
in Verbindung. Die Dampfbehälter VV' ſtehen mit der Röhre
F durch die aufwärts ſich öffnenden Ventile BB' mittels der
Röhren EE' in Verbindung. Ueber den Dampfbehältern und
auf der Röhre F befindet ſich der bereits erwähnte kleine Waſſerbehälter C, der mit kaltem Waſſer durch die Röhre F gefüllt wird und von deſſen Boden eine mit dem Hahn G endigende Röhre aufſteigt, welche die Condenſationsröhre
heißt und abwechſelnd über jeden Dampfbehälter gebracht werden kann. Aus dem Behälter C geht eine andere Röhre, die
durch den Hahn M (Fig. 9) mit dem Speiſekeſſel in Verbindung ſteht.*)

---

*) Dieſe Röhre iſt in Fig. 11 angegeben, als ob ſie aus der Röhre F
über dem Waſſerbehälter C gehe.

Die Verbindung der Röhren TT' mit dem Dampfkessel
kann abwechselnd durch den Regulator R (Fig. 9) geöffnet
und geschlossen werden.

Man nehme an, alle Dampfbehälter und Röhren seien
mit atmosphärischer Luft gefüllt und der Regulator sei so ge=
stellt, daß die Verbindung zwischen der Röhre T und dem
Kessel offen, die Verbindung zwischen der anderen Röhre T'
und dem Kessel aber geschlossen sei, so wird Dampf durch
T in V strömen. So lange der Dampfbehälter V kalt ist,
wird der Dampf verdichtet werden und auf den Boden und
die Seiten des Gefäßes in Tropfen herabfallen. Der fort=
dauernde Dampfzufluß aus dem Kessel wird endlich dem Ge=
fäße V einen solchen Wärmegrad mittheilen, daß der Dampf
nicht weiter condensirt wird. Mit der in dem Gefäße V ent=
haltenen erhitzten Luft vermischt, wird er eine den atmosphä=
rischen Druck übersteigende elastische Kraft haben und daher
das Ventil B öffnen, aus welchem dann eine Mischung von
Luft und Dampf strömt, bis die Luft aus dem Gefäße V ge=
leert ist und es nichts als reinen Wasserdampf enthält.

Ist dieß geschehen, so werde der Regulator so gestellt,
daß die Verbindung zwischen der Röhre T und dem Kessel
unterbrochen und der weitere Zufluß von Dampf zu dem Ge=
fäße V gehemmt ist. Zugleich werde die Condensationsröhre
G über das Gefäß V gebracht und der Hahn so geöffnet, daß
ein Strom von kaltem Wasser auf dasselbe fließe. Das Ge=
fäß V wird dadurch abgekühlt werden und der darin enthal=
tene Dampf sich condensiren, wodurch ein luftleerer Raum
in dem Gefäße entsteht. Das Ventil B wird durch den at=
mosphärischen Druck verschlossen gehalten. Die elastische
Kraft der Luft zwischen dem Ventil A und der Oberfläche des
Wassers in dem Brunnen oder Wasserbehälter wird A öffnen,
und darauf ein Theil dieser Luft einströmen (siehe 6) und das
Gefäß V füllen. Da nun die Luft in der Saugröhre S ei=
nen weiteren Raum einnimmt, so wird ihre elastische Kraft
verhältnißmäßig vermindert werden (siehe 6) und ihr Druck
nicht länger dem atmosphärischen Drucke auf die äußere Ober=

fläche L\*) des Waſſers im Behälter das Gleichgewicht halten. Dieſer Druck wird daher das Waſſer in der Röhre S hinauf=treiben, bis ſein Gewicht, verbunden mit der elaſtiſchen Kraft der Luft über ihm, mit dem Drucke der Atmoſphäre auf L im Gleichgewichte ſteht. (Siehe 7.) Findet dieß ſtatt, ſo ſteigt das Waſſer nicht mehr.

Nehmen wir nun an, durch Verrückung des Regulators ſei die Verbindung zwiſchen T und dem Keſſel wieder eröffnet, und der Dampf ſtröme wieder in V. Wird der Hahn der Condenſationsröhre G gedreht, ſo wird das Gefäß wieder geheizt wie vorher, die Luft ausgetrieben und ihre Stelle durch Dampf erſetzt. Die Condenſationsröhre wirkt wieder auf das Gefäß V, und da der weitere Zufluß von Dampf un=terbrochen iſt, ſo entſteht ein luftleerer Raum in V, und der atmoſphäriſche Druck auf L treibt das Waſſer durch das Ven=til A in das Gefäß V, das es beinahe anfüllt, doch bleibt über demſelben etwas atmoſphäriſche Luft.

So weit iſt die zur Hebung des Waſſers verwendete mechaniſche Kraft der Druck der Atmoſphäre, und Dampfkraft wird nur zur Erzeugung eines luftleeren Raumes verwendet. Soll nun aber das Waſſer durch die Röhre F höher und über das Niveau des Dampfbehälters gehoben werden, ſo iſt es nöthig, die elaſtiſche Kraft des Dampfes zu benutzen. Das Gefäß V iſt nun beinahe mit dem Waſſer gefüllt, das der Druck der Atmoſphäre hineingetrieben hat. Man verrücke nun noch einmal den Regulator, ſtelle die Verbindung zwi=ſchen der Röhre T und dem Keſſel wieder her, drehe den Hahn der Condenſationsröhre und laſſe den Dampf in V ſtrö=men. Anfänglich wird der Dampf in der Berührung mit der kalten Oberfläche des Waſſers und dem Gefäße condenſirt wer=den; aber dieſes wird bald erwärmt, und das aus dem con=denſirten Dampfe entſtandene Waſſer ſammelt ſich auf der Oberfläche des Waſſers in V, in einer Schicht, welche die Siedehitze hat\*\*). Der nun nicht mehr condenſirte Dampf

---

\*) Nicht in der Figur.
\*\*) Heißes Waſſer, leichter als kaltes, ſchwimmt auf der Oberfläche.

drückt mit feiner elaſtiſchen Kraft auf die Oberfläche des Waſ-
fers, und wenn dieſer Druck den atmoſphäriſchen überſteigt,
wird das Ventil B geöffnet, und das durch daſſelbe ausſtrö-
mende Waſſer geht durch E in die Röhre F, was ſo lange
fortdauert, bis der Dampf das Waſſer aus V ganz vertrieben und deſſen Stelle eingenommen hat.

Der weitere Zufluß des Dampfes durch T wird noch
einmal durch Bewegung des Regulators gehemmt, und wenn
durch die Wirkung der Condenſationsröhre auf das Gefäß V
der darin enthaltene Dampf verdichtet wird, ſo entſteht ein luftleerer Raum. In dieſen treibt, wie vorher, der atmoſphäriſche Druck auf L das Waſſer und V wird gefüllt. Wird
dann die Condenſationsröhre geſchloſſen und Dampf durch T
eingelaſſen, ſo wird das Waſſer in V durch das Ventil B
und die Röhre E in F getrieben werden.

Wir haben den andern Dampfbehälter V' noch nicht berührt. Nach unſerer bisherigen Beſchreibung könnte es ſchei-
nen, er ſei mit atmoſphäriſcher Luft gefüllt, deren Druck auf
das Ventil A' das in der Saugröhre S gehobene Waſſer gehindert habe, hindurch zu gehen. Dieß iſt jedoch nicht der
Fall; denn während der in dem Gefäß V vorgegangenen Wirkungen haben ähnliche in V' ſtatt gefunden, die wir unbe-
rührt gelaſſen haben, um Verwirrung in der Darſtellung zu
vermeiden. Man wird ſich erinnern, daß, nachdem der
Dampf, aus dem Keſſel durch die Röhre T ſtrömend, die Luft
aus V durch B getrieben hat, die Verbindung zwiſchen T
und dem Keſſel unterbrochen iſt. Nun aber öffnet dieſelbe
Bewegung des Regulators, welche jene abſperrt, die Verbindung zwiſchen T' und dem Keſſel, denn das Schieb-Ven-
til R (Fig. 9) iſt von der einen Röhre auf die andere gebracht,
und zu derſelben Zeit läßt man, wie wir bereits bemerkt haben, die Condenſationsröhre auf V wirken. Während nun
durch Condenſation ein luftleerer Raum in V erzeugt wird,
treibt der durch T' gehende Dampf die Luft durch B' aus,
wie wir bereits bei dem andern Gefäß V angegeben haben,
und indem die Luft in S durch A in V hinaufſtrömt und das
in S durch den atmoſphäriſchen Druck auf L' gehobene Waſſer

nachfolgt, wird das Gefäß V' mit Dampf angefüllt und die
Luft gänzlich daraus vertrieben.

Die Verbindung zwischen T und dem Kessel ist nun wie=
der geöffnet, zwischen T' und dem Kessel aber geschlossen,
indem der Regulator R (Fig. 9) von T nach T' gedreht
wurde, während zu gleicher Zeit die Condensationsröhre von
V weggenommen wird und nun auf V' wirkt. Während
der Dampf noch einmal die Luft aus V durch B austreibt,
entsteht durch Condensation ein luftleerer Raum in V', in
welchem das Wasser in S durch das Ventil A' strömt.
Mittlerweile wird V wieder mit Dampf gefüllt. Die Ver=
bindung zwischen T und dem Kessel ist nun unterbrochen, zwi=
schen T' und dem Kessel geöffnet, und die Condensationsröhre,
von V' weggenommen, wirkt auf V. Der Dampf aus dem
Kessel treibt das Wasser in V' durch B' in die Röhre F und
es entsteht ein luftleerer Raum in V, in welchen durch den
atmosphärischen Druck auf L Wasser getrieben wird.

So wird jedes der beiden Gefäße V V' abwechselnd aus
S gefüllt und das Wasser daraus in F getrieben. Derselbe
Dampf, der durch das Austreiben des Wassers aus den bei=
den Gefäßen seine Dienste geleistet hat, wird condensirt und
bringt das Wasser aus S herauf, indem der atmosphärische
Druck wirkt.

Während dieser Wirkungen müssen beständig zwei ab=
wechselnde Bewegungen gemacht werden, zwischen T und dem
Kessel muß die Verbindung offen, zwischen T' und dem Kes=
sel geschlossen sein. Beides bewirkt eine einzige Bewegung
des Regulators. Die Condensationsröhre muß zu gleicher
Zeit von V zu V' in Wirksamkeit gebracht werden, was durch
den auf derselben befindlichen Hebel geschieht. Die Verbin=
dung zwischen T' und dem Kessel muß dann wieder geöffnet,
zwischen T und dem Kessel geschlossen werden, was durch
Rückwärtsdrehen des Regulators bewirkt wird. Die Con=
densationsröhre wird von V' auf V gebracht, indem man den
andern Hebel rückwärts bewegt, und so abwechselnd.

Wir haben, um die Beschreibung deutlicher und über=
sichtlicher zu machen, einige geringe und unwichtige Verän=

derungen in der Stellung der Theile gemacht. Fig. 11 gibt eine Ansicht der Maschine. Die verschiedenen bereits beschriebenen Theile werden sich hier leicht wiedererkennen lassen, da sie mit denselben Buchstaben bezeichnet sind, wie in Fig. 9 und 10.

## 33.

Wollen wir den Werth einer Verbesserung gebührend schätzen, so müssen wir zuerst die Mängel bemerken, welchen sie abhelfen sollte. Savery's Maschine macht dem Geiste ihres Erfinders gewiß hohe Ehre, wenn man bedenkt, wie wenig die Wichtigkeit und die Eigenschaften des Dampfes bekannt waren und auf welcher niedrigen Stufe die Mechanik zu seiner Zeit stand. Sie hatte jedoch bedeutende Mängel und man fand endlich, daß sie für die wichtigsten Zwecke, zu welchen er sie bestimmt hatte, unzureichend war.

Zur Zeit dieser Erfindung war man in den englischen Bergwerken schon in ansehnliche Tiefen gekommen, und die Gewältigung der Wässer war so kostbar und beschwerlich geworden, daß in vielen Fällen die Ausbeute die Kosten des Baues nicht deckte. Die Gewältigung der Wässer war der wichtigste Zweck, den Savery durch seine Dampfmaschine erreichen wollte.

Wir haben dargethan, daß der Druck der Atmosphäre gegen 14 Pfund auf jeden Quadratzoll beträgt. Eine Wassersäule, deren Grundfläche einem Quadratzoll gleich und die 34 Fuß hoch ist, wiegt gegen 14 Pfund. Nehmen wir nun an, es sei in den Dampfbehältern VV' (Fig. 10) ein ganz luftleerer Raum durch Condensation hervorgebracht worden, so würde der atmosphärische Druck auf L das Wasser nicht heben können, wenn der obere Theil jener Gefäße über 34 Fuß hoch wäre. Es ist daher offenbar, daß die Maschine nicht mehr als 34 Fuß über dem Wasser, das sie heben soll, sich befinden kann. Sie kann aber in der That nicht so hoch sein, da in den Dampfbehältern VV' nie ein vollkommen luftleerer Raum erzeugt wird. Wenn Wasser nicht dem atmosphärischen Drucke unterworfen wird, geht es in einer sehr niedri-

gen Temperatur in Dampf über (siehe 17), und es ergab
sich, daß ein Dampf von beträchtlicher Elasticität, ungeachtet der Condensation, in den Gefäßen VV' und der Röhre
S bleiben und das Auffsteigen des Wassers verhindern würde.
Man fand daher, daß man die Maschine, wenn sie von prak-
tischem Nutzen sein sollte, nie höher, als 26 Fuß über das
Niveau des zu hebenden Wassers stellen könnte.

## 34.

Ist das Wasser zu der Maschine gehoben und sind die
Dampfbehälter gefüllt, so muß der Dampf, wenn er über
das Wasser in V gebracht wird, zuerst mit dem atmosphärischen Drucke in Gleichgewicht gesetzt werden, ehe er das
Wasser durch das Ventil B treiben kann. Hier wird daher
ein mechanischer Druck von 14 Pfund auf den Quadratzoll
verwendet, ohne daß Wasser dadurch gehoben würde. Wird
ein zweimal so elastischer Dampf gebraucht, so wird er eine
Säule in F 34 Fuß hoch heben, und wäre die Elasticität des
Dampfes dreimal so groß, so würde er eine Säule von 68 Fuß
heben, welches mit Hinzurechnung von 26 Fuß, die durch
die Atmosphäre gehoben werden, eine Hebung von 94 Fuß
gibt.

Dabei wirkt ein Dampf, der den dreifachen Druck der
Atmosphäre ausübt, auf die innere Oberfläche der Gefäße
VV'. Ein Drittheil dieses Druckes wird aufgewogen durch
den Druck der Atmosphäre auf die äußere Oberfläche der Gefäße, aber noch immer bleibt ein wirklicher Druck von 28 Pfd.
auf den Quadratzoll übrig, der die Gefäße zu zersprengen
droht. Es ergab sich, daß sich keine Einrichtung anbringen
ließ, mehr als so viel mit Sicherheit zu tragen, und eine solche Maschine hob daher in der Wirklichkeit nicht mehr als ungefähr 90 Fuß in senkrechter Höhe. Wollte man daher mittels dieser Maschine Wasser aus einem Bergwerke heben, so
mußte man auf jede Tiefe von 90 Fuß eine aufstellen, so daß
das durch die erste gehobene Wasser in einem Behälter gesammelt ward, aus welchem es eine andere wieder 90 Fuß hoch
hob. Ueberdieß fand man, daß sich diesen Maschinen, nach

einem großen Maßstabe ausgeführt, keine hinlängliche Stärke geben ließ. Sie mußten daher von sehr beschränkten Dimensionen sein und waren nicht im Stande, das Wasser mit hinlänglicher Geschwindigkeit zu heben. Die Nothwendigkeit, mehre Maschinen für verschiedene Wasserhöhen anzulegen, vermehrte bedeutend die Kosten der Anlage.

## 35.

Dieß waren aber nicht die einzigen Mängel von Savery's Maschinen. Sie verbrauchten unermeßlich viel Feuerungsmittel, da weit mehr verschwendet ward, als zur Hebung des Wassers oder zur Erzeugung eines luftleeren Raumes nöthig war. Man wird dieß leicht einsehen, wenn man die von uns beschriebene Wirksamkeit der Maschine betrachtet. Wird der Dampf zuerst aus dem Kessel in die Dampfbehälter VV' eingelassen, um einen luftleeren Raum zu erzeugen, so muß er diese Gefäße bis zur Temperatur des Dampfes selbst erwärmen, denn bis dahin wird der Dampf in dem Augenblicke, wo er in den Behälter strömt, durch die kalte Oberfläche condensirt werden. All diese Hitze, die erfoderlich ist, die Temperatur der Dampfbehälter zu erhöhen, geht daher verloren. Hat das Wasser sich gehoben und die Gefäße VV' gefüllt und strömt nun der Dampf ein, um das Wasser durch BB' in F zu treiben, so wird dasselbe sogleich durch die kalte Oberfläche in VV' condensirt und wirkt nicht eher, bis eine gewisse Menge von heißem, aus condensirtem Dampfe entstandenen Wasser sich auf der Oberfläche des kalten Wassers gesammelt hat, das sich in VV' befindet. So wird abermals Hitze verschwendet.

Wenn der Dampf auf die Oberfläche des Wassers in VV' zu wirken und es niederzudrücken beginnt, so wird die kalte Oberfläche des Gefäßes allmählig dem Dampfe ausgesetzt und muß erhitzt werden, während der Dampf zu wirken fortfährt, und ist das Wasser nun aus dem Gefäße getrieben, so ist das Gefäß selbst bis zu der Temperatur des Dampfes erwärmt, der es füllt; die ganze dazu gebrauchte Hitze wird durch die nachfolgende Condensation verschwendet.

So ist es offenbar, daß der Dampf, welcher gebraucht wird, das Wasser in F zu treiben und einen luftleeren Raum zu erzeugen, nicht in gehörigem Verhältnisse steht zu demjenigen, was zur Erwärmung des Apparats nach der Condensation gebraucht wird.

## 36.

Noch ein anderer Umstand vermehrt den Verbrauch der Feuerungsmittel. Das Wasser wird durch B getrieben, nicht bloß gegen den atmosphärischen Druck, sondern auch gegen eine Wassersäule von 68 Fuß. Es ist daher ein Dampf von 42 Pfund Druck auf den Quadratzoll nöthig, und das Wasser in dem Kessel muß daher unter diesem Drucke zum Sieden gebracht werden. Soll dieß bewirkt werden, so ist es nöthig, das Wasser zu einer Temperatur von weit mehr als 80° R. zu bringen (siehe 17), und es muß daher der Kessel stärker erhitzt werden. Abgesehen von den andern Mängeln, würde durch diese starke Hitze der Apparat nach und nach verderbt und zerstört.

Savery wollte seine Dampfmaschine außer der Gewältigung der Grubenwässer noch zu vielen andern Zwecken benutzen, z. B. Städte mit Wasser zu versehen, Wasserkünste in Gärten zu unterhalten, Mühlen zu treiben. Es war der erste, der die Wirkungskraft einer Dampfmaschine mit Beziehung auf die Kraft von Pferden anzugeben versuchte. Bei dieser Vergleichung nahm er jedoch an, daß jedes Pferd täglich 8 Stunden arbeite, während die Maschine 24 Stunden wirkt. Wir werden später auf diese Art der Kraftvergleichung zurückkommen.

## 37.

Als Savery's Maschine zur Gewältigung der Grubenwässer unzureichend gefunden wurde, die bedeutenden in Bergwerken angelegten Kapitale aber die Erreichung jenes Zweckes nothwendig machten, und der Ertrag jährlich sank, so strengte die Erfindungskraft sich an, Mittel zu finden, um die in Savery's Dampfmaschine liegende Kraft praktisch nützlich machen.

Unter andern richteten Thomas Newtomen, ein Schmied in Darmouth und Johann Cawley, ein Glaser in demselben Orte, ihre Aufmerksamkeit auf diesen Gegenstand.

Wie es scheint, kehrte Newcomen wieder zu der alten Art zurück, das Wasser in den Gruben durch gewöhnliche Pumpen zu heben, wollte aber diese Pumpen durch eine wohlfeilere bewegende Kraft als Pferdeskräfte in Thätigkeit setzen. Er wählte zu diesem Zwecke das Mittel, die Pumpenstange D (Fig. 12) durch eine Kette an das obere kreisförmige Ende A des Hebels AB, der sich auf der Achse C bewegt, zu befestigen. Das andere kreisförmige Ende jenes Hebels B war durch eine Kette mit der Stange E des Kolbens P verbunden, der sich luftdicht in dem Cylinder F bewegte. Der Hebel wird der Balancier genannt. Wenn ein luftleerer Raum unter dem Kolben erzeugt wird, so drängt der auf ihn wirkende atmosphärische Druck mit einem Gewicht von 14 Pfund auf den Quadratzoll ihn hinab, und während das Ende A des Balanciers sich hebt, wird die Pumpenstange D hinaufgezogen. Wirkt ein dem atmosphärischen gleicher Druck unter dem Kolben, um dem abwärts gerichteten Druck das Gleichgewicht zu halten, so wird der Kolben hinsichtlich des Steigens und Fallens in einem indifferenten Zustande sein, und ist in diesem Falle die Stange D schwerer als der Kolben und seine Stange, um die Reibung zu überwinden, so wird sie niedergehen und den Kolben wieder bis an den Rand des Cylinders heben. Wird abermals ein luftleerer Raum erzeugt, so geht der Kolben wieder hinab und die Pumpenstange hebt sich, und so wirkt die Maschine ununterbrochen.

Dieß war Newcowen's erste Idee der atmosphärischen Maschine, und die Erfindung erschien auf den ersten Blick sehr empfehlungswerth. Die Wirkungskraft einer solchen Vorrichtung beruhte gänzlich auf der Größe des Kolbens, und da hier nicht ein stark elastischer Dampf gebraucht wurde, so war die Maschine nicht in Gefahr, durch die zerstörende Hitze zu leiden, welche bei Savety's Erfindung nöthig war. Ward ein vollkommen luftleerer Raum unter dem Kolben in dem Cylinder erzeugt, so erhielt man einen wirksamen, abwärts gehenden Druck, der funfzehnmal so viel Pfunde beträgt, als ein Abschnitt des Kolbens Quadratzolle hat.*) Hätte daher die Grundfläche des Kolbens 100 Quadratzolle, so würde ein Druck von 1500 Pfund erlangt werden.

## 38.

Sollte die Maschine ihren Zweck erreichen, so war zweierlei nöthig: 1) einen vollkommen luftleeren Raum unter dem Kolben zu erzeugen, um den Niedergang desselben zu bewirken, 2) ein Gegengewicht des atmosphärischen Druckes bei dem Aufsteigen zu finden.

Die Condensation des Dampfes zeigte sich als das wirksamste Mittel zur Erfüllung der ersten Bedingung, und die elastische Kraft desselben Dampfes vor der Condensation als ein Mittel, die zweite zu erfüllen. Es blieb nun für die Ausführung des Zweckes nichts mehr übrig, als Mittel zur abwechselnden Einströmung und Condensation des Dampfes aufzufinden. Newcowen und Cawley erhielten im Jahre 1705 ein Patent, an welchem aber Savery Antheil hatte, weil das Prinzip der Condensation, auf welches ihm früher ein Patent war ertheilt worden, zur Ausführung der neuen Maschine nöthig war.

Wir wollen nun die von Newcomen im Jahre 1711 zuerst aufgestellte Maschine beschreiben. Der Kessel K steht auf dem Feuerherd J, dessen Flamme den Boden des Kessels von allen Seiten umspielen kann. In dem Deckel desselben, der die Gestalt einer Halbkugel hat, befinden sich zwei Proberöhren GG', wie bei Savery's Maschine, und ein Ventil V, das sich aufwärts öffnet und mit einem Pfunde auf den Quadratzoll belastet ist, so daß, wenn der in dem Kessel erzeugte Dampf den atmosphärischen Druck um mehr als ein Pfund

---

*) Da die Berechnung der Wirkungskraft einer Dampfmaschine von der Zahl der Quadratzolle des Kolben-Abschnittes abhängt, so wird es nützlich sein, eine Formel zur Berechnung der Quadratzolle in einer Kreisoberfläche zu geben. Man multiplicire die Zahl der Zolle des Durchmessers mit sich selbst, theile das Produkt durch 14, multiplicire den Quotienten mit 11, und das Ergebniß wird die Zahl der Zolle in dem Kreise sein.

auf den Quadratzoll übersteigt, das Ventil V sich hebt und
der Dampf durch dasselbe ausströmt und auszuströmen fortfährt,
bis der Druck hinlänglich vermindert ist, worauf das Ventil
sich wieder schließt. Die große Dampfröhre S führt den Dampf
aus dem Kessel in den Cylinder, und eine Speiseröhre T, die
mit einem nach Belieben zu öffnenden und zu schließenden Hahn
versehen ist, geht aus dem Wasserbehälter L zu dem Kessel.
Durch diese Röhre kann der Kessel wieder mit Wasser gefüllt
werden, so bald der Hahn der Proberöhre G' anzeigt, daß
die Oberfläche des Wassers im Kessel unter demselben steht.
Dem Behälter L wird heißes Wasser durch Mittel zugeführt,
die wir näher beschreiben werden.

### 39.

Um den Mechanismus zu begreifen, der den Kolben in
Thätigkeit setzt, müssen wir sehen, wie der Dampf zugeführt
und condensirt wird. Wenn der Kolben durch den gegen einen luftleeren Raum wirkenden atmosphärischen Druck auf den
Boden des Cylinders hinabgedrängt worden ist, so muß, um
diesem Druck ein Gegengewicht zu geben und das Aufziehen
des Kolbens durch das Gewicht der Pumpenstange möglich zu
machen, Dampf aus dem Kessel eingelassen werden. Dieß
geschieht durch die Oeffnung des Hahns R in der Dampfröhre
S. Wenn der Dampf auf diese Weise aus dem Kessel eingeströmt ist, hält der Druck desselben der Wirkung der Atmosphäre auf den Kolben das Gleichgewicht, und dieser wird alsbald durch das Gewicht der Pumpenstange D zum Rande des
Cylinders hinaufgezogen. Der Dampf muß dann condensirt
werden, um einen luftleeren Raum zu erzeugen. Zu diesem
Zwecke wird der weitere Zufluß des Dampfes unterbrochen,
was durch das Verschließen des Hahns R geschieht. Ist der
Zufluß des Dampfes aus dem Kessel gehemmt, so muß kaltes
Wasser auf die äußere Oberfläche des Cylinders wirken, um
den in demselben enthaltenen Dampf zu condensiren. In dieser
Absicht ist der Cylinder in einen andern eingeschlossen*) und

---

*) Der äußere Cylinder ist in der Figur nicht angegeben.

zwiſchen beiden befindet ſich ein freier Raum, in welchen durch den über ihm befindlichen Hahn M kaltes Waſſer fließt, das eine aus dem Behälter N kommende Röhre zuführt. Dieſer Behälter erhält ſein Waſſer durch die Pumpe O, welche durch die Maſchine ſelbſt mittels des über derſelben befindlichen Hebels in Thätigkeit geſetzt wird.

Das aus M zufließende kalte Waſſer zwiſchen den beiden Cylindern entzieht die Wärme dem innern Cylinder, und indem der Dampf condenſirt wird, entſteht ein luftleerer Raum, in welchen der Kolben alsbald durch den atmoſphäriſchen Druck hinabgetrieben wird. Ehe nun der nächſte Niedergang des Kol= bens erfolgen kann, muß das zwiſchen den Cylindern befind= liche Waſſer, das durch die dem Dampfe entzogene Wärme erhitzt worden iſt, weggeſchafft werden, um einem friſchen Zufluſſe von kaltem Waſſer aus M Raum zu geben. In dem Boden des Cylinders befindet ſich eine mit einem Hahn ver= ſehene Oeffnung, durch welche das Waſſer in den Behälter L abgelaſſen wird, und da es warm iſt, kann es durch T dem Keſſel als Zufluß zugeführt werden.

Der Hahn R wird nun wieder geöffnet und Dampf unter den Kolben eingelaſſen, der nun wie vorher aufſteigt. Der Niedergang wird durch Oeffnung des Hahns M bewirkt, der kaltes Waſſer zwiſchen die Cylinder einſtrömen läßt, wodurch der Dampf unter dem Kolben condenſirt wird. Der nun con= denſirte, in Waſſer verwandelte Dampf ſammelt ſich auf dem Boden des Cylinders und widerſteht dem Niederſteigen des Kolbens. Es iſt daher nothwendig, ihm einen Ausgang zu ver= ſchaffen, was durch ein Ventil geſchieht, das ſich auswärts in eine Röhre öffnet, die in den Behälter L geht, in welchen der condenſirte Dampf getrieben wird. Es war nothwendig, über den Kolben ſtets Waſſer ſtrömen zu laſſen, um ihn luft= dicht zu erhalten, und dazu diente ein Hahn, der Waſſer aus der Röhre M auf den Kolben fließen ließ.

## 40.

Bald nach der erſten Zuſammenſtellung dieſer Maſchine kam Newcomen durch einen zufälligen Umſtand auf ein weit besseres Mittel, den Dampf zu condensiren, als die Zuleitung von Wasser auf die äußere Oberfläche des Cylinders war. Er bemerkte eine Maschine, die mehre Hebungen mit ungewöhn= licher Schnelligkeit bewirkte und ohne regelmäßigen Zufluß von condensirendem Wasser. Als er den Kolben untersuchte, fand er ein Loch in demselben, durch welches das Wasser, das hineingegossen wurde, um ihn luftdicht zu erhalten, abfloß und dann sogleich den darunter befindlichen Dampf condensirte. Dieß veranlaßte Newcomen, den äußeren Cylinder aufzuge= ben. Er führte die mit einem Hahn Q versehene Röhre H in den Boden des Cylinders, so daß bei der Umdrehung des Hahnes der Druck des Wassers in der Röhre H durch den Was= serstand in dem Behälter N, einen Wasserstrahl in den Cylin= der treiben und dadurch augenblicklich den Dampf condensiren mußte. Diese Art der Condensirung mittels der Einspritzung war eine wichtige Verbesserung der Maschine und wird noch angewendet.

### 41.

Wir haben eine allgemeine Uebersicht aller Theile der Maschine gegeben, und betrachten nun ihre Wirkungen. Wenn die Maschine nicht arbeitet, zieht das Gewicht der Pumpen= stange D den Hebel A nieder und hebt den Kolben bis zum oberen Theile des Cylinders, wo er bleibt. Nehmen wir an, alle Hähne und Ventile seien geschlossen und der Kessel sei ge= hörig gefüllt. Ist das Feuer unter demselben angezündet, so wird das Wasser erhitzt, bis der Dampf im Stande ist, das Ventil V zu heben. Nun wird das Ventil R, der Re= gulator, geöffnet. Der Dampf strömt ein und wird anfäng= lich in dem kalten Cylinder condensirt. Nach einiger Zeit er= hält der Cylinder die Temperatur des Dampfes, der nun nicht mehr condensirt wird und sich mit der Luft vermischt, die den Cylinder füllte. Der Dampf und die erhitzte Luft, die eine größere Kraft haben, als der Druck der Atmosphäre, öffnen nun ein Ventil am Ende X einer kleinen Röhre in dem Boden des Cylinders. Aus diesem auswärts sich öffnenden Ventil, wel= ches das Blase=Ventil heißt, dringen Dampf und Luft

in einem beständigen Strome, bis alle Luft ausgetrieben und
der Cylinder mit reinem Wasserdampfe angefüllt ist.

Soll die Arbeit der Maschine beginnen, so schließt der
Werkmeister den Regulator R und hemmt dadurch den Dampf=
zufluß aus dem Kessel. Zu gleicher Zeit öffnet er das Ein=
spritz=Ventil H*), wodurch kalte Wasserstrahlen in den Cy=
linder gebracht werden. Der in diesem enthaltene Dampf
wird sogleich condensirt und ein luftleerer Raum erzeugt. Die
atmosphärische Luft kann nicht in das auswärts sich öff=
nende Blase=Ventil dringen und den luftleeren Raum ver=
derben. Sind jene Vorkehrungen getroffen, so beginnt der
atmosphärische Druck auf den Kolben zu wirken und treibt ihn
in den Cylinder hinab. Ist der Kolben auf dem Boden des
Cylinders, so schließt der Werkmeister das Ventil H und öff=
net den Regulator. Dadurch wird das Einspritzen in den
Cylinder gehemmt und der Dampf aus dem Kessel eingelassen.
Die erste Wirkung des Dampfes ist, das Condensationswas=
ser und den condensirten Dampf, die sich auf dem Boden des
Cylinders gesammelt haben, durch die Röhre Y auszutrei=
ben, welche ein auswärts sich öffnendes Ventil hat, das
Ausführ=Ventil heißt und zu dem warmen Wasserkasten
L führt, in welchen das Wasser sich ergießt.

Wird der durch R eingeströmte Dampf nicht mehr con=
densirt, so hält er dem Drucke der Atmosphäre über dem Kol=
ben das Gleichgewicht, und der Kolben wird durch das Ge=
wicht der Stange D in dem Cylinder hinaufgezogen. Dieses
Aufsteigen des Kolbens wird auch durch den Umstand unter=
stützt, daß der Dampf etwas stärker als die Atmosphäre ist.

Hat der Kolben den Obertheil des Cylinders erreicht, so
wird der Regulator R geschlossen, das Einspritz=Ventil ge=
öffnet und ein neues Niedersteigen des Kolbens bewirkt.

Die Handhabung der Maschine bestand daher in dem
abwechselnden Oeffnen und Schließen zweier Ventile, des
Regulators und des Einspritz=Ventils. Kam der Kolben bis
an den Obertheil des Cylinders, so wurde jenes geschlossen und

---

*) Auch Condensations=Ventil genannt.

dieſes geöffnet, kam er auf den Boden, ſo wurde jenes ge=
öffnet und dieſes geſchloſſen.

## 42.

Selbſt ein eifriger Aufſeher konnte der Behandlung
jener Ventile nur eine ſo unvollkommne Aufmerkſamkeit
widmen, daß die Wirkung der Maſchine ſehr unregelmä=
ßig und die Verſchwendung der Feuerungsmittel bedeutend
war, bis ein bei der Maſchine angeſtellter Knabe, Hum=
phrey Potter, dem die einförmige Behandlung der Ven=
tile zu langweilig war, ein Mittel fand, die Oeffnung
und Schließung derſelben durch den Mechanismus des Wer=
kes ſelbſt bewirken zu laſſen, eine der wichtigſten Verbeſſe=
rungen, durch welche nicht nur der aus der Nachläſſigkeit der
Aufſeher entſtandene unregelmäßige Gang der Maſchine ver=
mieden, ſondern auch die Schnelligkeit ihrer Wirkung ver=
doppelt wurde. Potter band Schnüre an die Hebel, welche
die Ventile hoben, und führte ſie zu dem Balancier, an wel=
chem er ſie dergeſtalt befeſtigte, daß derſelbe, wenn er ſich
hob und ſenkte, die Schnüre anzog und die Ventile mit der
größten Regelmäßigkeit und Genauigkeit öffnete und ſchloß.
Dieſe Erfindung wurde ſpäter von Beighton zu Newcaſtle
ſehr verbeſſert, indem er an dem Balancier eine gerade
Stange anbrachte, welche Zapfen hatte, die bei dem Auf=
und Niederſteigen des Balanciers die an den Ventilen befe=
ſtigten Hebel ergriffen und ſie im rechten Augenblicke öffneten
und ſchloſſen.

Die ſo verbeſſerte Maſchine erfoderte keine andere Auf=
ſicht, als daß der Keſſel zuweilen mittels des Hahns T ge=
ſpeiſt und der Feuerherd beſorgt werden mußte.

# Vierter Abschnitt.

## Würdigung der atmosphärischen Maschine.
## Watt's Erfindungen.

### 43.

Die im vorigen Abschnitte beschriebene atmosphärische Maschine hatte in praktischer Beziehung bedeutende Vorzüge vor Savery's Erfindung, und auch noch in unsern Tagen wird sie nicht selten in Gegenden gebraucht, wo Feuerungsmittel häufig und wohlfeil sind, da die Anschaffungskosten weit weniger betragen, als bei neuern Maschinen. Der niedrige Druck des Dampfes, den sie fodert, machte den Gebrauch der atmosphärischen Maschine ganz sicher, da hier nur ein Druck von einem Pfunde auf den Quadratzoll statt findet, während bei Savery's Maschine der Druck auf 30 Pfund stieg. Die Temperatur des Dampfes, die nicht über 82° R. stieg, konnte die Maschine weder abnutzen noch zerstören, wogegen Savery's Maschine, die einen Dampf, bei einer Temperatur von 115° R. entwickelt, verlangte, in kurzer Zeit nicht mehr fähig war, den Druck zu ertragen. Ueberdieß hatte Savery's Maschine nur eine sehr beschränkte Wirkungskraft, sowohl in Beziehung auf die Menge des Wassers, das sie hob, als auf die Höhe, zu welcher sie es brachte. (Siehe 34.) Die atmosphärische Maschine hatte dagegen keine Gränze als die Dimensionen des Kolbens. Bei der Schätzung der Kraft dieser Maschinen kann man jedoch nicht den vollen atmosphärischen Druck als wirksame Kraft annehmen. Das Condensationswasser, das mit dem condensirten

Dampfe sich vermischt, setzt eine Menge von heißem Wasser
auf dem Boden des Cylinders ab, welches, da es dem at=
mosphärischen Drucke nicht unterworfen ist, einen Dampf er=
zeugt, der den Niedergang des Kolbens hindert. Die Er=
fahrung lehrt, daß wenigstens 3 Pfund auf den Quadratzoll
für den Widerstand dieses Dampfes, und ein Pfund auf den
Quadratzoll für die Reibung u. s. w. in Rechnung gebracht
werden müssen, so daß man die wirkliche Kraft findet, wenn
man diese 4 Pfund von dem atmosphärischen Drucke abzieht,
und diesen zu 14 Pfund gerechnet, bleibt eine Wirkungskraft
von 10 Pfund auf den Quadratzoll übrig. Dieß ist jedoch
wohl über das gewöhnliche Ergebniß.

Ein anderer Vorzug der atmosphärischen Maschine ist
die Leichtigkeit, mit welcher sie benutzt werden kann, Ma=
schinenwerk mittels des Balanciers in Bewegung zu setzen.

Der Vorzug dieser Maschine als einer Erfindung ist haupt=
sächlich in ihrem Mechanismus und ihren Combinationen zu
suchen. Wir finden hier keine Anwendung eines neuen Prin=
zips; die Wirkung des atmosphärischen Druckes auf einen
vollkommen oder unvollkommen luftleeren Raum war längst
bekannt. Die Erzeugung eines luftleeren Raumes durch Con=
densation des Dampfes hatten Papin und Savery angegeben
und dieser hatte sie praktisch benutzt. Die mechanische Wirkungs=
kraft, die sich aus dem unmittelbaren Drucke der elastischen
Kraft des Dampfes herleiten ließ, war von dem Marquis
von Worcester bestimmt angegeben worden und selbst vor seiner
Zeit nicht unbekannt; der Kessel, die Proberöhren, der Re=
gulator der atmosphärischen Maschine, waren offenbar von
Savery's Erfindung entlehnt. Die Idee, einen Kolben in ei=
nem Cylinder mittels des Drucks der Atmosphäre gegen einen
unter demselben befindlichen luftleeren Raum wirken zu lassen,
hatte der sinnreiche deutsche Naturforscher Otto von Guerike,
der Erfinder der Luftpumpe, und später Papin angegeben, und
der Gebrauch eines Balanciers konnte auch nicht unbekannt
gewesen sein. Newcowen erwarb sich dessen ungeachtet kein
geringes Verdienst durch die sinnreiche Vereinigung dieser zer=
streuten Prinzipien. „Der von ihm erfundene Mechanismus —

sagt Tredgold — zeigt den ganzen Unterschied zwischen einer
wirksamen und unwirksamen Maschine, und ist billig höher zu
schätzen als die zufällige Entdeckung eines neuen Prinzips." 
Die schnelle Condensation des Dampfes durch Einspritzung von
Wasser, die Vorrichtung, den Cylinder nach jedem Kolbenhub
von Luft und Wasser zu befreien, sind zwei früher nicht ge=
bräuchliche Erfindungen, die für die Wirkungskraft der Ma=
schine wesentlich sind, und das Verdienst derselben gebührt
allein Newcowen und seinen Gehilfen.

## 44.

Newcomen erhielt sein Patent im Jahre 1705 und Pa=
pin gab 1707 seine Schrift unter dem Titel: Neue Vor.
richtung Wasser durch Feuer zu heben*) heraus. Er
beschreibt darin eine Dampfmaschine, die hier kaum Erwähnung
verdiente, wenn nicht über die Ansprüche verschiedener Völker
auf einen Antheil an der Erfindung der Maschine Streit ent=
standen wäre. Seine Schrift erschien neun Jahre nach Sa=
very's Patent, und er gesteht selber, daß er die Erfindung
des Engländers gekannt habe. Zwei Jahre früher hatte New=
comen sein Patent erhalten. Hören wir, wie Papin seine Ma=
schine beschreibt. Ein ovaler Kessel A (Fig. 13) wird auf un=
gefähr ⅔ seines Inhalts mit Wasser angefüllt, das durch ein
Ventil B auf dem oberen Theile eingelassen wird, welches sich
aufwärts öffnet und durch einen Hebel mit einem Schiebgewicht
niedergehalten wird. Der Druck auf das Ventil wird geregelt,
indem das Gewicht zu oder von B bewegt wird. Der Kessel ist
mit dem Cylinder C verbunden durch eine mit einem Hahn D ver=
sehene Heber=Röhre. Der Cylinder C hat auf dem oberen Theile
ein Ventil F, durch ein Gewicht geschlossen wie B, und eine
Röhre mit einem Hahn G, der sich in die Atmosphäre öffnet.
In dem Cylinder befindet sich ein hohler kupferner Kolben H,
der sich frei in demselben bewegt und auf dem Wasser schwimmt.
Eine andere Röhre bildet eine Verbindung zwischen dem Bo=

---

*) Ars nova ad aquam ignis adminiculo efficacissime elevandam. —
Kassel 1707.

den jenes Cylinders und dem Boden eines verschlossenen cylindrischen Gefäßes I, das Luftgefäß genannt. Diese Röhre
hat ein aufwärts sich öffnendes Ventil K und eine in einen
Trichter sich endigende Röhre, die mit einem nach unten sich
öffnenden Ventil L versehen ist. Aus dem untern Theile des
Luftgefäßes geht eine Röhre mit einem Hahn M, die bis zu
jeder Höhe, auf welche das Wasser gehoben werden soll, sich
verlängern läßt. Wird nun Wasser in den Trichter gegossen,
so geht es durch das nach unten sich öffnende Ventil L, füllt
die Röhre, steigt in den Cylinder C, hebt den schwimmenden
Kolben auf seine Oberfläche und behält dieselbe Höhe in C, die
es in dem Trichter hat. Auf diese Weise kann der Cylinder C
bis zu der Höhe des Trichterrandes gefüllt werden. Dabei
muß der Hahn G geöffnet bleiben, um der Luft einen Ausgang
zu lassen, wenn das Wasser steigt. Nehmen wir an, es werde
Feuer unter dem Kessel angezündet und Dampf erzeugt. Öffnet man nun den Hahn D und schließt G, so wird der Dampf
durch die den Kessel und den Cylinder verbindende Röhre in
den obern Theil des Cylinders strömen, den schwimmenden
Kolben niederdrücken und das Wasser in die untere Röhre treiben. Da der Durchgang bei dem Ventil L, das sich nach
unten öffnet, gesperrt ist, so öffnet das Wasser das Ventil K
und geht in das Luftgefäß I. Ist der Kolben H auf den Boden des Cylinders hinabgedrückt, so wird der Hahn D geschlossen, G aber geöffnet, und der Dampf geht in die Atmosphäre über. Der Cylinder wird dann aus dem Trichter
wieder gefüllt, wie vorher, und hat man den Hahn G geschlossen und D geöffnet, so wird die Arbeit fortgesetzt und mehr
Wasser in das Luftgefäß I getrieben.

Während dieß geschieht, wird die ursprünglich in jenem
Gefäße befindliche Luft in dem Raume über dem Wasser zusammengedrückt, und ihre elastische Kraft genau in demselben Verhältnisse vermehrt, als ihr Rauminhalt sich vermindert. (Siehe
6.) Nehmen wir nun an, die Hälfte des Gefäßes I sei mit
dem hineingetriebenen Wasser angefüllt worden, so hat die über
dem Wasser befindliche Luft, da sie auf die Hälfte ihres Volumens gebracht ist, eine doppelte elastische Kraft erhalten, und

drückt daher auf die Oberfläche des Wassers mit dem doppelten Gewicht der Atmosphäre. Sind ⅔ des Gefäßes mit Wasser gefüllt, so wird die Luft in ⅓ des Rauminhaltes zusammengedrückt und liegt auf der Wasseroberfläche mit dreifachem Atmosphärendruck. Wird nun der Hahn M geöffnet, so wird der Druck der condensirten Luft das Wasser in die Röhre N hinauftreiben, und es wird fortfahren zu steigen, bis die Wassersäule dem Drucke der Luft das Gleichgewicht hält. Ist das Gefäß I, wenn sich das Wasser in den Röhren hält und der Hahn M offen ist, zur Hälfte mit Wasser gefüllt, so wird die Höhe der Wassersäule in N 34 Fuß sein, weil 34 Fuß Wasser dem Druck der Atmosphäre gleich sind, und rechnet man den atmosphärischen Druck hinzu, so erhält man einen Gesammtdruck von zwei Atmosphären, der dem Drucke der auf die Hälfte des Rauminhalts zusammengepreßten Luft in I das Gleichgewicht hält. Sind ⅔ mit Wasser gefüllt, so wird eine Säule von 68 Fuß in N getragen werden, denn eine solche Säule, verbunden mit dem auf ihr lastenden atmosphärischen Drucke, gibt einen Gesammtdruck, dreimal so groß, als der atmosphärische, gegen die in I auf ⅓ ihres ursprünglichen Rauminhalts zusammengedrückte Luft.

Diese Maschine verliert, da sie das Prinzip der Condensation nicht benutzt, 26 Fuß in der senkrechten Hubhöhe. Ueberhaupt steht sie in jeder Beziehung unter Savery's und Newcomen's Maschinen.

### 45.

Seit Newcomen seine atmosphärische Maschine gebaut hatte, verfloß beinahe ein halbes Jahrhundert, ohne daß ein wichtiger Schritt zur Verbesserung der Dampfmaschinen geschehen wäre. Während dieser Zeit hatte der berühmte S m e a t o n auf die Verhältnisse der Theile der atmosphärischen Maschine besondere Aufmerksamkeit gerichtet und sie zu so hoher Vollkommenheit gebracht, als sie nach dem Prinzip, auf welchem sie beruhte, erreichen zu können schien und seitdem erreicht hat.

J a k o b  W a t t, ein in der Geschichte der Mechanik hochberühmter Name, begann im Jahre 1763 seine Versuche über

die Elasticität des Dampfes. Er war 1736 zu Greenoch in
Schottland geboren und kam im sechzehnten Jahre als Lehrling
zu einem Verfertiger mathematischer Instrumente, bei welchem
er vier Jahre blieb. Darauf ging er nach London, wo er sei=
nem Fache sich zu widmen fortfuhr, bis der geschwächte Zu=
stand seiner Gesundheit ihn nöthigte, nach Schottland zurückzu=
kehren. Er ließ sich in Glasgow nieder, um sein Gewerbe zu
treiben, und wurde 1757 von der dortigen Universität ange=
stellt. Dieß führte zu einer Bekanntschaft mit dém berühmten
Robison, der damals in Glasgow studirte und Watt's Aufmerk=
samkeit auf die Dampfmaschine lenkte. Bei seinen ersten Ver=
suchen gebrauchte er Dampf von höhem Drucke; die Gefahr
aber, den Kessel zu zersprengen, die Schwierigkeit, die Fugen
luftdicht zu erhalten, und andere ungünstige Umstände bewogen
ihn, seine Forschungen zu jener Zeit aufzugeben.

## 46.

Im Winter 1763 erhielt Watt den Auftrag, das Mo=
dell einer atmosphärischen Maschine, das der Universität ge=
hörte, auszubessern, und dieß veranlaßte ihn, seine Aufmerk=
samkeit der Dampfmaschine wieder zuzuwenden. Er fand den
Verbrauch des Dampfes, als er mit diesem Modell einen Ver=
such machte, so groß, daß er vermuthete, es möchte weit mehr
davon verschwendet werden, als zu dem Spiele des Kolbens er=
foderlich wäre. Sein erster Schluß war, der Stoff, woraus
der Cylinder bestand, Messing, möchte ein zu guter Wärmelei=
ter sein und daburch viel Wärme verloren gehen. Er machte
nun einige Versuche mit hölzernen Cylindern, die er mit Leinöl
tränkte, gab aber diesen Gedanken bald wieder auf. Weitere
Erwägungen überzeugten ihn, daß eine ungeheure Dampfver=
schwendung aus dem Prinzip der atmosphärischen Maschine
selbst hervorgehe. Man wird dieß leicht einsehen. Hat der
Dampf den Cylinder so weit gefüllt, daß er dem Drucke der At=
mosphäre auf den Kolben das Gleichgewicht hält, so muß der
Cylinder die Temperatur des Dampfes selbst haben. Bei dem
Einströmen des condensirenden Wassers bildet der mit diesem
Wasser sich verbindende Dampf eine Masse von heißem Wasser

auf dem Boden des Cylinders. Dieses Wasser, das nicht dem atmosphärischen Drucke unterworfen ist, siedet unter einer sehr niedrigen Temperatur und erzeugt einen Dampf, welcher dem Niedergang des Kolbens widersteht. Die Hitze des Cylinders selbst unterstützt diese Wirkung, und es war zur Erzeugung eines leidlich vollkommen luftleeren Raumes nöthig, so viel Conden=sationswasser einströmen zu lassen, als hinlänglich war, um die Temperatur des Wassers in dem Cylinder unter 30° R. zu bringen, und folglich den Cylinder selbst bis auf diese Tempe=ratur abzukühlen. Unter diesen Umständen fand der Nieder=gang des Kolbens sehr wenig Widerstand von dem in dem Cy=linder befindlichen Dampfe; aber bei dem nachfolgenden Auf=steigen des Kolbens trat eine unermeßliche Dampfverschwen=dung ein, denn der unter den Kolben gebrachte Dampf ward augenblicklich durch den kalten Cylinder und das Condensations=wasser condensirt, und dieß dauerte fort, bis der Cylinder wie=der auf 80° R. erwärmt war, ein Wärmegrad, den der ganze Cylinder erreichen mußte, ehe das Aufsteigen vollendet werden konnte. Hierin also lag eine auffallende Ursache der großen Wärmeverschwendung. Bei jedem Niedergange des Kolbens sollte der Cylinder auf 30° abgekühlt, und bei jedem Aufstei=gen wieder auf 80° erwärmt werden. Es war daher die Frage, ob die durch den vollkommner luftleeren Raum erlangte Kraft der Verschwendung von Feuerungsmitteln angemessen wäre, die zur Erzeugung dieses luftleeren Raumes erfodert wurden, und es erschien im Ganzen vortheilhafter, den Cylin=der nicht bis zu einer so niedrigen Temperatur abzukühlen, und folglich mit einem sehr unvollkommen luftleeren Raum und einer verminderten Kraft zu arbeiten.

Watt erkannte nun, daß bei dieser Maschine nur zwei Fälle möglich waren, sie mußte entweder viel oder wenig Con=densationswasser gebrauchen. Wenn sie viel gebrauchte, so war der luftleere Raum vollkommen, aber dann wurde der Cy=linder abgekühlt und es mußte sehr viel Feuerung verschwendet werden, um ihn zu erwärmen. Wurde hingegen wenig ge=braucht, so blieb ein Dampf zurück, der dem Niedergange des Kolbens widerstehen und der Atmosphäre einen Theil ihrer Kraft

Kraft entziehen mußte. Es trat nun die große Aufgabe hervor, den Dampf zu condensiren, ohne den Cylinder abzukühlen.

Die geringe Menge von Waffer in Dampfform, welche den Cylinder füllte, und die große Menge des eingespritzten Waffers, dem der Cylinder seine Wärme mittheilte, führten Watt zu der Unterfuchung, in welchem Verhältniffe die Maffe des Waffers in flüffigem Zuftande zu der Maffe des dampfförmigen ftehe, und welches Verhältniß zwischen den Wärmegraden ftatt finde, die es in diefen beiden Zuftänden enthält. Er fand durch Verfuche, daß ein Kubikzoll Waffer ungefähr einen Kubikfuß Dampf gebe, und daß der Kubikfuß Dampf fo viel Wärme enthalte, um einen Kubikzoll Waffer bis auf etwa 1000° Fahrenheit zu erwärmen. (Siehe 15.) Dieß überrafchte ihn, da der Thermometer denfelben Wärmegrad, nämlich 80°, fowohl für den Dampf als für das Waffer zeigte, aus welchem derfelbe entwickelt war. Was wurde nun aus all diefer in dem Dampfe noch enthaltenen Wärme, die durch den Thermometer nicht angezeigt wurde? Watt machte den Schluß, daß diefe Wärme auf irgend eine Weife dazu beitragen müßte, das Waffer in feiner neuen Form zu erhalten.

Erftaunt über diefen fonderbaren Umftand, theilte er ihn dem Naturforfcher Jofeph Black mit, der ihm nun feine Theorie von der gebundenen oder latenten Wärme erklärte, die er bereits einige Zeit vorher in Glasgow vorgetragen hatte, wovon aber Watt nichts wußte. „So ftolperte ich," fagt Watt, „über eine der wichtigften Thatfachen, auf welche diefe Lehre gegründet ift *)."

---

*) Diefe Lehre beruht hinfichtlich des Dampfes auf dem Grundfaße, die Wärme werde mit dem Dampfe auf eine Art verbunden, daß fie nicht nach außen wirken könne. Hat das Waffer in einem verfchloffenen Gefäße, aus welchem der Dampf nicht entweichen kann, eine Temperatur von 160° R. erhalten, fo wird bei der Oeffnung des Gefäßes der Dampf fogleich entftrömen, aber alsbald die Temperatur des zurückgebliebenen Waffers auf 80° R. zurückgehen, weil Waffer in einem offnen Gefäße nie über 80° erwärmt werden kann. Es find alfo plötzlich 80° Wärme verfchwunden. Aus genauen Meffungen er-

## 47.

Watt richtete nun seine ganze Aufmerksamkeit auf die Er= findung eines Mittels, den Dampf zu condensiren, ohne den Cylinder abzukühlen. Er kam auf den Gedanken, in einem von dem Cylinder abgesonderten Gefäße einen beständigen luft= leeren Raum zu unterhalten. Konnte zwischen dem Cylinder und diesem Gefäße eine Verbindung eröffnet werden, so mußte der Dampf, vermöge seiner Expansivkraft, aus dem Cylinder in das abgesonderte Gefäß strömen, wo er, der Kälte ausge= setzt, sogleich sich condensirte, während der Cylinder mittler= weile die Temperatur von 80 ° behielt.

Dieser glückliche Gedanke war der erste Schritt in der glänzenden Laufbahn, die Watt's Namen unsterblich gemacht und seinen Ruhm bis an die äußersten Gränzen der gesitte= ten Welt verbreitet hat. Er sagt selbst, von dem Augenblicke an, wo der Gedanke einer abgesonderten Condensa= tion ihn ergriffen habe, seien alle anderen Einzelnheiten seiner verbesserten Maschine in schneller Folge vor seine Seele getre= ten und im Laufe eines einzigen Tages sei seine Erfindung so vollständig gewesen, daß er alsbald zu einem Versuche ge= schritten sei.

Sein abgesondertes Gefäß, der Condensator, sollte, nach seiner ersten Idee, durch eine Röhre mit dem Cylinder verbunden werden. Er wollte den Cylinder kalt erhalten, indem er ihn in einen Behälter mit kaltem Wasser stellte und einen kal= ten Wasserstrahl in das Innere einströmen ließ. War die Verbin= dung mit dem Cylinder eröffnet, so wurde der in den Condensator

gibt sich, daß ungefähr ⅕ des Wassers verschwunden ist, dieses Fünftel Dampf aber, das nur 80 ° Wärme besitzt, hat jedem der zurückgeblie= benen ⅘ 80 ° seiner Wärme entzogen, und besitzt also im Ganzen fünf= mal 80 ° oder 400 ° Wärme, von welchen jedoch der Thermometer nur 80 ° zeigt. Diese hier nicht verschwundene, aber auch nicht auf den Thermometer wirkende Wärme wird verbraucht, den Dampf als Dampf zu bilden, doch eben dadurch gehindert, nach außen zu wirken. Darum nennt man sie gebundene Wärme. Die bei der Bildung der Dämpfe gebundene Wärme wird wieder frei, wenn der Dampf nieder= geschlagen oder condensirt wird.

ſtrömende Dampf augenblicklich durch den Waſſerſtrahl und die
kalte Oberfläche condenſirt. Hier aber zeigte ſich die Schwie=
rigkeit, was mit dem Condenſationswaſſer und dem condenſirten
Dampfe, die ſich auf dem Boden des Condenſators ſammel=
ten, gemacht werden ſollte. Ueberdieß mußte ſich Luft, oder
nicht zu condenſirendes Gas, aus verſchiedenen Quellen ſam=
meln. Waſſer in ſeinem gewöhnlichen Zuſtande enthält immer
mehr oder weniger Luft, und die mit dem Waſſer in dem Keſſel
verbundene Luft mußte mit dem Dampfe durch die Röhren und
den Cylinder gehen und ſich in dem Condenſator ſammeln. Auch
mußte ſich Luft mit dem Condenſationswaſſer verbinden und
durch die Berührung mit dem heißen Dampfe frei werden. Die
aus dieſen verſchiedenen Quellen hervorgehende Luft mußte, wie
Watt vorausſah, ſich in dem Condenſator anhäufen, ſelbſt wenn
das Waſſer entleert ward, und endlich den Niedergang des Kol=
bens hindern. Dieſem Uebel wollte er abhelfen durch e i n e
V e r b i n d u n g  z w i ſ c h e n  d e m  B o d e n  d e s  C o n d e n =
ſ a t o r s  u n d  e i n e r  P u m p e,  d i e  e r  L u f t p u m p e  n a n n =
t e,  ſ o  d a ß  W a ſ ſ e r  u n d  L u f t,  d i e  ſ i c h  i n  d e m  C o n =
d e n ſ a t o r  g e ſ a m m e l t  h a b e n  m ö c h t e n,  h e r a u s g e =
ſ c h a f f t  w e r d e n  k ö n n t e n.  Es war leicht, dieſe Pumpe
durch die Maſchine ſelbſt in Thätigkeit zu ſetzen. Dieß war der
zweite große Schritt in der Erfindung.

Um den Kolben luftdicht in dem Cylinder zu machen,
hatte man es nöthig gefunden, eine gewiſſe Waſſermenge auf
ihn zu gießen. Unter den obwaltenden Umſtänden mußte
alles Waſſer, das durch den Kolben ging oder zwiſchen ihm
und dem Cylinder durchſickerte, zum Sieden kommen, da der
Cylinder 80° Wärme hatte, und der dadurch erzeugte
Dampf den luftleeren Raum verderben. Zur Vermeidung
dieſes Nachtheils wollte Watt den Kolben ſchlüpfrig und luft=
dicht machen, indem er ihn mit geſchmolzenem Wachſe und
Talg beſtrich.

Noch ein anderes Uebel mußte entfernt werden. Bei
dem Niedergange des Kolbens wurde durch die in den Cylin=
der eindringende Luft die Temperatur deſſelben vermindert,
ſo daß bei dem nächſten Aufſteigen ein Theil des eindringenden

Dampfes condenſirt und dadurch Dampfverſchwendung er=
zeugt wurde. Watt half dieſer Schwierigkeit ab, als er den
obern Theil des Cylinders durch einen luft= und dampfdichten
Deckel ſchloß, indem er die Kolbenſtange durch eine mit einer
Stopfbüchſe verſehene Oeffnung gehen ließ und den Kol=
ben, ſtatt durch atmoſphäriſchen Druck, durch
Dampf zum Niedergehen brachte.

Dieß war der dritte Schritt in dieſer großen Erfindung,
der den Charakter der Maſchine gänzlich veränderte. Sie
war nun wirklich eine Dampfmaſchine im vollen Sinne
des Wortes, denn der Druck über dem Kolben war die ela=
ſtiſche Kraft des Dampfes, und der luftleere Raum unter
demſelben war durch die Condenſation des Dampfes erzeugt,
ſo daß unmittelbar und mittelbar Dampf als bewegende Kraft
angewendet wurde, wogegen in der atmoſphäriſchen Ma=
ſchine nur die mittelbare Kraft des Dampfes, als ein leich=
tes Mittel zur Erzeugung eines luftleeren Raumes, benutzt
ward.

Die letzte Schwierigkeit, die hinſichtlich der Erſparung
der Feuerungsmittel noch entfernt werden mußte, war der
Umſtand, daß der Cylinder auf ſeiner äußeren Oberfläche
leicht durch die Atmoſphäre abgekühlt werden konnte. An=
fänglich wählte Watt dazu das Mittel, den Cylinder mit einem
hölzernen Mantel zu verſehen, da Holz ein ſchlechter Wär=
meleiter iſt. Später aber ging er zu einem andern Mittel
über und ſchloß einen Cylinder in einen andern ein, indem
er den Raum zwiſchen beiden ſtets mit Dampf füllte. So
behielt der innere Cylinder ſtets die Temperatur des Dam=
pfes, der ihn umgab. Den äußeren Cylinder nannte er die
Jacke*).

### 48.

Nach Watt's Berechnung ward in der atmoſphäriſchen
Maſchine durch die Erwärmung des Cylinders und andere

---

*) Es iſt merkwürdig, daß Watt daſſelbe Mittel gebrauchte, den Cy=
linder warm zu halten, deſſen Newcomen ſich bei ſeinen Maſchinen
bedient hatte, ihn abzukühlen. (Siehe 38.)

Vorrichtungen dreimal so viel Dampf verschwendet, als zu
nützlicher Wirkung verbraucht wurde, und da die von ihm an=
gegebenen Verbesserungen beinahe all diesen Verschwendungen
abhalfen, so rechnete er auf eine Ersparung von drei Viertheil=
len an Feuerungsmitteln, die auch später bei der Ausführung
sich ergab.

Die Ehre, die er sich durch seine Entdeckungen erwarb,
ward erhöht durch die Schwierigkeiten, mit welchen er zu je=
ner Zeit in einer bedrängten äußeren Lage zu kämpfen hatte.
Als er sich vornahm, die bei der Dampferzeugung verbrauchte
Wärme zu bestimmen, war er nicht im Stande, sich einen
wirksamen und passenden Apparat zu verschaffen, der kost=
spielig gewesen wäre, und mit Hilfe von Apothekergeräth=
schaften entdeckte er die bereits erwähnten Eigenheiten, die
zu den Thatsachen gehören, auf welche die Lehre von der ge=
bundenen Wärme sich gründet. Man hat einen großen An=
theil an dem Verdienste seiner Entdeckungen dem Naturfor=
scher Black zugeschrieben, dessen Belehrungen über die Na=
tur der gebundenen Wärme Watt, wie man behauptet, die
Kenntniß der Thatsachen verdankt habe, die zu seinen Ent=
deckungen führten. Dieß ist jedoch nicht der Fall, und das
Mißverständniß ist aus einigen Watt betreffenden Stellen in Ro=
bison's Schriften hervorgegangen, wo angeführt wird, Watt
sei ein Schüler und vertrauter Freund Black's gewesen, dessen
Vorlesungen er in Glasgow gehört habe. Hören wir dagegen
Watt's eigne Worte. „Leider — sagt er in einem Briefe
an Dr. Brewster — erlaubten es mir meine Berufsgeschäfte
nicht, seinen oder anderen Vorlesungen beizuwohnen. Was
ferner Dr. Black's Aeußerung betrifft, daß seine Beobachtung
der bei der Bildung und Condensation des elastischen Dampfes
vorkommenden Erscheinungen „nicht wenig zum allge=
meinen Wohl beigetragen hat, indem sie meinen
Freund, Herrn Watt in Birmingham, damals
in Glasgow, auf seine Verbesserungen der
Dampfmaschine führte" — „so ist es mir schmerz=
lich, irgend eine Meinung oder Behauptung meines geehrten
Freundes bestreiten zu müssen, aber in diesem Falle finde ich

es nöthig zu sagen, daß er in einen Irthum gefallen zu sein
scheint. Jene Verbesserungen gingen aus der angenommenen
Thatsache hervor, daß Dampf durch die Berührung kalter
Körper condensirt wird, und aus der später bekannt gewor=
denen, daß Wasser bei einer Temperatur unter 30° R. zum
Sieden kommen kann (siehe 46), und daß sich folglich ein
luftleerer Raum nicht erzeugen läßt, wenn nicht der Cylinder
und sein Inhalt bei jedem Hub unter dieser Temperatur abge=
kühlt werden."

# Fünfter Abschnitt.

## Watt's einfach wirkende Dampfmaschine.

### 49.

Die erste Maschine, in welcher Watt seine im vorigen Abschnitt entwickelten Ideen ausführte, ist diejenige, welche später die einfach wirkende Dampfmaschine oder die Expansionsmaschine genannt wurde.

In dem Cylinder C (Fig. 14) bewegt sich ein dampfdichter Kolben P. Er ist oben geschlossen, und die sorgfältig abgedrehte Kolbenstange bewegt sich in dem dampfdichten Ringe einer Stopfbüchse und wird stets mit geschmolzenem Talg oder Wachs getränkt. Durch einen Trichter auf dem obern Theile des Cylinders fließt geschmolzenes Fett auf den Kolben, um ihn dampfdicht zu erhalten. Die Büchsen A A, welche die Ventile für die Zulassung und Entziehung des Dampfes enthalten, sind durch die Röhre T mit einander verbunden und an den Cylinder befestigt. Unter dem Cylinder, in einem Behälter mit kaltem Wasser, ist ein verschlossenes cylindrisches Gefäß D, der Condensator genannt, das mit dem Cylinder durch eine Röhre T' verbunden ist, die zu der unteren Ventil=Büchse A führt. An der Seite des Condensators ist eine Röhre eingelassen, deren inneres Ende viele Löcher hat, wie der Ausguß einer Gießkanne. Durch den Hahn E, auf der Außenseite des kalten Behälters angebracht, strömt das Wasser, um im Innern in Strahlen auszuspritzen.

Die Röhre S, die den Dampf aus dem Kessel zuführt, tritt bei F in die obere Ventil=Büchse. Unmittelbar darunter befindet sich ein Ventil G, das durch einen Hebel G' geöffnet und geschlossen wird. Ist dieses Ventil offen, so läßt es Dampf auf den obern Theil des Kolbens und in die Röhre T strömen, welche die beiden Ventil=Büchsen verbindet; ist es aber geschlossen, so hemmt es den Zufluß des Dampfes. In der unteren Büchse befinden sich zwei Ventile, von welchen das eine H durch den Hebel H', das andere I durch den Hebel I' bewegt wird. Das Ventil H läßt, wenn es geöffnet wird, Dampf aus dem Cylinder über dem Kolben durch die Röhre T zu dem Cylinder unter dem Kolben einströmen, vorausgesetzt, das Ventil I sei geschlossen. Ist hingegen das Ventil I geöffnet, H aber geschlossen, so geht der Dampf aus dem untern Theile des Cylinders durch T' in den Condensator. Dieser in den Condensator eintretende Dampf wird von den durch das Ventil E eingelassenen Wasserstrahlen condensirt.

Das Ventil·G heißt das obere Dampfventil, H das untere Dampf=Ventil, I das Ausleerungs= Ventil, E das Condensations=Ventil. Sehen wir nun, wie diese Ventile bewegt werden müssen, um das abwechselnde Aufsteigen und Niedersteigen des Kolbens zu bewirken.

Es ist zuerst nothwendig, daß alle Luft, welche den Cylinder, die Röhren und den Condensator füllt, ausgetrieben werde, und zu diesem Zwecke braucht man nur die Ventile G, H und I zu öffnen. Der Dampf wird dann, aus F durch das Ventil G strömend, in den oberen Theil des Cylinders übergehen und durch die Röhre T und das Ventil H in den unteren Theil, durch das Ventil I aber in den Condensator. Wird der Dampf durch die Kälte des Apparats nicht mehr condensirt, so strömt er, mit Luft vermischt, durch das auswärts sich öffnende Ventil M aus, und dieß dauert fort, bis alle Luft ausgetrieben und der Apparat mit reinem Dampf angefüllt ist. Nehme man nun an, alle Ventile seien wieder geschlossen. Der Cylinder über und unter dem Kolben ist mit

Dampfe gefüllt, und da der Dampf, der den Condensator füllte, durch die kalte Oberfläche abgekühlt ist; so hat sich ein luftleerer Raum in diesem Gefäße gebildet.

Ist der Apparat in diesem Zustande, so öffne man das obere Dampf = Ventil G, das Ausleerungs = Ventil I und das Condensations = Ventil E. Dann wird durch G Dampf ein= strömen und auf den oberen Theil des Kolbens drücken, aber nicht in den unteren Theil des Cylinders dringen können, da das untere Dampf=Ventil H geschlossen ist. Auch der Dampf, der den Cylinder unter dem Kolben füllte, strömt durch das offene Ausleerungs = Ventil I in den Condensator, wo er von dem durch das offene Condensations=Ventil eingespritzten Was= ser condensirt wird. Ist dieß geschehen, so befindet sich ein luftleerer Raum in dem Cylinder unter dem Kolben. In die= sen Raum wird der Kolben ohne Widerstand durch den Dampf niedergedrückt, der durch G eingeströmt ist. Wenn der Kol= ben auf diese Weise auf den Boden des Cylinders hinabgedrückt ist, so schließe man die drei vorher offenen Ventile G, I und E und öffne das untere Dampf = Ventil H. Die Wirkungen die= ser Veränderung sind leicht zu erkennen. Durch das Schließen des oberen Dampf = Ventils G wird das weitere Zuströmen des Dampfes in den Apparat gehemmt. Wird das Auslee= rungs = Ventil I geschlossen, so ist der Uebergang des Dam= pfes aus dem Cylinder in den Condensator aufgehoben. So ist der in dem Cylinder, den Ventil = Büchsen und den Röhren enthaltene Dampf in dieselben eingeschlossen und es wird we= der Dampf zugelassen noch hinausgelassen. Durch das Schlie= ßen des Condensations = Ventils E wird das Einspritzen in den Condensator gehemmt.

Vor der Oeffnung des Ventils H war der in dem Ap= parat enthaltene Dampf auf den Theil des Cylinders über dem Kolben, die Röhre T und die Ventil = Büchse A beschränkt. Wird aber das Ventil H geöffnet, so kann der Dampf über und unter dem Kolben und durch jeden Theil zwischen dem obe= ren Dampf = Ventil G und dem Ausleerungs = Ventil I freies Spiel haben, und da derselbe Dampf auf beiden Seiten sich bewegt, so wird der Kolben auf gleiche Weise aufwärts und abwärts gedrückt.

In diesem Falle ist keine Kraft vorhanden, welche den Kolben auf dem Boden des Cylinders zurückzuhalten strebte, als sein eigenes Gewicht. Das Aufsteigen wird auf dieselbe Weise bewirkt, wie das Aufsteigen in der atmosphärischen Maschine. Die Kolbenstange ist durch eine Kette G an das bogenförmige En= de des Balanciers befestigt, und das Gewicht der Pumpenstange R oder jedes andern Gegengewichtes, das auf die von dem an= dern Ende des Balanciers herabhangende Kette wirkt, zieht den Kolben zu dem obern Theile des Cylinders.

Hat der Cylinder diesen Punkt erreicht, so seien die drei Ventile G, I und E wieder geöffnet, H aber sei geschlossen. Es geht dann Dampf aus der Röhre F durch das obere Dampf= Ventil G zu dem obern Theile des Kolbens, und zu gleicher Zeit wird der Dampf, der den Cylinder unter dem Kolben füllte, durch das offene Ausleerungs = Ventil I in den Condensator ge= führt, wo er durch den Wasserstrahl condensirt wird, den das offene Condensations = Ventil E nun einläßt. Der Kolben wird durch den über ihm befindlichen Dampf ohne Widerstand in den luftleeren Raum unter ihm hinabgedrückt. So wird weiter gearbeitet.

Man erinnere sich, daß von den vier, zu dem Spiele des Kolbens nöthigen Ventilen drei geöffnet sein müssen, in dem Augenblicke, wo der Kolben den obern Theil des Cylinders erreicht, während das vierte geschlossen ist, und daß bei der Ankunft des Kolbens auf dem Boden des Cylinders jene drei Ventile geschlossen sind und das vierte offen ist. Die drei gleich= zeitig geöffneten und geschlossenen Ventile sind das obere Dampf=Ventil, das Ausleerungs = Ventil und das Conden= sations = Ventil. Das untere Dampf=Ventil wird in demsel= ben Augenblicke geöffnet, wo jene geschlossen werden, und so umgekehrt. Wir beschreiben später die Art der Bewegung die= ser Ventile.

Würde das angegebene Verfahren während eines lange dauernden Kolbenspieles fortgesetzt, so müßten, wie man leicht sieht, zwei Wirkungen eintreten, welche den Gang der Ma=

schine hemmen und endlich aufheben würden. Erstens würden sich das Condensations = Wasser und der condensirte Dampf in dem Condensator D sammeln und ihn anfüllen, und zweitens würde das Wasser in dem Behälter, in welchem der Conden= sator seinen Platz hat, allmälig erwärmt werden, bis es end= lich nicht mehr kalt genug wäre, den Dampf zu condensiren, wenn es eingespritzt würde. Erinnere man sich überdieß, daß Wasser im luftleeren Raume bei einer sehr niedrigen Tempera= tur siedet, und man wird einsehen, daß heißes Wasser, auf dem Boden des Condensators gesammelt, Dampf erzeugen würde, welcher, wenn er durch das Ausleerungs = Ventil in dem Cylinder aufstiege, dem Niedersteigen des Kolbens Wi= derstand leisten und dem Drucke des Dampfes über demselben entgegenwirken würde. Ein anderer Nachtheil entsteht aus der Luft oder einer anderen unveränderlich elastischen Flüssigkeit, die mit dem Wasser sowohl in dem Kessel als in dem conden= sirenden Wasserstrahl in Verbindung tritt und vermöge ihrer Elasticität frei wird.

Zur Entfernung dieser Hindernisse ist eine Pumpe neben dem Condensator angebracht, die mit ihm durch ein Ventil M verbunden ist, das sich aus dem Condensator in die Pumpe öffnet. In dieser Pumpe bewegt sich luftdicht ein Kolben, der ein sich aufwärts öffnendes Ventil N hat. Man nehme an, der Kolben sei auf dem Boden der Pumpe. Wenn er aufsteigt, so kann, da das Ventil in demselben sich aufwärts öffnet, keine Luft durch denselben hinab gehen, und folglich bleibt unter ihm ein luftleerer Raum. Das Wasser und die Luft, die sich in dem Condensator gesammelt haben mögen, öffnen das Ventil M und gehen in den untern Theil der Pumpe, aus welchem sie nicht zurückkehren können, weil sich das Ventil M auswärts öffnet. Bei dem Niedersteigen des Pumpenkol= bens öffnen die Flüssigkeiten, die den untern Theil der Pumpe füllen, das Kolben = Ventil N, und indem sie durch dasselbe gehen, kommen sie über den Kolben, werden aber durch das Ventil N gehindert zurückzukehren. Bei dem nächsten Auf= steigen hebt der Kolben diese Flüssigkeiten zu dem obern Theile der Pumpe, wo sie durch eine Rinne in einen kleinen Behälter B

durch das auswärts sich öffnende Ventil K abfließen. Das
in B gesammelte Wasser wird durch den condensirten Dampf
erwärmt. Dieser Behälter B heißt der warme Brunnen und
dient dazu, den Kessel zu speisen, wie wir bald sehen werden.
Die Pumpe, welche das erwärmte Wasser und die Luft aus
dem Condensator abführt, heißt die Luftpumpe.

50.

Wir haben noch nicht gezeigt, wie die Ventile und der
Luftpumpen-Kolben bewegt werden. Die Pumpenstange Q
ist mit dem Balancier verbunden und die Pumpe wird daher
durch die Maschine selbst bewegt. Es ist ziemlich gleichgiltig,
an welchen Arm des Balanciers sie befestigt werde. Geschieht
es auf derselben Seite des Mittelpunktes, auf welcher sich der
Cylinder befindet, so steigt und fällt sie mit dem Dampfkolben;
ist sie aber auf der entgegengesetzten Seite angebracht, so steigt
der Pumpenkolben, wenn der Dampfkolben niedergeht, und
umgekehrt. Bei der einfach wirkenden Maschine hat diese letzte
Einrichtung einige Vortheile. Geht der Dampfkolben hinab,
so strömt der Dampf in den Condensator und das Einspritzwasser wirkt. Dieß ist daher der günstigste Augenblick, das Wasser und den condensirten Dampf aus dem Condensator durch
das Aufsteigen des Pumpenkolbens abzuführen, weil dadurch
das Niedersteigen des Dampfkolbens erleichtert wird; eine
Wirkung, die nicht eintreten würde, wenn der Dampfkolben
und der Pumpenkolben gleichzeitig niederstiegen.

Was die Art der Oeffnung und der Verschließung oder
die sogenannte Steuerung der Ventile betrifft, so ist leicht
einzusehen, daß die drei gleichzeitig geöffneten und geschlossenen Ventile durch denselben Hebel bewegt werden können. Dieser Hebel kann von einem auf der Stange Q der Luftpumpe angebrachten Ansatz oder Daumen gehoben werden, so daß, wenn
die Kolben zu dem obern Theile der Cylinder gekommen sind,
der Daumen den Hebel faßt und die drei Ventile öffnet. Sie
bleiben offen, bis der Kolben wieder herabkommt, wo sie dann,
sobald derselbe auf dem Boden des Cylinders ist, aus dem
Riegel, der sie hält, weggenommen werden und sich durch

ihr eigenes Gewicht wieder schließen. Ganz auf dieselbe Weise
wird das untere Dampfventil geöffnet, wenn der Kolben auf
dem Boden des Cylinders angekommen ist, und geschlossen,
wenn er oben ist, und zwar mittels eines an der Kolbenstange
der Luftpumpe befindlichen Daumens.

## 51.

Bald nach der Erfindung dieser Maschinen bemerkte Watt,
daß in manchen Fällen Nachtheile aus der zu schnellen Bewe=
gung des Dampfkolbens am Ende des Niedersteigens entstan=
den, da er eine beschleunigte Bewegung annahm. Der Grund
lag in der gleichförmigen Wirkung des Dampfdruckes auf den=
selben; denn wenn er zuerst im obern Theile des Cylinders in
Bewegung gesetzt wurde, so war die Bewegung verhältnißmä=
ßig langsam, aber bei der Fortdauer desselben Druckes nahm
die Geschwindigkeit, womit der Kolben hinabstieg, immer zu,
bis er sich dem Boden des Cylinders näherte, wo er die größte
Geschwindigkeit erhielt. Um dieß zu verhüten und den Nie=
dergang des Kolbens so gleichförmig als möglich zu machen,
wurde vorgeschlagen, lange vor vollendetem Niedersteigen den
Dampfzufluß abzuschneiden und bloß die ausdehnende Kraft
des in dem Cylinder befindlichen Dampfes wirken zu lassen.
Zu diesem Zwecke ward an der Stange der Luftpumpe ein Dau=
men angebracht, der das obere Dampf=Ventil schloß, wenn
der Dampfkolben ein Drittheil seines Niedersteigens vollendet
hatte, und während der übrigen Zeit ward es verschlossen ge=
halten, bis der Kolben wieder den oberen Theil des Cylinders
erreichte. Durch diese Einrichtung drückte der Dampf mit
voller Kraft auf einem Drittheil des Weges, den der Kolben
abwärts nahm, und setzte ihn in Bewegung; auf den zwei
andern Drittheilen aber wirkte der Dampf bloß durch seine
Expansivkraft, die in demselben Verhältnisse geringer ward,
als der ihm gegebene Raum durch das Niedersteigen des Kol=
bens sich vergrößerte. So wird der Kolben auf dem länge=
ren Theile seines Weges mit einer allmälig abnehmenden Kraft
getrieben, was in der Praxis hinlänglich gefunden ward, ihm
eine gleichförmige Geschwindigkeit zu geben.

**52.**

Wir haben bereits erwähnt, welche Schwierigkeiten aus dem Umstande hervorgehen, daß das Wasser in dem Behälter, in welchem sich der Condensator und die Luftpumpe befinden, sich erhitzt, und die Condensation dadurch unvollkommen wird. Um diesem Nachtheile abzuhelfen, befindet sich in jenem Behälter eine Röhre, durch welche das Wasser beständig abläuft, und eine Pumpe L, die Kaltwasser=Pumpe genannt, wird von der Maschine selbst in Bewegung gesetzt, und holt kaltes Wasser herauf, das sie durch eine Röhre in einem stetigen Strom in den kalten Behälter sendet. Jene Ausführröhre, die das Wasser aus dem Behälter ableitet, befindet sich in dem obern Theile desselben, da das heiße Wasser, das leichter als das kalte ist, oben bleibt. So fließt das erwärmte Wasser beständig ab und es wird ein steter Zufluß von kaltem Wasser bewirkt. Die Kolbenstange der Kaltwasser=Pumpe ist an dem Balancier befestigt, der sie bewegt, gewöhnlich auf der entgegengesetzten Seite von dem Cylinder.

Eine andere Pumpe O, die Warmwasser=Pumpe, geht in den warmen Brunnen B, und hebt aus demselben das Wasser, das sie durch eine Röhre in den Kessel treibt, um ihn zu speisen. Wir werden weiter unten genauer angeben, wie dieß geschieht. Ein Theil der Wärme, der sonst verloren gehen würde, wird auf diese Weise dem Kessel wiedergegeben, um ihn bei der Erzeugung frischen Dampfes zu unterstützen. Wir können annehmen, daß ein Theil der Wärme auf diese Weise stets in Umlauf durch die Maschine sei. Er geht von dem Kessel in Dampfgestalt aus, treibt den Kolben, geht in den Condensator, und wird wieder in warmes Wasser verwandelt, geht dann in den warmen Brunnen, aus welchem eine Pumpe ihn wieder in den Kessel bringt, wird abermals in Dampf verwandelt und ist so stets in Bewegung.

Aus unsrer Beschreibung geht hervor, daß vier Kolben an dem Balancier befestigt sind und durch den Kolben des Dampf=Cylinders in Bewegung gesetzt werden. Auf derselben Seite von dem Mittelpunkte befindet sich mit dem Cylinder die Kol=

benstange der Luftpumpe, auf der entgegengesetzten Seite sind die Kolbenstangen der Warmwasser=Pumpe und der Kaltwasser=Pumpe, und endlich am Ende des Balanciers, der Seite gegen=über, wo der Dampfkolben arbeitet, befindet sich der Kolben der Pumpe, die von der Maschine in Bewegung gesetzt wer=den soll.

### 53.

Die Stellung dieser Kolbenstangen gegen den Mittel=punkt des Balanciers ist bedingt durch das Kolbenspiel. Wenn das Spiel des Kolbens kurz ist, so wird seine Stange nahe am Mittelpunkte befestigt; ist es länger, so hängt sie entfernter vom Mittelpunkte. Der Cylinder der Luftpumpe ist gewöhnlich halb so lang als der Dampf=Cylinder, und seine Kolbenstange hängt am Balancier genau in der Mitte zwischen dem Ende eines Ar=mes und dem Mittelpunkte. Die Warmwasser=Pumpe, die keine beträchtliche Wassermenge heben soll, hat nur ein kurzes Kolbenspiel und ihre Kolbenstange ist daher nahe am Mittel=punkte. Weiter ist die Kolbenstange der Kaltwasser=Pumpe davon entfernt.

### 54.

Watt machte diese Verbesserungen wahrscheinlich um das Jahr 1763, und baute ein Modell, das seine Erwartungen vollkommen befriedigte. Sei es Mangel an Einfluß oder Furcht vor Vorurtheilen und vor Widerstand, er machte seine Entdeckung nicht bekannt, und wagte damals keinen Versuch, sie durch ein Patent zu sichern. Als Feldmesser angestellt, ward er mit Dr. Roebuck bekannt, der zu jener Zeit in bedeutende bergmän=nische Speculationen sich eingelassen hatte, einiges Vermögen besaß und ein sehr unternehmender Kopf war. Von Roebuck unterstützt und ermuntert, baute Watt eine Dampfmaschine nach seinen neuen Angaben in einem Kohlenbergwerke des Her=zogs von Hamilton zu Kirneil unweit Burrowstones in Schott=land. Diese Maschine, eine Art von Versuchwerk, wurde von Zeit zu Zeit verbessert, wie die Umstände es an die Hand gaben, bis sie endlich zu bedeutender Vollkommenheit gelangte. Wäh=rend sie errichtet wurde, bewarb sich Watt in Verbindung mit

Roebuck um ein Patent, das im Jahre 1769 ausgefertigt wurde.

Er war nun vorbereitet, eine Fabrik von den neuen Maschinen im Großen anzulegen, als sein Gesellschafter Roebuck durch eine verunglückte bergmännische Unternehmung einen bedeutenden Vermögensverlust erlitt und in so große Verlegenheiten gerieth, daß er nicht mehr im Stande war, die Geldvorschüsse zu leisten, die Watt zur Ausführung seiner Pläne brauchte. Noch einmal in seinen Hoffnungen getäuscht und unmuthig über die Schwierigkeiten, die ihm entgegentraten, wollte er seine Entwürfe aufgeben, als Matthäus Bolton, der nicht lange vorher eine Factorei in Birmingham angelegt hatte, Roebuck's Antheil an dem Patent zu kaufen wünschte. Die Unterhandlungen kamen 1773 zum Abschluße und Watt verband sich mit Bolton.

Seine Lage wurde nun ganz verändert. Bolton war nicht nur ein Mann von sehr großem Vermögen, sondern auch von bedeutendem persönlichen Einflusse, und eine innere Neigung trieb ihn, sich in große und schwierige Unternehmungen einzulassen, die er mit dem beharrlichsten Eifer und Muth verfolgte. „Watt — sagt Playfair — war fleißig und zurückhaltend, Bolton ein gewandter Mann, thätig, gesellig und im Umgange mit Personen von jedem Range freimüthig und ungezwungen. Hätte Watt in ganz Europa gesucht, er würde wahrscheinlich nicht einen andern Mann gefunden haben, so ganz geeignet, die neue Erfindung auf eine ihrer Verdienste und ihrer Wichtigkeit würdige Weise in die Welt zu bringen, und obgleich beide in ihren Lebensgewohnheiten ganz entgegengesetzt waren, so traf es sich doch glücklich, daß nie zwei Menschen in einem herzlichern Verkehr standen."

Roebuck's Mißgeschick hatte die Fortschritte der Dampfmaschinen-Fabrik so sehr gehemmt, daß Watt befürchten mußte, sein Patent erlöschen zu sehen, ehe er die nothwendigen Auslagen wiedergewonnen hatte. Auf Bolton's, Roebuck's und anderer Freunde Rath, und durch ihren Einfluß unterstützt, wendete er sich im Jahre 1775 an das Parlament, um eine Verlängerung seines Patents zu erhalten, die ihm auf 25 Jahre, also bis 1800 gewährt ward.

Es ward nun eine Maschine in Soho bei Birmingham, Bolton's Factorei, gebaut, als eine Probe für Bergbau=Unternehmer, und Dampfmaschinen fingen an gesucht zu werden. Die Art, wie Watt von denjenigen, welche von seinen Maschinen Gebrauch machten, sich eine Vergütung geben ließ, war eben so sinnreich als redlich und edel. Er verlangte, daß ihm der Betrag eines Drittheils des durch seine Maschinen, in Vergleichung mit den früher gewöhnlichen atmosphärischen, gewonnenen Ersparnisses an Steinkohlen bezahlt werden sollte. Es wurden genaue Versuche angestellt, das Kohlenersparniß zu bestimmen, und da der Betrag dieser Ersparung bei jeder Maschine von der Zeitdauer abhing, in welcher sie arbeitete, oder vielmehr von der Zahl der Kolbenhübe, so erfand Watt eine sehr sinnreiche Art, diese zu bestimmen. Die Schwingungen des großen Balanciers wurden mit einem Räderwerke in Verbindung gesetzt, eben so wie die Schwingungen eines Pendels mit einem Uhrwerke. Jede Schwingung des Balanciers bewegte einen Zahn eines kleinen Rades und die Bewegung ward einer Hand oder einem Weiser mitgetheilt, der sich auf einer nach Graden eingetheilten Platte wie auf einem Zifferblatte bewegte. Die Stellung der Hand bezeichnete die Zahl der Schwingungen des Balanciers und der davon abhangenden Kolbenhübe. Diese Vorrichtung, die der Zähler hieß, ward eingeschlossen und durch zwei verschiedene Schlüssel verwahrt, von welchen den einen der Eigenthümer behielt, den andern Watt und Bolton besaßen, deren Agenten von Zeit zu Zeit die Maschinen untersuchten. Die Zähler wurden dann von beiden Theilen geöffnet und untersucht, um die Zahl der Balancier=Schwingungen und den Betrag eines Drittheils des Kohlenersparnisses zu bestimmen*).

So offenbar die Vorzüge waren, durch welche diese Maschine vor der alten atmosphärischen sich auszeichnete, so waren doch der Einfluß des Vorurtheils und die Abneigung gegen Neuerungen zu groß, als daß es Watt leicht geworden wäre, sie in

---

*) Für drei in der Grube zu Chacewater in Cornwall errichtete Maschinen gaben die Eigenthümer jährlich als den britten Theil des Ersparnisses 2400 Pfund Sterling.

allgemeinen Gebrauch zu bringen. Die verhältnißmäßig bedeutenden Anlagekosten wirkten der Einführung der neuen Erfindung entgegen, da die ungemeine Genauigkeit, womit alle Theile gearbeitet werden mußten, den Aufwand erhöhte. Man war oft genöthigt, die Eigenthümer der alten atmosphärischen Maschinen dadurch zu bewegen, die neuen an deren Stelle zu setzen, daß man ihnen einen ungeheuren Preis für die alten Maschinen gab. In einigen Fällen mußten Watt und Bolton Maschinen auf eigne Kosten bauen, unter der Bedingung, daß man nur in dem Falle, wenn das neue Werk die Erwartung erfüllte und die versprochenen Vortheile gewährte, Vergütung geben sollte. Bolton und Watt hatten auf diese Weise gegen 30000 Pfund Sterling ausgelegt, ehe sie irgend eine Vergütung erhielten. Betrachten wir die unermeßlichen Vortheile, welche dem britischen Handel durch die Verbesserungen der Dampfmaschine zugeflossen sind, so können wir nur mit Widerwillen auf den Einfluß jener unseligen Vorurtheile zurückblicken, die sich der fortschreitenden Verbesserung widersetzen, unter dem Vorwande, Neuerungen zu widerstehen. Es würde eine merkwürdige Rechnung sein, zu bestimmen, wie viele Hilfsmittel England verloren haben würde, wenn der Zufall nicht den Geist eines Watt mit dem Muth, der Unternehmungslust und dem Reichthum eines Bolton vereint hätte. Das Ergebniß würde nicht sehr ehrenvoll für diejenigen sein, die Neuheit allein für einen hinreichenden Grund zum Widerstande halten.

# Sechster Abschnitt.

## Die doppelt wirkende Dampfmaschine.

### 55.

In Newcomen's atmosphärischer Maschine und in Watt's verbesserter Maschine, die wir im vorigen Abschnitte beschrieben haben, ist die bewegende Kraft eine nachlassende. Während der Kolben hinabsteigt, wirkt die bewegende Kraft, aber während des Aufsteigens ist sie unterbrochen. So kann der entgegengesetzte oder wirkende Arm des Balanciers nur in Fällen gebraucht werden, wo eine hebende Kraft verlangt wird. Diese Wirkung war ganz passend, wo eine Pumpe bewegt werden sollte, was zu jener Zeit der Hauptzweck war, den man durch die Dampfmaschine erreichen wollte. Bei einer umfassenden Anwendung der Maschine aber würde diese Unterbrechung der bewegenden Kraft und ihre nur in einer Richtung wirkende Thätigkeit unzulässig sein. In Manufakturen ist zur Bewegung eines immer gebrauchten Maschinenwerkes eine beständige und gleichförmige Kraft erfoderlich, und um die Dampfmaschine zu diesem Zwecke dienlich zu machen, wäre es nothwendig, daß der Balancier bei dem Aufsteigen, wie bei dem Niedersteigen, durch die bewegende Kraft getrieben würde.

Als Watt zuerst den Gedanken faßte, die Dampfmaschine in Manufakturen anzuwenden, wollte er, um die doppelte Wirkung auf den Balancier hervorzubringen, einen Dampf=Cylinder unter jeden Arm desselben stellen, so daß, während jeder der Kolben, nicht vom Dampfe getrieben, aufstiege, der andere niederstiege, indem er durch den Dampf über ihm, der gegen den luftleeren Raum wirkte, hinabge= drückt würde. Während auf diese Weise die Kraft auf jeden wirkte in der Zeit, wo ihre Wirkung auf den andern unter= brochen wäre, würde eine beständige Kraftwirkung auf den Balancier statt finden, und eine gleichförmige Bewegung er= langt werden, wenn beide Cylinder mit demselben Kessel in Ver= bindung gesetzt würden, so daß ein Dampf von demselben Dru= cke beide Kolben triebe. Auch könnte ein Condensator für beide Cylinder dienen, indem unter jedem ein gleicher luftlee= rer Raum erzeugt würde.

Dieser Plan ward indeß bald mit einem weit einfacheren vertauscht. Die neue Vorrichtung bestand darin, daß ge= nau dieselbe Wirkung durch einen einzigen Cylinder hervorge= bracht wurde, in welchem der Dampf abwechselnd über und unter dem Kolben eingelassen ward und zu gleicher Zeit in den Condensator auf der andern Seite überging. Ist der Kolben in dem obern Theile des Cylinders, so strömt aus dem Kessel über ihm Dampf ein, während der Dampf unter ihm in den Condensator abgeführt wird. Der Kolben wird daher von oben in den untern luftleeren Raum hinabgedrückt bis auf den Boden des Cylinders. Hat er diesen erreicht, so wird alle Verbindung zwischen dem obern Theile des Cylinders und dem Kessel abgeschnitten und dagegen eine Verbindung zwi= schen ihm und dem Condensator eröffnet. Der Dampf, wel= cher den Kolben niedergedrückt hat, wird daher von dem Con= densator aufgenommen, während eine Verbindung zwischen dem Kessel und dem Boden des Cylinders eröffnet wird, um Dampf unter dem Kolben einströmen zu lassen. Der Kolben, von unten in den obern luftleeren Raum getrieben, steigt auf= wärts, und auf dieselbe Weise wird die abwechselnde Bewe= gung fortgesetzt. Dieß ist das Princip der sogenannten dop= pelt wirkenden Dampfmaschine, im Gegensatze der im vorigen Abschnitte beschriebenen, in welcher der Dampf nur über dem Kolben wirkt, während unter ihm ein luftlee= rer Raum erzeugt wird.

Es ist klar, daß bei der eben beschriebenen Vorrichtung der Condensator in steter Thätigkeit ist; während der Kolben niedersteigt, muß der Condensator den Dampf unter demselben, und während der Kolben aufsteigt, den Dampf über ihm ausziehen. Da nun beständig Dampf in den Condensator aufgenommen wird, so muß die condensirende Einsprizung des kalten Wassers ununterbrochen fortdauern. Diese Einsprizung wird daher nicht durch ein abwechselnd sich öffnendes und schließendes Ventil bewirkt werden, wie in der einfach wirkenden Dampfmaschine, sondern durch einen Hahn, dessen Oeffnung nach der Menge von kaltem Wasser sich richtet, das zur Condensirung des Dampfes nöthig ist. Wird Dampf von niederem Drucke gebraucht, so wird weniger Condensationswasser nöthig sein, als wenn Dampf von höherem Drucke erfoderlich ist. In dem einen Falle wird daher der Condensationshahn weniger offen sein als in dem andern. Auch wird sich die Menge des Condensationswassers nach dem Grade der Geschwindigkeit richten, mit welcher die Maschine arbeitet; denn je größer diese Geschwindigkeit ist, desto schneller wird der Dampf aus dem Cylinder in den Condensator strömen, und da dieselbe Menge von Dampf dieselbe Menge von Condensationswasser verlangt, so muß der Zufluß dieses Wassers mit der Geschwindigkeit der Maschine in Verhältniß stehen. Bei der doppelt wirkenden Maschine wird der Condensationshahn durch einen an einer Spindel befindlichen Handgriff bewegt, wie es der Werkmeister für die Wirkung der Maschine nöthig findet.

Die hier eingeführte Veränderung in der Wirkung des Dampfes auf den Kolben machte es nothwendig, auch in der Art, wie die Kolbenstange an den Balancier befestigt wurde, eine übereinstimmende Veränderung anzubringen. In der einfach wirkenden Maschine zog die Kolbenstange das Ende des Balanciers bei dem Niedersteigen herab und wurde bei dem Aufsteigen von demselben heraufgezogen. Zu diesem Zwecke war zwischen dem Balancier und dem biegsame Kette angebracht, welche von dem bens ausging und am bogenförmigen Er

Armes wirkte. Da nun aber die nöthige mechanische Wirkung nicht mehr ein Ziehen war, wozu eine biegsame Kette gebraucht werden konnte, sondern eine Stoßbewegung erfodert wurde, so war die Kette nicht mehr anwendbar. In der doppelt wirkenden Maschine zieht die Kolbenstange bei dem Niedersteigen zwar noch immer den Balancier herab und insofern würde eine Kette hinlänglich gewesen sein, die hier erfoderliche Bewegung zu bewirken; bei dem Aufsteigen aber zieht der Balancier die Kolbenstange nicht mehr, sondern wird von ihr hinaufgestoßen, und die bei der einfach wirkenden Maschine beschriebene Kette würde diese Bewegung nicht mittheilen können. Wenn eine solche Kette bei der doppelt wirkenden Maschine angewendet würde, welche kein Gegengewicht am andern Ende des Balanciers hat, so müßte bei dem Aufsteigen des Kolbens die Kette schlaff werden und der Balancier könnte nicht aufwärts gehen. Es war daher nöthig, eine andere mechanische Verbindung zwischen der Kolbenstange und dem Balancier anzugeben, die von der Art war, daß bei dem Niedersteigen die Kolbenstange den Balancier ziehen, bei dem Aufsteigen aber ihn hinaufstoßen konnte.

Zu diesem Zwecke wollte Watt anfänglich an das Ende der Kolbenstange eine gezähnte Stange befestigen, die in andere Zähne am bogenförmigen Ende des Balanciers eingreifen sollte, wie Fig. 15 zeigt. Hätten seine verbesserten Dampfmaschinen keine weitere Genauigkeit in ihrer Wirkung und ihrer Einrichtung verlangt, als die atmosphärischen Maschinen, so wäre dieß wohl hinreichend gewesen; aber bei diesen Maschinen war es unumgänglich nothwendig, daß sich die Kolbenstange sanft und gleichförmig in der Stopfbüchse im oberen Theile des Cylinders bewegte, weil sie bei jeder Erschütterung oder Unregelmäßigkeit locker in ihrer Stopfbüchse geworden wäre und Luft eingelassen oder Dampf hinausgelassen hätte. Die Kolbenstangen mußten vollkommen in die Stopfbüchsen passen, um mit gehöriger Genauigkeit in dem Cylinder sich zu bewegen. Unter diesen Umständen war die vorgeschlagene Vorrichtung einer gezähnten Stoßstange unzulässig,

da es unmöglich war, durch solche Mittel der Kolbenstange
die erfoderliche sanfte und gleiche Bewegung zu geben. Später kam Watt auf den Gedanken, an das obere Ende der Kolbenstange einen Balken zu befestigen, der über den Balancier hinausgehen sollte, und zwei Ketten anzuwenden, von
welchen eine von dem obern Ende jenes Balkens zu dem untern Ende des bogenförmigen Balancier = Armes, das andere
vom untern Theile des Balkens zum obern Ende des Balanciers gehen sollte. Durch diese Vorrichtung würde die zweite
Kette den Balancier bei dem Niedersteigen des Kolbens herab-
gezogen, die erste Kette hingegen bei dem Aufsteigen ihn
hinaufgezogen haben. Diese Erfindungen wurden jedoch durch
jenen berühmten Mechanismus verdrängt, den man später
die Parallel=Bewegung nannte, eine der sinnreichsten
mechanischen Combinationen, die mit der Geschichte der
Dampfmaschine verbunden sind.

Man bemerke, daß es darauf ankam, durch ein nicht
biegsames Mittel das Ende der Kolbenstange mit dem Ende
des Balanciers zu verbinden und den Mechanismus so einzurichten, daß, während das Ende des Balanciers sich abwechselnd in einem Kreise auf und nieder bewegte, das mit
dem Balancier verbundene Ende der Kolbenstange sich genau
in gerader Linie auf und nieder bewegte. Würde das Ende
der Kolbenstange an dem Ende des Balancier = Armes mittels
eines Zapfens ohne weitere Verbindung befestigt, so müßte
es, da es in einem Kreisbogen auf und nieder bewegt würde,
sich abwechselnd rechts und links biegen, und daher zerbrechen oder eine lockere Bewegung der Stange in der Stopfbüchse
unvermeidlich sein. Statt nun das Ende der Kolbenstange
unmittelbar mit dem Ende des Balanciers durch einen Zapfen
zu verbinden, zog Watt eine Verbindung derselben durch bewegliche Stangen vor, die so eingerichtet sind, daß, wenn
das Ende des Balanciers sich im Kreisbogen auf und
nieder bewegt, die Stangen sich dieser Bewegung dergestalt
fügen, daß das mit der Kolbenstange verbundene Ende nicht
von seinem geradlinigen Gange abweiche.

Sehen wir nun, auf welche Weise er zu diesem Zwecke drei Stangen verband.

A B und C D (Fig. 16) sind zwei Stangen oder Hebel, die sich auf festen Zapfen oder Mittelpunkten A und C bewegen. Eine dritte Stange BD ist mit ihnen durch Zapfen an ihren Endpunkten B und D verbunden, und die Stangen sind so gestellt, daß, wenn AB und CD horizontal sind, BD senkrecht sein muß, und AB und CD sind von gleicher Länge. Nehmen wir an, es befinde sich ein Stift in P genau in der Mitte der Stange BD. Bewegte sich nun die Stange AB auf und nieder, wie der Balancier in dem in der Figur dargestellten Bogen, so müßte bei der Art ihrer Verbindung die Stange CD in dem andern Bogen auf und nieder bewegt werden. Unter solchen Umständen mußte sich, nach Watt's Idee, der Stift P in einer senkrechten geraden Linie auf und nieder bewegen.

Wie schwierig auch der erste Gedanke dieses Mechanismus erscheinen mochte, es läßt sich leicht einsehen, warum die verlangte Wirkung dadurch hervorgebracht wird. Steigt die Stange AB zu dem obern Ende des Bogens, so weicht der Punkt B ein wenig rechts ab, und zu gleicher Zeit bewegt sich der Punkt D ein wenig links. Da nun die Endpunkte der Stange BD zu gleicher Zeit in etwas entgegengesetzten Richtungen bewegt werden, so wird der Stift in der Mitte derselben gerade aufwärts steigen, indem das eine Ende der Stange ihn eben so sehr rechts als das andere links zu ziehen sucht. Bewegt sich die Stange AB zu dem untern Ende des Bogens, so wird die Stange CD auf gleiche Weise zu dem untern Ende ihres Bogens bewegt werden. Der Punkt B wird dann ein wenig rechts, der Punkt D links gerückt werden, und aus demselben Grunde wie vorher, wird sich der Punkt P in der Mitte weder rechts noch links, sondern gerade abwärts bewegen.

Watt glaubte seinen Zweck zu erreichen, wenn es ihm gelänge, den Balancier die Bewegung von AB (Fig. 16) ausführen zu lassen und mit ihm zwei andere Stangen CD und DB zu verbinden, indem er das Ende des Kolbens an

der Mitte der Stange DB befestigte. Die praktische Anwen=
dung dieses Prinzips machte einige Veränderungen nöthig, die
Ausführung ist aber eben so schön als die Idee an sich sinnreich.
Die Vorrichtung ist an dem Arme dargestellt, der den Kolben
in Fig. 17 bewegt. Da sich der Balancier auf seiner Achse C
bewegt, so bewegt sich jeder Punkt seines Armes in einem Kreis=
bogen, dessen Mittelpunkt C ist. Es sei B der Punkt, der
den Arm AC in gleiche Theile AB und BC theilt, und DE
sei eine gerade Stange von gleicher Länge mit CB, auf dem
festen Centrum oder Zapfen D sich bewegend. Das Ende E
dieser Stange ist mittels einer geraden Stange EB verbunden
mit dem Punkte B, durch Zapfen bei B und E, auf welchen
die Stange BE frei spielt. Wenn sich der Balancier abwech=
selnd auf seiner Achse C bewegt, so wird sich der Punkt B in
einem Kreisbogen auf und nieder bewegen, von welchem C
der Mittelpunkt ist, und zu gleicher Zeit bewegt sich der Punkt E
in einem gleichen Kreisbogen um den Punkt D als Mittelpunkt.
Nach unserer bereits gegebenen Erklärung wird sich der mitt=
lere Punkt F der Stange BE in einer geraden Linie auf und
nieder bewegen.

Die Stange AG, von gleicher Länge mit BE, sei an
das Ende A des Balanciers mittels eines Zapfens befestigt,
auf welchem sie sich frei bewegt, und ihr Endpunkt G sei mit
E durch eine Stange GE verbunden, von gleicher Länge mit
AB und auf den Zapfen G und E sich bewegend.

Da durch diese Vorrichtung AG stets parallel mit BE
ist, so werden die drei Punkte C A und G in ganz gleichen
Verhältnissen mit den Punkten C B und F sein, ausgenom=
men daß das System CAG doppelt so groß ist als CBF, in=
dem CA die doppelte Länge von CB und AG die doppelte Länge
von BF hat, so ist es klar, daß, welchen Gang auch der Punkt F
nehme, der Punkt G einer gleichen Linie folgt,*) aber sich
doppelt so schnell bewegt. Da aber, wie schon gezeigt ist,

---

*) Es tritt hier das Princip des Pantographs ein. Die Punkte CF
und G liegen offenbar in derselben geraden Linie, da CB : CA = BF : AG
und die letzten Linien parallel sind. Nimmt man C als den gemeinschaftli=

der Punkt F sich in einer geraden Linie auf und nieder bewegt, so muß sich auch der Punkt G in einer geraden Linie, aber von doppelter Länge bewegen.*)

Durch diese Vorrichtung werden die Kolben des Dampf-Cylinders sowohl als der Luftpumpe in Bewegung gesetzt; die Stange der letzten ist an den Punkt F, die Stange des ersten an den Punkt G befestigt.

Diese schöne Erfindung, unstreitig eine der glücklichsten, die wir Watt's mechanischem Genie verdanken, zeigt uns, mit welcher Leichtigkeit der Geist eines praktischen Mechanikers, gleichsam durch innere Anschauung, zu einem Ergebnisse kommen kann, das der bloße Theoretiker nicht ohne die verwickeltste mathematische Analyse finden würde. Als Watt von Perso-nen, die seiner Erfindung gerechte Bewunderung zollten, ge-fragt wurde, zu welcher Reihe von Forschungen er seine Er-findung zurückführen könne, gab er zur Antwort, er wisse sich keiner zu erinnern; der Gedanke sei ohne vorherige Forschun-gen wie ein Blitz vor seine Seele getreten; er sei selber über die Vollkommenheit erstaunt gewesen, welche seine Erfindung bei der wirklichen Ausführung gezeigt habe, und bei dem An-blicke des vollendeten Werkes habe er die angenehmen Regun-gen empfunden, welche die erste Betrachtung der neuen Er-findung eines anderen gewähre.

Auch diese Erfindung Watt's und andere, die wir ihm verdanken, waren, wie es scheint, reine Schöpfungen seines natürlichen Genies, das wenig durch die Ergebnisse der Er-fahrung und gar nicht durch das Licht wissenschaftlicher Vor-bildung unterstützt ward. Er hatte, scheint es, auch als Mechaniker keine praktische Gewandtheit, und nahm an der

---

chen Pol der Punkte FG, so wird der radius vector des einen immer das Doppelte des entsprechenden radius vector des andern sein. Diese Curven sind daher gleich gestellt und parallel.

*) Es ist nicht nothwendig, daß sich die Stangen, welche die Parallel-Bewegung hervorbringen, die Verhältnisse haben, welche wir ihnen gege-ben haben. Es gibt verschiedene Verhältnisse, die dem Zwecke angemessen sind; wie man aus den praktischen Werken über Dampfmaschinen lernen kann.

Verfertigung der ersten Modelle seiner eigenen Erfindungen kei=
nen Antheil. Seine Wohnung lag eine Stunde von der Fac=
torei zu Soho, wohin er nur einmal wöchentlich kam, um
höchstens eine halbe Stunde zu verweilen.

### 56.

Als auf diese Weise ein vollkommenes Mittel gefunden
war, die abwechselnde Bewegung des Kolbens dem Balancier
mitzutheilen, wurde der Gebrauch eines Gegenwichtes zur
Hebung des Kolbens aufgegeben, und der Balancier mußte
sich auf seinem Mittelpunkte selbst im Gleichgewichte erhalten.
Der zunächst zu erreichende Zweck war, die wechselseitige Be=
wegung des wirkenden Armes des Balanciers einem Maschinen=
werke mitzutheilen. Zu diesem Zwecke ist eine fortdauernde
wälzende (rotirende) Bewegung die nützlichste. Die
Aufgabe war daher, durch eine abwechselnde Bewegung des
Balancier=Armes einer Achse eine wälzende Bewegung zu ge=
ben. Watt wählte dazu anfänglich eine Kurbel, die mit dem
Balancier=Arme durch eine Metallstange verbunden war.

Es sei K das Centrum oder die Achse, oder Stange,
durch welche die Maschine in Bewegung gesetzt und welcher eine
rotirende Bewegung durch den Balancier CH mitgetheilt wer=
den soll. Auf der Achse K ist ein Hebel KI befestigt, so daß,
wenn KI sich um den Mittelpunkt K dreht, das Rad sich
gleichzeitig drehen muß. Eine Verbindungs=Stange HI werde
an die Punkte H und I befestigt, und bewege sich frei auf
Zapfen oder Gewinden. Wenn sich das Ende H aufwärts und
abwärts bewegt, so wird der Hebel KI um das Centrum K
sich drehen und der Stange, die sich um jenen Mittelpunkt
dreht, eine fortdauernd wälzende Bewegung geben. Die ver=
schiedenen Stellungen, welche die Verbindungs=Stange und
der Hebel KI auf den verschiedenen Punkten einer Umdrehung
einnehmen, sind in Fig. 18 angegeben.

### 57.

Dieß war Watt's erster Versuch, eine fortdauernd wäl=
zende Bewegung durch die Schwingungen des Balanciers her=

vorzubringen, und diese Methode ist jetzt allgemein gebräuchlich.
Ein Arbeiter in Watt's Factorei, der das Modell sah, theilte die
Idee einem gewissen Washborough in Bristol mit, welcher Watt
in der Bewerbung um ein Patent zuvorkam, und obgleich der
Erfinder dagegen mit Erfolg hätte auftreten können, so wollte er
sich doch nicht in Streitigkeiten einlassen, sondern gab den Ge=
danken auf und erfand ein anderes Mittel, dieselbe Wirkung her=
vorzubringen, welches er Sonnen= und Planeten=Rad
nannte und bis zur Erlöschung von Washborough's Patent ge=
brauchte, wo er wieder zu der Kurbel überging.

   Das gezähnte Rad B (Fig. 19) wird an das Ende der
Verbindungsstange befestigt, so daß es sich nicht um seine Achse
bewegt. Die Zähne dieses Rades greifen in ein anderes Zahn=
rad A, dem die rotirende Bewegung mitgetheilt werden soll und
das bewegt wird von dem sich um dasselbe drehenden Rade B,
auf welches die von dem Balancier bewegte Verbindungsstange
HI wirkt. Das Rad A heißt das Sonnenrad und B das
Planetenrad. Diese Erfindung, obgleich sie in der Haupt=
sache der einfacheren Kurbel nachsteht, ist doch auch nicht ohne
Vorzüge. Wir erwähnen nur, daß hier das Sonnenrad eine dop=
pelte Geschwindigkeit erhält; denn bei der Kurbel wird nur eine
Umdrehung um die Achse durch eine Umdrehung der Kurbel her=
vorgebracht, aber bei dem Sonnen= und Planetenrade werden
zwei Umdrehungen des Sonnenrades durch eine des Planeten=
rades erlangt, und so wird durch dieselbe Bewegung des Ba=
lanciers eine doppelte Geschwindigkeit gewonnen. Dieß wird
einleuchten bei der Erwägung, daß, wenn das Planetenrad sei=
nen höchsten Stand hat, sein unterster Zahn in den höchsten
Zahn des Sonnenrades eingreift; geht das Planetenrad von
seinem höchsten Stande abwärts, so treiben seine Zähne das
Sonnenrad vor sich her, und kommt es in den niedrigsten Stand,
so greift der höchste Zahn des Planetenrades in den untersten
des Sonnenrades, aber dann hat die Hälfte des Sonnenrades
sich um das Planetenrad gedreht, und daher muß der Zahn, der
in seiner höchsten Stellung in das Rad griff, um den halben Um=
fang des Rades von ihm entfernt, und also wieder in dem
höchsten Stande sein, so daß, während das Planetenrad von dem

oberſten zu dem unterſten Punkte kommt, das Sonnenrad eine
ganze Umdrehung gemacht hat. Einiges Nachdenken über die
Beſchaffenheit der Bewegung wird dieß deutlicher machen, als
es jede Beſchreibung vermag. Dieſer Vortheil, eine größere Geſchwindigkeit hervorzubringen, läßt ſich auch durch die einfachere
Kurbel erlangen, wenn man gezähnte Räder auf ihre Achſe
ſtellt. Abgeſehen von den größeren Koſten, die mit der Einrichtung eines Sonnen- und Planeten-Rades verbunden ſind, iſt es
ſo leicht Störungen in ſeinem Gange unterworfen und die Zähne
nutzen ſich ſo ſchnell ab, daß man der Kurbel mit Recht den
Vorzug gegeben hat.

### 58.

Möge nun aber eine einfache Kurbel oder ein Sonnen-
und Planetenrad gebraucht werden, es bleibt bei der fortdauernden rotirenden Bewegung noch immer eine Schwierigkeit beſon-
derer Art zu überwinden. Es gibt zwei Stellungen, in welchen
die Dampfmaſchine der Kurbel gar keine Bewegung mittheilen
kann. Dieß iſt der Fall, wenn der Balancier-Arm, die Achſe
der Kurbel und der Zapfen, der die Stange HI mit der Kurbel verbindet, in einer und derſelben geraden Linie ſich befinden.
Man wird dieß leicht einſehen. Man nehme an, der Balancier,
die Verbindungsſtange und die Kurbel ſeien in der Stellung, die
Fig. 17 zeigt. Wenn der Dampf den Kolben niederdrückt, ſo
werden der Punkt H und die Verbindungsſtange gerade aufwärts gezogen. Aber es iſt klar, daß in der gegenwärtigen Lage
der Verbindungsſtange HI und des Hebels IK die Kraft, welche
den Punkt I in der Richtung IK zieht, gar nicht darauf wirken
kann, IK um das Centrum K zu bewegen, ſondern bloß einen
Druck auf die Achſe oder die Zapfen des Rades ausübt.

Nehmen wir ferner an, die Kurbel und die Verbindungsſtange ſeien in der Stellung HIK (Fig. 18), der Kolben habe
folglich den Boden des Cylinders erreicht. Drückt nun der
Dampf den Kolben aufwärts, ſo werden die Zapfen H und
die Verbindungsſtange HI abwärts gedrückt, und dieſer
Druck wird die Kurbel IK in der Richtung IK treiben. Es iſt
offenbar, daß eine ſolche Kraft die Kurbel nicht um das Cen-

trium K drehen und keine andere Wirkung haben kann, als einen Druck auf die Achse oder die Zapfen des Rades.

In diesen beiden Stellungen kann daher die Dampfmaschine gar nicht auf die Umdrehung der Kurbel wirken. Wie aber läßt sich die Schwierigkeit heben, in welche die Maschine zweimal bei jeder Umdrehung geräth, wenn die Stellungen eintreten, wo die Kurbel sich dem Einflusse der wirkenden Kraft entzieht? Körper haben das Streben, die Bewegung, in welche sie einmal gebracht sind, fortzusetzen, bis diese Bewegung durch eine entgegengesetzte Kraft gehemmt wird, und dieses Streben ist es, was die Kurbel aus jenen Schwierigkeiten bringt. Von der Schnelligkeit, die sie erhalten hat, während sie unter dem Einflusse der Treibkraft des Balanciers war, bleibt so viel zurück, daß sie aus der schwierigen Lage kommt, wo sie von jener Treibkraft verlassen ist. Die wälzende Bewegung, welche durch die Kurbel gewonnen werden soll, ist zwar nicht ganz durch diesen Umstand aufgehoben, wird aber sehr unregelmäßig, da im Uebergange durch die beschriebenen beiden Stellungen, wo die Maschine ihre Wirkung auf die Kurbel verliert, die Bewegung sehr langsam wird, und in den Stellungen der Kurbel, die von jenen am meisten entfernt sind und wo die Wirkungskraft des Balanciers am größten ist, wird die Bewegung sehr schnell sein. Wenn nun die Kurbel von jeder der Stellungen, wo die Wirkungskraft der Maschine auf dieselbe am größten ist, zu denjenigen übergeht, wo diese Kraft sich ganz verliert, so wird sie stets vermindert, so daß die Kurbel wirklich durch eine abwechselnde Kraft getrieben wird und daher eine abwechselnde Bewegung hervorbringt. Man wird dieß leicht einsehen, wenn man die nach einander eintretenden Stellungen der Kurbel und der Verbindungsstange HI betrachtet, die Fig. 18 zeigt. Jene veränderliche Bewegung ist besonders nachtheilig, wenn die Dampfmaschine ein Maschinenwerk treiben soll. Diesem Uebel abzuhelfen, benutzen wir die bereits erwähnte Eigenschaft der Körper, ihr Streben nämlich, eine einmal ihnen mitgetheilte Bewegung zu behalten. Ein großes metallnes Rad, Schwungrad genannt, wird auf die Achse der Kurbel gestellt (Fig. 17) und durch sie gedreht. Dieses Rad macht die Bewegung gleichförmig, welche

durch die Wirkung des Balanciers auf die Kurbel mitgetheilt
wird, da diese Wirkung gerade hinreichend ist, das Schwungrad in einer gleichförmigen Geschwindigkeit zu erhalten, und das
Streben dieses Rades, die empfangene Geschwindigkeit zu behalten, gibt dem Umschwunge eine für alle praktischen Zwecke
hinlängliche Gleichförmigkeit.

Nur unter zwei Bedingungen aber wird diese Gleichförmigkeit fortdauern, erstens wenn der Dampfzufluß aus dem
Kessel gleichförmig ist, und zweitens, wenn die Maschine stets
denselben Widerstand zu überwinden hat oder stets eine gleichförmige Last hat. Wird der Dampfzufluß vermehrt, so wird
die Bewegung des Kolbens beschleunigt, und es wird daher auch
der Umschwung des Schwungrades schneller werden, wie im
Gegentheil ein verminderter Dampfzufluß die Bewegung des
Rades verzögern wird. Wenn aber der Widerstand oder die
Last vermindert wird und dabei der Dampfzufluß sich gleich
bleibt, so wird die Geschwindigkeit zunehmen, da der bewegenden Kraft ein geringerer Widerstand entgegensteht; wird aber
der Widerstand oder die Last vermehrt, so wird die Geschwindigkeit des Umschwunges vermindert, weil sich derselben bewegenden Kraft ein größerer Widerstand entgegenstellt. Um eine
gleichförmige Geschwindigkeit bei allen Veränderungen der Last
oder des Widerstandes zu bewirken, ist es nothwendig, den
Dampfzufluß in ein Verhältniß zu dem Widerstande zu setzen,
so daß bei der geringsten Veränderung in der Geschwindigkeit der
Dampfzufluß vermehrt oder vermindert wird, um die Maschine
stets in gleichem Gange zu erhalten.

### 59.

Eine der interessantesten Zubehörungen der Dampfmaschine ist die von Watt erfundene Vorrichtung zur Erreichung
dieses Zweckes. Eine Vorrichtung, Regulator genannt, war
schon lange in den Mühlen bekannt, um den Gang der Mühl-
steine gleichförmig zu machen, und ward auch bei Maschinen-
werken gebraucht. Watt kam auf eine schöne Anwendung dieses
Mittels für die Regulirung der Dampfmaschine. In der Röhre,
welche den Dampf aus dem Kessel in den Cylinder führt,

brachte er eine dünne kreisförmige Platte an, so daß, wenn
ihre Vorderseite der Länge der Röhre gleich lief, sie dieselbe beinahe verschloß und nur wenig oder gar keinen Dampf durch-
ließ, wenn aber ihr Rand der Richtung der Röhre folgte, dem
Dampfzuflusse kein Hinderniß entgegenstand. Diese Platte war
so eingerichtet, daß sie sich auf einem Durchmesser als einer
Achse bewegte, die durch das Centrum der Röhre ging, und sie
wurde durch einen Hebel außerhalb der Röhre bewegt. Nach
der ihr gegebenen Stellung ließ sie mehr oder weniger Dampf
durch. Wurde sie mit ihrem Rande beinahe der Richtung der
Röhre gleichgestellt, so war der Dampfzufluß stark, stand sie
mit ihrer Vorderseite in der Richtung des Laufes der Röhre, so
strömte weniger Dampf zu, und durch die diesem Ventil gegebene Stellung konnte, wie es scheint, der Dampf in jeder beliebigen Menge dem Cylinder zugemessen werden.

Nach der anfänglichen Einrichtung sollte ein Maschinen-
aufseher diesem Ventil mit der Hand die Richtung geben, und
wenn die Maschine zu schnell ging, den Dampfzufluß durch
theilweises Schließen des Ventils hemmen, war hingegen die
Bewegung zu langsam, es öffnen und mehr Dampf zuströmen
lassen. Watt war damit nicht zufrieden, und nach seinem Wun-
sche sollte die Maschine selbst dieses Geschäft mit größerer Regelmäßigkeit verrichten, als es ein Arbeiter vermochte, und zu
diesem Zwecke gebrauchte er den erwähnten Regulator oder
das konische Ventil. Diese Vorrichtung ist in Fig. 17
dargestellt, wo L eine senkrechte Achse ist, an welcher das Rad
M mit einer Fuge befestigt wird. Eine Schnur, welche auf die
Achse des Schwungrades gerollt ist, geht um die Fuge in dem
Rade M. Mittels dieser Schnur wird die Umdrehung des
Schwungrades eine Umdrehung des Rades M und der Achse L
bewirken und die Geschwindigkeit des einen immer in demselben
Verhältnisse die Geschwindigkeit des andern vermehren oder ver-
mindern. Zwei schwere Metallkugeln NN befinden sich am Ende
von Stäben, die sich auf einer Achse bewegen, welche an die
sich umdrehende Stange bei O befestigt ist, und sich über die
Achse hinaus bis QQ erstrecken. Mit diesen sind bei QQ durch
Gewinde zwei andere Stäbe QR verbunden, die an einem Metall-

ring befestigt sind, der sich frei an der sich umdrehenden Stange
auf und nieder bewegt. Dieser Ring ist an einen Hebel befe=
stigt, dessen Mittelpunkt S ist, und durch eine Reihe von He=
beln mit dem Ventil T verbunden. Wenn die Geschwindig=
keit des Schwungrades sehr beschleunigt ist, wird die Spindel L
mit großer Geschwindigkeit umgetrieben und die Kugeln NN
entfernen sich vermöge der Fliehkraft vom Centrum. Die Hebel,
die auf der Achse O spielen, werden durch jene Bewegung von
einander entfernt, drücken dann die Gewinde QQ nieder, zie=
hen die Gewinde R herab und mit ihnen den Metallring, der
sich auf der Spindel bewegt. Dadurch wird das Ende des
auf S spielenden Hebels niedergedrückt und das Ende V geho=
ben, und die Bewegung wird dem Ventil T mitgetheilt, wel=
ches dadurch zum Theil verschlossen wird, wodurch eine Hem=
mung des Dampfzuflusses entsteht. Vermindert sich dagegen
die Geschwindigkeit des Schwungrades, so nähern sich die Ku=
geln wieder der Achse, und indem die entgegengesetzten Wirkun=
gen eintreten, wird der Dampfzufluß vermehrt und die Ge=
schwindigkeit wieder hergestellt.

Der eigenthümliche Vorzug dieser Vorrichtung besteht
darin, daß bei jeder Stellung, worein die Kugeln auch kom=
men mögen, die Geschwindigkeit, mit welcher der Regulator
sich umdreht, dieselbe sein muß,*) und darin besteht seine ganze
Wirksamkeit als Regulator. Seine regulirende Kraft ist be=

---

*) Dieß ist genau genommen nur dann wahr, wenn die Abweichung der
Stäbe von der Spindel nicht beträchtlich ist, und in der Praxis ist die Ab=
weichung nie so groß, daß sie jene Behauptung unwahr machte. Diese
Eigenschaft des konischen Pendels beruht darin, daß die Fliehkraft
in diesem Fall veränderlich ist, wie der Halbmesser des Kreises, in welchem
die Kugeln sich bewegen, und geschieht dieß, so ist die periodische Zeit be=
ständig. Die Zeit eines Umschwunges der Kugeln ist gleich der doppelten
Zeit, in welcher jede Kugel als ein gewöhnliches Pendel auf dem Centrum
sich schwingen würde, und wie alle ihre Schwingungen, obgleich die Bö=
gen ungleich sind, gleiche Zeitdauer haben, wenn anders jene Bögen klein
sind, so ist auch die periodische Zeit der umschwingenden Kugel unverän=
derlich. Diese Bemerkungen gelten jedoch nur, wenn die Kugeln sich ge=
nau in einer kreisförmigen Bewegung halten.

schränkt und nur für geringe Veränderungen der Geschwindigkeit ist er empfindlich. Man sieht leicht ein, daß für eine
solche Geschwindigkeit, als auf der einen Seite die Kugeln nöthigen würde, zu den äußersten Endpunkten ihres Schwingungs-
kreises zu fliegen, oder auf der andern auf ihre Stützen zurück-
zufallen, der Regulator nicht empfindlich sein würde.

Wir haben nun die Haupttheile der doppelt wirkenden
Dampfmaschine beschrieben, und gehen zu den Ventilen und
der Steuerung derselben über.

## 60.

Watt erhielt auf die verschiedenen oben beschriebenen Verbesserungen im Jahre 1782 ein Patent. Die Maschine kam
nun immer mehr in Aufnahme, da ihre Herrschaft in den Manufakturen durch das Schwungrad, die Kurbel und den
Regulator entschieden war. Ihre Bewegungen wurden
mittels dieser Zubehörungen mit der größten Genauigkeit geleitet, so daß die fast unermeßliche Kraft, die sie ausübte,
so strenge geregelt war als der Gang einer Uhr. Es gibt keine
Manufaktur, auf welche die Dampfmaschine nicht anwendbar wäre, von der Kraft, welche die feinsten Fäden spinnt
oder die zartesten Gewebe webt, bis zu derjenigen, welche die
ungeheuersten Gewichte heben oder den unermeßlichsten Widerstand besiegen muß. So viele Verbesserungen die Dampfmaschine in neuern Zeiten erhalten hat, so ist es doch nicht zu
läugnen, daß sie ihre wesentlichen Vollkommenheiten und jene
Eigenschaften, deren Einfluß in der ganzen gesitteten Welt
empfunden wird, dem überlegenen Geiste eines einzigen Mannes verdankt, eines Mannes, der weder den Einfluß des Reich-
thums und des Ranges, noch Vorzüge der Bildung besaß,
um jenen ersten Anstoß geben zu können, der so oft nöthig ist,
den Erzeugnissen des Genius Anerkennung und Verbreitung
zu verschaffen.

Die Steuerung der Ventile in der doppelt wirkenden
Dampfmaschine hat den Erfindungsgeist vielfach angeregt, und
es sind viele glückliche Ideen in's Leben getreten, aber auch
hier hat Watt's Erfindungskraft seinen Nachfolgern vorgegrif-

fen und feine Angaben werden faft allgemein angewandt. Um eher die Wirkung der verschiedenen Ventil-Systeme zu begreifen, die wir beschreiben wollen, müssen wir uns erinnern, auf welche Weise der Dampf dem Cylinder zugeführt und ihm entzogen wird. Wenn der Kolben in dem obern Theile des Cylinders ist, so wird der Dampf unter demselben in den Condensator abgeführt und aus dem Kessel strömt über ihm Dampf ein. Ist er wieder auf dem Boden des Cylinders, so geht der Dampf über ihm in den Condensator über und aus dem Kessel wird unter ihm Dampf eingelassen.

In Watt's älteren Maschinen geschah dieß durch vier Ventile, die paarweise geöffnet und geschlossen wurden. In dem obern Theile und in dem Boden des Cylinders befanden sich Ventil-Büchsen, deren jede durch Röhren sowohl mit der aus dem Kessel hervorgehenden Dampfröhre als mit dem Condensator in Verbindung stand. Jede Ventil-Büchse enthielt daher zwei Ventile, wovon das eine den Dampf aus der Dampfröhre in den Cylinder führte, das andere ihn in den Condensator strömen ließ, ein Dampf-Ventil und ein Ausleerungs-Ventil. In dem obern Theile des Cylinders heißen sie das obere Dampf-Ventil und das obere Ausleerungs-Ventil, in dem untern Theile das untere Dampf-Ventil und das untere Ausleerungs-Ventil. In Fig. 17 ist A' das obere Dampf-Ventil, B' das obere Ausleerungs-Ventil, welches, wenn es geöffnet ist, den Dampf von dem Kolben in den Condensator führt; C' ist das untere Dampf-Ventil, das den Dampf unter den Kolben einläßt, und D' das untere Ausleerungs-Ventil, das den Dampf unter dem Kolben in den Condensator ableitet.

Nehme man nun an, der Kolben sei in dem obern Theile des Cylinders und der Cylinder unter ihm mit Dampf gefüllt, der ihn eben aufwärts getrieben hat. Das obere Dampf-Ventil A' und das untere Ausleerungs-Ventil D' seien offen, die beiden anderen Ventile geschlossen. Der Dampf, der den Cylinder unter dem Kolben füllt, wird alsbald durch das Ventil D' in den Condensator strömen und ein luftleerer Raum unter dem Kolben erzeugt werden. Zu gleicher Zeit strömt aus der Dampfröhre durch das Ventil A' über den Kolben Dampf ein, und der Druck desselben treibt den Kolben abwärts. Ist der Kolben auf dem Boden des Cylinders, so werden das obere Dampf-Ventil A' und das untere Ausleerungs = Ventil D' geschlossen, das untere Dampf=Ventil C' und das obere Ausleerungs=Ventil B' geöffnet. Der Dampf in dem Cylinder über dem Kolben geht durch B' in den Condensator über und läßt einen luftleeren Raum über dem Kolben. In derselben Zeit strömt Dampf aus dem Kessel durch das untere Dampf=Ventil C' unter den Kolben ein, der dadurch in den obern Theil des Cylinders gehoben wird, und so geht das Kolbenspiel weiter.

Man sieht daraus, daß das obere Dampf=Ventil und das untere Ausleerungs = Ventil zusammen geöffnet werden müssen, wenn der Kolben in dem obern Theile des Cylinders ankommt. Um dieß zu bewirken, ist ein Hebel E' durch Stäbe mit jenen beiden Ventilen in Verbindung gesetzt, und dieser Hebel wird durch einen Zapfen oder Daumen an der Kolbenstange der Luftpumpe bewegt. Dem Zapfen kann eine solche Stellung gegeben werden, daß er die verlangte Wirkung genau in dem rechten Augenblicke hervorbringt. Auf gleiche Weise ist ein anderer Hebel F' durch Stäbe mit dem obern Ausleerungs=Ventil und dem unteren Dampf = Ventil verbunden, so daß er sie gleichzeitig öffnet und verschließt, und auch dieser Hebel wird durch einen Zapfen an der Kolbenstange der Luftpumpe bewegt.

## 61.

Diese Methode, die Ventile zu verbinden und zu steuern, wurde durch eine andere ersetzt, auf welche Murray aus Leeds ein Patent erlangte, das aber durch Bolton und Watt beseitigt wurde, indem sie zeigten, daß sie die angegebene Art bereits früher ausgeführt hatten. Sie ist in Fig. 20 und 21 dargestellt. Die Stiele der Ventile sind perpendicular und bewegen sich in einem dampfdichten Lager im obern Theile der Ventil=Büchsen. Der Stiel des oberen Dampf=Ventils A ist eine Röhre, durch welche der Stiel des oberen Ausleerungs = Ventils B geht und in welchem er sich dampfdicht bewegt. Diese beiden Stiele bewegen sich dampfdicht durch den oberen Theil der Ventil=Büchse. Das untere Dampf=Ventil C, und das Ausleerungs=Ventil D sind auf ähnliche Art einge= richtet. Der Stiel des ersten ist eine Röhre, durch welche der Stiel des anderen geht. Die Stiele des oberen Dampf= Ventils und des unteren Ausleerungs=Ventils sind durch die Stange E verbunden, wie das obere Ausleerungs=Ventil und das untere Dampf=Ventil durch eine andere Stange F. Diese Stangen können daher die Ventile paarweise bewegen, wenn sie gehoben und niedergedrückt werden. Die Bewegung, durch welche die Ventile gesteuert werden, geht nicht von der Stange der Luftpumpe aus, sondern von der Achse des Schwungra= des. Diese Achse bewegt die sogenannte excentrische Scheibe. Wir wollen das Prinzip, das diese Bewegung leitet, näher erklären. DE (Fig. 22 und 23) ist ein metalle= ner Ring, dessen innere Oberfläche ganz glatt ist. Dieser Ring ist mit einer Stange F B verbunden, welche die Ventile durch Hebel bewegt, die bei B an sie befestigt sind. Eine kreisförmige Metallplatte ist so mit dem Ringe verbunden, daß sie sich in ihm bewegen kann, und die inneren Oberflächen des Ringes und der Platte, die in Berührung stehen, wer= den mit Oel oder Fett geschmeidig erhalten. Jene runde Me= tallplatte dreht sich jedoch nicht um ihr Centrum, sondern um die Achse C, die etwas entfernt von dem Centrum A ist. Die Folge davon ist, daß der Ring, in welchem sie sich dreht, abwechselnd in entgegengesetzten Richtungen sich bewegt und durch einen Raum, der zweimal so groß ist als die Entfernung (CA) der Achse der Platte von dem gemeinschaftlichen Cen= trum derselben und des Ringes. Die excentrische Scheibe in ihren beiden äußersten Stellungen zeigen Fig. 22 und 23. Die Platte und der Ring DE sind auf die Achse des Schwung= rades gestellt, oder auf die Achse eines anderen, durch das Schwungrad in Bewegung gesetzten Rades. Die fortdauernd wälzende Bewegung des Schwungrades erzeugt eine geradli= nige Bewegung in der Stange FB. Diese Stange ist durch Hebel mit den Stangen E und F (Fig. 20 und 21) verbun= hunden, wodurch die Ventile so gesteuert werden, daß, wenn

die excentrische Scheibe in der Stellung in Fig. 22' ist, ein
Ventil = Paar geöffnet und das andere geschlossen wird, und
sobald sie in die Stellung Fig. 23 kommt, das zweite Paar
geöffnet und das erste geschlossen ist. Durch eine Vorrich=
tung dieser Art werden jetzt die Ventile fast überall gesteuert.

Nehmen wir an, der Kolben sei in dem oberen Theile
des Cylinders (Fig. 20), die Stange E gehoben, die Ven=
tile A und D seien geöffnet, B und C geschlossen. Der
Dampf kommt aus der Dampfröhre durch eine Oeffnung un=
mittelbar über dem Ventil A, geht durch das offne Ventil
und tritt über dem Kolben in den Cylinder. Zu gleicher Zeit
strömt der Dampf, der unter dem Kolben ist und ihn eben
hinaufgetrieben hat, durch das offne Ventil D und durch eine
unmittelbar unter demselben befindliche Röhre in den Conden=
sator. Es wird nun ein luftleerer Raum unter dem Kolben
erzeugt; der Dampf drückt oben auf ihn und er geht hinab.
Kommt er auf den Boden des Cylinders (Fig. 21), so wird
die Stange E niedergezogen, und die Ventile A und D fal=
len wieder in ihre Lagen. Die Stange F wird gehoben, und
die Ventile B und C öffnen sich. Nun strömt Dampf durch eine
Oeffnung über dem Ventil C ein und kommt unter den
Kolben, während der Dampf über demselben durch das
offne Ventil B in eine unter ihm befindliche Röhre geht, die
in den Condensator führt. So wird ein luftleerer Raum
über dem Kolben erzeugt, und da Dampfdruck unter ihm
wirkt, so steigt er empor. Das abwechselnde Auf= und Nie=
dersteigen wird fortgesetzt durch die Bewegung, welche den
Stangen E F von dem Schwungrade mitgetheilt wird.

62.

Es gibt verschiedene andere Vorrichtungen, den Umlauf
des Dampfes durch den Cylinder zu regeln. Wir sehen Fig. 24
und 25 einen Durchschnitt des von Murray angegebenen
Schieb=Ventils. Die aus dem Kessel hervorgehende Dampf=
röhre tritt bei S in die Ventil=Büchse D E. Gekrümmte
Gänge A A und B B verbinden diese Ventil = Büchse mit dem
oberen Theile und dem Boden des Cylinders, und ein vierter

Gang führt zu der Röhre C, die in den Condensator geht. Ein verschiebbares Metallstück in der Ventil=Büchse öffnet ab= wechselnd eine Verbindung zwischen den beiden Enden des Cylinders und der Röhre C, die in den Condensator führt. Bei der Stellung des Apparats in Fig. 24 strömt Dampf aus den Dampfröhren durch den gekrümmten Gang AA über den Kolben, und zu derselben Zeit wird der Dampf unter dem Kolben durch den gekrümmten Gang BB in die Röhre C und aus dieser in den Condensator abgeleitet. Es entsteht ein luftleerer Raum unter dem Kolben und Dampf strömt über ihm ein. Der Kolben steigt hinab, und wenn er den Boden des Cylinders erreicht, kommt der Schieber in die Fig. 25 angegebene Stellung. Nun strömt Dampf aus S durch BB unter den Kolben und der Dampf über demselben geht durch AA und C in den Condensator. Ueber dem Kolben wird ein luftleerer Raum erzeugt, Dampfdruck wirkt unter ihm und er steigt empor. So geht die Bewegung fort. Der Schieber wird durch einen Hebel bewegt, auf welchen die excentri= sche Scheibe wirkt.

### 63.

Watt gab eine Methode zur Leitung des Dampf=Umlau= fes an, welche man das D = Ventil nennt, weil der horizon= tale Durchschnitt des Ventils dem Buchstaben D gleicht. Diese jetzt sehr gebräuchliche Vorrichtung zeigen in einem Durchschnitt Fig. 26 und 27. Durch S kommt Dampf aus dem Kessel. Ein Metallstab verbindet zwei feste Pflöcke AB, die sich Dampfdicht in dem Gange D bewegen. In der Stel= lung der Vorrichtung Fig. 26 strömt der Dampf aus S durch den Gang D und tritt in den Cylinder über dem Kolben, wäh= rend der Dampf unter dem Kolben durch den offenen Gang mittels der Röhre C in den Condensator geführt wird. Es entsteht ein luftleerer Raum unter dem Kolben, welcher nun, da Dampf über ihm einströmt, niedersteigen muß. Ist er auf dem Boden des Cylinders angekommen, so werden die Pflöcke AB in die Fig. 27 angegebene Stellung gerückt. Es strömt nun Dampf aus S durch D ein und tritt in den Cylin=

der unter den Kolben, während der Dampf, der über dem
Kolben ist und ihn eben niedergedrückt hat, durch den offenen
Gang in den Condensator geht. Ueber dem Kolben wird ein
leerer Raum erzeugt und der Dampfdruck unter ihm treibt ihn
aufwärts. Ist er im oberen Theile des Cylinders, so wird
die Stellung der Pflöcke AB wieder verändert, wie Fig. 26
zeigt, und es erfolgt eine der beschriebenen ähnliche Wirkung,
indem der Kolben niedergedrückt wird.

Die Pflöcke AB und die Stange, welche dieselben ver=
bindet, werden durch Hebel auf= und niederbewegt, welche
ihre Bewegung durch die excentrische Scheibe erhalten.

Diese Vorrichtung wird oft dadurch verändert, daß
man den über dem Kolben befindlichen Dampf durch eine Röhre
in den Pflöcken AB und ihrer Verbindungsstange dem Con=
densator zuführt. In Fig. 28 und 29 geht eine Röhre durch
die Pflöcke und die Verbindungsstange. In der Stellung
Fig. 28 geht der bei S einströmende Dampf durch die Röhre
in den Cylinder über dem Kolben, während der Dampf unter
demselben durch C in den Condensator geführt wird. Es ent=
steht nun ein luftleerer Raum unter dem Kolben und dieser
steigt, vom Dampfe gedrückt, herab. Ist er auf dem Bo=
den des Cylinders, so erhalten die Pflöcke und die Röhre die
in Fig. 29 angegebene Stellung. Der Dampf tritt nun in
S ein, geht in den Cylinder unter dem Kolben, während der
Dampf über demselben durch C in den Condensator strömt.
Ueber dem Kolben entsteht ein luftleerer Raum, und der un=
ter ihm eingeströmte Dampf drückt ihn aufwärts. Ist er im
oberen Theile des Cylinders, so kommen die Pflöcke in die
Fig. 28 angegebene Stellung, und indem ähnliche Wirkun=
ken eintreten, geht der Kolben wieder hinab.

Die Bewegung der Schieb=Röhre kann, wie bei den
früheren Vorrichtungen, durch die excentrische Scheibe hervor=
gebracht werden. Zuweilen geschieht es auch durch eine an
der Kolbenstange der Luftpumpe befestigte Leiste. Bei dem
Niedersteigen des Kolbens greift die Leiste in eine Hervorra=
gung der Ventilstange und treibt sie nieder; bei dem Aufstei=

gen des Kolbens hebt sie dieselbe, indem sie eine ähnliche Her=
vorragung trifft.

### 64.

Als eine durch Zierlichkeit und Einfachheit sich auszeich-
nende Vorrichtung verdient der d o p p e l t d u r c h b o h r t e oder
sogenannte V i e r w e g = H a h n Erwähnung. Einen Durchschnitt
dieses Hahns sehen wir in Fig. 30 und 31. C T S B sind
vier Gänge oder Röhren; S kommt aus dem Kessel und führt
Dampf zu, C ihm gegenüber führt in den Condensator, T
ist eine mit dem obern Theile des Cylinders in Verbindung stehende Röhre, und B bildet eine Verbindung mit dem Boden
des Cylinders. Diese vier Röhren stehen in Verbindung mit
einem Hahn, welcher zwei gekrümmte Gänge hat, wie
Fig. 30 und 31 zeigen. Diese Gänge sind so eingerichtet,
daß sie nach der dem Hahn gegebenen Stellung eine Verbindung mit zwei angränzenden Röhren unter den vier genannten
eröffnen können. Hat der Hahn die in Fig. 30 angegebene
Stellung, so besteht eine Verbindung zwischen der Dampf=
röhre und dem oberen Theile des Cylinders durch einen der
gekrümmten Gänge, und zwischen dem Condensator und dem
unteren Theile des Cylinders durch den anderen gekrümmten
Gang. In diesem Falle strömt der unter den Kolben befind=
liche Dampf in den Condensator, läßt einen luftleeren Raum
unter ihm und es wird aus dem Kessel Dampf über den Kol=
ben eingelassen. Der Kolben steigt nieder, und wenn er den
Boden des Cylinders erreicht hat, kommt der Hahn in die
Fig. 31 angegebene Stellung. Diese Veränderung wird be=
wirkt durch eine Viertelsdrehung des Hahns, und zwar ent=
weder mittels eines von der excentrischen Scheibe bewegten
Hebels oder durch eine andere Vorrichtung. Einer der ge=
krümmten Gänge in dem Hahn öffnet nun eine Verbindung
zwischen der Dampfröhre und dem Boden des Cylinders, wäh=
rend ein anderer eine Verbindung zwischen dem Condensator
und dem oberen Theile des Cylinders eröffnet. Auf diese
Weise wird der Dampf aus dem Kessel unter den Kolben ge=
führt, und der Dampf über dem Kolben geht in den Conden=

fator über. Es entsteht ein luftleerer Raum über dem Kol=
ben, und indem Dampf unter ihm wirkt, steigt er empor.
Ist der Kolben in dem oberen Theile des Cylinders, so wird
der Hahn rückwärts gedreht, und er erhält wieder die in Fi=
gur 30 bezeichnete Stellung. Dieselben Wirkungen treten
ein, der Kolben steigt nieder und so geht es weiter. In
Fig. 32 und 33 ist der Vierweg=Hahn mit den zu dem
oberen Theile und dem Boden des Cylinders führenden Gän=
gen in größerem Maßstabe dargestellt.

Diese schöne Erfindung ist nicht neueren Ursprungs.
Schon Papin kannte sie, und der deutsche Mechaniker Leu=
pold gab eine Beschreibung der Vorrichtung in einem 1720
erschienenen Werke*), in welchem er von einer Maschine
spricht, die durch Dampf von hohem Druck in Bewegung ge=
setzt wird, nach einem Princip, das wir später darstellen
werden.

Der Vierweg=Hahn hat einige praktische Nachtheile.
Die Dampfmenge, welche die Röhren zwischen dem Hahn
und dem Cylinder füllt, wird bei dem Kolbenspiele verschwen=
det. Dieser Vorwurf trifft zwar auch das Schieb=Ventil
(Fig. 24 und 25), so wie die in Fig. 26 und 27, 28 und
29 dargestellte Schieb=Röhre oder das D=Ventil. Er trifft
überhaupt alle Vorrichtungen, in welchen nicht Mittel, den
Dampf abzusperren, sowohl im oberen Theile als in dem Bo=
den des Cylinders, angebracht sind. Ueberdieß können die
verschiedenen Gänge und Röhren nicht weit genug gemacht
werden, um Dampf in hinlänglicher Menge einströmen zu
lassen, und es wird daher nöthig, in dem Kessel einen Dampf
von ungewöhnlicher Stärke zu erzeugen, um der Verdünnung,
die er auf dem Wege durch so viele enge Röhren erleidet,
entgegenwirken zu können. Einer der bedeutendsten Einwürfe
aber gegen den Gebrauch des Vierweg=Hahns, besonders in
großen Maschinen, ist die ungleiche Abnutzung, welcher er
ausgesetzt ist. Da die Theile in der Nähe der Gänge schwä=
chere Oberflächen haben, so leiden sie mehr durch die Reibung

---

*) **Theatrum Machinarum.**

und in kurzer Zeit dringt der Dampf zwischen dem Hahn und
seiner Hülse durch, wird verschwendet und verderbt den luft=
leeren Raum. Man gebraucht diese Hähne selten in conden=
sirenden Maschinen, ausgenommen in kleinen, häufig aber in
Hochdruck=Maschinen, da in diesen das Durchdringen
des Dampfes weniger zu bedeuten hat, wie wir später sehen
werden.

# Siebenter Abschnitt.

### Der Kessel mit seinen Zubehörungen und der Feuerherd.

#### 65.

Die regelmäßige Wirkung der Dampfmaschine und die Ersparung des Feuerungsbedarfs ist vorzüglich durch die Einrichtung des Kessels bedingt. Er ist ein großes Dampfmagazin für den Gebrauch der Maschine und es muß dafür gesorgt werden, daß nicht nur immer hinlänglicher Dampf vorräthig, sondern daß er auch von gehöriger Beschaffenheit sei, das heißt, er darf weder von höherer Spannung als erfoderlich ist, noch von zu geringer sein. Man muß daher Vorkehrungen treffen, daß die Dampferzeugung mit der davon verlangten Leistung in genauem Verhältnisse stehn und daß der erzeugte Dampf dem Cylinder in gleichem Verhältnisse zuströme. Zur Erreichung dieses Zweckes sind ungemein sinnreiche Erfindungen aufgekommen, die wir nun beschreiben wollen.

#### 66.

Von Zeit zu Zeit hat man verschiedene Vorrichtungen angegeben, den Stand des Wassers im Kessel anzuzeigen. Wir haben schon früher (siehe 31) die in den ältern Dampfmaschinen gebrauchten beiden Proberöhren beschrieben, die noch immer gewöhnlich sind. Es gibt jedoch noch andere Vorkehrungen der Art, die unsere Aufmerksamkeit in Anspruch nehmen müssen. Ein halb in das Wasser des Kessels getauchtes Gewicht F (Fig. 34) wird von einem Draht gehalten, welcher

dampfdicht durch eine kleine Oeffnung in dem oberen Theile def=
felben geht, und mit einer Schnur oder Kette verbunden ift,
die über ein Rad W läuft, mit einem Gegengewicht A ver=
fehen, daß gerade hinlänglich ift, dem halb eingetauchten Ge=
wichte das Gleichgewicht zu halten. Ift F über dem Waffer,
fo wird A leichter und nicht länger ein Gleichgewicht bilden;
F fenkt fich, zieht A aufwärts und dreht das Rad W. Wenn
dagegen F fich tiefer in das Waffer taucht, fo erhält A ein
Uebergewicht und zieht F hinauf. Nur wenn F halb eingetaucht
ift, wird es mit A im Gleichgewichte fein. Das Rad W ift
fo eingerichtet, daß, wenn zwei in dem Rande deffelben befind=
liche Zapfen PP' in horizontaler Stellung find, wie in Fig. 34,
das Waffer feinen gehörigen Stand hat. Wenn daher das Waffer
über diefe Höhe fteigt, fo wird F gehoben, A aber finkt, nnd
die Zapfen PP' kommen in die Stellung, die Fig. 35 zeigt.
Fällt hingegen der Wafferftand, fo finkt F und A fteigt, fo
daß die Stellung in Fig. 36 eintritt. Auf diefe Weife zeigt
die Stellung der Zapfen im Allgemeinen die Waffermenge im
Keffel an.

Eine andere Vorrichtung ift eine Glasröhre, (Fig. 37),
die mit einem Ende T in den Keffel über dem gehörigen Waf=
ferftande, mit dem andern T' unter demfelben eingeht. Es
ift klar, daß das Waffer in der Röhre immer diefelbe Höhe
haben wird als das Keffelwaffer, da der untere Theil eine
offene Verbindung mit jenem Waffer hat, während die Ober=
fläche dem Drucke deffelben Dampfes ausgefetzt ift, wie das
Waffer im Keffel. Diefe Vorrichtung und die zuletzt erwähnte
Proberöhre haben den Vorzug, daß fie ohne nöthige Vorkeh=
rungen fogleich zu dem Auge des Mafchinenwärters fprechen, wo=
gegen die Probehähne — der Wafferhahn und der Dampfhahn—
beide geöffnet werden müffen, wenn der Wafferftand unter=
fucht werden foll.

Diefe Unterfuchungen aber fodern eine beftändige Auf=
merkfamkeit des Auffehers, und es mußte daher wünfchens=
werth erfcheinen, wirkfamere Mittel zu erfinden, diefe Auf=
merkfamkeit zu wecken oder den Dampfzufluß von jeder Auf=
merkfamkeit unabhängig zu machen. In der Abficht, die Auf=

merksamkeit des Maschinenauffehers auf die Anfüllung des Kes=
fels zu leiten, wenn der Wasserstand durch Verdampfung zu
niedrig geworden ist, wurde zuweilen eine Röhre an dem tief=
sten Punkte des Kessels eingelassen, den der Wasserstand er=
reichen durfte. Diese Röhre ward aus dem Kessel in das Ge=
mach des Auffehers geführt, wo sie in einem Mundstücke oder
einer Pfeife endigte, so daß, wenn das Wasser unter den
Punkt sank, wo diese Röhre eingelassen war, der Dampf hin=
einströmte und, mit großer Gewalt aus dem Mundstücke drin=
gend, den Auffeher mit lautem Tone zu seiner Pflicht rufen
mußte.

## 67.

Selbst bei der wirksamsten unter diesen Vorkehrungen
mußte der Aufseher den Kessel selbst wieder anfüllen, und der
Kessel gab höchstens einen Wink über das Bedürfniß eines neu=
en Zuflusses. Dieß hatte unter andern Nachtheilen die Folge,
daß der Wasserstand steten Abwechselungen unterworfen war.
Diesem Uebel abzuhelfen, ist eine Vorrichtung erfunden wor=
den, durch welche die Maschine den Kessel selbst speiset. Die
Röhre G', die aus der Warmwasser=Pumpe (siehe 52) führt,
endigt in dem kleinen Behälter C (Figur 38), welcher
das Wasser aufnimmt. Im Boden dieses Behältnisses befin=
det sich ein Ventil V, das sich aufwärts öffnet und mit einer
Speiserbhre verbunden ist, die in den Kessel unter den
Wasserstand hinabgeht. Der Stiel des Ventils V hängt mit
einem Hebel zusammen, der sich auf dem Centrum D bewegt
und ein Gewicht F trägt, welches in das Wasser des Kessels
auf ähnliche Weise wie in Fig. 34 getaucht ist, mit einem Ge=
gengewichte A. Fällt der Wasserstand im Kessel, so fällt
gleichzeitig der Schwimmer F in demselben, und indem er
den Arm E des Hebels niederzieht, hebt sich das Ventil V
und es strömt aus dem Behälter C Wasser in den Kessel. Ist
auf diese Weise der Kessel wieder gespeist und der Hebel auf
seine vorige Stelle gehoben, so steigt F wieder und das Ventil
V wird durch das Gewicht A geschlossen. In der Praxis wird
das Ventil V durch die Wirkung des Wassers auf das Gewicht F

gesteuert, so daß das Wasser aus dem Behälter C in den Kessel in einem beständigen Strome fließen kann, der hinreichend ist, das verdünstete Wasser zu ersetzen und den Wasserstand im Kessel stets auf gleicher Höhe zu erhalten.

Durch diese sehr zweckmäßige Vorrichtung füllt sich der Kessel selbst, oder erhält vielmehr so viel Zufluß, daß er nie einer Wiederanfüllung bedarf, eine Wirkung, die auch die angestrengteste Aufmerksamkeit eines Aufsehers nicht erlangen könnte. Dieß ist jedoch nicht die einzige gute Wirkung dieser Vorrichtung. Ein Theil des Dampfes, der ursprünglich aus dem Kessel entwichen ist und seine Bestimmung durch die Bewegung des Kolbens erfüllt hat, ist durch Condensation wieder in Wasser verwandelt worden und mittels der Luftpumpe in den Warmwasser=Brunnen (sieh 47) gekommen, wo er zu der Quelle zurückkehrt, aus welcher er entstanden ist, und wohin er den nicht verbrauchten Theil seiner Wärme bringt, ehe er noch einmal durch die Maschine in Umlauf gesetzt wird.

Die ganze Menge des in den Behälter C gepumpten warmen Wassers ist nicht immer zur Speisung des Kessels nöthig. Es kann eine Ableitungsröhre angebracht werden, um das überflüssige Wasser wegzuschaffen, das zu irgend einem Zwecke benutzt werden kann, oder es kann in einen Behälter abgelassen werden, um abzukühlen, ehe es in den kalten Behälter (Fig. 14) zurückkehrt, wofern es an Wasser für den hinlänglichen Zufluß zu demselben mangelte.

An Orten, wo Wasserverschwendung verhütet werden muß, können die Ableitungsröhren, die aus dem Behälter C (Fig. 38) und aus dem kalten Behälter kommen, welcher den Condensator und die Luftpumpe enthält, zu einem Behälter AB (Fig. 39) geführt werden. Es sei hier C die aus dem Speisewasser kommende Röhre und D eine Röhre aus dem kalten Behälter. Diese Röhren führen das überflüssige Wasser aus beiden Behältern in AB. In dem Boden von AB befindet sich ein Ventil V, das sich aufwärts öffnet und mit dem Schwimmer F verbunden ist. Ist in dem Behälter AB so viel Wasser, daß der Stand desselben beträchtlich steigt, so erhebt sich der Schwimmer F, öffnet das Ventil V und das

Waſſer fließt in die Hauptröhre, welche den Waſſerbedarf für die Maſchine liefert.  G iſt die Kaltwaſſer=Pumpe zur Spei= ſung des kalten Behälters.

Dieſe Vorichtung zur Erſparung des aus dem Speiſebe= hälter und dem Condenſations = Behälter abgeleiteten Waſſers iſt in der Druckerei der irländiſchen Bank eingeführt, und da= durch eine bedeutende Waſſerverſchwendung verhütet worden.

### 68.

Es iſt nothwendig, zu allen Zeiten ein ſchnelles Mittel zu haben, die Stärke des für die Maſchine nöthigen Dampfes auszumitteln.  Zu dieſem Zwecke wird eine mit Queckſilber gefüllte gekrümmte Röhre in einen Theil des Apparates einge= laſſen, der mit dem Dampfe in Verbindung ſteht.  Sie wird gewöhnlich in der ſogenannten Jacke des Cylinders (ſiehe 44) angebracht.  Es ſei ABC (Fig. 40) eine ſolche Röhre.  Der Dampfdruck treibt das Queckſilber in dem Schenkel AB hinab und in dem Schenkel BC hinauf.  Steht das Queckſilber in beiden Schenkeln in gleicher Höhe, ſo muß der Dampfdruck dem Drucke der Atmoſphäre ganz gleich ſein, weil der Dampf= druck auf das Queckſilber in AB mit dem atmoſpäriſchen Drucke auf die Queckſilberſäule in BC im Gleichgewicht iſt. Wenn dagegen das Queckſilber in BC höher als in BA ſteht, ſo wird Dampfdruck den atmoſphäriſchen überwiegen.  Die= ſes Uebergewicht läßt ſich ausmitteln, wenn man die Diffe= renz der Höhen des Queckſilbers in den Röhren BC und BA beobachtet und einen Druck von einem Pfunde auf jeden Quadratzoll für jede zwei Zoll in der Differenz der Höhen rechnet.

Sollte dagegen das Queckſilber in BC tiefer als AB ſte= hen, ſo wird der atmoſphäriſche Druck ſtärker ſein als der Dampfdruck, und der Grad des Uebergewichts wird auf gleiche Weiſe ausgemittelt.

Iſt die Röhre von Glas, ſo wird die Differenz der Hö= hen ſichtbar ſein; gewöhnlich aber wird ſie von Eiſen gemacht, und um den Queckſilber=Stand zu beſtimmen, wird dann ein hölzernes Stäbchen in das offene Ende der Röhre BC frei ein=

gelaſſen, ſo daß der innerhalb der Röhre befindliche Theil des Stäbchens die Entfernung der Queckſilberhöhe von der Oeff= nung der Röhre anzeigt. Auch kann man ſtatt des Schen= kels AB eine Kugel gebrauchen, wie im gewöhnlichen Baro= meter. Dieſes Inſtrument heißt das Queckſilber=Vi= ſier.

Gebraucht man es, die Stärke des Dampfes zu meſſen, der auf den Kolben drückt, ſo muß es auf derſelben Seite des Regulators (ſiehe 59) angebracht werden, wo ſich der Cylin= der befindet; denn wäre es auf derſelben Seite mit dem Keſ= ſel, ſo würde es für die Veränderungen, welche der Dampf im Durchgange durch das Regulator=Ventil (Fig. 17), wenn dieſes zum Theil geſchloſſen wäre, erleiden könnte.

### 69.

Die Kraft, mit welcher der Kolben niedergedrückt wird, beruht auf zwei Umſtänden, 1. auf der wirklichen Stärke des Dampfes, die ihn drückt, und 2. auf der Stärke des Dam= pfes, welcher ihm Widerſtand leiſtet. Obgleich der luftleere Raum, der durch die Wirkung der abgeſonderten Condenſa= tion erzeugt wird, weit vollkommner iſt, als der in den at= moſphäriſchen Maſchinen hervorgebrachte, ſo wird doch immer etwas Dampf von geringer Elaſticität aus dem heißen Waſſer auf dem Boden des Condenſators aufſteigen, ehe er durch die Luftpumpe ausgezogen werden kann. Das beſchriebene Queckſilber=Viſier zeigt an, wie ſtark eine jener beiden Arten des Druckes ſei; aber ehe wir die Kraft, mit welcher der Kolben niederſteigt, ſchätzen können, iſt es nothwendig, die Kraft der nicht condenſirten Dünſte zu beſtimmen, die der Be= wegung des Kolbens Widerſtand leiſten. Ein anderes Vi= ſier, die Barometer=Probe genannt, wird zu dieſem Zwecke gebraucht. Eine Glasröhre AB (Fig. 41), die über 30 Zoll lang und an beiden Enden offen iſt, wird ſenkrecht mit dem unteren Ende B in ein Queckſilber=Behältniß C ge= ſtellt. An dem oberen Ende iſt eine Metallröhre befeſtigt, die mit dem Condenſator in Verbindung ſteht, in welchem ein ſteter luftleerer Raum oder vielmehr ein hoher Grad von ver=

dünnter Luft sich befindet.. Derselbe luftleere Raum muß
daher auch in der Glasröhre AB über dem Quecksilber=Stande
sein, und der atmosphärische Druck auf die Oberfläche des
Quecksilbers in dem Behältnisse C wird das Quecksilber in der
Röhre AB hinauftreiben, bis die darin stehende Säule der
Differenz zwischen dem atmosphärischen Drucke und dem Drucke
des nicht condensirten Dampfes gleich ist. Der Unterschied
zwischen der in der Barometer=Probe stehenden Quecksilber=
Säule und dem gewöhnlichen Barometer bestimmt die Stärke
des nicht condensirten Dampfes, wenn man eine Kraft, gleich
einem Pfunde auf den Quadratzoll für jede zwei Zoll Quecksil=
ber in der Differenz der beiden Säulen rechnet. In einer gut
gebauten Dampfmaschine, die in gehöriger Ordnung ge=
halten wird, ist nur ein geringer Unterschied zwischen der
Barometer=Probe und dem gewöhnlichen Barometer.

Die Stärke zu bestimmen, mit welcher der Kolben nie=
dersteigt, ist daher eine sehr einfache Berechnung. Es wird
zuerst die Differerenz der Höhen des Quecksilbers im Quecksil=
ber=Wisser ausgemittelt. Dieß gibt das Uebergewicht des
Dampfdrucks über den atmosphärischen Druck. Dann suche
man die Höhe des Quecksilbers in der Barometer=Probe.
Dieß gibt das Uebergewicht des atmosphärischen Druckes über
den nicht condensirten Dampf. Werden dann diese beiden
Höhen addirt, so erhält man das Uebergewicht der treibenden
Kraft des Dampfes, der auf der einen Seite des Kolbens
aus dem Kessel kommt, über den Widerstand des nicht con=
densirten Dampfes auf der andern. Dieß wird uns die wirk=
liche Treibkraft geben. Rechnet man nun ein Pfund für jede
zwei Zoll Quecksilber in den beiden eben erwähnten Säulen,
so erhält man die Zahl der Pfunde des treibenden Druckes auf
jeden Quadratzoll des Kolbens. Hat man die Zahl der Qua=
dratzolle im Querschnitt des Kolbens gefunden und mit der
Zahl der Pfunde auf jeden Quadratzoll multiplicirt, so erhält
man die ganze wirkliche Kraft, mit welcher der Kolben sich
bewegt.

In der Berechnung der Kraft der Maschine kann man
jedoch die so berechnete ganze Kraft nicht für die wirklich ar=

beitende Kraft ansehen. Es ist mehr Kraft und zwar keines=
wegs ein geringer Krafttheil nöthig, die Maschine zu bewe=
gen, selbst wenn sie ohne Ladung ist. All dieß aber, was
auf Ueberwindung der Reibung und anderer Hindernisse ge=
rechnet wird, muß man aus der Rechnung lassen und nur die
Bilance als wirklich arbeitende Kraft annehmen.

Aus allem, was wir gesagt haben, geht hervor, daß
es zur Bestimmung der wirklichen Kraft, mit welcher der Kol=
ben getrieben wird, nothwendig ist, sowohl auf die Barome=
ter=Probe, als auf das Quecksilber=Visier Rücksicht zu neh=
men. Diese doppelte Berechnung ließe sich umgehen, wenn
ein einziges Visier zu beiden Zwecken diente. Würde das
Ende des Quecksilber=Visiers C (Fig. 40), statt mit der At=
mosphäre in Berührung zu sein, bis zu dem Condensator fort=
gesetzt, so würden wir den Dampfdruck haben, der auf das
Quecksilber in der Röhre BA wirkt, und zugleich den Druck
des nicht condensirten Dampfes, welcher dem auf das Queck=
silber in der Röhre BC wirkenden Kolben Widerstand leistet.
Daher zeigt die Differenz der Höhen der Quecksilber=Säule in
den Röhren sogleich die Differenz zwischen der Dampfkraft
und der Kraft der nicht condensirten Dämpfe, welches die
wirkliche Kraft ist, die den Kolben treibt.

### 70.

Um den Kessel gegen Beschädigungen zu sichern, die
durch zu stark gespannten Dampf entstehen könnten, wird ein
S i ch e r h e i t s = V e n t i l gebraucht, das den bei Papin's
Dampfmaschine beschriebenen ähnlich ist. Es ist mit einem
Gewichte beladen, der Stärke gleich, die der Dampf über
den atmosphärischen Druck haben soll, da man es selbst in
condensirenden Maschinen für gut hält, einen Dampf zu ge=
brauchen, dessen Druck den atmosphärischen etwas über=
trifft.

Außer diesem Ventil wird ein anderes von sehr entge=
gengesetzter Art zuweilen gebraucht. Wenn man die Maschine
in Stillstand bringt und das Feuer auslöscht, so zeigt sich,
daß der condensirte Dampf in dem Kessel einen luftleeren Raum

erzeugt, so daß die Atmosphäre, die auf die äußere Ober=
fläche des Kessels drückt, ihn zu zerstören droht. Um dieß
zu verhüten, wird ein sich einwärts öffnendes Ventil ange=
bracht, und wenn es nun durch den atmosphärischen Druck
geöffnet wird, während inwendig ein luftleerer Raum ist,
strömt die Luft ein und es wird ein Gleichgewicht zwischen dem
inneren und äußeren Drucke hergestellt.

## 71.

Wir haben bereits gezeigt, wie der Regulator den Zu=
fluß des Dampfes aus dem Kessel in den Cylinder regelt, in=
dem er die Dampfmenge nach dem Verhältnisse der erlangten
Leistung abmißt und dadurch eine gleichförmige Bewegung un=
terhält. Da nun bei dem Dampfverbrauche Veränderungen
eintreten, die von dem Maß der zu leistenden Wirkungen ab=
hangen, so liegt es am Tage, daß auch die Erzeugung des
Dampfes einer verhältnißmäßigen Veränderung unterworfen
sein sollte. Es würde sonst entweder der Kessel die Maschine
nicht hinlänglich mit Dampf versorgen, oder der Dampf sich
in dem Kessel anhäufen, weil er in zu großem Ueberfluße er=
zeugt wäre, und ungenutzt aus dem Sicherheitsventil ent=
weichen. Soll nun die Erzeugung des Dampfes nach Ver=
hältniß des Bedarfs der Maschine verändert werden, so ist es
nöthig, die Wirkung des Feuerherdes zu erhöhen oder zu mä=
ßigen, je nach dem die Dampferzeugung vermehrt oder ver=
mindert werden soll. Durch die Aufmerksamkeit des Maschinen=
wärters dieß zu bewirken, würde unmöglich sein, aber man
hat eine höchst sinnreiche Erfindung gemacht, den Kessel in
dieser Hinsicht sich selbst regeln zu lassen. Es sei T (Fig. 42)
eine in den oberen Theil des Kessels eingelassene Röhre, die
bis beinahe auf den Boden gehe. Der Druck des Dampfes
auf die Oberfläche des Wassers im Kessels treibt Wasser in die
Röhre T hinauf, bis die Differenz der Höhen der Differenz
zwischen dem Drucke des Dampfes im Kessel und dem atmo=
sphärischen Drucke gleich ist. Ein Gewicht F, zur Hälfte in
das Wasser der Röhre eingelassen, hängt an einer Kette,
welche über die Räder PP' geht und durch eine Metallplatte

D im Gleichgewichte gehalten wird, gerade wie der Schwim=
mer in Fig. 34 durch das Gewicht A. Die Platte D geht
durch die Mündung des Luft=Kanals E bei dem Austritt des=
selben aus dem Keſſel, ſo daß dieſe Platte, wenn ſie fällt,
den Kanal ſchließt, den Luftzug zu dem Feuerherd abſperrt
und dadurch das Feuer mäßigt und die Dampferzeugung vermindert. Wird dagegen die Platte aufgezogen, ſo wird der
Luftzug verſtärkt, das Feuer wirkſamer gemacht und die
Dampferzeugung im Keſſel vermehrt. Nehmen wir nun an,
der Keſſel erzeuge den Dampf ſchneller, als die Maſchine ihn
verbraucht, entweder weil ihre Ladung vermindert und da=
durch verhältnißmäßig auch der Dampfverbrauch vermindert
worden iſt, oder weil die Stärke des Feuers zu ſehr zuge=
nommen hat. Die Folge wird ſein, daß der Dampf, der
ſich anzuhäufen beginnt, auf die Oberfläche des Waſſers im
Keſſel mit verſtärkter Kraft drückt und das Waſſer in der Röhre
T ſteigt. Das Gewicht F wird daher gehoben werden, die
Platte D hinabgehen, den Kanal ſchließen, das Feuer mäßi=
gen und die Dampferzeugung hemmen. So geht es weiter,
bis die Dampferzeugung dem Bedarf der Maſchine völlig
gleich iſt.

Iſt hingegen die Dampferzeugung dem Bedarf der Ma=
ſchine nicht gleich, entweder weil die Ladung ſtärker oder das
Feuer unwirkſamer geworden iſt, ſo verliert der Dampf im
Keſſel ſeine Elaſticität, und die Oberfläche des Waſſers ſteigt,
da ſie nicht mehr im Stande iſt, einen Druck zu ertragen,
der ſie auf ihrer gewöhnlichen Höhe halten kann. Die Ober=
fläche in der Röhre T ſinkt, das Gewicht F fällt und die Platte
D ſteigt. Der Luftzug wird durch die Oeffnung des Kanals
vermehrt, das Feuer wird ſtärker und die Dampferzeugung
verſtärkt, bis ſie für die Zwecke der Maſchine hinlänglich
ſchnell iſt. Dieſe Vorrichtung heißt der ſelbſt wirkende
Dämpfer.

## 72.

Man hat vorgeſchlagen, dieſen Dämpfer mit dem von
dem Ritter von Edelcrantz erfundenen Sicherheits = Ventil

zu verbinden. Ein kleiner Cylinder von Messing wird auf dem Kessel befestigt und mit einem Kolben versehen, der sich in demselben ohne starke Reibung und beinahe dampfdicht bewegt. Der Cylinder ist oben geschlossen und hat eine Oeffnung, in welcher die Kolbenstange spielt, so daß der Kolben nicht durch den Dampfdruck aus dem Cylinder geworfen werden kann. Auf der Seite des Cylinders befinden sich kleine Löcher, die in kurzen Entfernungen über einander stehen. Der Kolben sei mit einem Gewichte beladen, das mit dem Drucke des zu er=zeugenden Dampfes in Verhältniß steht. Hat der Dampf, hinlängliche Elasticität erlangt, so wird der Kolben sich heben, und Dampf durch die erste Oeffnung entweichen. Wenn die Dampferzeugung nicht zu rasch ist und der Druck des Dampfes nicht zunimmt, so wird der Kolben in jener Lage bleiben; nimmt der Druck aber zu, so steigt der Kolben über das zweite Loch und fährt fort zu steigen, bis das Entweichen des Dam=pfes durch die Löcher hinlänglich ist, die Schwere des Kol=bens zu einem Gegengewichte des Dampfes zu machen. Die=ses Sicherheits=Ventil ist vorzüglich anwendbar in den Fällen, wo Dampf von ganz gleichförmigem Drucke verlangt wird; denn der Druck muß nothwendig immer dem Gewichte des Kolbens gleich sein. Man nehme an, der Querschnitt des Kolbens sei einem Quadratzolle gleich und mit 10 Pfund, sein eigenes Gewicht hinzugerechnet, belastet, so muß der Dampf, der ihn in irgend einer Stellung im Cylinder erhalten soll, sei es nahe am Boden oder am oberen Ende, immer einem Dru=cke von 10 Pfund auf den Quadratzoll gleich sein. In die=ser Hinsicht gleicht diese Vorrichtung dem bereits beschriebenen Regulator, und sie macht den Dampfdruck gleichförmig, ge=nau in derselben Art wie der Regulator die Geschwindigkeit der Maschine gleichförmig macht.

## 73.

Die Ersparung des Feuerungsbedarfs ist großentheils durch die Anlage des Feuerherdes bedingt, abgesehen von den Wirkungen der bereits beschriebenen Vorrich=tungen.

Der Herd befindet sich unter dem Kessel, und da die atmosphärische Luft durch den Luftkanal streicht, so wird genug Sauerstoff zugeführt, um eine lebhafte Flamme zu unterhalten, welche durch den Luftzug in einen Kanal getrieben wird, der zweimal oder mehrmal um den Kessel, ihn unmittelbar berührend, läuft und endlich in den Rauchkanal geht. Durch den Feuerkanal zieht die Flamme, um alle Theile des Kessels spielend, an welchen der Zug vorbeigeht, und hört oft erst bei dem Uebergange in den Rauchkanal und zuweilen erst bei dem Ausgange aus demselben auf, als Flamme zu erscheinen.

Der dicke schwarze Rauch, der aus den Rauchfängen der Feuerherde aufsteigt, entsteht aus einer Menge von unverbrauchtem Brennstoff und kann daher als eine Verschwendung von Feuerungsmitteln betrachtet werden. Ueberdieß ist in großen Manufakturstädten, wo es viele Feuerherde gibt, der in der Luft verbreitete Rauch der Gesundheit nachtheilig und für die Annehmlichkeiten des Lebens störend.

Diese Umstände haben die Sachverständigen veranlaßt, auf Mittel zu denken, durch welche der Rauch oder der verschwendete Brennstoff zum Dienste der Maschine selbst verbraucht, oder zu jedem andern Zwecke, wozu der Herd zu benutzen wäre, verwendet werden könnte. Gewöhnlich sucht man dieß dadurch zu bewirken, daß man die Feuerungsmittel im Zustande völliger Verbrennung, und daher nicht rauchererzeugend, immer auf den Theil des Rostes legt, welcher der Mündung des Zuges am nächsten ist und den wir daher den Hintergrund nennen wollen. Dieses Mittel bewirkt, daß der Rauch, der aus den unvollkommen verbrannten Steinkohlen entsteht, die näher an der Vorderseite des Rostes liegen, über das Glutfeuer gehen muß, ehe er in den Kanal kommt, in welchen er daher nur in flammendem Zustande gelangt. Ein Gang, die Speisemündung genannt, führt zu der Vorderseite des Rostes, und sowohl dieser Gang als der Rost selbst sind gegen den Horizont unter einem kleinen Winkel geneigt, um das Vorrücken der Feuerungsmittel bei fortschreitender Verbrennung zu erleichtern.

Müssen frische Feuerungsmittel auf den Rost kommen,
so legt man sie bloß in die Speisemündung. Hier werden sie
zum Theil der Wirkung der Hitze der auf dem Roste brennen=
den Kohlen ausgesetzt, und einigermaßen entschwefelt. Die
Thüre der Speisemündung hat kleine Oeffnungen, um ei=
nen Luftstrom einzulassen, welcher den bei dem Entschwefeln
der frischen Kohlen entwickelten Rauch über das Glutfeuer auf
dem Roste treibt, wodurch der Rauch verbrannt wird, in ei=
ner Flamme in den Feuerkanal übergeht und um den Kessel
spielt. Wenn der Herd nun Nahrung braucht, so wird die
Thüre der Speisemündung geöffnet, und die in dieselbe geleg=
ten, zum Theil entschwefelten Kohlen werden auf die Border=
seite des Rostes geschoben. Anfänglich, da die Verbrennung
unvollkommen ist, wiewohl schnell fortschreitet, steigt ein
dicker schwarzer Rauch auf; der durch die offene Thüre der
Speisemündung einströmende Luftzug aber führt ihn über die
Glut und er geht in Flammen im Kanal hinauf. Wenn
der Herd wieder gespeist werden muß, sind die früher einge=
schütteten Kohlen im Zustande völliger Verbrennung und wer=
den in den Hintergrund, nahe an die Oeffnung des Kanals gescho=
ben, ehe andere aus der Speisemündung hinein gebracht werden.
Die Oeffnungen in der Thüre dieser Mündung haben Deckel,
so daß die Arbeiter nach Belieben Luft in dieselben einlassen
können. Die Wirksamkeit des Feuerherdes hängt großen
Theils von der angemessenen Zulassung der Luft durch die Speise=
mündung ab. Läßt man weniger einströmen, als zur fort=
dauernden Verbrennung der Steinkohlen nothwendig ist, so
wird ein Theil des Rauchs nicht verzehrt; strömt zu viel ein,
so wird die Wirkung der Feuerung durch Abkühlung des Kessels
aufgehoben. Erwägt man das beschriebene Verfahren, so
sieht man leicht, daß es ganz unmöglich ist, den Luftzug in
einem solchen Herde so zu leiten, daß nicht bald zu viel, bald
zu wenig geschehe. Ist die Thüre der Speisemündung geöff=
net, um frische Kohlen einzulegen und die früher eingelegten
auf den Rost zu schieben, so hat der Aufseher bald keine Ge=
walt mehr über den Luftzug, und selbst zu andern Zeiten, wenn
die Thüre geschlossen ist, kann man sich auf seine Vorsicht und

8 *

Aufmerksamkeit nicht verlassen. Bei diesen Mängeln haben denn die Eigenthümer der Dampfmaschinen gefunden, daß sie, statt an Feuerungsmitteln zu ersparen, bei dem Gebrauch dieser Herde einen unerschwinglichen Aufwand machen mußten.

## 74.

Brunton in Birmingham richtete seine Aufmerksamkeit auf diesen Gegenstand, und legte einen Herd an, der von den angegebenen Mängeln frei zu sein scheint. Er legt die Steinkohlen nur in geringer Menge und immer in sehr kurzen Zwischenräumen, etwa nach zwei oder drei Sekunden, auf den Rost. Die Kohlen werden so gelegt, daß der entwickelte Rauch über den Theil des Rostes streichen muß, wo die Kohlen in voller Verbrennung sind, und daher verzehrt wird. Da die Einlegung der Kohlen gleichförmig in kurzen Zwischenräumen geschieht, so ist auch die Einlassung der Luft gleichförmig und verlangt keine Aufmerksamkeit von Seiten des Aufsehers. Die Kohlen werden mittels einer von der Maschine in Bewegung gesetzten Vorrichtung auf den Rost gebracht, so daß die Menge der Feuerungsmittel nach der von der Maschine verlangten Leistung abgemessen wird, und die zur Verzehrung des Rauches eingelassene Luft wird auf dieselbe Weise geregelt. Die Feuerthüre wird nie geöffnet, ausgenommen, um das Feuer zu reinigen. Der Kessel ist daher nie jener steten Ungleichheit der Temperatur ausgesetzt, die bei dem gewöhnlichen Herde so unvermeidlich und dem Kessel sehr nachtheilig ist. Die einzige Aufmerksamkeit, die verlangt wird, besteht darin, den Kohlenbehälter alle zwei bis drei Stunden zu füllen und das Feuer zu reinigen, wenn es nöthig ist. Die Kohlen werden vollständiger verzehrt als auf dem gewöhnlichen Herde, und alle Wirkungen des Schürens, wobei immer viele Kohlen in das Aschenloch fallen, werden erreicht, ohne die Kohlen auf dem Roste zu bewegen. So beschreibt Brunton selber die Vortheile seiner Einrichtung. Sein Herd ist ein kreisrunder Rost, der wagerecht auf einer senkrechten Unterlage ruht, welche durch ein von der Maschine selbst bewegtes

Räderwerk umgedreht wird. Auch kann man sie mittels ei=
nes Wasserrades drehen, auf welches ein Wasserstrom aus
einem Behälter geleitet wird, dem die Maschine durch eine
Pumpe Zufluß schafft. Die Menge des zugeleiteten Wassers
läßt sich so abmessen, daß man den Rost mit größerer oder
geringerer Geschwindigkeit umdrehen kann. In dem Theile
des Kessels, der sich über dem Herde befindet, ist eine Oeff=
nung, worin ein Behälter angebracht ist, durch welchen man
so viele Kohlen auf den Rost bringt, als von Minute zu Mi=
nute gebraucht werden. Die Vorrichtung, welche die Koh=
len in den Behälter schafft, wird gleichfalls durch die Maschine
in Bewegung gesetzt, und zwar durch dieselben Mittel, die
das Umdrehen des Rostes bewirken, so daß dieser sich mit ei=
ner Geschwindigkeit bewegt, welche mit der Schnelligkeit, die bei
dem Einschütten der Kohlen in den Behälter statt findet, im
Verhältniß steht. Bei dieser sinnreichen Einrichtung werden
die Kohlen immer in einer gleich dicken Schicht auf den Rost
gebracht.

Der Wasserzufluß für das Rad, das den Rost und die
Vorrichtung in dem Kohlenbehälter in Bewegung setzt, wird durch
einen Hahn geregelt, der mit dem selbst wirkenden Dämpfer
in Verbindung steht. Wird der Dampf zu schnell erzeugt,
so vermindert sich der Wasserzufluß, und durch dasselbe Mittel,
welches dieß bewirkt, wird auch der Zufluß von Brennstoff
vermindert und der Rost dreht sich langsamer. Wird der
Dampf zu langsam für den Bedarf der Maschine erzeugt, so
treten die entgegengesetzten Wirkungen ein. Auf diese Weise
stehen die auf den Herd gebrachten Feuerungsmittel in genauem
Verhältnisse mit den von der Maschine verlangten Leistungen.
Der Behälter kann so groß gemacht werden, daß er Kohlen
für ein ganzes Tagewerk faßt, und der Herd verlangt keine
andere Sorgfalt, als daß jeden Morgen Kohlen in den Be=
hälter geschüttet werden.

Aus dem Behälter kommen die Kohlen auf den Theil des
Herdes, der von dem Feuerkanal am weitesten entfernt ist,
und da auf einmal nur eine sehr geringe Menge hinabgeht,
so wird sie sogleich verbrannt. Ehe die Verbrennung voll=

ftånbig erfolgt, fteigt Rauch auf, welcher, über bie lebhaft
brennenben Kohlen zu dem Kanal ftreichend, in einer Flamme
verbrennt. Luft wirb durch befondere Oeffnungen eingelaffen
unb ihre Menge burch ben Dämpfer auf biefelbe Weife geregelt wie ber Zufluß von Brennftoff.

Diefe fchöne Erfindung hat einleuchtenbe Vorzüge vor
bem gewöhnlichen Herb. Durch bie Vorrichtungen, welche
ben Zufluß von Kohlen unb atmofphärifcher Luft bewirken
unb beibes nach bem Maße ber Leiftungen ber Mafchine ab-
meffen, unabhängig von menfchlicher Arbeit unb genauer als
es menfchliche Gefchicklichkeit ober Aufmerkfamkeit vermöchte,
wirb Aufwanb an Brennftoff unb Arbeit erfpart.

## 75.

Olbham in Dublin hat eine andere Vorrichtung zu einem Feuerherb angegeben, bie mehre Vorzüge zu haben fcheint
unb fehr finnreich ift. Er bebient fich eines wenig gegen ben
Horizont geneigten Roftes, an beffen niebrigerem Enbe hinten
ein Kanal ift, während an bem vorberen höheren Enbe ber Be-
hálter zur Aufnahme ber Kohlen angebracht ift. In bem Bo-
ben ober engeren Enbe bes Behälters befindet fich eine bewegliche
Leifte, welche von ber Mafchine in Bewegung gefetzt wirb. Wirb
biefe Leifte zurückgezogen, fo können einige Kohlen auf eine feft
liegenbe Leifte unter jener hinabfallen, unb wenn bie bewegliche Leifte in ihre Lage zurückkehrt, werben bie Kohlen auf
ben Roft geftoßen. Ein Stab bes Roftes um ben anbern
ift feft, aber bie Zwifchenftäbe finb burch Hebel verbunben,
burch welche fie abwechfelnb auf unb nieber bewegt werben*).
Die Folge bavon ift, baß bie Kohlen auf ben Stäben bes
Roftes ftets gerüttelt werben unb nach unb nach burch ihr
eigenes Gewicht von ber Vorberfeite bes Roftes, wohin fie aus
bem Kohlenbehälter fallen, nach bem Hintergrunde beffelben
rücken, wo fie enblich in bas Afchenloch hinabgehen. Bei

---

*) Brunton gebrauchte vor ber Einführung feines horizontalen fich
umbrehenben Roftes bewegliche Stäbe, bie er aber aufgab. Olbham
verfichert, fein Herb fei mehre Jahre gebraucht worben, ohne einer Aus-
befferung zu bebürfen, unb habe ihm viel Feuerungsmittel erfpart.

der Einrichtung der Stäbe des Rostes geht die Luft auf=
wärts zwischen ihnen hindurch und streicht durch die brennen=
den Kohlen, daß sie gleichsam wie ein Blasebalg wirkt und die
ganze Fläche des Herdes wie eine einzige Flammenschicht er=
scheint.

Wir müssen über diese schönen Erfindungen erstaunen,
durch welche die Dampfmaschine sich selbst regelt und ihre Be=
dürfnisse selbst befriedigt. Alles ist hier in der That belebt.
Schon lange vorher, ehe die Dampfmaschine ihre jetzige Voll=
kommenheit erreicht hatte, bemerkte Belidor, sie gleiche einem
Thiere und nie habe ein Menschenwerk sich so sehr dem wirk=
lichen Leben genähert. Wärme ist das Prinzip ihres Daseins.
Die Stelle des Herzens versieht der Kessel, aus welchem die
belebende Flüssigkeit reichlich durch alle Röhren strömt, und
wenn sie hier die verschiedenen Lebensverrichtungen versehen
und ihre Wärme an den gehörigen Stellen abgesetzt hat, kehrt
sie zu der Quelle zurück, aus welcher sie entsprungen ist, um
zu einem neuen Umlaufe vorbereitet zu werden. Die gesunde
Beschaffenheit ihrer Thätigkeit wird durch die Regelmäßigkeit
ihrer Pulsschläge angezeigt. Sie verschafft sich ihre Nah=
rung durch ihre eigene Arbeit, sie sucht die Theile aus, die
zu ihrem Unterhalte hinsichtlich der Menge wie der Beschaffen=
heit tauglich sind, und hat ihre natürlichen Ausleerungen,
durch welche alle unnützen und nicht nährenden Theile ausge=
führt werden. Oft heilt sie ihre Krankheiten selbst und ver=
bessert die Unregelmäßigkeit ihrer Thätigkeiten, indem sie
gleichsam moralische Fähigkeiten ausübt. Ohne die Aehnlich=
keit weiter verfolgen zu wollen, deutet Farey noch einige
Beziehungen an, wo die Aehnlichkeit merkwürdig hervortritt.
„Wir müssen bemerken, sagt er, daß die Veränderung in
der Leistung verschiedener Dampfmaschinen, die nach demsel=
ben Prinzip gebaut sind und unter denselben Vortheilen arbei=
ten, dieselbe ist, die man in dem Ergebnisse der Arbeit eben
so vieler verschiedenen Pferde oder anderer Thiere, in Ver=
gleichung mit der von ihnen verzehrten Nahrung, findet. Die
Wirkungen verschiedener Dampfmaschinen ändern sich so sehr
nach kleinen Verschiedenheiten in dem Verhältnisse ihrer Theile,

als die Stärke der Thiere nach der Kraft ihrer Körperbeschaf-
fenheit, und eben so werden sich große Verschiedenheiten in
der Leistung derselben Maschinen zeigen, je nachdem sie in
guter oder schlechter Ordnung ist, ihre Theile dicht und gut
eingeölt sind und sich mit geringer Reibung bewegen, wie wir
es bei der Arbeit eines Thieres finden, je nachdem es in gu=
tem oder schlechtem Gesundheitszustande oder sehr ermüdet ist;
aber in all diesen Fällen wird man ein Höchstes finden, das
nicht überschritten werden kann, und eine Durchschnitt=Leistung,
die man erwarten darf."

# Achter Abschnitt.

## Doppelcylinder-Maschinen.

### 76.

Die ausdehnende Kraft des Dampfes, von welcher
Watt in seiner einfach wirkenden Maschine Gebrauch machte,
indem er den Dampfzufluß abschnitt, ehe das Niedersteigen
des Kolbens vollendet war, wurde von Hornblower um
das Jahr 1781, und später von Woolf auf eine eigenthümliche Weise angewendet. Hornblower faßte zuerst den Gedanken, eine Maschine mit zwei Cylindern von verschiedener
Größe wirken zu lassen. Der Dampf strömte ungehindert
aus dem Kessel, bis der kleinere Cylinder gefüllt war, worauf
er in den größeren überging, und trieb auf diese Weise zwei
Kolben. Hornblower's Condensations-Vorrichtung, wie die
übrigen Zubehörungen der Maschine waren von Watt's Ein-
richtungen nicht wesentlich verschieden, und es wird daher für
unseren Zweck hinlänglich sein, die Art zu beschreiben, wie
der Dampf den Kolben bewegte.

Es sei C (Fig. 43) das Centrum des großen Balanciers,
der zwei bogenförmige Enden hat, über welche die Ketten der
Kolbenstangen gehen. Die Entfernung jener bogenförmigen
Enden von dem Centrum C muß dasselbe Verhältniß haben,
wie die Länge der Cylinder, damit dieselbe Bewegung des
Balanciers mit dem Spiele beider Kolben in Uebereinstimmung sei. Es sei F die aus dem Kessel gehende Dampfröhre
und G ein Ventil, das den Dampf über den kleineren Kolben
einströmen läßt. Die Röhre H kann mittels des Ventils I

eine Verbindung zwischen dem oberen Theile und dem Boden
des kleineren Cylinders öffnen. Die Röhre K verbindet durch
das Ventil L den Boden des kleineren Cylinders B mit dem
oberen Theile des größeren A, und die Röhre M mittels des
Ventils N den oberen Theil und den Boden des größeren Cy=
linders. Die Röhre P führt durch das Ausleerungs=Ventil
O in den Condensator.

Man nehme an, es seien bei dem Anfange der Wirkung
der Maschine alle Ventile geöffnet, und es fließe Dampf
durch die ganze Maschine, bis die Luft gänzlich entfernt ist.
Dann schließt man alle Ventile. Soll die Thätigkeit der Ma=
schine beginnen, so öffnet man das Ausleerungs=Ventil O
und die Dampf=Ventile G und L, wie in Fig. 43. Der
Dampf strömt nun frei aus dem Kessel und drückt auf den klei=
neren Kolben; zu derselben Zeit geht der Dampf unter dem
größeren Kolben in den Condensator und läßt einen luftleeren
Raum in den größeren Cylinder. Wird das Ventil L geöff=
net, so strömt der Dampf, der sich unter dem Kolben des
kleineren Cylinders befindet, durch K und drückt auf den grö=
ßeren Kolben, welcher, da sich unter ihm ein luftleerer Raum
befindet, alsbald niedersteigt. Bei dem Anfange der Bewe=
gung erleidet der kleinere Kolben durch den unter ihm befind=
lichen Dampf eben so viel Widerstand, als er durch den
Dampf über ihm getrieben wird, nachdem er aber seinen Nie=
dergang zum Theil vollendet hat, geht der unter dem kleine=
ren Kolben befindliche Dampf in den größeren Cylinder über,
breitet sich hier in einem größeren Raum aus und verliert da=
her verhältnißmäßig an elastischer Kraft. Der Dampf über
dem kleineren Kolben behält seine volle Kraft, weil er durch
das Ventil G eine freie Verbindung mit dem Kessel hat, die=
ser Kolben wird daher durch eine Kraft getrieben werden,
gleich dem Uebergewichte des Druckes dieses Dampfes über
den verminderten Druck des ausgedehnten Dampfes unter ihm.
Wenn die Kolben niedersteigen, so nimmt der zwischen ihnen
befindliche Dampf stets an Umfang zu und verliert dagegen an
Kraft des Druckes, woraus folgt, daß die Kraft, welche
dem kleineren Kolben Widerstand leistet, stets abnimmt, wäh=

rend diejenige, die ihn niederdrückt, dieselbe bleibt, und es muß daher die wirkliche Kraft, die ihn treibt, stets zunehmen. Die den größeren Kolben treibende Kraft nimmt aber immer ab, weil ein luftleerer Raum unter ihm ist und der Dampf, der ihn drückt, sich immer mehr im Raume ausdehnt.

Nehmen wir nun an, die durch diese Kraft getriebenen Kolben seien auf dem Boden der Cylinder angekommen, wie in Fig. 44, und die Ventile G, L und O geschlossen, die Ventile I und N offen. Es kann kein Dampf aus dem Kessel kommen, da G geschlossen ist, und auch nicht in den Condensator strömen, da O geschlossen und alle Verbindung zwischen den Cylindern durch die Schließung von L abgesperrt ist. Durch die Oeffnung des Ventils I wird eine freie Verbindung zwischen dem oberen Theile und dem Boden des kleineren Cylinders durch die Röhre H bewirkt, so, daß der Dampf, der oben auf den kleineren Kolben drückt, dem Dampfdrucke von unten gleich und der Kolben in einem indifferenten Zustande sein wird. Wird das Ventil N geöffnet, so entsteht eine Verbindung zwischen dem oberen Theile und dem Boden des größeren Kolbens; es ist Dampf über und unter ihm und er kann nun aufsteigen. Ein Gegengewicht, das in diesem Falle an die Pumpenstangen befestigt wird, zieht den Kolben empor, wie in Watt's einfach wirkender Maschine, und wenn sie oben ankommen, werden die Ventile I und N geschlossen, G, L und O geöffnet, und das nächste Niedersteigen der Kolben wird auf die bereits beschriebene Art hervorgebracht.

Die Ventile werden durch die Maschine selbst gesteuert, auf ähnliche Weise, wie wir in andern Fällen angegeben haben. Man findet durch Berechnung, daß diese Maschine ungefähr so viel Leistungskraft hat, als Watt's einfach wirkende. Es scheint jedoch durch die darin ausgeführte Veränderung des Prinzips kein angemessener Vortheil erlangt zu sein, da man jetzt keine Maschinen dieser Art mehr baut.

**40.**

Der Gebrauch doppelter Cylinder wurde 1804 von Arthur Woolf wieder ins Leben gerufen. Er erlangte Patente für die Anwendung eines Dampfes von hohem Drucke auf Doppelcylinder=Maschinen. Nach seiner Angabe will er durch Versuche gefunden haben, daß Dampf, unter einem Sicherheits=Ventil aufsteigend, welches mit irgend einer gegebenen Anzahl von Pfunden auf den Quadratzoll beladen sei, einen dem atmosphärischen gleichen Druck ausüben werde, so bald er sich eben so vielmal im Raum ausdehnen könne, als er mit Pfunden auf den Quadratzoll drücke. Wäre z. B. das Sicherheits=Ventil mit 4 Pfund auf den Quadratzoll belastet, so würde der Dampf, nachdem er einen viermal größeren Rauminhalt angenommen hat, den atmosphärischen Druck haben. Man setzte jedoch in diesem Falle voraus, daß das Gefäß, in welchem er sich ausgedehnt hat, dieselbe Temperatur habe, die der Dampf vor der Ausdehnung hatte.

Es ist schwer zu erklären, wie ein Mann von Woolf's Erfahrenheit in der praktischen Anwendung des Dampfes sich zu so groben Irrthümern verleiten lassen konnte, als sich in den Angaben finden, die er bei der Erlangung seines Patents vorlegte, und noch unerklärbarer, wie die Versuche angestellt gewesen sein mögen, die ihn zu Schlüssen geführt haben, welche nicht nur unvereinbar mit den anerkannten Eigenschaften elastischer Flüssigkeiten sind, sondern auch handgreifliche Widersprüche und Ungereimtheiten enthalten. Wenn man annehmen wollte, daß jedes hinzukommende Pfund, welches auf das Sicherheits=Ventil gestellt würde, den Dampf fähig mache, durch seine Ausdehnung in einem verhältnißmäßig vergrößerten Raum einen dem atmosphärischen gleichen Druck zu erlangen, so würde daraus offenbar folgen, daß es eine physische Beziehung zwischen dem atmosphärischen Druck und dem Pfundgewicht gebe. Man muß sich wundern, wie Woolf übersehen konnte, daß sein Grundsatz, wenn er an einem gegebenen Orte für wahr anerkannt würde, an einem andern, bei einer verschiedenen Barometerhöhe, nothwendig

falſch ſein müſſe. Wäre der Grundſatz am Fuße eines Gebir=
ges wahr, ſo würde er auf dem Gipfel deſſelben falſch ſein,
wäre er bei heiterem Wetter wahr, ſo wäre er falſch bei
ſchlechtem, da dieſe Umſtände mit einer Veränderung in dem
atmoſphäriſchen Drucke verbunden ſind, ohne irgend eine Ver=
änderung in dem Pfundgewicht hervorzubringen.

Woolf wollte das neue Geſetz für die Ausdehnung der
Dämpfe, das er entdeckt zu haben glaubte, durch eine Vor=
richtung von Cylindern ausführen, die der von Hornblower an=
gegebenen ähnlich war, aber ſeine Cylinder ſollten nach dem
Verhältniſſe der größeren Dampfausdehnung, die er gebrauchen
wollte, größer ſein. Zwei Cylinder, wie in Hornblower's
Maſchine, wurden unter den Balancier geſtellt, und die Entfer=
nung ihrer Kolbenſtangen von der Achſe deſſelben ſtanden in Ver=
hältniß zu der Länge ihrer Kolbenhübe. Die Größe der Cylinder
A und B (Fig. 45) mußte nach dem Umfange, in welchem das
Geſetz der Erpanſion angewendet werden ſollte, eingerichtet wer=
den. Die Ventile CC' waren an jedem Ende des kleineren
Cylinders in Röhren angebracht, welche mit dem Keſſel in Ver=
bindung ſtanden, ſo daß auf jeder Seite des kleineren Kolbens
Dampf eingelaſſen und nach Belieben abgeſperrt werden konnte.
Eine Röhre D' bildete eine Verbindung zwiſchen dem oberen
Ende des kleineren und dem unteren Ende des größeren Cylin=
ders, und dieſe Verbindung ließ ſich nach Belieben durch das
Ventil E' öffnen und abſperren. Auf gleiche Weiſe verband
die Röhre D das untere Ende des kleineren und das obere
des größeren, und ließ ſich durch das Ventil E öffnen und
ſchließen. Der obere Theil und der Boden des größeren Cy=
linders waren mit dem Condenſator durch die Ventile F' F ver=
bunden.

Nehmen wir an, die Luft ſei aus der Maſchine auf die
gewöhnliche Art entfernt und jedes Ventil geſchloſſen, die Ma=
ſchine bereit, ihre Arbeit zu beginnen, und die Kolben ſeien im
oberen Theile der Cylinder. Die Ventile C, E und F werden
geöffnet. Der Dampf, der ſich unter dem Kolben in dem grö=
ßeren Cylinder befindet, geht durch F in den Condenſator über
und läßt einen luftleeren Raum unter dem Kolben. Der Dampf

in dem kleineren Cylinder unter dem Kolben geht durch D, öff=
net das Ventil E und drückt den größeren Kolben nieder. Aus
dem Kessel strömt bei C Dampf ein und drückt auf den kleineren
Kolben. Anfänglich wird die ganze Bewegung von dem Drucke
auf den größeren Kolben ausgehen, da der Dampf sowohl über als
unter dem kleineren Kolben denselben Druck hat. Steigen aber
die Kolben nieder, so wird der unter dem kleineren Kolben be=
findliche Dampf, indem er in den größeren Cylinder übergeht,
in einem größeren Raume ausgedehnt und übt daher einen gerin=
gern Druck aus, wogegen der Dampf auf der anderen Seite,
der einen unverminderten Druck hat, eine treibende Kraft erlangt,
welche genau dem Drucke gleich ist, der bei der Ausdehnung
des Dampfes zwischen den beiden Kolben verloren gegangen
ist. So werden beide Kolben auf den Boden ihrer Cylinder nie=
dergedrückt. Man wird bemerken, daß bei dem Niedersteigen
der größere Kolben durch eine fortdauernd abnehmende Kraft
gedrückt wird, während den kleineren eine fortdauernd zuneh=
mende Kraft drückt.

Kommen die Kolben auf dem Boden der Cylinder an, so
seien die Ventile C E und F geschlossen und C′ E′ F′ offen,
wie in Fig. 46. Der Dampf über dem größeren Kolben strömt
nun durch F′ in den Condensator und der Raum über dem Kol=
ben wird luftleer. Der Dampf über dem kleineren Kolben geht
durch E′ und D′ unter den größeren, während der Dampf aus
dem Kessel durch C′ unter den kleineren Kolben strömt. Der
Druck des Dampfes, der durch E′ unter den größeren Kolben
eingelassen wird, drückt diesen gegen den luftleeren Raum über
ihm und das Aufsteigen beginnt. Der Dampf über dem klei=
neren Kolben tritt mittlerweile in den erweiterten Raum des grö=
ßeren Cylinders, verliert allmälig seine elastische Kraft, so
daß der aus dem Kessel bei C′ einströmende Dampf zum Theil
wirksam wird, und das Aufsteigen wird genau unter denselben
Umständen wie das Niedersteigen vollendet.

Es liegt am Tage, daß die Ventile leicht durch den Me=
chanismus der Maschine gesteuert werden können.

Da bei Maschinen dieser Art die Kolben gleichzeitig auf=
steigen und hinabgehen, so müssen ihre Stangen am Balancier

auf derselben Seite des Centrums befestigt werden. Zuweilen kann es wünschenswerth sein, sie an verschiedenen Seiten des Centrums anzubringen, so daß die eine aufsteige, während die andere niedersteigt. Es ist leicht, die Ventile so einzurichten, daß dieß bewirkt werde. In Fig. 47 ist der kleinere Kolben auf dem Boden, der größere in dem oberen Theile. Oeffnet man die Ventile C′E′F′, so entsteht ein luftleerer Raum unter dem größeren Kolben und Dampf strömt aus dem kleineren Cylinder durch E′ über den größeren Kolben und drückt ihn nieder. Zu derselben Zeit wird Dampf aus dem Kessel durch C′ unter den kleineren Kolben eingelassen und drückt ihn aufwärts gegen die verminderte Kraft des Dampfes über ihm, der in dem größeren Cylinder sich ausdehnt. Während der größere Kolben niedersteigt, geht der kleinere aufwärts. Hat jeder seinen Cylinder durchlaufen, so werden die Ventile C′E′F′ geschlossen und CEF geöffnet; der kleinere Kolben steigt hinab, der größere hinauf.

## 78.

Das Gesetz, nach welchem die elastische Kraft des Dampfes sich vermindert, wenn er sich ausdehnt, das aber Woolf nicht gekannt zu haben scheint, tritt auf gleiche Weise bei der Luft wie bei anderen elastischen Flüssigkeiten hervor. Wenn der Dampf zweifach oder dreifach an Volumen zunimmt, so verliert er seine elastische Kraft in demselben Verhältnisse, als sein Rauminhalt größer wird, und wird daher nur die Hälfte oder ein Drittheil seines früheren Druckes ausüben, vorausgesetzt, daß seine Temperatur bei der Ausdehnung gleich bleibe. Obgleich Woolf's Patent den irrigen Grundsatz enthielt, den wir angegeben haben, so gab doch seine Erfindung, in so fern sie auf den Gedanken führte, Dampf von sehr hohem Drucke anzuwenden und ihm eine weit größere Ausdehnung zu gestatten als Watt oder Hornblower, die Mittel an die Hand, eine bedeutende Ersparung an Brennstoff zu bewirken. In Maschinen zum Pumpen im Großen gebraucht, konnte der Dampf, da er unter einem Drucke von vierzig bis funfzig Pfund oder mehr auf den Quadratzoll erzeugt wird, anfänglich in einem kleinen Raume mit voller Kraft wirken und nach der Absperrung der Verbindung mit dem Kessel vortheilhaft in einen sehr großen Raum ausgedehnt werden. Einige nach diesem Grundsatze gebaute Doppelcylinder-Maschinen hat man in Cornwall mit großer Ersparniß eingeführt. Das Prinzip der Expansiv = Kraft des Dampfes, verbunden mit hohem Drucke, das man jetzt bei den zur Gewältigung der Grubenwässer bestimmten Maschinen anwendet, ist das ursprünglich von Watt aufgestellte. Ein einziger Cylinder von beträchtlicher Länge wird angewendet; der Kolben wird nur auf einem kleinen Theile seines Weges durch Dampf getrieben, der unter sehr hohem Drucke aus dem Kessel kommt, und ist der Dampf dann abgesperrt, so wird der Kolben durch die Expansiv = Kraft des eingelassenen Dampfes gedrückt und durch dieses Mittel auf den Boden des Cylinders gebracht.

Es ist unter diesen Umständen klar, daß der Druck des aus dem Kessel zugeströmten Dampfes weit größer sein muß, als der dem Kolben entgegengesetzte Widerstand, und daß die Bewegung des Kolbens anfänglich beschleunigt, aber nicht gleichförmig sein muß. Bewegte sich der Kolben von Anfang an gleichförmig, so müßte der ihn treibende Dampfdruck nothwendig dem ihm entgegengesetzten Widerstande völlig gleich sein, und wenn dann der Dampfzufluß aus dem Kessel abgeschnitten würde, könnte der Kolben seine Bewegung bloß vermöge des Beharrungsgesetzes *) fortsetzen, da der Druck des Dampfes augenblicklich geringer würde als der Widerstand, und nachdem der Kolben durch einen sehr kleinen Raum ge-

---

*) Zur Entstehung einer Bewegung und zu jeder Veränderung derselben wird die Wirkung einer Kraft erfodert, und nach einem allgemeinen Naturgesetze bleibt ein Körper im Zustande der Ruhe, so lange er nicht durch die Wirkung einer Kraft in Bewegung gesetzt wird, und beharrt so lange in der gleichförmigen geradlinigen Bewegung, bis irgend eine Kraftwirkung ihn zwingt, die Richtung oder die Geschwindigkeit zu ändern oder ganz in Ruhe überzugehen. Dieses Gesetz, nach welchem der Körper in seinem bestimmten Zustande der Ruhe oder der Bewegung bleibt, bis irgend eine Ursache ihn veranlaßt, denselben zu ändern, nennt man das Beharrungsgesetz oder unpassend und uneigentlich die Trägheitskraft.

gangen wäre, würde er auf den Dampf zurückfallen und in
den Zustand der Ruhe kommen. Der Dampf übt aber in dem
Augenblicke, wo er abgesperrt wird, einen Druck aus, der
weit größer ist als der Widerstand auf den Kolben, und wird
daher fortfahren diesen zu treiben, bis seine Kraft durch seine
Ausdehnung so weit vermindert ist, daß sie dem Widerstande
auf den Kolben gleich wird. Nun hört die forttreibende Kraft
des Dampfes auf und der Kolben bewegt sich nur nach dem
Beharrungsgesetze. Der Augenblick, wo der Dampf abge=
sperrt wird, sollte daher so bestimmt werden, daß er durch
seine Ausdehnung einen dem Widerstande auf den Kolben glei=
chen Druck nicht eher erhält, bis er so weit von dem Ende ei=
nes Kolbenhubes entfernt ist, daß der Kolben sich vermöge des
Beharrungsgesetzes weiter bewegen kann. Es ist offenbar,
daß die Bestimmung dieses Zeitpunktes große Sorgfalt und
Genauigkeit in der Behandlung verlangt.

### 79.

Im Jahre 1797 erhielt der englische Geistliche C a r t=
w r i g h t, bekannt durch andere mechanische Erfindungen, ein
Patent auf einige Verbesserungen der Dampfmaschine. Seine
Erfindung ist so schön und einfach, daß wir, obgleich sie nicht
ausgeführt worden ist, sie hier nicht übergehen können.
Die aus dem Kessel kommende Dampfröhre ist mit B
(Fig. 48) bezeichnet. Das Ventil T läßt Dampf über dem
Kolben einströmen, und R ist ein Ventil im Kolben. Die
gekrümmte Röhre D bildet die Verbindung zwischen dem Cy=
linder und dem Condensator, der eine ganz eigenthümliche
Einrichtung hat. Cartwright wollte die Condensation ohne
Einspritzung bewirken, indem er den Dampf mit einer sehr
ausgedehnten kalten Oberfläche in Berührung brachte. Zu
diesem Zwecke bildete er seinen Condensator mittels zweier Cy=
linder von beinahe gleicher Größe, die in einander gestellt wa=
ren, und ließ das Wasser des kalten Behälters, in welchem
sie standen, durch den inneren Cylinder fließen und den äuße=
ren umgeben. So bildete der Raum zwischen den beiden Cy=
lindern den Condensator.

Die Luftpumpe steht unmittelbar unter dem Cylinder, und ihren Kolben, der nicht hohl und ohne Ventil ist, bewegt die Fortsetzung der Kolbenstange. F ist eine aus dem Conden=sator in die Luftpumpe gehende Röhre, durch welche der con=densirte Dampf mittels des Ventils G bei dem Aufsteigen und dem Niedergange des Kolbens abgeleitet wird, und dann durch eine Röhre in den warmen Brunnen H geht, um durch die Speiserbhre I in den Kessel zu gelangen. In dem oberen Theile des warmen Brunnens ist ein nach innen sich öffnen=des Ventil, das durch eine auf der Oberfläche der Flüssigkeit schwimmende Kugel geschlossen wird. Der Druck der Luft auf die Oberfläche dieser Flüssigkeit treibt diese durch I in den Kessel. Häuft die Luft in H sich zu sehr an, so wird die Oberfläche der Flüssigkeit so weit niedergedrückt, daß die Ku=gel sinkt, und indem sich das Ventil öffnet, die Luft entwei=chen kann. Die in H befindliche Luft ist mit der Flüssigkeit aus dem Condensator heraufgepumpt worden und hier frei geworden.

Nehmen wir an, der Kolben sei in dem obern Theile des Cylinders. Er hebt das Ventil T, während der Stiel des Kolben=Ventils R an den oberen Theil des Cylinders stößt und dadurch in sein Lager gedrückt wird. Zu derselben Zeit ist eine Verbindung zwischen dem Cylinder unter dem Kolben und dem Condensator durch die Röhre D geöffnet. Wirkt nun der Druck des durch das Ventil T eingelassenen Dampfes auf den Kolben, so wird er in den unter ihm befindlichen luft=leeren Raum hinabsteigen. Erreicht der Kolben den unteren Theil des Cylinders, so stößt das Ende des Kolben=Ventils R an den Boden und wird aus seinem Lager gehoben, so daß eine Verbindung mit dem Condensator geöffnet ist. In dem=selben Augenblicke trifft eine an der Kolbenstange befindliche Hervorragung den Stiel des Dampf=Ventils T und drückt ihn in sein Lager. Der Dampfzufluß ist dadurch abgeschnitten, der Dampf über dem Kolben geht durch R in den Condensator über und der Kolben, von allem Drucke befreit, wird durch das Schwungrad hinaufgezogen, welches die Bewegung fort=setzt, die es von der hinabsteigenden Kraft erhalten hat.

Kommt der Kolben wieder in dem oberen Theile des Cylinders an, so wird T geöffnet und R geschlossen, der Kolben steigt wieder hinab und so wird das Kolbenspiel fortgesetzt.

Der Mechanismus, durch welchen der Kolben das Schwungrad in Bewegung setzt, ist besonders schön. Auf der Achse des Schwungrades befindet sich ein kleines gezähntes Rad, das in die Zähne eines andern größeren Rades L eingreift. Dieses Rad wird durch eine Kurbel gedreht, welche durch einen an den Arm der Kolbenstange befestigten Stab in Bewegung gesetzt wird. Ein anderes eben so gezähntes Rad M dreht eine Kurbel, die der andere Arm der Kolbenstange bewegt.

Eine der Eigenheiten dieser Maschine besteht darin, daß die Flüssigkeit, die zur Dampferzeugung im Kessel gebraucht wird, durch die Maschine ihren Umlauf macht, ohne vermindert oder mit einer anderen Flüssigkeit vermischt zu werden, so daß der Kessel nie mehr Zufluß braucht, als ihm aus dem warmen Brunnen H zugeführt werden kann. Dieser Umstand ist sehr wichtig, da er es möglich macht, statt des Wassers Branntwein zur Dampferzeugung zu gebrauchen, welcher, da er bei einer niedrigen Temperatur siedet, eine Ersparung der Hälfte des Brennstoffes verspräche.

Die gewöhnliche Art, den Kolben durch Wachs oder Talg dampfdicht zu machen, konnte bei dieser Maschine nicht angewendet werden, da der Dampf über dem Kolben stets einen freien Durchgang durch das Kolben=Ventil R haben muß. Der sinnreiche Erfinder ersann daher ein anderes Mittel zu diesem Zwecke, ohne Oel oder die sogenannte Liederung*) anzuwenden, und seine Angaben sind bei andern Maschinen mit Erfolg benutzt worden.

---

*) Der Name kommt von der bei gewöhnlichen Pumpenkolben gebräuchlichen Verschließung mit Leder. Gewöhnlich wird der Kolben mit Hanf, entweder in gehechelten langen Streifen oder in gedrehten Seilen, dicht umwickelt, und während die Bodenplatte desselben genau in den Cylinder paßt, hat der obere Theil, der umwickelt wird, einen etwas geringern Durchmesser.

Ein Metallring wird in den Cylinder eingelaſſen, ſo daß er vollkommen ſchließt, und in vier gleiche Segmente getheilt. Die innere Oberfläche dieſes Ringes iſt ein wenig kegelförmig und es iſt ein anderer vollkommen ſchließender Ring in dieſelbe eingelegt und auch dieſer in vier Segmente getheilt, jedoch dürfen die Fugen dieſer Segmente nicht auf einander treffen. Die Einrichtung dieſer Ringe zeigt Fig. 49. In dem inneren Ringe befinden ſich vier Federn, welche die Segmente an die Seiten des Cylinders drücken, wie es in Fig. 49 dargeſtellt iſt. Vier Paare dieſer Ringe ſind über einander geſtellt, doch ſo, daß ihre Fugen nicht auf einander ſtoßen; das Ganze wird durch Platten am obern Ende und am Boden mittels Schrauben zuſammengehalten. Einen Vertikal=Durchſchnitt des Kolbens zeigt Fig. 50.

Einer der Vorzüge dieſes Kolbens beſteht darin, daß er bei längerem Gebrauche immer genauer in den Cylinder paßt, und in dem Verhältniß als die Maſchine ſich abnutzt, beſſer wird. Metallene Kolben ſind in neueren Zeiten im allgemeinen Gebrauch gekommen, und dieſe Erfindungen weichen wenig von der oben beſchriebenen Art ab.

# Neunter Abschnitt.

## Dampfwagen auf Eisenbahnen.

### 80.

In den bis jetzt beschriebenen Abänderungen der Dampf=
maschine erhält der auf der einen Seite des Kolbens eingelas=
sene Druck seine Wirksamkeit, ganz oder theilweise, von einem
durch Condensation erzeugten luftleeren Raume auf der andern
Seite. Dazu ist stets eine condensirende Vorrichtung und ein
beständiger und reichlicher Zufluß von kaltem Wasser erfoder=
lich. Eine Dampfmaschine dieser Art muß von großem Um=
fange und bedeutendem Gewichte sein und kann nicht zu Zwe=
cken passen, mit welchen nur eine kleine und leichte Maschine
vereinbar ist. Wenn man die Condensations = Vorrichtung
aufgibt, so wird dem Kolben stets eine dem atmosphärischen
Drucke gleiche Kraft entgegenwirken, und nur derjenige Theil
des Dampfdrucks kann als bewegende Kraft benutzt werden,
der den atmosphärischen Druck überwiegt. Bei Maschinen,
die nicht durch Condensation wirken, ist daher ein Dampf von
weit höherem Druck als der atmosphärische unumgänglich nö=
thig, und solche heißen Hochdruck=Maschinen. Doch ist
damit nicht gesagt, daß jede Maschine, in welcher Dampf
von höherem Drucke als der atmosphärische gebraucht wird,
eine Hochdruck=Maschine sei; denn in den gewöhnlichen, nach
Watt's Grundsatz gebauten Maschinen ist das Sicherheits=
Ventil mit 3 bis 5 Pfund auf den Quadratzoll belastet, und
in Woolf's Maschinen wird der Dampf unter einem Drucke
von 40 Pfund auf den Quadratzoll erzeugt. Diese würden

daher paſſender Condenſations = Maſchinen als Ma =
ſchinen mit niedrigem Druck genannt werden, ein Name
der auf Woolf's Maſchinen gar nicht anwendbar iſt. Hochdruck=
Maſchinen ſind diejenigen, in welchen kein luftleerer Raum er=
zeugt wird und daher der Kolben gegen einen dem atmoſphä=
riſchen gleichen Druck wirkt.

In dieſen Maſchinen fehlt die Condenſations=Vorrichtung,
nämlich der Kaltwaſſer=Behälter, der Condenſator, die Luft=
pumpe, die Kaltwaſſer=Pumpe u. ſ. w., und ſie haben nichts
als Keſſel, Cylinder, Kolben und Ventile. Eine ſolche Ma=
ſchine iſt daher von geringem Umfange, leicht und wohlfeil.
Sie läßt ſich auch, wenn es nöthig iſt, ſammt ihrer Ladung
von einem Orte zum andern ſchaffen und iſt daher für dieſen
letztern Zweck beſonders paſſend.

## 81.

Hochdruck=Maſchinen waren eine der früheſten Arten der
Dampfmaſchine. Die in „Hundert Erfindungen" von
dem Marquis von Worceſter undeutlich beſchriebene Erfindung
(ſiehe 27) iſt eine Hochdruck=Maſchine; denn die dort angege=
bene Kraft iſt die elaſtiſche Kraft des Dampfes, die gegen den
atmoſphäriſchen Druck wirkt. Newcomen wendete 1705 den
Balancier, den Cylinder und Kolben auf die atmoſphäriſche
Maſchine an, und Leupold verband um das Jahr 1720 den
Balancier und den Cylinder mit dem Prinzip der Hochdruck=
Maſchine, und gab die erſte Hochdruck=Maſchine an, die mit
einem Cylinder und Kolben arbeitete. In Fig. 51 ſehen wir
den Keſſel A mit dem Herd. Die beiden Cylinder CC′ haben
nicht hohle Kolben PP′, mit den Hebeln BB′ verbunden, wel=
che an die Stangen RR′ der beiden Pumpen FF′ befeſtigt
ſind. Dieſe ſind mit der großen Röhre S verbunden. G iſt der
bereits beſchriebene (ſiehe 66) Vierweg=Hahn. Bei der in
der Abbildung (Fig. 51) gegebenen Stellung geht der Dampf
unter dem Kolben P in die Atmoſphäre, und der Kolben ſteigt
durch ſein eigenes Gewicht nieder. Zu gleicher Zeit drückt
Dampf aus dem Keſſel den Kolben P′ aufwärts, mit einer
Kraft gleich dem Unterſchiede zwiſchen dem Dampfdrucke und

dem atmosphärischen Drucke. So wird der Kolben R der
Pumpe F heraufgezogen, der Kolben P' drückt den Kolben R' nie=
der und treibt dadurch Wasser in die Röhre S. Kommt der Kolben
P auf den Boden des Cylinders C und P' in den oberen Theil
des Cylinders C', so ist die Stellung des Hahns geändert, wie
Fig. 52 zeigt. Der Dampf, der eben den Kolben P' aufwärts
getrieben hat, geht in die Atmosphäre, während der Dampf,
der aus dem Kessel unter den Kolben P strömt, ihn hinauftreibt,
und so steigt P durch den Dampfdruck, während P' durch sein
eigenes Gewicht niedersteigt. Auf diese Weise wird der Kolben
R niedergedrückt und treibt das Wasser in der Pumpe in die
Röhre S. Der Kolben R' wird hinaufgezogen, damit die andere
Pumpe wieder gefüllt werden könne, und so geht es weiter.
Am untern Ende der Röhren befindet sich ein Ventil, um das
Zurückfließen des hineingetriebenen Wassers zu verhüten. Die=
ses Ventil öffnet sich aufwärts und bleibt daher, da das Was=
ser darauf drückt, desto besser verschlossen. Bei jedem Nieder=
steigen des Kolbens ist der auf das Ventil wirkende Druck grö=
ßer als das Gewicht des Wassers auf demselben, und es wird
daher gehoben, um mehr Wasser einströmen zu lassen.

## 82.

Von Watt's letzten Verbesserungen der Dampfmaschine
bis zum Anfange des neunzehnten Jahrhunderts wurden die Hoch=
druck=Maschinen in England ganz vernachlässigt. Im Jahr
1802 bauten Trevithik und Vivian die erste Hochdruck=Ma=
schine, die je in England eine umfassende praktische Anwendung
erhielt. Einen Vertikal=Durchschnitt dieser Maschine gibt Fig. 68.
Der Kessel AB ist ein Cylinder mit flachen kreisförmigen En=
den. Der Feuerherd hat eine eigenthümliche Einrichtung. Eine
Röhre tritt in den cylindrischen Kessel an dem einen Ende, und
durch denselben gehend, krümmt sie sich nicht weit von dem an=
dern, so daß sie parallel mit der Richtung, in welcher sie ein=
getreten ist, zurückgeht, und wird auf diese Weise an einem an=
dern Theile derselben Seite, wo sie eintrat, aus dem Kessel ge=
führt. Eines der Enden dieser Röhre ist mit dem Rauchfange
E verbunden, der aufwärts geführt ist, wie die Figur zeigt.

Die andere Mündung der Röhre hat eine Thüre, in welcher sich der Rost befindet, der aus horizontalen, die Röhre in zwei Abtheilungen theilenden Stäben besteht. Die obere Abtheilung ist der Feuerherd, die untere das Aschenloch. Der Brennstoff liegt auf den Stäben in dem mit CD bezeichneten Theile der Röhre, und der Zug des Rauchfanges leitet die Flamme durch die gekrümmte Röhre, bis sie bei E in den Rauchfang geht. So wird das Wasser durch das hindurchgeführte Feuer erhitzt. F zeigt den Durchschnitt des in den Kessel zum Theil eingelassenen Cylinders, an dessen oberem herausragenden Ende der Vierweg-Hahn G sich befindet, um die Zulassung des Dampfes zu regeln. Die Röhre H geht von dem Hahn in den Rauchfang, in welchen der überflüssige Dampf, nachdem er den Kolben getrieben hat, geführt wird. Das obere Ende der Kolbenstange hat eine Querstange, welche mit dem Kessel und der Kolbenstange rechte Winkel bildet. Diese Stange wird in ihrer Bewegung geleitet, indem sie auf zwei perpendicularen eisernen Stäben gleitet, welche an den Seiten des Kessels befestigt sind und mit einander parallel laufen. An den Enden der Querstange befinden sich zwei Verbindungsstäbe, deren untere Enden zwei Kurbeln bewegen, welche an eine Achse befestigt sind, die sich über und unter den Kessel erstreckt und unmittelbar unter dem Mittelpunkte des Cylinders. Diese Achse hat Stützen, die auf den Beinen des Kessels ruhen, und an ihrem Ende ist das Schwungrad B angebracht. Ein großgezähntes Rad ist auf diese Achse gestellt, welches, mit der Kurbel sich drehend, andere Räder in Bewegung setzt, so wie durch diese jedes Maschinenwerk, welches die Dampfmaschine treiben soll, bewegt wird. Wie der Vierweg-Hahn in Fig. 68 dargestellt ist, strömt der Dampf aus dem Kessel durch den gekrümmten Gang G über den Kolben, während der Dampf unter demselben durch eine in der Figur nicht sichtbare Röhre geht, die in die Röhre H und dann in den Rauchfang führt. Der Kolben wird durch den über ihn eingeströmten Dampf niedergedrückt, mit einer Kraft, die von dem Uebergewichte des Dampfdrucks über den atmosphärischen herrührt. Ist er auf dem Boden des Cylinders, so kommt der Hahn in die Fig. 69 angege-

bene Stellung. Dieß wird durch die Bewegung der Kolbenstange bewirkt. Der Dampf über dem Kolben entweicht nun
durch die Röhre H in den Rauchfang, während aus dem Kessel durch eine andere Röhre Dampf unter den Kolben geleitet
wird. Der Druck auf den oberen Kolben überwiegt in diesem
Falle nicht den atmosphärischen, während unter ihm der Druck
des Dampfes aus dem Kessel wirkt. Der Kolben steigt daher
aufwärts, und wenn er in dem oberen Theile des Cylinders ist,
kommt der Vierweg-Hahn in die Fig. 68 angegebene Stellung
und der Kolben geht wieder hinab. Bei V befindet sich ein
Sicherheits-Ventil, welches mit dem Gewichte W belastet ist,
das der Kraft des Dampfes angemessen ist, der in der Maschine wirken soll.

In den hier beschriebenen Maschinen wird dieses Ventil
oft mit 60 bis 80 Pfund auf den Quadratzoll belastet, und
da man die Kessel in Hochdruck-Maschinen der Gefahr des Zerspringens leichter ausgesetzt glaubte als diejenigen, in welchen
ein niedriger Druck wirkte, so wurden größere Vorsichtsmaßregeln gegen solche Wirkungen angewendet. Es ward ein zwei-
tes Sicherheits-Ventil angebracht, das nicht der Hand des
Maschinenwärters überlassen war. Er konnte auf diese Weise
zwar den Druck des Dampfes vermindern, aber ihn nicht vermehren über die Gränze, die das seiner Verfügung entzogene
Ventil bestimmte. Die größte Gefahr ging aus dem Umstande
hervor, daß das Wasser im Kessel durch Verdampfung schneller verzehrt ward als es ersetzt werden konnte und daher unter
das Niveau der Röhre fiel, in welcher sich der Feuerherd befand. Als Schutzmittel gegen die Unfälle, die daraus entstehen konnten, hatte der Kessel ein Loch in einer gewissen Tiefe,
unter welche das Wasser nicht fallen durfte, und es war in
demselben ein metallener Pflock mit Blei oder einem andern Metall eingelöthet, das in der Temperatur schmelzen mußte, in
welcher der Kessel einer Gefahr ausgesetzt war. Wenn das
Wasser so weit verzehrt war, daß es unter den Pflock fiel, so
schmolz die Löthung sogleich bei der Hitze des Herdes, der Pflock
fiel heraus und öffnete dem Dampfe einen Ausweg, wodurch
die Gefahr des Zerspringens abgewendet ward. Auch wurde

das bereits beschriebene Quecksilber=Visier als Sicherheitsmittel
angewendet. Wenn die Kraft des Dampfes die Länge der
Quecksilber=Säule in der Röhre überstieg, so mußte das Queck=
silber hinausgetrieben werden, und der Dampf konnte durch die
Röhre entweichen. Das Wasser, das den Kessel speiste, wurde
durch eine von der Maschine in Bewegung gesetzte Pumpe hineinge=
trieben. Um die Hitze zusammenzuhalten, wurde dieses Speise=
wasser in der die Röhre H umgebenden Röhre T aufbewahrt.
Während der überflüssige Dampf, nachdem er den Kolben ge=
trieben hatte, durch H seinen Weg nahm, gab er einen Theil
seiner Wärme dem in der Röhre T enthaltenen Wasser ab, wel=
ches dadurch bis zu einer gewissen Temperatur erwärmt ward,
ehe es durch die Pumpe in den Kessel gelangte.

Es liegt am Tage, daß eine auf diese Art eingerichtete
Maschine zu allen Zwecken angewendet werden kann, zu wel=
chen condensirende Dampfmaschinen brauchbar sind.

### 83.

Zwei Jahre nach der Erlangung eines Patents auf diese
Maschine baute der Erfinder eine ähnliche, um mittels derselben
Wagen auf Eisenbahnen fortzutreiben*) und machte da=

---

*) Schon 1755 schlug der Franzose Gautier vor, Fuhrwerke durch
Dampfmaschinen zu bewegen, und ungefähr um dieselbe Zeit äußerte
Robison gegen Watt, daß es vortheilhaft sein würde, Wagen durch
Dampf zu bewegen; doch kam der Gedanke nicht zur Ausführung.
Cugnot baute 1773 in Paris mehre Dampfwagen, die aber nicht
ganz gelangen. Der Amerikaner Oliver Evans machte 1786 aus=
führliche Vorschläge, und 1795 kam Robison noch einmal auf seinen
Plan zurück. — Die ersten Eisenbahnen wurden in der Gegend
von Newcastle angelegt, um die Steinkohlen an den Fluß Tyne zur
Verladung zu schaffen. Gegen Anfang des achtzehnten Jahrhunderts
belegten die Eigenthümer der Kohlengruben zur Erleichterung der Fort=
schaffung die schlechten Wege mit zwei fortlaufenden Reihen von Holz=
stücken, um die Räder in diesen hölzernen Geleisen laufen zu lassen.
Später wurden auf diesen Geleisen, die sich bald abnutzten, eiserne
Schienen befestigt, welche man endlich durch gußeiserne ersetzte, die
in gewissen Abständen auf Steinblöcken ruhten. Die Form der Schie=
nen wurde später verändert und man legte zwischen dieselben und die

mit im Jahr 1804 einen gelungenen Versuch auf der Eisen=
bahn zu Merthyr Tydvil in Süd=Wales. Sie war dem Prin=
zip nach der bereits beschriebenen Maschine ähnlich. Der Cy=
linder hatte jedoch eine horizontale Lage, indem die Kolben=
stange in der Richtung der Bahnlinie wirkte. Das Ende der Kol=
benstange bewegte mittels einer Verbindungsstange Kurbeln, die
auf die Achse gestellt waren, an welcher sich zwei Zahnräder
befanden. Diese griffen in andere, die ihre Bewegung endlich
den auf die Achse der Hinterräder des Wagens gestellten Zahn=
rädern mittheilten, wodurch jene Achse umgedreht wurde. Die
an die Achse befestigten Hinterräder drehten sich gleichfalls um,
und so lange die Last des Wagens nicht das Gewicht überstieg,
welches durch die Reibung auf der Straße fortgetrieben werden
konnte, bewegte sich der Wagen vorwärts. Auf jene Achse
war ein Schwungrad gestellt, um die wälzende Bewegung am
Ende jedes Kolbenhubes fortzusetzen. Die Vorderräder dien=
ten zur Lenkung des Wagens. Trevithik und Vivian scheinen
anfänglich die Absicht gehabt zu haben, diesen Wagen auf
Heerstraßen zu gebrauchen; doch mögen sie ihren Plan aufge=
geben haben, und die Erfindung wurde bloß auf der erwähn=
ten Eisenbahn benutzt. Bei dem ersten Versuche zog die Ma=
schine mehre, mit zehn Tonnen*) Eisen beladene Wagen auf
einer Strecke von neun englischen Meilen**). Der Weg wurde,
ohne frischen Wasserbedarf einzunehmen, zurückgelegt und in
einer Stunde eine Strecke von fünf Meilen durchlaufen.

## 84.

Kapital und Kunstfertigkeit sind in England in der neue=
sten Zeit mit ungemeiner Thätigkeit auf die Verbesserung des
Binnenverkehrs verwendet worden, und dieser wichtige Hebel
der Volkswohlfahrt und der Civilisation hat dadurch eine bedeu=

---

Steinblöcke gußeiserne Lager. An die Stelle der hölzernen Wagenräder
kamen gußeiserne, und endlich nahm man statt des Gußeisens Schmiede=
eisen.

*) Eine Tonne ist 2240 Pfund.

**) Ungefähr 4⅔ englische Meilen sind einer deutschen Meile gleich.

teůbe Kraft erlangt. Man erblickt nun Wirkungen, welche man, wären sie vor wenigen Jahren genannt worden, nur für Träume gehalten haben würde. Wer hätte es für möglich gehalten, eine schwere eiserne Maschine, mit mehren hundert Reisenden beladen, und mit einem langen Wagenzuge, mit einer bedeutenden Last von Wasser und Steinkohlen, auf der Straße von Manchester nach Liverpool, eine Strecke von 30 engli= schen Meilen in einer Stunde durchfliegen zu sehen? Dieß sieht man jetzt täglich, ja stündlich. Und doch ist die Straße, auf welcher wir dieses Wunder sehen, keineswegs die günstigste für die Leistungen solcher Maschinen. Sie hat eine wellenför= mige Fläche und Unebenheiten, welche die Geschwindigkeit weit mehr vermindern, als es bei ähnlichen Ungleichheiten auf einer gewöhnlichen Heerstraße der Fall sein würde. Die hier erreichte Geschwindigkeit ist nicht weniger wunderbar als das Gewicht der fortgeschafften Lasten. Was sie in dieser Hinsicht leistet, über= steigt weit die Bedürfnisse selbst der beiden größten Handelsplätze Großbritanniens. Lasten von 50 bis 150 Tonnen werden 15 Meilen weit in einer Stunde fortgeschafft; aber die Dampf= wagen sind in diesem Falle unter dem Maße ihrer Leistungskraft beladen, und wir haben einmal einen Wagenzug gesehen, der eine Last von 230 Tonnen Waaren von Liverpool nach Man= chester mit einer Geschwindigkeit von einer Stunde auf zwölf Meilen fortschaffte.

Das Erstaunen, das solche Leistungen erregen, würde sich vermindern, wenn die Kunst der Dampffahrt auf Eisen= bahnen schon zu ihrer Reife gelangt wäre und jene Vollkom= menheit erreicht hätte, deren eine solche Kunst immer fähig ist, wenn lange Erfahrung, umfassende wissenschaftliche Kenntnisse und unermeßliche Geldmittel ihr zu Hilfe kommen. Aber dieß ist hier nicht der Fall. Die Kunst, Dampfwagen zu bauen, ist noch so wenig zu ihrer Reife gekommen, daß sie noch nicht einmal aus dem Zustande der Kindheit getreten ist. Die Lei= stungskraft der Dampfwagen war vor der Eröffnung der Eisen= bahn zwischen Liverpool und Manchester selbst unter Männern vom Fache so unbekannt, daß man die Fortschaffung schwerer Güter als den Hauptgegenstand der Unternehmung und als die

Hauptquelle der zu erwartenden Einkünfte betrachtete. Die
unglaubliche Geschwindigkeit der Fortschaffung, die selbst bei
dem ersten Versuche im Jahr 1830 erlangt wurde, wirkte auf
das Publikum und selbst auf wissenschaftlich gebildete Männer
wie eine neue unerwartete Erscheinung. Die Einnahme, wel=
che die Eisenbahn seit ihrer Eröffnung von Reisenden erhielt,
betrug gegen alle Erwartung beinahe doppelt so viel als die
Waarenfracht. Man war in dem Baue der Dampfwagen so
unerfahren, daß die Unternehmer anfänglich im Zweifel waren,
ob sie große auf verschiedenen Punkten der Bahn aufgestellte
Dampfmaschinen anwenden sollten, um die Wagen von Sta=
tion zu Station zu ziehen, oder ob bewegliche Maschinen nütz=
licher wären, die Ladung auf der ganzen Bahnlinie fortzuschaf=
fen. Als sie sich zur Anwendung beweglicher Maschinen ent=
schlossen hatten, mußten sie bis auf diesen Augenblick mit den
Nachtheilen des Mangels an jener Kenntniß kämpfen, welche
allein die Erfahrung geben kann. Man hat die Maschinen stets
hinsichtlich ihrer Schwere und ihrer Verhältnisse, ihrer Größe
und ihrer Gestalt verändert, wie es die Erfahrungen jedes Mo=
nats an die Hand gaben. Zeigten sich Mängel, so ward ih=
nen abgeholfen, vorgeschlagene Verbesserungen wurden ausge=
führt und überall Maschinen von solcher Leistungskraft verfer=
tigt, daß man die älteren aufgab, nicht weil sie abgenutzt, sondern
weil sie durch den raschen Fortschritt der Verbesserungen zurück=
gedrängt waren. Dazu kommt, daß man nur e i n e Art von
Dampfwagen bis jetzt wirklich erprobt hat; die Leistungsfähig=
keiten anderer aber müssen sich erst entwickeln, und selbst dieje=
nige Form von Maschinen, mit welchen man so viele Versuche
im Großen gemacht hat, um sie zur Vollkommenheit zu brin=
gen, sind noch weit von diesem Punkte entfernt und haben
Mängel, deren viele, wie jeder sieht, durch die Zeit und die
Erfahrung Abhilfe erhalten werden. Wenn nun mit Dampf=
wagen, die alle Unvollkommenheiten einer jungen Erfindung
haben, die der gewöhnlichen Vortheile einer vollen Anwendung
der Kunstfertigkeit und Geldmittel des Landes entbehren, und
nur erst in einem großen Versuche erprobt worden sind, bereits
die von uns angegebenen Wirkungen erlangt wurden, was läßt

sich nicht von dieser außerordentlichen Kraft erwarten, wenn
der Unternehmungsgeist des Landes entfesselt sein, wenn ein
größeres Feld der Erfahrung sich geöffnet haben wird, wenn
Zeit, Erfindungsgeist und Geldmittel die jetzigen Unvollkom=
menheiten entfernt und neue und wirksamere Prinzipien an das
Licht gebracht haben werden? Dieß ist nicht bloß ein Grü=
beln über Möglichkeiten, sondern es ist eine Aussicht, welche
uns wirkliche Fortschritte näher führen. Es werden Eisen=
bahnen zwischen den bedeutendsten Punkten des Verkehrs in
dem vereinigten Königreiche angelegt, und Dampfwagen für
Heerstraßen vorbereitet; da die Ausführbarkeit und Nützlich=
keit dieser Anwendung die Dampfmaschine nicht nur durch
Versuche für die Unternehmer genügend bewährt, sondern
auch durch die Untersuchungen eines von dem Parlamente er=
nannten Ausschusses erwiesen worden sind.

Die für den Handel und die politischen Verhältnisse wich=
tigen Wirkungen einer solchen vermehrten Erleichterung und
Geschwindigkeit in der Fortschaffung von Gütern und Perso=
nen fallen zu sehr in die Augen, als daß sie hier eine um=
ständliche Darstellung verlangten. Ein Theil und oft ein be=
deutender Theil des Preises aller Bedürfnisse oder Luxusarti=
kel besteht in den Kosten der Fortschaffung derselben von dem
Produzenten zu dem Verzehrer, und daher muß jede Vermin=
derung oder Ersparung dieser Kosten eine Herabsetzung des
Preises aller fortgeschafften Gegenstände herbeiführen, das
heißt, aller Dinge, die für den Lebensunterhalt des Armen
oder für den Genuß des Reichen nothwendig sind. Die wohl=
thätigen Wirkungen dieser Herabsetzung werden sich nicht bloß
auf den Verzehrer, sondern auch auf den Erzeuger erstrecken.
Durch die Verminderung der Fortschaffungskosten, sei es bei
Erzeugnissen des Bodens oder des Webestuhls, wird eine
geringere Menge solcher Erzeugnisse aufgewendet werden müs=
sen, um das übrige auf den Markt zu bringen, und der Pro=
duzent wird daher einen größern Lohn für seine Arbeit haben.
Der Ackerbauer wird diese wohlthätigen Folgen selbst mehr als
der Manufakturist fühlen, weil bei den Erzeugnissen des Bo=
dens die Fortschaffungskosten verhältnißmäßig größer als bei

Manufakturwaaren sind. Sind 200 Scheffel Weizen nöthig, um 400 zu ernten, und 100 mehr, um 400 zu Markte zu bringen, so wird der reine Ueberschuß nur 100 sein; wenn aber durch den Gebrauch von Dampfwagen dieselbe Getreidemenge für den Werth von 50 Scheffeln zu Markte gebracht werden kann, so wird der Ueberschuß auf 150 Scheffel steigen, und der Vortheil des Pachters oder der Pachtzins des Grundherrn muß in demselben Verhältnisse vermehrt werden. Der Ackerbauer würde jedoch nicht bloß durch einen erhöhten Ertrag des bereits angebauten Bodens gewinnen. Jede Verminderung der Fortschaffungskosten für Bodenerzeugnisse würde Veranlassung zum Anbau von minder fruchtbaren Bodenflächen geben, deren Ertrag jetzt nicht die Kosten des Anbaus und der Fortschaffung erstatten könnte. So würden Ländereien urbar gemacht werden, die jetzt wüst liegen. Es ist bekannt, daß Land von einem bestimmten Grade der Fruchtbarkeit durch vermehrte Anwendung von Geldmitteln einen höhern Ertrag gewährt; durch die Verminderung der Fortschaffungskosten aber wird eine Ersparung gemacht werden, die den Landbauer in Stand setzt, den bereits angebauten Ländereien die ersparten Geldmittel zuzuwenden und dadurch ihren jetzigen Ertrag zu erhöhen. Es würde daher eine solche Wirkung nicht nur eine Vermehrung des Umfanges der angebauten Ländereien, sondern auch einen besseren Anbau des bereits fruchtbaren Bodens zur Folge haben.

Wie man angibt, hat Großbritannien gegen eine Million Pferde, die auf verschiedene Weise zur Fortschaffung von Personen und Gütern gebraucht werden, und die Unterhaltung jedes Pferdes fodert so viel Land, als für den Lebensunterhalt von acht Menschen hinreichend wäre. Würde nun dieser Betrag von thierischer Kraft durch Dampfmaschinen ersetzt und das Fortschaffungsmittel aus dem Schoße der Erde gezogen, statt von ihrer Oberfläche genommen zu werden, so würde, wenn jene Berechnung richtig ist, eben so viel Land für den Unterhalt von Menschen frei werden, als für einen Bevölkerungszuwachs von acht Millionen hinreichend wäre, oder die Unterhaltsmittel der jetzigen Volksmenge würden um ein Drittheil des jetzigen Betrags steigen. Der Einwurf, daß es Land ge=

be, deſſen Ertrag nur zum Unterhalte von Pferden dienen könne und ſolches Land dann nicht mehr angebaut werden würde, verdient keine Beachtung. Ob es eine beträchtliche Menge ſolcher Ländereien gebe, iſt ſehr zu bezweifeln. Wo iſt der Boden, der ein Pferd nähren würde, aber nicht Ochſen oder Schafe, nicht Nahrung für Menſchen geben würde? Aber geſetzt, es gebe einen kleinen Theil ſolcher Ländereien, ſo kann er denjenigen nicht überſteigen, ja nicht erreichen, der hinlänglich zur Ernährung der Anzahl von Pferden ſein würde, die noch immer entweder zum Vergnügen oder in mehren Fällen, wo Dampfkraft nicht anwendbar wäre, gebraucht werden möchten. Auch iſt zu beachten, daß die Verminderung des Preiſes der Pferde, durch das Aufhören einer umfaſſenden Benutzungsart derſelben, den Begehr für andere Zwecke vermehren würde.

Die Verminderung der Fortſchaffungskoſten wird den Marktpreis der Manufakturwaaren herabſetzen und dadurch ein vermehrter Verbrauch derſelben herbeigeführt werden. Dieſe Bemerkung gilt nicht bloß für den einheimiſchen, ſondern auch für den auswärtigen Markt. In Beziehung auf viele Manufakturzweige genießt England bereits ein Monopol auf fremden Märkten. Die Preisverminderung, welche durch Wohlfeilheit und Leichtigkeit der Fortſchaffung herbeigeführt werden muß, wird Englands Vortheile ſteigern. Eine nothwendige Folge wird das Bedürfniß der Vermehrung arbeitender Hände in den Manufakturen ſein, und dieſe Vermehrung wird auf das Intereſſe des Ackerbaues zurückwirken, indem ſie ſeinen Erzeugniſſen einen erweiterten Markt öffnet. So verflochten und verwickelt ſind die Fäden, welche das Gewebe des hochciviliſirten und künſtlichen Gemeinweſens in England bilden, daß eine in irgend einem Punkte hervorgebrachte Wirkung auf die entfernteſten und dem Anſcheine nach gar nicht mit ihm verbundenen Theile ſogleich ihren Einfluß ausübt.

Die beiden Vortheile, vermehrte Wohlfeilheit und Geſchwindigkeit, werden nicht nur den beſtehenden Verkehr erweitern, ſondern auch neue Gegenſtände des Handelsverkehrs ins Leben rufen. Wie die verminderten Fortſchaffungskoſten zum Anbau neuer Ländereien Veranlaſſung geben, ſo öffnen ſie auch

neue Märkte für Manufakturwaaren und Erzeugniſſe des Bo=
dens. Die große Geſchwindigkeit der Fortſchaffung, die ſich
als ausführbar erwieſen hat, muß einen Handel zwiſchen ent=
fernten Punkten in Beziehung auf Gegenſtände öffnen, die nicht
über eine gewiſſe Zeit hinaus brauchbar bleiben. Dahin gehö=
ren viele Arten von Gewächſen und thieriſchen Nahrungsmittel,
die jetzt auf diejenigen Märkte beſchränkt ſind, welche dem An=
bauer oder dem Viehzüchter nahe liegen. Die Richtigkeit die=
ſer Bemerkung ergibt ſich aus den Folgen der Dampfſchifffahrt
auf dem Kanal zwiſchen England und Irland. Die Städte
des weſtlichen Englands ſind jetzt Märkte für eine ungeheure
Menge irländiſcher Erzeugniſſe, die früher gar nicht ausgeführt
werden konnten. Können die Thiere, die zur Nahrung dienen,
von dem Viehzüchter den Verzehren lebendig zugeführt werden,
ſo wird kein Markt zu entfernt ſein, ſo bald das Thier den Weg
zurückzulegen im Stande iſt und die Koſten des Unterhaltes auf
der Reiſe nicht zu groß ſind. Es gibt nur einige Thiere, welche
auf gewöhnlichen Straßen und auf Wagen, die von Pferden
gezogen werden, ſich fortſchaffen laſſen. Auf Eiſenbahnen
aber können große Laſten ſo ſchnell fortgeſchafft werden, daß
ſich Vieh aller Art eben ſo leicht als wohlfeil ſelbſt an die ent=
fernteſten Orte führen läßt.

Die moraliſchen und politiſchen Folgen einer ſo großen
Veränderung in den Mitteln, Perſonen und Geiſteskräfte von
einem Orte zum andern zu ſchaffen, laſſen ſich kaum berechnen.
Die Vereinigung von Verſtand und geiſtiger Regſamkeit, die in
einer großen Hauptſtadt immer als in einem Mittelpunkte ſtatt
findet, wird ſich in einem bedeutenden Umfange auf das ganze
Reich erſtrecken. Es wird dieſelbe Wirkung eintreten, als ob
alle Entfernungen vermindert wären, in dem Verhältniſſe, in
welchem Schnelligkeit und Wohlfeilheit der Fortſchaffung zuneh=
men. Städte, die jetzt weit von der Hauptſtadt entfernt ſind,
werden ihre Vorſtädte, die eine Tagereiſe weit ſind, in ihre
Nähe gerückt. Mögen diejenigen, die ſolche Erwartungen für
Träume halten, ſich erinnern, wie vor nicht langer Zeit die
Volksmeinung über Dampfſchifffahrt urtheilte. Die Möglich=
keit, den Kanal zwiſchen England und Irland, und die Meere,

welche die britischen Inseln bespülen, mittels der Dampfma=
schine zu befahren, wurde zu einer Zeit, die vielen noch nicht
über die Lebensmitte hinausgeschrittenen Zeitgenossen gegen=
wärtig ist, als eine Schwärmerei betrachtet. Seeleute und
wissenschaftlich gebildete Männer verwarfen ungläubig solche
Entwürfe und bemitleideten fast den Verstand derjenigen, die
auch nur einen Augenblick sich damit beschäftigen konnten.
Und doch haben wir es erlebt, daß Dampfschiffe nicht nur das
britische Meer befahren, sondern längs allen europäischen
Küsten steuern. Die Meere zwischen Aegypten und den briti=
schen Besitzungen in Asien, die Meere, welche die westindi=
schen Kolonien trennen, haben der Kraft der Dampfmaschine
eben so wenig Schranken zu setzen vermocht. Die Stürme
des stillen Meeres haben das Dampfschiff E n t e r p r i s e nicht
abgehalten, das Vorgebirge zu umsegeln und die Küsten In=
diens zu erreichen. Wird der Dampf nicht als das einzige
Mittel benutzt, die entferntesten Theile der Erde zu verbinden,
so wird es nicht darum unterlassen, weil er zur Erreichung
dieses Zweckes unzureichend wäre, sondern weil der Stoff,
aus welchem er bis jetzt seine Kraft zieht, die Steinkohlen, durch
örtliche und zufällige Umstände beschränkt ist.

Wir wollen nun die Mittel, durch welche die angegebe=
nen Wirkungen hervorgebracht wurden, ins Auge fassen und
zeigen, wie und in wiefern jene Mittel benutzt worden sind
und welcher Verbesserungen sie noch fähig zu sein scheinen.

## 85.

Es ist ein sonderbarer Umstand, daß in der Geschichte
dieser Erfindung viel Zeit und viel Scharfsinn vergebens auf=
gewendet ward, um eine Schwierigkeit zu besiegen, die sich
endlich als eine eingebildete erwies. Will man begreifen, wie
ein Wagenrad durch Dampf fortgetrieben werde, so nehme
man an, es sei ein Zapfen an die Speiche des Rades in ei=
niger Entfernung vom Mittelpunkte befestigt, und es wirke
auf diesen Zapfen eine Kraft in der Art, daß sich das Rad um=
drehe. Wenn der Felgenkranz und die Oberfläche der Straße
ganz glatt wären und keine Reibung statt fände, so daß die

Felge ohne Widerstand auf der Straße fortglitte, so würde die angewendete Kraft bloß die Wirkung haben, das Rad um= zudrehen, der Wagen aber stehen bleiben, während die Rad= felge bei dem Umdrehen des Rades fortglitte. Wäre dagegen der Druck des Felgenkranzes auf die Straße so stark, daß zwi= schen beiden eine Anhaftung (Abhäsion) statt fände, die es dem Rade unmöglich machte, auf der Straße fortzuglei= ten unter der Wirkung der auf dasselbe angewandten Kraft, so würde die Folge sein, daß sich das Rad umdrehen müßte unter dem Einfluße der Kraft, welche es bewegte, indem sie den Wagen zum Fortrücken nöthigte, so daß der Wagen sich auf eine Strecke vorwärts bewegte, die bei jeder vollständi= gen Umdrehung des Rades dem Umfange desselben gleich wäre.

Es fällt in die Augen, daß diese beiden Wirkungen nur theilweise hervorgebracht werden können; die Abhäsion des Rades und der Straßenfläche kann unzulänglich sein, das Gleiten gänzlich zu verhüten, aber doch hinreichend, um zu verhindern, daß das Rad so schnell gleite als es sich um= wälzt. Unter solchen Umständen würde der Wagen fortrücken und das Rad gleiten. Die fortschreitende Bewegung des Wagens während einer vollständigen Umdrehung des Rades würde gleich sein der Differenz zwischen dem vollständigen Umfange des Rades und dem Theile, durch welchen es bei ei= ner Umdrehung fortgeglitten ist.

Als man sich mit dem Bau der Dampfwagen zu beschäf= tigen anfing, und noch lange Zeit nachher, glaubten die Kunst= verständigen, die Abhäsion zwischen dem Felgenkranze und der Straßenfläche müsse nothwendig sehr unbedeutend sein und die fortbewegten Räder würden entweder völlig gleiten und kein Fortrücken des Wagens bewirkt werden, oder ein ansehnli= cher Theil der forttreibenden Kraft würde durch theilweises Gleiten der Räder verloren gehen. Es ist sonderbar, daß es so vielen scharfsinnigen Männern, die sich mehre Jahre lang mit solchen Versuchen und Unternehmungen beschäftigten, nie einfiel, durch Versuche den wirklichen Betrag der Abhä= sion zwischen den Rädern und der Straßenfläche in einem ein= zelnen Falle auszumitteln. Wenn sie dieß gethan hatten, so

würden wir wahrscheinlich die Dampfwagen jetzt in einem voll=
kommenen Zustande sehen.

Um dieser eingebildeten Schwierigkeit abzuhelfen, woll=
ten Trevithik und Vivian die äußere Fläche der Rad=
felgen rauh und uneben machen, und sie zu diesem Zwecke mit
Nägeln beschlagen oder nach der Quere mit Rinnen durch=
schneiden. Wo bedeutende Anhöhen zu befahren waren, woll=
ten sie bei dem Hinanfahren Stifte oder Nägel hervortreten
lassen, welche in die Straßenfläche eingreifen könnten.

Sieben Jahre nach der Erbauung des von Trevithik und
Vivian angegebenen Dampfwagens ward ein anderer von
Blenkinsop gebaut, der 1811 ein Patent für die Anwen=
dung desselben auf Eisenbahnen erhielt. Die Eisenbahn zeigte
nun nicht mehr glatte Eisenschienen, sondern eine Reihe her=
vorragender Zähne, einem Zahnrade ähnlich, längs der gan=
zen Bahnlinie. Die Räder des Dampfwagens hatten ähn=
liche Zähne, welche in die gezähnten Schienen eingriffen, und
auf diese Weise ward eine fortschreitende Bewegung des Wa=
gens erlangt. Eine spätere Erfindung zur Besiegung der
vermeinten Schwierigkeit ward im Jahre 1812 von den Brü=
dern Chapman angegeben. Sie bestand in einer Kette,
die sich längs der Mitte der Bahnlinie von einem Ende zum
andern ausdehnte. Diese Kette lief einmal um ein mit Rin=
nen in der Felge versehenes Rad unter dem Mittelpunkte des
Wagens, so daß, wenn dieses Rad durch die Maschine um=
gedreht wurde, da die Kette nicht gleiten konnte, der Wagen
auf der Straße fortrückte. Man gab diese Erfindung aber
bald auf, weil durch die Reibung der Kette ein ungeheurer
Kraftverlust herbeigeführt wurde.

Das nächste Jahr 1813 brachte eine ungemein sinnreiche
Erfindung zu demselben Zwecke, ein Paar mechanische Beine
und Füße, welche, den Thierfüßen ähnlich, gehen und fort=
schieben sollten. Wir geben in Fig. 53 eine Ansicht dieser
Maschine, A ist der auf einer Eisenbahn sich bewegende Wa=
gen, L und L' sind die Beine, F und F' die Füße. Der
Fuß F hat ein Gewinde bei O, welches dem Knöchel ent=
spricht, ein anderes Gewinde ist bei K, dem Knie entspre=

chend, ein drittes bei L, das der Hüfte entspricht. Aehn=
liche Gewinde hat das andere Bein.  Das Kniegewinde K ist
an das Ende der Kolbenstange des Cylinders befestigt. Wenn
der horizontale Kolben auswärts getrieben wird, so drückt das
Bein L den Fuß F gegen den Boden und der Widerstand treibt
den Wagen vorwärts.  Indem nun der Wagen fortgeht,
wird der Winkel K am Knie größer, so daß Bein und Schen=
kel eine gerade Stellung erhalten, und dieß dauert fort, bis der
Kolben seinen Hub vollendet hat.  Bei L ist ein kurzer Hebel
L M, dessen Ende durch eine Schnur oder Kette mit dem
Punkt S an dem Schienbeine verbunden ist.  Wird der Kol=
ben in den Cylinder gedrückt, so zieht sich das Knie K gegen
die Maschine und die Schnur M S hebt den Fuß F vom Bo=
den, den derselbe nicht wieder berührt, bis der Kolben am
Ende des Cylinders angekommen ist.  Wenn der Kolben wie=
der aus dem Cylinder getrieben wird, so wird der auf die
Straße gestellte Fuß F durch die Kraft der Kolbenstange bei
K zurückgedrückt; da aber die Reibung auf der Straßenfläche
seine rückwärts gehende Bewegung verhindert, so bringt die
Gegenwirkung die Maschine zum Fortgehen, und auf dieselbe
Weise dauert die Bewegung fort.  An den Schenkel ist bei N
mittels eines Gewindes eine horizontale Stange N R befestigt,
welche eine Leiste R bewegt. Unter der Leiste befindet sich ein
Zahnrad, das in eine andere unter ihm befindliche Leiste greift.
Auf diese Weise wird, wenn das Knie von der Maschine ab=
getrieben wird, die Leiste R rückwärts bewegt, aber das Zahn=
rad, das in die andere unter ihm liegende Leiste greift, wird
diese in entgegengesetzter Richtung bewegen.  Die
Leiste R bewegt sich in gleicher Richtung mit dem Knie
K, und die andere Leiste wird daher immer in entgegen=
gesetzter Richtung bewegt.  Die untere Leiste ist durch
eine andere horizontale Stange mit dem Schenkel des Beins
LF' verbunden, gleich über dem Knie bei N'.  Wird nun
der Kolben in den Cylinder getrieben, so wird das Knie K'
rückwärts gedrückt werden, und wenn der Kolben hinaus=
getrieben wird, so wird das Knie K' vorwärts gezogen.
Es folgt daraus, daß die beiden Kniee K und K' abwech=

felnd rückwärts und vorwärts gedrückt werden.
Wird das Knie K' vorwärts gezogen, so wird der Fuß F'
durch das bereits bei dem Fuße F beschriebene Mittel gehoben.

Aus dieser Beschreibung geht hervor, daß der hier angewendete Mechanismus eine von der Bewegung der Thier-
beine entlehnte Erfindung ist und in jeder Hinsicht den Vorder-
beinen eines Pferdes gleicht. Sie kann jedoch mehr für eine
Probe eines großen Scharffinns als für eine praktisch nützliche
Vorrichtung gelten.

## 86.

Ungefähr um diese Zeit wurde zuerst die wichtige Thatsache ausgemittelt, daß die Adhäsion oder die Reibung der
Räder mit den Schienen, auf welchen sie sich bewegen, ganz
hinlänglich war, die Maschine fortzutreiben, selbst wenn sie
eine große Last nach sich zog, und daß in diesem Fall die fortschreitende Bewegung ohne Gleiten der Räder würde bewirkt
werden. Die Folgen dieser Thatsache machten alle Erfindungen, um die Räder auf der Straße fortzutreiben, ganz un-
nütz. Der Versuch, welchem man dieses Ergebniß verdankte, zeigte, daß auf einer ebenen Bahn mit ganz reinen
Schienen die Adhäsion der Räder bei jedem Wetter hinlänglich war, beträchtlich beladene Wagen fortzutreiben. Es
wurde zuerst durch Handarbeit ausgemittelt, wie viel Gewicht die Räder eines gewöhnlichen Wagens tragen würden,
ohne auf der Bahn zu gleiten, und als man das Verhältniß
zu dem Gewichte gefunden hatte, ergab sich, daß das Gewicht der Maschine eine hinlängliche Adhäsion hervorbringen
würde, die nöthige Anzahl von Wagen auf einer Eisenbahn
hinter sich zu ziehen *).

Im Jahre 1814 wurde von Stephenson zu Killing-
worth eine Maschine gebaut, die zwei Cylinder mit einem cylindrischen Kessel hatte und zwei Paar Räder durch Kurbeln
bewegte, die in rechten Winkeln angebracht waren, so daß,

---

*) Man sehe Wood's schätzbares Werk „A practical treatise on
railroads" 2. Ausg. London 1832. 8.

wenn die eine in voller Thätigkeit war, die andere ruhte.
Auf diese Weise war die forttreibende Kraft in steter Wirksam=
keit. Die Kurbeln wurden in jener Stellung durch eine Kette
ohne Ende erhalten, die um zwei gezähnte Räder unter der
Maschine lief, welche an die Achse der Wagenräder befestigt
waren. Die Räder waren an den Achsen befestigt und dreh=
ten sich mit ihnen.

Die in Fig. 54 gegebene Abbildung zeigt die Seiten der
Maschine offen, um den inneren Mechanismus sichtbar zu
machen. AB ist der cylindrische Kessel, CC sind die wir=
kenden Cylinder, DE die gezähnten Räder, die an der Achse
der Maschinenräder befestigt und von der Kette ohne Ende um=
geben sind. Diese gleich großen Räder vollenden gleichzeitig
ihre Umdrehung, so daß, wenn die Kurbel F zu dem niedrig=
sten Punkt hinabsteigt, die Kurbel G von dem niedrigsten
Punkte zu der horizontalen Stellung D hinaufgeht, und wenn
die Kurbel F von dem niedrigsten Punkte zur horizontalen
Stellung E hinangeht, die andere Kurbel zu dem höchsten
Punkte steigt, und so weiter. Bei dieser Maschine ward eine
schöne Erfindung angebracht, mittels welcher sie auf Federn
von Dampf ruhte. Kleine Cylinder, die sich bei H befinden,
sind an eine Seite des Kessels geschraubt, und ragen darin
um einige Zolle vor. Sie haben offene Verbindung am obe=
ren Theile mit dem Wasser oder Dampfe im Kessel. Die
Kolben I bewegen sich dampfdicht in diesen Cylindern. Die
Cylinder sind am Boden offen und die Kolbenstangen an den
Wagen der Maschine geschraubt, über der Achse jedes Rä=
derpaares. Wie die Maschine in der Figur dargestellt ist,
wird sie von vier Kolben, zwei auf jeder Seite, getragen.
Die Kolben werden von dem Wasser oder dem Dampfe im obe=
ren Theile des Cylinders gedrückt, und da der Dampf im
höchsten Grade elastisch ist, so hat die Maschine alle Vortheile,
die das Hängen in Federn geben kann. Die Mängel dieser
Erfindung aber gehen daraus hervor, daß, wenn der Dampf
die zum Tragen der Maschine nöthige Elasticität verliert, die
Kolben in die Cylinder hinabgehen, bis sie auf den Boden kom=
men und alle Elasticität aufhört.

In einer später von Stephenson gebauten Maschine
wurde die Vorrichtung, die Räder durch eine Kette ohne Ende
und durch Zahnräder zu verbinden, wieder aufgegeben. Die=
selbe Wirkung ward erreicht, indem die beiden Kurbeln durch
eine gerade Stange verbunden wurden. Alle Erfindungen
dieser Art aber haben den großen Mangel, daß, wenn die
hinteren und vorderen Räder nicht vollkommen gleiche Dimen=
sionen haben, immer ein Gleiten und Schleppen auf der
Straße statt finden muß. Das Wesen der Maschinerie ver=
langt, daß jedes Rad seine Umdrehung genau in derselben
Zeit machen und dabei folglich jedesmal über eine ganz gleiche
Straßenlänge gehen muß. Ist daher der Umfang der Räder
ungleich, so muß das Rad von kleinerem Umfange um so viel
auf der Straße geschleppt werden als es im Umfange dem
größeren nachsteht, oder das größere Rad wird in entge=
gengesetzter Richtung geschleppt, um die Differenz auszuglei=
chen. Da kein Mechanismus eine vollkommene Gleichheit in
vier, viel weniger in sechs Rädern hervorbringen kann, so
kann man annehmen, daß jenes Schleppen großentheils eine
Folge des Prinzips der Maschine ist. Selbst wenn die Rä=
der ursprünglich genau gebaut gewesen wären, können sie doch
bei längerem Gebrauche nicht ganz gleichförmig bleiben.

### 87.

Der nächste Anstoß zu den Fortschritten der Erfindung
war das große Nationalwerk, die Städte Liverpool und
Manchester durch eine doppelte Eisenbahn zu verbinden.
Als dieses Unternehmen begann, war noch nicht entschieden,
welche bewegende Kraft auf der neuen Bahn sich als das zweck=
mäßigste Fortschaffungsmittel erweisen möchte. Man hatte
zwischen Pferdekraft, stehenden Dampfmaschinen und Dampf=
wagen zu wählen; aber das erste dieser Mittel ward aus nahe
liegenden Gründen sogleich verworfen, und es blieb nur die
Wahl zwischen den beiden andern.

Man kann sich der Dampfmaschine auf doppelte Weise
bedienen, um Wagen auf einer Heerstraße oder auf einem
Schienenwege fortzuschaffen. Bei der einen Benutzungsart

ist die Dampfmaschine stehend und zieht den Wagen oder den
Wagenzug mittels einer über die ganze Bahnlinie sich ausdeh=
nenden Kette zu sich.    Die Bahn ist in diesem Falle in mehre
kurze Räume getheilt, und am Ende jedes derselben steht eine
Dampfmaschine.    Sind die Wagen bei der Maschine ange=
kommen, die sie zieht, so werden sie losgemacht und mit dem
Ende der Kette verbunden, die von der nächsten Dampfma=
schine gezogen werden soll.    So wird die Reise von Maschine
zu Maschine vollendet.    Bei der andern Benutzungsart zieht
dieselbe Maschine die Last auf dem ganzen Wege und bewegt
sich mit ihr.

Als die Bahn zwischen Liverpool und Manchester der
Vollendung nahe war, gaben die Unternehmer den erfahrenen
Kunstverständigen Stephenson und Lock, Walker und
Rastrick den Auftrag, die Eisenbahnen zu besuchen, wo
praktische Belehrung über die Wirkungen der stehenden Dampf=
maschinen und der Dampfwagen erwartet werden konnte,
und sie erhielten von diesen Männern Berichte über die Ver=
dienste beider Benutzungsarten der Dampfmaschine *).    Das
Ergebniß der Vergleichung war, daß die Anlegung einer Reihe
stehender Dampfmaschinen bedeutendere Geldmittel erfodern
würde, als die Erlangung einer gleichen Fortschaffungskraft
durch Dampfwagen, daß die jährlichen Unterhaltungskosten
bei stehenden Maschinen gleichfalls höher steigen würden, und
folglich auch die Fortschaffungskosten bei diesen beträchtlicher
sein müßten.    Das Anlage = Kapital wurde bei Dampfwagen
auf 58,000, bei stehenden Maschinen auf mehr als 121,000
Pfund Sterling, die jährlichen Ausgaben bei jenen auf 25,000,
bei diesen auf 42,000 Pfund Sterling berechnet.

In Hinsicht auf Ersparniß hatten daher Dampfwagen
den Vorzug; aber es traten noch andere Umstände ein, wel=
che die Wahl der Unternehmer bestimmten.    Tritt auf einem
Theile der Bahnlinie, auf welcher stehende Maschinen wirken,
ein Unfall ein, so entsteht auf der ganzen Linie eine Hem=

---

*) Die umständlichen Berechnungen findet man in Wood's ange=
führtem Werke.

mung. Es würde daher in jedem Theile der Bahn die wach=
samste Aufmerksamkeit aller, auch noch so sehr beschäftigten
Arbeiter erfoderlich sein; aber außerdem würden eben so nach=
theilig, eben so hemmend für die ganze Bahn Unfälle sein,
die entständen, wenn eine Kette zerrisse oder in Unordnung
geriethe, oder wenn eine der stehenden Maschinen in ihrer
Wirksamkeit unterbrochen würde. Bei Dampfwagen hinge=
gen könnte ein Unfall nur den einzelnen Wagenzug treffen, den
die verunglückte Maschine zog, und selbst dann ließe sich der
Schwierigkeit abhelfen, wenn man auf passenden Stellen der
Bahnlinie Ersatzmaschinen vorräthig hielte. Allerdings sind
Unfälle bei stehenden Dampfmaschinen weniger wahrscheinlich
als bei Dampfwagen; aber wenn ein Unfall eintritt, sind die
verderblichen Folgen weit größer bei jenen. „Das eine Sy=
stem — sagte Walker in seinem Berichte — gleicht einer von
Liverpool nach Manchester reichenden Kette, und wenn ein
Glied derselben verunglückt, so ist das Ganze zerstört, woge=
gen das andere einer Anzahl kurzer und unverbundener Ketten
gleicht.“ Wird auch eine derselben zerstört, so leiden die
andern nicht darunter und der Verlust kann leicht ersetzt werden.
Die Unternehmer entschieden für den Dampfwagen, und
ihre nächste Sorge war, den Erfindungsgeist ihrer Landsleute
zu wecken, um sich die bestmöglichen Maschinen zu verschaf=
fen. Es ward ein Preis von 500 Pfund Sterling auf den
besten Dampfwagen ausgesetzt, und eine Zeit bestimmt, wo
die Arbeiten der Preisbewerber einer öffentlichen Prüfung un=
terworfen werden sollten. Die Bedingungen für die Bewer=
ber waren, daß die Maschine keinen Rauch machen, daß der
Dampfdruck nicht über 50 Pfund auf den Quadratzoll betra=
gen, daß die Maschine wenigstens das Dreifache ihres Ge=
wichts und zwar nicht weniger als 10 englische Meilen in einer
Stunde ziehen, auf Federn stehen und nicht über 15 Fuß hoch
sein sollte. Auch wurden Vorsichtsmaßregeln gegen das Zer=
springen des Kessels angegeben und andere Punkte bestimmt,
deren Erwähnung hier überflüssig sein würde. Die Preisbe=
werbung ward im März 1829 eröffnet und im October des=
selben Jahres sollte die Prüfung erfolgen. Es kamen drei

Wagen zur Bewerbung, der Rocket von Stephenson, der Sanspareil von Hackworth, und der Novelty von Braithwaite und Ericson. Der Rocket gewann den Preis. Zur Prüfung ward eine Bahnlinie, ungefähr zwei englische Meilen lang, bei Rainhill zwischen Liverpool und Manchester bestimmt. Die Entfernung zwischen den beiden Stationen war anderthalb Meilen, und die Maschine mußte diese Entfernung zehnmal rückwärts und vorwärts zurücklegen, folglich überhaupt eine Reise von 30 englischen Meilen machen. Der Rocket legte die Reise zweimal zurück, zuerst in 2 Stunden, 14 Minuten, 8 Sekunden, dann in 2 Stunden, 6 Minuten, 49 Sekunden. Die Schnelligkeit des Dampfwagens war verschieden auf verschiedenen Theilen der Bahn, die größte Geschwindigkeit der Bewegung etwas über 29 englische Meilen, die geringste $11\frac{1}{2}$ Meilen in einer Stunde. Die durchschnittliche Geschwindigkeit auf der einen Reise war $13\frac{4}{10}$ Meilen, auf der anderen $14\frac{2}{10}$ Meilen in einer Stunde. Der Rocket war der einzige Dampfwagen, der die verlangte Reise zurücklegte, die anderen wurden durch Unfälle in ihren Versuchen gehemmt.

88.

Der große Zweck, der bei dem Bau dieser Maschinen erreicht werden sollte, war, hinlängliche Leichtigkeit mit der größtmöglichen Hitzkraft zu vereinigen. Das Feuer wirkt auf doppelte Weise auf das Wasser, erstens durch seine strahlende Wärme, zweitens durch den Strom heißer Luft, den der Kanal im Herd durch das Feuer treibt und der zuletzt in den Rauchfang übergeht. Zur Erreichung dieses Zweckes ist es nöthig, diesen beiden Wärmequellen die größtmögliche Ausdehnung der mit dem Wasser in Berührung stehenden Oberfläche auszusetzen. Dieß geschah auf eine bewundrungswürdige Weise durch Stephensons Rocket.

Die in Fig. 55 dargestellte Maschine steht auf vier Rädern, die Hauptlast ruht aber auf einem Paare, das durch die Maschine getrieben wird. Der Kessel ist ein 6 Fuß langer Cylinder mit flachen Enden. Der Rauchfang steigt an

dem einen Ende herauf, und an dem anderen ist ein viereckiger
Kasten B angebracht, auf dessen Boden sich der Rost des
Feuerherdes befindet. Dieser Kasten besteht aus zwei eiser=
nen, in einander gestellten Behältern, zwischen welchen sich
ein etwa drei Zoll breiter Raum befindet. Der Kasten ist
3 Fuß lang, 2 Fuß breit und 3 Fuß tief. Der äußere Be=
hälter ist mit dem unteren Theile des Kessels durch eine mit C
bezeichnete Röhre verbunden; am oberen Ende aber steht er
durch die Röhre D mit dem oberen Theile des Kessels in Ver=
bindung. Wird daher Wasser in den Kessel gelassen, so fließt
es durch die Röhre C in den Raum, welcher den Herd oder
den Feuerkasten umgibt, und steigt darin zu derselben Höhe,
die es im Kessel hat. Arbeitet die Maschine, so bleibt der
Kessel ungefähr halb mit Wasser gefüllt, und daher ist der
Raum um den Herd ganz angefüllt. Der Dampf, der in
dem Wasser erzeugt wird, das den Feuerkasten umgibt, ent=
weicht durch die Röhre D und geht in den oberen Theil des
Kessels. Ein Längendurchschnitt der Maschine nach rechten
Winkeln genommen, ist Fig. 56. Durch den untern Theil des
Kessels gehen mehre kupferne Röhren von geringem Umfange,
die an einem Ende mit dem Feuerkasten, an dem anderen mit
dem Rauchfange in Verbindung stehen und der heißen Luft
von dem Herde einen Ausgang nach dem Rauchfange verschaf=
fen. Die brennenden Steinkohlen auf dem Roste verbreiten
ihre Wärme durch Ausstrahlung und wirken auf diese Weise auf
die ganze Oberfläche des den Feuerkasten umgebenden Gehäu=
ses, wodurch die Temperatur der dünnen, in dem Gehäuse
enthaltenen Wasserschicht erhöht wird. Das erhitzte Wasser
steigt und geht in den Kessel über, so daß ein beständiger
Umlauf von erhitztem Wasser unterhalten wird und das Was=
ser im Kessel beinahe in derselben Temperatur bleiben muß,
wie das Wasser in dem Gehäuse. Die Luft, welche durch
die brennenden Kohlen strömt und den Feuerkasten füllt,
wird mittels des Zuges durch die kupfernen Röhren geführt,
welche sich in dem unteren Theile des Kessels befinden, und
da diese Röhren auf allen Seiten von dem Kesselwasser umge=
ben sind, so theilt diese Luft ihre Wärme durch die Röhren

dem Waſſer mit. Sie geht endlich in den Rauchfang über und wird durch den Luftzug ausgeführt. Die Wirkungskraft des Feuerherdes iſt nothwendig bedingt durch die Kraft des Zuges im Rauchfange, und um dieſe zu vermehren und zu gleicher Zeit den überflüſſigen Dampf abzuführen, nachdem er den Kolben getrieben hat, wird derſelbe durch die Röhre L hinausgelaſſen, welche aus dem Cylinder in den Rauch= fang geht und durch eine aufwärts gerichtete Mündung ent= weicht. Dieſes ſchnelle Entſtrömen und die Leichtigkeit des Dampfes verurſachen einen ſtarken Luftſtrom im Rauchfange, wodurch der Zug auf dem Herde verſtärkt wird. In Fig. 56 ſehen wir die Roſteiſen im unteren Theile des Feuerkaſtens bei F. Die Maſchine hat zwei Cylinder, von welchen jeder ein Rad bewegt. Man ſieht in Fig. 55 nur einen, weil die Ma= ſchine den anderen verbirgt. Die Speichen, welche von die= ſen Cylindern getrieben werden, ſtehen in rechten Winkeln an den Rädern. Die Räder befinden ſich an einer gemeinſchaft= lichen Achſe, mit welcher ſie ſich umdrehen.

Die Waſſeroberfläche, welche den Feuerkaſten umgibt und der Wirkung der ſtrahlenden Wärme ausgeſetzt iſt, hat in dieſer Maſchine 20 Quadratfuß, die von der Oberfläche von 6 Quadratfuß brennender Steinkohlen auf dem Roſt Wär= me erhält. Die der Wirkung der warmen Luft ausgeſetzte Oberfläche beträgt 118 Quadratfuß. Die Maſchine zog ei= nen andern Wagen nach ſich, der Waſſer und entſchwefelte Kohlen (Cokes) führte.

## 89.

Hackworth's Sanspareil iſt Fig. 57 und in einem horizontalen Durchſchnitte Fig. 58 dargeſtellt. Der Zug des Feuerherdes wird auf dieſelbe Weiſe, wie bei dem Rocket bewirkt, indem der überflüſſige Dampf aus dem Cylinder durch den Rauchfang ausgetrieben wird. Der Keſſel aber hat eine eigenthümliche Einrichtung. Eine gekrümmte Röhre geht durch den Keſſel, ungefähr wie in der von uns beſchrie= benen älteren Maſchine von Trevithik und Vivian (ſie= he 82). In der Horizontal=Section Fig. 58 iſt D die Oeff=

uung des Herds am Ende des Kessels, bei dem Rauchfange.
Die Rosteisen sieht man bei A. Eine gekrümmte Röhre, die
durch den Kessel geht und in dem Rauchfange endigt, ist
mit B bezeichnet. Die Richtung des Zuges zeigt ein Pfeil
an. C ist ein Durchschnitt des Rauchfanges. Die Cylinder
stehen wie im Rocket auf beiden Seiten des Kessels. Jeder
bewegt ein einzelnes Rad, indem er auf die in rechten Winkeln
gegen einander stehenden Speichen wirkt. Die Röhre, in welcher sich der Rost und der Feuerkanal befinden, nimmt im
Durchmesser ab, indem sie sich dem Rauchfange nähert. An
der Mündung, wo der Rost liegt, ist der Durchmesser zwei
Fuß, und wird nach und nach kleiner, bis er am Rauchfange
nur 15 Zoll beträgt. Die Rosteisen gehen 5 Fuß weit in die
Röhre. Die der strahlenden Wärme des Feuers ausgesetzte
Oberfläche des Wassers beträgt 16 Quadratfuß, und die der
Wirkung der erwärmten Luft und der Flamme ausgesetzte gegen
75 Quadratfuß. Die Schicht des brennenden Feuers, wel-
che Hitze ausstrahlt, beträgt 10 Quadratfuß.

## 90.

Der Novelty ist Fig. 59 dargestellt. Einen Durchschnitt des Dampferzeugers und des Kessels zeigt Fig. 60.
Die entsprechenden Theile sind in beiden mit denselben Buchstaben bezeichnet. A ist der Recipient oder Dampferzeuger,
welcher den für die Wirkung der Maschine erfoderlichen Dampf
enthält. Er steht in Verbindung mit dem untern Dampferzeuger B, welcher in horizontaler Richtung nach der ganzen
Länge der Maschine läuft. In dem Dampferzeuger A befindet sich der Herd F, mit der Röhre C verbunden, die in dem
Dampferzeuger hinaufgeht und am Ende Schieber hat, welche
die Luft ausschließen und nur geöffnet werden, um Steinkohlen auf den Rost F zu bringen. Unter dem Roste ist der
Herd nicht offen, wie gewöhnlich, sondern durch die Röhre
E mit einem Blasebalg D verbunden, der durch die Maschine
in Thätigkeit gesetzt wird und durch die Röhre E einen beständigen Luftstrom auf F gehen läßt, um das Feuer in einer lebhaften Flamme zu halten. Die auf dem Herde enthaltene hei-

ße Luft wird durch die kleine gekrümmte Röhre o (Fig. 60) ausgetrieben, welche sich wurmförmig durch den horizontalen Dampferzeuger zieht und, nach und nach immer mehr verkleinert, endlich in den Rauchfang G geht. Bei dem Durchgange durch diese Röhre theilt die Luft ihre Hitze dem die Röhre umgebenden Wasser mit, und hat eine bedeutend verminderte Temperatur, wenn sie in den Rauchfang entweicht. Der Cylinder K bewegt mittels einer Kurbel ein Räderpaar, und wenn es nothwendig ist, wird das andere Paar damit verbunden. Die Oberfläche der brennenden Kohlen hat in dieser Maschine weniger als 2 Quadratfuß. Die der strahlenden Wärme ausgesetzte Oberfläche hat $9\frac{1}{2}$ Quadratfuß, und die Oberfläche des der heißen Luft ausgesetzten Wassers gegen 33 Quadratfuß.

Die Vorzüge des Rocket liegen hauptsächlich darin, daß eine größere Oberfläche des Wassers der Wirkung des Feuers ausgesetzt ist. Bei einer geringeren Ausdehnung des Feuerherdes als der Sanspareil hat, in dem Verhältniß von 3 zu 5, setzt er eine größere Wasser=Oberfläche der strahlenden Wärme aus, und zwar in dem Verhältnisse von 4 zu 3, und eine größere Oberfläche des Wassers der erhitzten Luft, in dem Verhältnisse von mehr als 3 zu 2. Man fand, daß der Rocket, in Vergleichung mit dem Sanspareil, bei der Verdampfung einer gegebenen Wassermenge in dem Verhältnisse von 11 zu 28 Brennstoff verzehrte. Den Vorschlag, die heiße Luft mittels Röhren durch das Wasser in den Rauchfang zu leiten, machte Booth *), der Kassirer der Aktiengesellschaft, welche die Eisenbahn von Liverpool nach Manchester angelegt hat, und nichts hat mehr zu der Wirksamkeit der seitdem gebrauchten Maschine beigetragen als diese Verbesserung.

---

*) Er erhielt nur einen Theil des dem Rocket zuerkannten Preises, hat aber sonst keinen Antheil an dem Gewinn der Dampfmaschinen=Fabrik gehabt.

## 91.

Der große Zweck, den die Keffel in diesen Maschinen erreichen sollen, besteht darin, eine geringe Wassermenge mittels einer geringen Menge von Brennstoff, der zu einer lebhaften Flamme angefacht wird, in einer sehr hohen Temperatur zu erhalten. Dieß kann nur bewirkt werden, wenn man erstens Keffel, Feuerherd und Feuerkanäle so einrichtet, daß das Wasser in einer beständigen Berührung mit einer größtmöglichen Oberfläche sei, von welcher jeder Theil entweder unmittelbar der strahlenden Wärme des Feuers, oder mittelbar der Luft ausgesetzt ist, die durch das Feuer gegangen ist und endlich in den Rauchfang entweicht; und wenn zweitens ein so starker Zug auf dem Herde erhalten wird, daß durch Verbrennung eine Wärmemenge aus den Steinkohlen gezogen wird, welche hinlänglich ist, das Wasser in der erfoderlichen Temperatur zu erhalten und den Dampf mit hinreichender Geschwindigkeit zu erzeugen. Zur Erreichung dieser Zwecke muß der Kasten, welcher den Herd enthält, ganz von Wasser umgeben und unter der Höhe des Wasserstandes in dem Keffel sein. Die der strahlenden Wärme ausgesetzte Oberfläche sollte so groß sein, als es mit der Größe der ganzen Maschine vereinbar ist. Die Vorzüge, die der Rocket in diesen Hinsichten vor anderen Maschinen besaß, treten bei näherer Betrachtung hervor. Dann ist es nothwendig, daß die Wärme, welche von der durch die brennenden Kohlen ziehenden Luft aufgenommen wird, dem Wasser mitgetheilt werde, ehe sie in den Rauchfang entweicht. Da die Luft ein schlechter Wärmeleiter ist, so muß, um dieß zu bewirken, die Luft in den Zügen des Herdes in einer größtmöglichen Oberfläche der Berührung mit dem Wasser ausgesetzt werden. Keine Vorrichtung kann zu diesem Zwecke unpassender sein, als eine oder zwei durch den Keffel laufende große Röhren, wie in den ältesten Dampfwagen. Die durch den Mittelpunkt dieser Röhren ziehende Luft war nicht in Berührung mit ihrer Oberfläche und kam folglich fast in derselben Temperatur, die sie bei dem Ausgange aus dem Feuer gehabt hatte, in den Rauchfang.

Nur derjenige Theil der Luft, der zunächst an der Oberfläche
der Röhre hinstreifte, theilte dem Wasser seine Wärme mit.

Es gibt verschiedene Mittel, die Oberfläche des Wassers
auszudehnen, die mit einer gegebenen, daſſelbe durchziehen=
den Luftmenge in Berührung steht. Dieß würde geschehen,
wenn man die Luft zwischen neben einander gestellten Platten
durchziehen ließe, so daß der Luftstrom in dünne Schichten
getheilt würde und Wasserschichten zwischen sich hätte, oder
man könnte die Luft zwischen Röhren durchziehen laſſen, die
einen geringen Unterschied der Durchmeſſer hätten, indem das
Waſſer durch eine innere Röhre ginge und zugleich mit der äu=
ßeren Oberfläche der äußeren Röhre in Berührung wäre. Eine
solche Vorrichtung würde, dem Princip nach, Watt's Jacke
(siehe 47) ähnlich sein, oder dem Condensator in Cartwright's
bereits (siehe 79) beschriebener Maschine. Bei der Leichtig=
keit, kleine Röhren zu verfertigen und sie in dem Keſſel anzu=
bringen, würde diese Vorrichtung wohl die ausführbarste sein,
wiewohl die Gestalt einer Röhre, geometrisch betrachtet, nichts
weniger als günstig ist, eine in derselben enthaltene Flüſſig=
keit ihrer Oberfläche auszusetzen. Die Luft, die aus dem
Feuerbehältniſſe strömt, und bei dem Durchgange durch den
Keſſel in einer großen Anzahl kleiner Röhren sich vertheilt,
kann ihren Ueberfluß an Wärme dem Waſſer mittheilen, ehe
sie in den Rauchfang geht. Dieß ist alles, was der schärfste
Erfindungsgeist bewirken kann. Der Rocket hatte 25 Röh=
ren, jede von drei Zoll Durchmeſſer, und das Princip ist seit=
dem in einem noch weiteren Umfange angewendet worden.

Wenn der Luft, ehe sie den Rauchfang erreicht, ein
großer Theil ihrer Wärme entzogen wird, so kann dieß eine
Folge haben, die auf den ersten Blick mit der größten prakti=
schen Schwierigkeit verbunden zu sein scheint; der Rauchfang
würde seinen Zug verlieren. Dieser Schwierigkeit aber ward
abgeholfen, indem man den überflüſſigen, aus dem Cylinder
entweichenden Dampf benutzte, einen Zug in dem Rauchfange
hervorzubringen. Dieser Dampf wurde durch aufwärts ge=
richtete Röhren mit solcher Gewalt getrieben, daß ein hinläng=
licher Luftzug zum Anfachen des Herdfeuers entstand.

Man wird bemerken, daß der Luftzug in dem Dampfwagen Novelty nach einem ganz verschiedenen Princip hervorgebracht wird, nämlich durch einen von der Maschine bewegten Blasebalg. Es fragt sich in Beziehung auf diese
beiden verschiedenen Vorrichtungen, ob mehr Kraft verloren
gehe, wenn man den Dampf durch eine Röhre treiben läßt,
wie bei dem Rocket, oder wenn man einen Blasebalg anwendet. Die Kraft, welche erfoderlich ist, den Dampf durch
die Röhre zu treiben, muß durch die Kolbenbewegung gegeben werden, und sie muß daher die zum Treiben der Maschine nöthige Kraft um eben so viel vermindern. Auf der
andern Seite aber muß die zur Bewegung des Blasebalgs im
Novelty erfoderliche Kraft von der für die Maschine nöthigen
gleichfalls abgezogen werden. Es hat sich ergeben, daß die
erste Vorrichtung die wirksamste und sparsamste ist.

Man wird begreifen, wie wichtig diese Einzelheiten sind,
wenn man bedenkt, daß die Geschwindigkeit, mit welcher
ein Dampfwagen sich bewegen kann, keine andere Gränze
hat, als die Fähigkeit, in einer gegebenen Zeit eine bestimmte
Dampfmenge zu erzeugen. Jeder Kolbenhub bewirkt eine Umdrehung der Räder und verbraucht zwei Cylinder voll Dampf,
folglich entspricht ein Cylinder voll Dampf einer bestimmten
Länge der befahrenen Straße. Die Aufgabe, eine Maschine
zu bauen, die einer schnellen Bewegung fähig ist, wird daher gelöst sein, wenn ein schneller und reichlicher Zufluß von
Wärme hervorgebracht und diese Wärme dem Wasser schnell
und wirksam mitgetheilt werden kann.

Die Vorrichtung, den Herdkanal in Röhren abzuthei-
len, wurde von Stephenson nach der Erbauung des Rocket noch
viel weiter ausgedehnt, und der Grundsatz lag in der That so
sehr auf der Hand, daß man nicht einsieht, warum nicht
gleich anfänglich Röhren von geringerem Durchmesser als drei
Zoll gebraucht wurden. In den seitdem gebauten Maschinen
ist die Zahl der Röhren verschieden von 90 bis 120 und der
Durchmesser auf zwei Zoll und weniger herabgesetzt, und man
hat in einigen Fällen sogar 150 Röhren, jede von $1\frac{1}{2}$ Zoll
im Durchmesser, angewendet. In dem Dampfwagen Me-

te oder sind 20 Quadratfuß der Wärmestrahlung ausgesetzt und 139 Fuß der Berührung der heißen Luft, in dem Arrow (Pfeil) 20 Quadratfuß der Wärmestrahlung und 145 der Berührung der heißen Luft. Die auf diese Weise erlangte Ersparung an Brennstoff zeigt folgende Zusammenstellung, welche angibt, wie viel entschwefelte Steinkohlen erfoderlich waren, um auf jeder der genannten vier Maschinen eine Tonne Last eine englische Meile weit fortzuschaffen, so wie das Verhältniß der Geschwindigkeit.

| Maschinen. | Geschwindigkeit in Meilen auf die Stunde. | Kohlenverbrauch in Pfunden für die Tonne auf eine Meile. |
|---|---|---|
| Rocket | 14 | 2,41 |
| Sanspareil | 15 | 2,47 |
| Phönix | 12 | 1,42 |
| Arrow | 12 | 1,25 |

## 92.

Seit der Eröffnung der Eisenbahn zwischen Liverpool und Manchester sind die Dampfwagen immer mehr verbessert worden. Kaum verging ein Monat, ohne daß eine Veränderung in Einzelheiten angegeben ward, um Brennstoff zu ersparen, die Dampferzeugung zu beschleunigen, die Abnutzung der Maschine zu vermindern, die Stärke der verschiedenen Theile zu vermehren. Dieß hat die Folge gehabt, daß die von uns genannten Maschinen und andere ähnlicher Art, ohne daß sie unbrauchbar oder abgenutzt gewesen wären, beseitigt worden sind, um wirksameren Platz zu machen. Der Umstand, daß in dem Rocket und ähnlichen Maschinen die Cylinder der Atmosphäre ausgesetzt waren, verursachte eine bedeutende Wärmeverschwendung, und es wurde daher beschlossen, sie von der Außenseite des Kessels zu entfernen und sie in ein Gehäuse unmittelbar unter dem Rauchfange zu stellen. Dieses Behältniß wurde durch die Nähe des Kessels und noch mehr durch die heiße Luft, die

ſtets aus den Röhren einſtrömte, erwärmt. Dieſe Verände=
rung machte eine andere nothwendig, welche die Wirkſamkeit
der Maſchine verbeſſerte. Bei den älteren Maſchinen wurde
die Bewegung des Kolbens dem Rade durch eine Verbindungs=
ſtange mitgetheilt, welche an eine der Speichen auf der äuße=
ren Seite des Rades befeſtigt war, wie Fig. 55 zeigt. Da
nun bei der oben erwähnten Veränderung die Cylinder ihren Platz
zwiſchen den Rädern unter dem Rauchfange erhielten, ſo war
jene Bewegungsart nicht mehr anwendbar, und man hielt es
für beſſer, die Kolbenſtangen mit zwei Kurbeln zu verbinden,
die in rechten Winkeln auf die Achſen der großen Räder geſtellt
waren. Es ergab ſich, daß die Bewegung der Maſchine da=
durch gleichförmiger ward und weniger Spannung ſtatt fand, als
bei der früheren Vorrichtung. Dagegen wurde durch die An=
wendung einer Kurbel=Achſe ein bedeutender Nachtheil herbeige=
führt, da die aus einer ſolchen Form der Achſe nothwendig ent=
ſtehende Schwäche dieſer Theile nur durch große Dicke und
Schwere des Metalles ausgeglichen werden konnte, und ſelbſt
dieſe Vorſichtsmaßregel verhütet nicht immer das Zerbrechen
ſolcher Achſen in den Winkeln, welche die Kurbeln bilden.
Man hält deſſen ungeachtet die Vortheile dieſer Vorrichtung im
Ganzen für überwiegend.

Die beſten jetzt gebräuchlichen Maſchinen haben zwei Si=
cherheits=Ventile, von welchen nur eins der Verfügung der
Aufſehers überlaſſen iſt. Die Hitze wird, da die Röhren klei=
ner und zahlreicher als in den älteren Maſchinen ſind, der Luft
vollkommen entzogen, ehe ſie in den Rauchfang tritt. Bei
dem geringern Umfange der Röhren iſt ein ſtarker Luftzug noch
nothwendiger als früher, und wird dadurch bewirkt, daß der
Dampf, der die Kolben bewegt hat, durch eine verengte Röh=
ren=Mündung in den Rauchfang getrieben wird. Dieſe Vor=
richtung läßt ſich in der Art regeln, daß man den Luftzug nach
Belieben verſtärken kann.

Einer der beſten jetzt gebräuchlichen Dampfwagen iſt in
Fig. 61 dargeſtellt. A iſt der cylindriſche Keſſel, durch deſſen
untere Hälfte Röhren laufen, wie bei dem Rocket. Es ſind
deren gewöhnlich 80 bis 100, von ungefähr 1½ Zoll im Durch=

messer. Der Kessel ist gegen 7 Fuß lang. Das Feuerbehält=
niß befindet sich am Ende desselben, bei F, wie bei dem Ro=
cket, und ist auf ähnliche Weise eingerichtet. Die Cylinder
sind in einem Behältnisse am andern Ende, unmittelbar unter
dem Rauchfange. Die Kolbenstangen werden durch Lenker in
ihrer horizontalen Lage unterstützt und es gehen von ihnen Ver=
bindungsstangen unter dem Wagen zu den beiden Kurbeln, die
auf die Achse der großen Räder gestellt sind. Die Wirkungen
irgend einer Ungleichheit auf der Bahn werden durch die Federn
aufgehoben, auf welchen die Maschine ruht, da diese Federn
unter der Achse der großen Räder und über der Achse der kleinen
sind. Der Dampf wird den Cylindern mittels der gewöhnlichen
Schieb=Ventile zugeführt und entzogen, die von einem auf die
Achse der großen Wagenräder gestellten excentrischen Rade ge=
steuert werden. Die Bewegung wird von diesem excentrischen
Rade dem Ventile durch Schiebstangen mitgetheilt. Am Ende
der Maschine in der Nähe des Feuerherdes F hat der Maschi=
nenwärter seinen Platz. Zwei Hebel L ragen am Ende her=
vor. Sie sind mit den Ventilen durch Stangen verbunden, um
die Maschine leiten und ihre Bewegung regeln zu können. Die
Räder dieser Maschinen sind gewöhnlich von Holz und mit Eisen
beschlagen; in der neuesten Zeit aber hat Stephenson in einigen
Fällen eiserne Räder mit hohlen Speichen gewählt. Die Ma=
schine zieht einen Wagen nach sich, der Wasser und Kohlen
führt. Bei einer leichten Ladung macht sie die Reise zwischen
Liverpool und Manchester, ohne frisches Wasser einzunehmen.
Bei schweren Ladungen wird gewöhnlich auf der Mitte der Bahn=
linie Wasser eingenommen.

### 93.

Ueberblicken wir alles, was wir bis jetzt gesagt haben,
so ergibt sich, daß die Wirksamkeit von Dampfwagen auf Ei=
senbahnen hauptsächlich von drei Umständen abhängt: 1. von
der unbeschränkten Wirkungskraft des Zuges auf dem Feuer=
platze, der durch das Forttreiben des überflüssigen Dampfes
in den Rauchfang hervorgebracht wird; 2. von der unbe=
schränkten Thätigkeit der Vorrichtung, mittels welcher der vom

Herbe entweichenden Luft ihre Wärme durch die von Booth angegebenen, durch den Keſſel laufenden Röhren entzogen wird; 3. von der Vorrichtung, die Cylinder durch Aufſtellung unter dem Rauchfange warm zu halten*). Dieß ſind, minder bedeutende Einzelheiten abgerechnet, die wichtigſten Verbeſſerungen, welche kein Maſchinenbauer aus den Augen ſetzen ſollte.

Die nach und nach erfolgte Einführung dieſer Verbeſſerungen der Dampfwagen hat eine verhältnißmäßige Erhöhung ihrer Leiſtungskraft und eine größere Erſparung an Brennſtoff zur Folge gehabt. Sie ſind jetzt auf einen Punkt gekommen, der die erſten Erwartungen der hoffnungsluſtigſten Unternehmer eben ſo ſehr überſteigt, als er hinter der Vollkommenheit, welche dieſe wundervollen Maſchinen noch erreichen können, gewiß zurückbleibt.

Beobachtungen, die im Frühling 1832 auf der Bahn zwiſchen Liverpool und Mancheſter gemacht wurden, lieferten Ergebniſſe, welche, ungeachtet der ſeitdem eingeführten Verbeſſerungen der Maſchinen, im Weſentlichen noch dieſelben ſind. Der Dampfwagen Victory, 8 Tonnen und 2 Centner ſchwer, zog 20 Güterwagen mit 92 Tonnen 19 Centner Ladung, auf dem Wege von Liverpool nach Mancheſter in 1 Stunde 34 Minuten 45 Sekunden. Auf einer geneigten Ebene von 1 in 96 Fuß Steigung, die ſich 1½ Meilen weit erſtreckt, wurde der Dampfwagen von einem andern, dem Samſon, unterſtützt, und die Fahrt aufwärts ward in 9 Minuten vollendet. Es wurden auf der ganzen Fahrt 920 Pfund Steinkohlen verbraucht, was ein Verhältniß von ⅞ Pfund für jede Tonne auf die engliſche Meile gab. Auf ebener Bahn wurden 18 Meilen in 1 Stunde zurückgelegt, bei 4 Fuß Fall auf 1 Meile 21½ Meilen in einer Stunde, bei der Steigung der Bahn von 8 Fuß auf eine Meile 17⅛ Meilen in einer Stunde. Der Dampfwagen Samſon, 10 Tonnen 2 Centner ſchwer, mit 50 Pfund

---

*) Robert Stephenſon, ein geſchickter und erfahrner Dampfwagen-Bauer, legt großes Gewicht auf dieſe Bedingung. Andere haben ſie in der neueſten Zeit aufgegeben, um die damit nothwendig verbundene Kurbel-Achſe entbehren zu können (ſiehe 92).

Dampfdruck und 130 Röhren im Feuerplatze, zog 50 mit Kauf=
mannsgütern von 150 Tonnen Nettogewicht beladene Wagen, ein=
schließlich der Wagen und Vorräthe, überhaupt ein Gewicht von
223 Tonnen 6 Centner. Diese Reise ward in 2 Stunden und
40 Minuten, den Aufenthalt unterwegs mitgerechnet, zurück=
gelegt; auf ebener Bahn 12 englische Meilen in einer Stunde,
bei einem Fall von 6 Fuß auf eine Meile 16 Meilen in einer
Stunde, bei 8 Fuß Steigung auf eine Meile 9 Meilen in
einer Stunde. Es wurden 1762 Pfund Kohlen verbraucht,
oder $\frac{1}{4}$ Pfund für die Tonne auf die Meile.

## 94.

Aus den mitgetheilten Beobachtungen geht hervor, daß
ein Dampfwagen, der in gutem Stande ist und seine volle La=
dung hat, mit einem Aufwande an Feuerungsmitteln, der etwa
8 Loth entschwefelte Kohlen für die Tonne auf eine Meile be=
trägt, Lasten fortschaffen kann. Zur Besorgung der Maschine
sind bloß ein Maschinenwärter und ein Heizbursche nöthig. Es
ist jedoch zu bemerken, daß in der Praxis die Maschinen selten
ihre volle Ladung erhalten, und werden geringere Ladungen
fortgeschafft, so müssen aus nahe liegenden Gründen die ver=
hältnißmäßigen Kosten größer sein. Der wirkliche Aufwand an
Feuerungsmitteln auf der Bahn zwischen Liverpool und Man=
chester kann auf ungefähr ein halbes Pfund Kohlen für die Tonne
auf jede englische Meile angeschlagen werden.

## 95.

Wir haben die Leistungskraft dieser Maschinen entwickelt,
und müssen nun auch einige der Mängel angeben, an welchen
sie leiden. Die großen Anlagekosten und der bedeutende Auf=
wand für die Ausbesserung der Maschinen haben die Hilfsmittel
der Unternehmer sehr angegriffen. Einer der besten neueren
Dampfwagen kostete gegen 800 Pfund Sterling. Es läßt
sich hoffen, daß durch den aufgeregten Wetteifer, durch die
aus vielfacher Uebung hervorgehende Leichtigkeit künftig eine
Herabsetzung der Kosten bewirkt werden könnte. Weit bedeu=
tender aber als das Anlage=Kapital ist der Aufwand, den die

Abnutzung der Maschinen veranlaßt, und das Zerbrechen derjenigen Theile, die der größten Spannung ausgesetzt sind, hat
Ausgaben veranlaßt, welche die Berechnungen der Unternehmer
weit überschritten haben. Dieser Aufwand muß zwar zum Theil
dem Umstande zugeschrieben werden, daß die Maschinen in den
Verhältnissen und der Anordnung ihrer Theile noch nicht den
Grad von Vollkommenheit erreicht haben, dessen sie fähig sind
und den Erfahrung allein erreichen kann, aber es gibt doch einige Mängel, die in die Augen fallen. Die Enden der Kessel
sind flach und von Eisen, wie der ganze Kessel selbst. Die
durch den Kessel laufenden Röhren waren bis auf die neueste
Zeit von Kupfer und wasserdicht in die Enden des Kessels eingelassen. Ist der Kessel geheizt, so werden die Röhren in einem
höheren Grade ausgedehnt, als die übrigen Theile des Kessels,
und daher häufig locker an den Enden, wodurch sie leck werden
oder sich krümmen. Die Nothwendigkeit, die Röhren heraus-
zunehmen und wieder zu befestigen, verursacht stete Ausgaben.
Man wird sich erinnern, daß sich der Feuerherd an dem einen
Ende des Kessels unmittelbar unter der Oeffnung der Röhren befindet. Der starke, durch das Feuer gehende Luftzug führt
Kohlenasche hinweg und treibt sie heftig in die Röhren, besonders die unteren, die daher sehr bald verderben, da die Kohlenasche ihre innere Oberfläche angreift. Nach kurzer Zeit müssen einzelne Röhren durch neue ersetzt werden, und wird dieß
versäumt, so zerspringen sie nicht selten. Nach einer gewissen
Zeit müssen die Maschinen ganz neue Röhren erhalten, was
einen Aufwand von beinahe 70 Pfund Sterling macht, den
Verkaufswerth der alten eingerechnet. Diese Abnutzung der
Röhren möchte sich vermeiden lassen, wenn der Herd niedriger
und weiter entfernt von ihren Oeffnungen angelegt würde, oder
noch besser, wenn man ein Metallbehältniß, das sich mit Wasser anfüllen ließe, zwischen dem Herd und den der Kohlenasche
am meisten ausgesetzten Röhren anbrächte. Die ungleiche Ausdehnung der Röhren und des Kessels unter dem Einflusse der
Hitze möchte ein unheilbarer Mangel sein, wenn man die jetzige
Form der Maschine beibehalten will. Könnte man den Herd
und den Rauchfang an demselben Ende des Kessels anbringen,

so daß die Röhren eine gekrümmte Gestalt erhielten, so würde die ungleiche Ausdehnung keine nachtheilige Wirkung haben, aber die Reinigung der Röhren schwierig sein, wenn sie wie jetzt der Kohlenasche ausgesetzt wären. Eine andere Ursache des Aufwands ist die Abnutzung des Kessel-Endes, das der Wirkung des Feuers ausgesetzt ist und daher stets ausgeflickt, oft erneuert werden muß.

Eine bedeutende Verbesserung ist in der neuesten Zeit eingeführt worden, indem man statt der kupfernen Röhren messingene genommen hat. Was auch die Ursache sein möge, so viel hat die Erfahrung gezeigt, daß messingene Röhren bei weitem nicht so schnell sich abnutzen als kupferne.

Es ist von einigen Gegnern der Eisenbahnen, noch mehr aber von Gegnern der jetzt gebräuchlichen Dampfwagen behauptet worden, daß einer der auf der Liverpool = Manchester Eisenbahn gebrauchten Wagen jährlich 1500 Pfund Sterling koste, und daß die Unternehmer die Absicht hegten, die Dampfwagen ganz aufzugeben und stehende Dampfmaschinen oder Pferdekraft zu gebrauchen. Was die erste dieser Behauptungen betrifft, so muß ich bemerken, daß die Kosten der Ausbesserung solcher Maschinen nie in Beziehung auf Zeit, sondern vielmehr auf Leistungen oder auf Entfernungen, die sie durchreist haben, berechnet werden sollten. Ich habe mich überzeugt, daß Maschinen oft eine Entfernung von 25000 bis 30000 Meilen zurücklegen, ehe eine Erneuerung der Röhren nothwendig ist. Während dieser Leistungen mögen allerdings einzelne Röhren ersetzt werden müssen und andere Ausbesserungen nöthig sein, deren Kosten aber gewiß unter dem ersten Anlage=Kapital stehen. Die andere Behauptung, daß die Aktiengesellschaft die Absicht habe, stehende Maschinen oder Pferde statt der Dampfwagen einzuführen, ist durchaus ungegründet. Welche Verbesserungen man auch bei den Dampfwagen anzubringen denken möge, die Directoren haben gewiß nicht die mindeste Absicht, in den Fortschritten der Verbesserungen auf die angegebene Weise rückwärts zu gehen.

Die Kosten der Dampfwagen haben den früheren An=

schlag so weit überstiegen, daß man es zu Anfange des Jahres 1834 für angemessen hielt, eine Untersuchung über die Ursachen des Unterschiedes zwischen dem veranschlagten und dem wirklichen Aufwande anzustellen, mit der Absicht, praktische Mittel zur Verminderung der Kosten aufzufinden. Es ward ein besonderer Ausschuß ernannt, dem der Kassirer Booth zugesellt ward, um jene Untersuchung zu führen. Die Ergebnisse wurden in einem gründlichen und befriedigenden Berichte dargelegt. Walker und Rastrick hatten in ihrem früheren Gutachten, das die Anwendung von Dampfwagen empfahl, den Anschlag gemacht, daß die Fracht für die Tonne 0,278 Penny oder etwa einen Farthing auf die Meile betragen werde. Fünf Jahre nach den von ihnen angestellten Untersuchungen aber ergab sich, daß die wirklichen Kosten sich auf 0,625 Penny oder etwas über einen halben Penny (4 Pfennige) für die Tonne auf jede Meile beliefen, weit über das doppelte des ursprünglichen Anschlages. Booth war bemüht, die Ursachen dieser Abweichung zu entdecken, indem er die von Walker und Rastrick bei ihrer Schätzung angenommenen Umstände mit denjenigen verglich, unter welchen die Fortschaffung der Waaren wirklich statt fand. Der erste Unterschied, den er bemerkte, betraf die Schnelligkeit der Fortschaffung. Der Voranschlag hatte eine Geschwindigkeit von zehn englischen Meilen in einer Stunde angenommen, und es wurde behauptet, daß eine vierfache Geschwindigkeit einen Zusatz von 50 Prozent Kraft erfodern würde, ohne die Abnutzung der Maschine in Rechnung zu bringen. Nun aber ergab sich, daß die wirkliche Geschwindigkeit doppelt so groß war als die frühere Annahme zum Grunde gelegt hatte, und Booth hielt es für nöthig, in dieser Beziehung 25 Prozent mehr hinzuzufügen.

Der zweite Unterschied betraf den Betrag der Ladungen. Der Voranschlag hatte angenommen, daß jeder Dampfwagen mit seiner vollen Ladung abfahren und mit derselben die ganze Entfernung zurücklegen werde. Die Erfahrung aber hatte gezeigt, daß statt einer vollen Ladung von Manchester die Hälfte der Wagen leer nach Liverpool zurückkam, und ſtatt daß die Fracht auf dem ganzen Wege wäre fortgeſchafft worden, machten viele tauſend Tonnen der Ladung nur die Hälfte des Weges. Auch war die tägliche Ladung nicht gleichförmig, ſondern ungemein ſchwankend. Es wurde ferner bemerkt, daß man, um Güter von den Seitenwegen und den zwiſchenliegenden Plätzen fortzuſchaffen, täglich mehrmals Dampfwagen von beiden Endpunkten der Bahn abſchickt, wobei man mehr den Zweck hat, einen künftigen wohlthätigen Verkehr zu begründen als augenblicklichen Gewinn zu machen. Booth ſchlug die aus dieſen Umſtänden hervorgehenden Nachtheile ſo hoch an, daß er dem urſprünglichen Voranſchlage 33 Prozent hinzufügte.

Ein anderer Unterſchied ging aus den Feuerungsmitteln hervor. In dem Voranſchlage hatte man Steinkohlen angenommen und den Preis zu $5\frac{1}{2}$ Schilling für die Tonne berechnet. Später aber verbot eine Parlaments=Akte den Gebrauch der Steinkohlen, des Rauches wegen, und die Aktiengeſellſchaft mußte entſchwefelte Kohlen (Cokes) zu $17\frac{1}{2}$ Schilling die Tonne nehmen.

Wurden dieſe verſchiedenen Abweichungen in Rechnung gebracht und der Anſchlag verhältnißmäßig erhöht, ſo ergab ſich, daß die Fortſchaffungskoſten auf 0,601 Penny für die Tonne auf die engliſche Meile ſtiegen, was bis auf $\frac{1}{40}$ Penny dem jetzigen Koſtenbetrage gleich kommt. Dieſer Unterſchied wird auch hinlänglich gerechtfertigt durch die Abnutzung, welche die vermehrte Schnelligkeit herbeiführte, beſonders wenn man in Erwägung zieht, daß viele Maſchinen gebaut wurden, ehe man auf die erfoderliche große Schnelligkeit rechnete. „Was iſt nun das Ergebniß dieſer entgegengeſetzten und ſich entgegen wirkenden Umſtände? ſagt Booth in dem von ihm entworfenen Berichte des Ausſchuſſes. Und was iſt die jetzige Lage der Geſellſchaft hinſichtlich der bewegenden Kraft? Die Antwort iſt, daß ſie ſich noch immer auf dem Wege eines Verſuches befindet, um praktiſch die beſte Bauart und die dauerhafteſten Materialien für Dampfwagen auszumitteln, welche größere Ladungen fortſchaffen und eine größere Geſchwindigkeit erreichen ſollen, als man noch vor kurzer Zeit für möglich

hielt und als vor wenigen Jahren der kühnste Erfinder sich
einbilden konnte, und daß alle Versuche nicht mit der ruhigen
Ueberlegung und den gemessenen Schritten gemacht werden
konnten, welche heilsame Vorsicht gebietet, wobei jeder neue
Schritt auf dem Wege der Entdeckung sich bewähren muß, ehe
man andere wagt, sondern mitten unter dem unruhigen Ge=
dränge und bei aller Verantwortlichkeit eines zunehmenden
Verkehrs. Die Directoren wußten nicht, wie lange jede Ma=
schine dauern würde, bis sie als unwirksam bei Seite gestellt
werden mußte, sondern sie mußten Maschinen haben, moch=
ten sie gut oder schlecht sein; sie erkannten die Mängel und
Unvollkommenheiten, welche sich zu jener Zeit nicht beseiti=
gen ließen, aber sie mußten die Maschinen, trotz allen Nach=
theilen kostspieliger Ausbesserungen, in Bewegung halten.
Noch immer ist dieser große Versuch nicht abgeschlossen, aber
die größten Schwierigkeiten sind meist überwunden, und es
läßt sich mit Grunde erwarten, daß die Kosten in dieser Hin=
sicht sich bald bedeutend vermindern werden, zumal wenn
man erwägt, was die Maschinen jetzt leisten, in Verglei=
chung mit den Leistungen, die man vor zwei Jahren sah.“

In dem mit dem 31. December 1831 geschlossenen hal=
ben Jahre hatten 6 der besten Dampfwagen (Planet, Merkur,
Jupiter, Saturn, Venus, Aetna) 66,044 englische Meilen
(jede einzeln 8000 bis 12,000) zurückgelegt. In dem mit
dem 31. December 1833 geschlossenen halben Jahre aber hat=
ten die besten sechs Maschinen (Jupiter, Saturn, Sonne,
Aetna, Ajar, Leuchtwurm) überhaupt 95,851 Meilen (jede
einzeln 15,000 bis 17,000) zurückgelegt.

## 96.

Die von Eisenbahnen zu erlangenden Vortheile werden
bedeutend vermindert durch die Schwierigkeiten, welche aus den
Unebenheiten entstehen, die man auf allen Straßen findet,
die aber bei Dampfwagen aus besondern Ursachen große Nach=
theile herbeiführen. Will man das Wesen dieser Schwierig=
keiten sich erklären, so muß man das Verhältniß beachten,
das zwischen der Zugkraft auf einer Ebene und auf einer ge=

neigten Fläche besteht. Auf einer ebenen Bahn kann man die Zugkraft, welche erfodert wird, um eine Ladung fortzuschaffen, die auf Wagen von jetzt gewöhnlicher Bauart ruht, vielleicht auf 7½ Pfund *) für jede Tonne anschlagen, das heißt, wenn ein Wagen auf einer ebenen Eisenbahn mit einer Tonne beladen wäre, so würde die Pferdekraft, die erfoderlich wäre, die Last zu ziehen, 7½ Pfund gleich sein, und wäre die Last zwei oder drei Tonnen schwer, so würde die erfoderliche Kraft auf 15 oder 22½ Pfund steigen. Diese Zugkraft, die der Mangel einer vollkommenen Gleichheit der Straße und die Reibung der Räder und Achsen der Wagen nothwendig machen, ist dieselbe, mag die Straße eben oder eine geneigte Fläche sein, und es wird daher, wenn man eine geneigte Fläche hinanfährt, dieselbe Zugkraft derjenigen Kraft hinzugefügt werden müssen, welche dem Streben der Ladung, die Ebene hinabzufallen entgegengesetzt werden muß. Dieses Streben findet immer in dem Verhältniß der Höhe zu der Länge einer geneigten Fläche statt, das heißt, eine geneigte Ebene bei einer Steigung von 1 Fuß in 100 würde einem Gewicht von 100 Tonnen ein Streben hinabzufallen geben, das sich auf 1 Tonne beliefe, und würde daher 1 Tonne zu der für eine solche Ladung auf einer vollkommenen Ebene nöthigen Zugkraft hinzufügen. Da nun, 7½ Pfund ungefähr $\frac{1}{300}$ einer Tonne sind, so würde, wenn eine geneigte Ebene eine Steigung von 1 Fuß in 300 oder, was dasselbe ist, von 17½ Fuß auf eine englische Meile hätte, eine solche Anhöhe 7½ Pfund auf die Tonne zu der Zugkraft hinzufügen. Eine geneigte Fläche dieser Art würde daher eine doppelt so große Zugkraft fodern, als eine vollkommene Ebene. Für jede 7 Fuß Steigung auf einer Meile müssen der Zugkraft 3 Pfund auf die Tonne hinzugesetzt werden. Wollen wir daher die Kraft

*) Man rechnet jetzt gewöhnlich 9 Pfund auf die Tonne, aber, wie der Verfasser nach den von ihm auf Eisenbahnen angestellten Versuchen annehmen zu dürfen glaubt, zu hoch, und er ist der Meinung, daß selbst 7½ Pfund als durchschnittliche Zugkraft auf einer Ebene noch zu viel sei.

ausmitteln, die erforderlich ist, eine Ladung eine gegebene Steigung auf einer Eisenbahn hinanzuschaffen, so müssen wir zuerst 7½ Pfund als die zur Ueberwindung des Widerstandes der Straße nöthige Kraft rechnen und dann 3 Pfund für jede 7 Fuß Steigung auf eine englische Meile hinzufügen.

Es liegt am Tage, daß, wenn eine Eisenbahn mehre geneigte Ebenen, selbst von der mäßigsten Steigung hat, die auf derselben gebrauchte forttreibende Kraft fähig sein muß, in einem hohen Grade verstärkt zu werden, nach Verhältniß der Steigung, die zu überwinden ist. Eine Ebene, die 52½ Fuß in einer englischen Meile steigt, erscheint dem Auge kaum als eine Anhöhe und doch verlangt sie eine vierfach verstärkte Zugkraft.

Es ist der thierischen Kraft eigen, daß ihre Stärke innerhalb gewisser Gränzen, wie es die Gelegenheit fodert, nach Willkühr in Thätigkeit gesetzt werden kann, die Stärke der mechanischen Kraft aber kann in dem eben betrachteten Falle nicht so bequem verändert werden, außer in engen Gränzen.

Man hat versucht, die Schwierigkeiten, die für den Gebrauch der Dampfwagen aus geneigten Ebenen entstehen, auf verschiedene Weise zu besiegen.

1. Bei der Ankunft am Fuße einer Steigung wird die Ladung getheilt und die Maschine bringt dieselbe auf mehren Fahrten hinan, indem sie nach jeder Fahrt leer hinabgeht. Diesem Hilfsmittel steht entgegen, daß es Zögerungen verursacht und bei einer großen Anzahl von Reisenden nicht ausführbar ist. Hätte die Maschine ihre volle Ladung, so würde es nach den oben gegebenen Auseinandersetzungen nöthig sein, dieselbe in vier Abtheilungen hinanzubringen, wenn die Steigung 52 Fuß in einer englischen Meile wäre. Bei der Fortschaffung von Gütern hat man dieses Mittel auf der Liverpool-Manchester-Bahn zuweilen angewendet.

2. Es kann ein Hilfs-Dampfwagen stets am Fuße jeder Steigung bereit gehalten werden, um den Wagenzügen, sobald sie ankommen, Beistand bei dem Hinanfahren zu leisten. Gegen dieses Mittel streitet der Einwurf, daß es kostspielig ist, immer eine Maschine bereit zu halten. Es würde

nothwendig sein, daß Feuer immer brennen zu lassen, es möge gebraucht werden oder nicht, sonst müßte der Wagenzug bei der Ankunft warten, bis die Hilfsmaschine in Thätigkeit treten könnte. Wo aber Wagenzüge zu bestimmten Zeiten aufbrechen und ankommen, würde dieser Einwurf weniger Gewicht haben. Auf der Liverpool-Manchester-Bahn wird dieses Mittel jetzt allgemein angewendet, auf geneigten Ebenen von beträchtlicher Länge kann es jedoch nicht vortheilhaft sein.

3. Es kann auf dem Rücken der Anhöhe eine feste hohe Dampfmaschine errichtet werden, mit welcher ein Wagenzug am Fuße der Steigung durch Stricke verbunden wird. Sie würde im Stande sein, einen oder zwei Wagenzüge auf einmal sammt ihren Dampfwagen heraufzuziehen, sobald sie angekommen wären, ohne daß Zögerung entstände. Es ist dabei aber nothwendig, die stehende Maschine beständig bereit zu halten, ihre Wirkungskraft auszuüben. Dieses Mittel ist mit einem starken Personenverkehr kaum vereinbar, außer am Endpunkte einer Bahn.

4. Auf einer vollkommenen Ebene kann die Verbindung zwischen dem Kessel und dem Cylinder im Dampfwagen beschränkt werden, wenn man das Regulator-Ventil (siehe 69) theilweise schließt, um den Druck auf den Kolben bedeutend geringer zu machen als den Dampfdruck in dem Kessel. Läßt sich unter solchen Umständen ein hinlänglicher Druck auf den Kolben erlangen, um die Ladung auf der Ebene zu ziehen, so kann das Ventil, wenn der Wagen sich der geneigten Ebene nähert, geöffnet werden, um auf den Kolben einen Druck zu bringen, der in demselben Verhältnisse größer ist, als der frühere Druck im Kessel den Druck auf den Kolben überträfe. Wird das Feuer so lebhaft unterhalten, daß während des Hinanfahrens ein hinlänglicher Dampfzufluß statt findet, und ist die Steigung nicht verhältnißmäßig größer als die erlangte Kraft, so wird der Dampfwagen die Ladung ohne weiteren Beistand hinanziehen. Es ist jedoch zu bemerken, daß in diesem Falle die Ladung der Maschine geringer sein muß als der Betrag, den die Adhäsion der Räder auf der Bahn zu ziehen im Stande ist, denn diese Adhäsion muß der für dieselbe

Ladung auf der geneigten Ebene erfoderlichen Zugkraft angemessen sein, sonst würden, wie viel Kraftzuwachs auch durch
das Oeffnen des Regulator-Ventils gewonnen werden möge,
die Räder sich umdrehen, ohne die Ladung weiter zu schaffen.
Man hat dieses Mittel auf der Liverpool-Manchester-Eisenbahn
gewöhnlich bei der Fortschaffung von Reisenden gebraucht,
und es ist in der That auch das einzige bis jetzt bekannte, das
mit der für diese Art von Verkehr nöthigen Schnelligkeit vereinbar ist; doch steht ihm entgegen, daß ein weit höherer
Druck im Kessel unterhalten werden muß, als für die Fortschaffung der Ladung auf den ebenern Theilen der Bahn nothwendig ist. — Bei der Anwendung dieses Mittels läßt sich
der Erfolg bedeutend erhöhen, wenn man während des Hinanfahrens den Zufluß des Speisewassers hemmt. Man wird
sich erinnern, daß ein Gefäß mit kaltem Wasser sich auf dem
Vorrathswagen befindet, welcher der Maschine folgt, und
daß das Wasser aus demselben mittels einer von der Maschine
in Bewegung gesetzten Pumpe in den Kessel getrieben wird.
Diese Pumpe ist so eingerichtet, daß sie so viel kaltes Wasser
zuführt, als der Verdampfung gleich ist, so daß stets dieselbe
Wassermenge im Kessel ist. Auf der andern Seite aber ist
klar, daß der Zufluß dieses Wassers die Verdampfung leicht
hemmen kann, denn während es zu der Temperatur des Wassers, mit welchem es sich vermischt, erhoben wird, muß es
einen beträchtlichen Theil der von dem Feuer gegebenen Wärme in sich aufnehmen. Der Maschinenwärter kann bei dem
Hinanfahren, um die Dampferzeugung zu beschleunigen, die
Thätigkeit der Wasserpumpe hemmen. Die Verdampfung
wird dann mit vermehrter Schnelligkeit geschehen, und der
dadurch herbeigeführte Wassermangel kann auf der nächsten
ebenen Bahnlinie durch die Pumpe ersetzt werden, oder noch
wirksamer bei der nächsten Senkung der Bahn, wo die Thätigkeit der Maschine unterbrochen ist und der Wagenzug vermöge seiner eigenen Schwere hinabgeht. Dieses Mittel kann
auf den für Reisende bestimmten Eisenbahnen mit Erfolg angewendet werden, wenn die geneigte Ebene nicht über 18
Fuß Steigung in einer englischen Meile hat, und selbst Stei-

gungen von 36 Fuß in einer englischen Meile können auf diese
Weise überwunden werden, wenn man einen Theil der bewe=
genden Kraft opfern will. Da dieses Opfer jedoch beträchtlich
ist, so wird es vielleicht immer besser sein, bei steileren Stei=
gungen Hilfsmaschinen anzuwenden.

5. Die Verbindung zwischen dem Kolben des Cy=
linders und den Berührungspunkten der Räder mit der Bahn
kann bei der Ankunft auf einer geneigten Ebene so geändert
werden, daß der Kolben eine stärkere Wirkung auf die Räder
ausübt. Dieß läßt sich auf vielfach verschiedene Weise bewir=
ken, aber man hat bis jetzt kein hinlänglich einfaches Mittel
aufgefunden, das praktisch ausführbar wäre, und selbst
wenn ein geeignetes Mittel sich darböte, so müßte, wenn
anders nicht zu gleicher Zeit die treibende Kraft an Stärke zu=
nähme, die Geschwindigkeit der Bewegung sich in demselben
Verhältnisse vermindern, als die Wirkungskraft des Kolbens
auf die Räder sich verstärkte. So würde auf der geneigten
Ebene der Liverpool=Bahn, die eine Steigung von 55 Fuß in
einer englischen Meile hat, die Geschwindigkeit auf beinahe ein
Viertheil des Betrags vermindert werden, der auf dem ganz
ebenen Theile erlangt wird.

Welche Mittel man aber auch anwenden möge, um
Steigungen zu überwinden, so ist das Hinabfahren mit Un=
bequemlichkeiten verbunden. Die Fahrt abwärts wird durch
die Schwerkraft beschleunigt, und wird der Wagenzug nicht
aufgehalten, so kann das Hinabfahren, wenn die geneigte
Ebene, selbst bei geringer Steigung, von beträchtlicher Länge
ist, mit einer Schnelligkeit verbunden sein, die sehr gefähr=
lich sein würde. Der Hemmschuh, den man bei einer Fahrt
bergab auf Heerstraßen gebraucht, kann auf Eisenbahnen nicht
angewendet werden, und selbst eine sperrende Vorrichtung, die
man bei den Rädern anwenden könnte, würde nicht ganz si=
cher sein. Die Reibung, welche durch die schnelle Bewegung
des Rades hervorgebracht wird, entzündet zuweilen das Holz,
und Eisen würde unzulässig sein.

Nach allem, was wir angeführt haben, ist klar, daß
beträchtlich geneigte Ebenen bei dem jetzigen Stande unserer

Kenntniſſe der vortheilhaften Benutzung einer Eisenbahn hin=
derlich, und ſelbſt geringe Steigungen mit großen Nachtheilen
verbunden ſind*).

## 97.

Sollen die jetzt auf Eisenbahnen gebräuchlichen Dampf=
wagen ihre volle Wirkungskraft äußern, ſo iſt es nothwendig,
jeder Maſchine eine ſehr beträchtliche Ladung zu geben. Es
iſt, wie jetzt unſere Kenntniſſe ſtehen, nicht möglich, drei
Dampfwagen dieſer Art, deren jeder eine Laſt von 30 Ton=
nen zöge, mit denſelben Koſten zu bauen und mit derſelben
Wirkungskraft zu benutzen, als einen Dampfwagen, der 90
Tonnen führte. Daraus entſteht eine Unbequemlichkeit und
eine Schwierigkeit, wenn man dieſe Maſchinen zu einer der
einträglichſten Fortſchaffungsarten, zu dem Perſonenverkehr,
benutzen will. Es iſt nicht möglich, ſelbſt zwiſchen Städten,
die ein ſehr bedeutender Verkehr verbindet, bei jeder Fahrt ſo
viele Reiſende zu finden, daß eine ſolche Maſchine auf einer
Eiſenbahn gebraucht werden könnte**). Die Schwierigkeit,
zu einer beſtimmten Stunde eine ſo anſehnliche Zahl von Rei=
ſenden zu erhalten, um die Fahrt machen zu können, liegt zu
Tage, und es gibt daher kein anderes Mittel, dieſem Nach=
theile abzuhelfen, als dieſelbe Maſchine, die zur Fortſchaf=
fung von Reiſenden gebraucht wird, auch zur Fortſchaffung
von Gütern zu benutzen, ſo daß Güter die Ladung ergänzen

---

*) Es ließe ſich bei Veränderungen der ebenen Bahn eine ähnliche
Vorrichtung anbringen, wie bei Schleuſen in Kanälen. Der Wagenzug
könnte auf einer Fläche gehen, die durch ein Maſchinenwerk ſich heben
ließe. So würden bei einer Veränderung der ebenen Fläche der Bahn
gleichſam Stufen von einer Ebene zur andern führen, auf welche die
Ladungen durch eine Kraft gehoben werden könnten, welche die Ma=
ſchinerie in Bewegung ſetzte. Man würde dann den Vortheil haben,
daß die Wagenzüge immer auf einer Ebene gingen.

**) Bei Gelegenheit eines Wettrennens in Newton, 15 Meilen von
Liverpool, wurden zwei Dampfwagen abgeſchickt, die Reiſenden abzu=
holen. Einer derſelben wurde durch einen Unfall gehindert, die Rück=
fahrt zu machen, und beide Wagenzüge wurden an eine Maſchine ge=
hängt, die bei dieſer Gelegenheit 800 Perſonen zog.

können, wenn der Personenverkehr sie nicht gibt. Ist der Güterverkehr hinlänglich, so können solche Maschinen mit ihrer vollen Ladung abfahren, was auch immer die Zahl der Reisenden sein möge.

### 98.

Vergleicht man den Betrag des Anlage=Kapitals und den jährlichen Aufwand für die Liverpool= Manchester= Bahn und betrachtet beides als Anhaltpunkte bei der Entwerfung eines Kostenanschlags für ähnliche Unternehmungen, so muß man auf mehre wichtige Umstände achten. Ich habe bereits gesagt, wie viele Geldmittel für Dampfwagen aufgewendet wurden, die man bloß als Versuchmaschinen betrachten konnte, welche durch schnell auf einander folgende Verbesserungen verdrängt wurden. Die meisten dieser Maschinen sind noch immer brauchbar, aber aus den bereits angegebenen Gründen auf die Seite gestellt worden. Andere Aktien = Vereine werden die Erfahrungen benutzen, welche die Liverpool=Gesell= schaft so theuer bezahlt hat. Dieser Vortheil, den künftige Gesellschaften ernten, wird immer steigen, bis solche Vereine ihre Werke vollendet haben.

Ein großer Theil der laufenden Ausgaben für eine Ei= senbahn ist unabhängig von der Länge der Bahn, und beträgt nur etwas weniger für die Linie, die Liverpool und Manche= ster verbindet, als sie für eine Birmingham mit Liverpool oder London verbindende Linie betragen würde. Die Anstel= lung von Werkmeistern, die Erbauung von Wagenschuppen und andere Erfodernisse an den Endpunkten der Linie, wür= den bei einer bedeutenden Länge der Bahn die Kosten nur we= nig erhöhen, und dieselbe Bemerkung ist auch auf andere Aus= gabeposten anwendbar.

Nach dem Beispiele der Gesellschaften, welche die Ka= nalverbindung zwischen Liverpool und Manchester gegründet haben, hat auch die Eisenbahn=Gesellschaft, um mit den Ka= nälen zu wetteifern, Niederlagen und Packhäuser für die zwi= schen beiden Städten fortzuschaffenden Waaren angelegt, ohne deshalb die Fracht zu erhöhen. Dieß nöthigte sie, ein be=

deutendes Kapital auf diese Anlagen zu verwenden und der
Unterhaltung derselben einen jährlichen Aufwand zu widmen.
Auf einer längeren Bahn würden solche Ausgaben, wenn sie
überhaupt nöthig wären, nicht im Verhältniß steigen.

## 99.

Vergleicht man die Fortschaffung durch Dampfkraft mit
der Fortschaffung durch Pferde, selbst auf Eisenbahnen, so
treten die Vortheile dieser neuen Kraft am auffallendsten her=
vor. Wenn man diese Vortheile vollkommen begreifen will,
muß man erwägen, wie thierische Kraft als Fortschaffungs=
mittel gebraucht wird. Derjenige Theil der Kraft eines Pfer=
des, der für eine Ladung benutzt werden kann, hängt von
der Geschwindigkeit der Bewegung eines Pferdes ab. Diese
Geschwindigkeit hat eine gewisse Gränze, wo ein Pferd seine
ganze Kraft nöthig hat, seinen eigenen Leib zu bewegen, und
wo es folglich nicht im Stande ist, eine Last zu tragen, und
auf der andern Seite gibt es eine gewisse Last, die ein Pferd
gerade noch tragen kann, ohne aber dabei im Stande zu sein,
sich mit irgend einer wirksamen Geschwindigkeit zu bewegen.
Zwischen diesen beiden Gränzen liegt ein gewisses Verhältniß
der Bewegung, in welchem die nutzbare Wirkung des Thieres
am größten ist. Bei stark gebauten Pferden kann man die=
ses Verhältniß im Durchschnitt auf zwei englische Meilen in
einer Stunde setzen, und bei leichter gebauten auf dritthalb
Meilen in einer Stunde. Ueber diese Gränze der Geschwin=
digkeit hinaus vermindert sich die Last, die sie fortzuschaffen
im Stande sind, in sehr schnellem Verhältniß, je mehr die
Geschwindigkeit zunimmt. Wäre 121 die Last, die ein Pferd
bis auf eine gegebene Entfernung in einem Tage fortschaffen
könnte, wenn es 4 englische Meilen in einer Stunde zurück=
legte, so würde dasselbe Pferd nicht im Stande sein, mehr als
eine Last, die 64 betrüge, auf eine gleiche Entfernung fort=
zuschaffen, wenn es 7 Meilen in einer Stunde machte, und
sollte es 10 Meilen zurücklegen, so würde sich die Last, die es
tragen könnte, bis auf 25 vermindern. Angenommen nun,
daß die nutzbarste Geschwindigkeit, die man von einem Pferde

erhalten kann, 2 englische Meilen auf eine Stunde sind, so kann es, wenn es täglich 10 Stunden in Thätigkeit ist, eine Last von 12 Tonnen auf einer ebenen Eisenbahn bis auf eine Entfernung von 20 Meilen fortschaffen, so daß man die ganze Wirkung eines Tagewerks als 240 Tonnen, eine englische Meile weit fortgeschafft, annehmen kann.

Dieses Geschwindigkeitsverhältniß bei der Fortschaffung paßt aber nicht für den Personenverkehr, und ist es daher nothwendig, Pferde als bewegende Kraft zu benutzen, so muß man besondere Wagen für Reisende haben, so daß Güter mit derjenigen Geschwindigkeit fortgeschafft werden können, bei welcher die größtmögliche Wirkungskraft des Pferdes statt findet, während Reisende mit derjenigen Geschwindigkeit befördert werden, welche, es koste was es wolle, unumgänglich nöthig ist.

Das Gewicht einer gewöhnlichen Postkutsche ist ungefähr zwei Tonnen, und auf einer leidlich ebenen Heerstraße macht sie 10 englische Meilen in einer Stunde. Die Zahl der Pferde, die dazu stets bereit gehalten werden müssen, mit Einschluß der auf den verschiedenen Stationen unumgänglich nöthigen Relaispferde, wird nach dem Verhältnisse von einem Pferde auf jede Meile berechnet. Die Leistungen eines auf diese Weise arbeitenden Pferdes lassen sich zu 2 Tonnen, 2 englische Meilen weit in einem Tage, oder auf 4 Tonnen, täglich eine Meile weit fortgeschafft, berechnen. Die Zugkraft auf einer guten Heerstraße beträgt wenigstens das Zwanzigfache der Zugkraft auf einer ebenen Eisenbahn, woraus folgt, daß unter gleichen Umständen die Leistung eines Pferdes auf einer Eisenbahn den zwanzigfachen Betrag seiner Leistung auf einer gewöhnlichen Straße ausmacht. Wir können daher die Leistung eines Pferdes, das 10 englische Meilen in einer Stunde auf einer ebenen Eisenbahn macht, einer täglich eine Meile weit fortgeschafften Last von 80 Tonnen gleichstellen.

Die besten Dampfwagen auf der Liverpool=Manchester= Bahn können 150 Tonnen auf ebener Bahnlinie in gleichem Zeitverhältnisse fortschaffen, und wenn man eben so viel Zeit für Aufenthalt rechnet, so würden sie täglich 150 Tonnen

200 Meilen oder 30,000 Tonnen eine Meile weit fortschaf=
fen. Es folgt daraus, daß ein Dampfwagen dieser Art so
viel leistet als 7500 Pferde, die auf einer guten Heerstraße
ziehen, oder 375 Pferde auf einer Eisenbahn. Zu einer sol=
chen Leistung sind für die besten, jetzt auf der Liverpool=Man=
chester=Bahn gehenden Dampfwagen 16 Loth entschwefelte
Kohlen für die Tonne auf jede englische Meile erforderlich,
mit Einschluß der bei dem Aufenthalte verschwendeten Feue=
rung. Der tägliche Verbrauch von Feuerungsmitteln würde
daher unter solchen Umständen auf 15,000 Pfund entschwe=
felte Kohlen steigen, und zwei Pfund Kohlen würden täglich
die Leistung eines Pferdes auf einer guten Heerstraße, und
40 Pfund täglich die Arbeit eines Pferdes auf einer Eisenbahn
verrichten.

Bei dieser Vergleichung nehmen wir an, daß der Dampf=
wagen mit der vortheilhaftesten Geschwindigkeit, die Pferde=
kraft hingegen mit der am wenigsten vortheilhaften wirke,
wenn man bloß den gesammten Betrag der auf eine gegebene
Entfernung fortgeschafften Last beachtet. In dem hier vor=
ausgesetzten Falle aber ist Geschwindigkeit ein unumgänglich
nöthiges Element, und Dampf hat daher den großen Vor=
zug vor Pferdekraft, daß seine vortheilhafteste Geschwindig=
keit diejenige ist, die für alle Zwecke der Fortschaffung von
Reisenden oder von Gütern paßt.

## 100.

Vergleicht man die Wirkungen des Dampfes mit Pfer=
dekraft bei einer minder schnellen Bewegung, so werden auch
hier die Vortheile der Dampfkraft, doch minder auffallend
hervortreten. Ein Lastwagen mit acht Pferden ist gewöhnlich
8 Tonnen schwer und legt 2½ Meilen in einer Stunde zurück,
so daß jedes Pferd täglich 20 Meilen macht. Starke Pferde
können auf diese Weise täglich 8 Stunden reisen, und so macht
jedes Pferd täglich 20 Meilen. Man kann daher die Lei=
stung jedes Pferdes 20 Tonnen, eine Meile weit fortgeschafft,
gleichstellen, und da seine Leistung auf einer Eisenbahn zwan=
zigmal so viel beträgt, so kann man sie zu 400 Tonnen, täg=

lich eine Meile weit fortgeschafft, rechnen. Ein auf diese arbeitendes Pferd leistet daher fünfmal so viel als ein Pferd, das 10 Meilen in einer Stunde zurücklegt, da dieses nur 4 Tonnen täglich eine Meile weit auf einer guten Heerstraße, oder 80 Tonnen auf einer Eisenbahn fortschafft. Dieß gibt uns das Verhältniß der Leistung von Pferden, die Wagen ziehen, zu der Leistung eines Dampfwagens. Sind 2 Pfund Kohlen der täglichen Leistung eines Pferdes vor einer Postkut=sche und 40 Pfund Kohlen auf einer Eisenbahn, bei einer Ge=schwindigkeit von 10 Meilen in einer Stunde gleich, so folgt, daß 10 Pfund so viel leisten als ein Pferd auf einer Heerstraße, und 200 Pfund auf einer Eisenbahn bei einer Geschwindig=keit von 2½ Meilen in einer Stunde. Da nun ein Dampf=wagen das Tagewerk von 7500 Postkutschen=Pferden ver=richten kann, so folgt, daß er so viel als 1500 Frachtwagen=Pferde leistet.

Man darf nicht vergessen, daß diese Ergebnisse in ein=zelnen Fällen Veränderungen erleiden und nur Berechnungen im Durchschnitte sind. Verschiedene Dampfmaschinen, wie verschiedene Pferde, sind ungleich in ihren Leistungen, und da die Straßen, auf welchen Pferde ziehen, nicht von glei=cher Vollkommenheit sind und verschiedene Unebenheiten ha=ben, so muß die Leistung der Pferdekraft verschieden aus=fallen.

Auch bei der praktischen Vergleichung der Ergebnisse ei=ner so mächtigen Kraft als der auf Eisenbahnen gebrauchte Dampf gewährt, mit der geringen Kraft der Pferde auf Heer=straßen ist zu erwägen, daß die große Vertheilung der La=dungen und der häufige Aufenthalt unterwegs zu Gunsten der Pferdeleistung sind, insofern es häufiger sich zutragen möch=te, daß Dampfwagen, die ungeheure Lasten fortzuschaffen vermögen, bei geringeren Ladungen Aufenthalt finden wür=den, als es bei der Anwendung von Pferden statt finden wür=de, wo kleine Ladungen in kurzen Zwischenräumen aufgehal=ten werden können. Dieß ist in der That eine praktische Schwierigkeit, die bei dem Gebrauche von Dampfwagen auf Eisenbahnen eintritt, und die vielleicht für jetzt die Anwendung derselben bloß auf Strecken beschränken wird, welche Städte von lebhaftem Verkehr verbinden.

Die auffallendste Wirkung der Dampfkraft auf Eisenbahnen zeigt sich in der außerordentlichen Geschwindigkeit, welche sich dadurch erreichen läßt, und ist um so merkwürdiger, als dieser Vortheil nie vorausgesehen wurde, bis die Erfahrung ihn bewies. Wir haben bereits erwähnt, daß man bei der Anlegung der Bahn zwischen Liverpool und Manchester hauptsächlich auf die Fortschaffung schwerer Güter rechnete und gar nicht erwartete, aus dem Personenverkehr den größten Gewinn zu ziehen. Die Berechnungen für künftige Plane werden sich nach diesen Erfahrungen wesentlich ändern und ein lebhafter Personenverkehr wird als eine nothwendige Bedingung für das Gedeihen einer solchen Unternehmung betrachtet werden.

Bringt man diesen Vortheil der Schnelligkeit in Anschlag, so läßt sich Pferdekraft gar nicht mit Dampfkraft auf Eisenbahnen vergleichen. Aus den bereits erwähnten Versuchen geht hervor, daß eine Dampfmaschine 90 Tonnen gegen 20 englische Meilen weit in einer Stunde ziehen kann und das Doppelte dieser Last zwischen Liverpool und Manchester in ungefähr 3 Stunden. Es würden 270 Pferde nöthig sein, dieselbe Last auf gleiche Entfernung in einem Tage auf Frachtwagen fortzuschaffen. Es läßt sich zwar dagegen einwenden, daß jener Versuch unter günstigen Umständen angestellt und bei den schwierigen Punkten der Steigung Hilfswagen gebraucht wurden; aber auf einer gewöhnlichen Fahrt bei der Fortschaffung von Waaren, wo größere Schnelligkeit nicht verlangt wird, ist das Verhältniß der Bewegung nicht geringer als 15 Meilen in einer Stunde. Bei Wagenzügen mit Personen ist der Schnelligkeit besonders der Aufenthalt entgegen, der auf der Bahn entsteht, wenn Reisende einsteigen oder absteigen. Es gibt auf der Bahn zwischen Liverpool und Manchester jetzt zwei Arten von Dampfwagen, von welchen einer nur einmal auf halbem Wege einige Minuten lang Halt macht. Diese Wagen legen 30 englische Meilen in anderthalb Stunden und zuweilen in einer Stunde und zehn Minuten zurück. Auf dem ebenen Theile der Bahn ist die gewöhnliche Geschwindigkeit 27 Meilen in ei-

ner Stunde, und ich habe zuweilen gesehen, daß gegen 30 Mei=
len in einer Stunde zurückgelegt wurden. Diese Geschwindig=
keiten aber, die durch die gewöhnliche Thätigkeit der Dampf=
maschinen bei der Fortschaffung von Reisenden und Gütern er=
langt werden, sind weit unter der Leistungskraft der jetzigen
Dampfwagen, was die Schnelligkeit der Fortschaffung be=
trifft. Einige Versuchfahrten, bei welchen die Dampfwagen
eine geringere Last hatten, zeigten, daß eine bedeutende Ver=
mehrung der Geschwindigkeit ganz ausführbar sei. Bei einem
dieser Versuche zog die Dampfmaschine einen Wagen mit 36 Per=
sonen 48 englische Meilen weit in einer Stunde, und ich glaube,
eine Maschine, die bloß ihr eignes Gewicht fortzuschaffen hätte,
würde 15 Meilen in 15 Minuten zurücklegen.

Aber warum hat man Dampfmaschinen, wenn sie hinsicht=
lich der Geschwindigkeit so viel zu leisten vermögen, nicht auf
der Eisenbahn angewendet, wo die Geschwindigkeit jetzt im
Durchschnitte nicht über 25 Meilen in einer Stunde beträgt?
Die Antwort ist, daß der Weg von 30 Meilen zwischen Liver=
pool und Manchester in anderthalb Stunden zurückgelegt wird
und täglich 10 Wagenzüge zwischen beiden Städten gehen,
und überdieß täglich dreimal die Postkutsche. Eine größere Ge=
schwindigkeit würde auf einem so kurzen Wege ganz unnöthig
sein. Wenn aber erst längere Bahnlinien vollendet sein werden,
müssen sich die Umstände ändern und dann wird besonders die
Fortschaffung von Postkutschen die Aufmerksamkeit auf sich zie=
hen. Volle Reisewagen, wie sie gewöhnlich auf der Bahn zwi=
schen Liverpool und Manchester gehen, sind gegen 50 Ton=
nen schwer, bei einer leichtern Ladung aber werden leichter und
schneller fahrende Dampfwagen gebraucht werden können. Die
Fortschaffungskosten würden bei einer solchen Maschine zwar hö=
her steigen, aber die größere Schnelligkeit würde reichlichen
Ersatz dafür geben. Ist nun erst London mit Liverpool durch
eine über Birmingham geführte Eisenbahn verbunden, so wird
das Handelsinteresse jener Städte nothwendig die Aufmerksam=
keit auf die größtmögliche Schnelligkeit des Zwischenverkehrs
leiten. Man wird für die Fortschaffung von Postkutschen be=
sondere Maschinen bauen, die für leichtere Lasten und größere

Geschwindigkeit paffen. Mit solchen Dampfwagen werden die Postkutschen eine beschränkte Anzahl von Reisenden fortschaffen, und abgesehen von möglichen Verbesserungen, welche die Dampfwagen später erhalten können, wird sich gewiß schon bei ihrer jetzigen Wirkungskraft eine solche Ladung gegen 60 englische Meilen in einer Stunde fortschaffen lassen. Ueberlassen wir uns den Erwartungen, welche die wahrscheinlichen Verbesserungen der Dampfmaschine erwecken dürfen, so glaube ich nicht, daß selbst das Doppelte dieser Geschwindigkeit die Gränzen der Leistungen überschreiten werde, welche die Mechanik noch machen kann.

Die große Ausdehnung, welche die Anwendung der Dampfkraft auf die Beförderung des Binnenverkehrs durch die vielen theils begonnenen, theils entworfenen Eisenbahnen haben wird, gibt der Untersuchung über diesen Gegenstand ein großes Interesse. Weder die Weisheit des Philosophen, noch die Kunde des Statistikers, noch auch der Vorausblick des Staatsmanns ist im Stande, die wichtigen Folgen zu bestimmen, welche die Ausführung dieser Entwürfe auf die Fortschritte des menschlichen Geschlechts haben wird. Wie sehr die Fortschritte der Civilisation, die Verbreitung der Kenntnisse, die Bildung des Geschmacks, die Verfeinerung der Sitten von einer leichten und schnellen Vermischung der Bestandtheile der menschlichen Gesellschaft abhangen, bedarf keiner Auseinandersetzung. So lange die Bevölkerung aus abgesonderten und unabhängigen Massen besteht, die sich nicht in einander mischen können, werden ihre schlummernden Verwandtschaften nie zur Thätigkeit geweckt und die wichtigsten Eigenschaften einer jeden nie der andern mitgetheilt. Wie feste Körper in der Physik, gehen sie nur langsam in Verbindungen über; aber wenn sie die Eigenschaft des Flüssigwerdens erhalten haben, wenn ihre Bestandtheile durch Schmelzung auseinandergehen, dann fließen die Theile des einen durch die Theile des anderen, es werden die Verwandtschaften geweckt, neue Verbindungen gebildet, ein wechselseitiger Austausch der Eigenschaften tritt ein und es entstehen Zusammensetzungen, die weit mehr Werth haben, als die ursprünglichen Elemente.

Die Verbreitung der Civilisation und die Beförderung des Verkehrs zwischen den von einander entfernten Volksmassen sind immer mit gleichzeitigen Fortschritten verbunden gewesen, und das eine schien immer die Ursache oder die Folge des andern zu sein. Daher kommt es, daß die Städtebewohner stets der ländlichen Volksmenge in geistiger Regsamkeit voraus sind. Aber die Wohlthaten des Verkehrs können, ohne die eigenthümlichen Vorzüge einer jeden aufzuheben, auf beide ausgedehnt werden, wenn die außerordentliche Leichtigkeit des Verkehrs, welche eine Folge der anzulegenden Eisenbahnen sein muß, in das Leben getreten ist. Auf der großen Eisenbahn-Linie zwischen London und Birmingham wird man die Reise zwischen beiden Städten mit der Hälfte des zeitherigen Aufwandes an Zeit und Kosten machen können, und der Verkehr selbst wird wahrscheinlich vervierfacht werden, wenn wir auch nur den unmittelbaren Verkehr zwischen den beiden Endpunkten der Linie betrachten; sehen wir aber auf die zahlreichen Arme, die sich in den Hauptstrom aus allen anliegenden Punkten ergießen werden, so haben wir keine Analogien, auf welche wir eine Berechnung der unermeßlichen Zwischenverbindung, die dann statt finden muß, stützen können. So müssen leicht verderbende Gewächse, welche für die Städte Bedürfniß sind, jetzt in den Vorstädten erzeugt werden; wenn sie aber auf einer ebenen Bahn zwanzig englische Meilen weit in einer Stunde fortgeschafft werden können, so wird der Landbauer aus entfernteren Gegenden sie herbeiführen. Die Städtebewohner werden nicht länger auf ihre engen Straßen beschränkt, nicht mehr in ihren hohen Häusern zusammengedrängt sein, sondern in Entfernungen wohnen können, die jetzt zu weit von dem Kreise ihrer täglichen Beschäftigungen sein würden. Die Städte müssen gesunder werden, wenn sich ihre Bewohner über eine größere Oberfläche, ohne Nachtheile für ihren Lebensberuf, verbreiten können; die Vortheile des Landlebens werden den Städtern zufließen und die Verfeinerung und Gesittung der Städte ihre Wohlthaten über die ländliche Bevölkerung verbreiten.

## 101.

Die Kanäle sind in Großbritannien ein so beträchtlicher

Theil des Privateigenthums, daß Untersuchungen über die Vortheile dieses Verbindungsmittels in Vergleichung mit den Eisenbahnen, mögen sie mit Pferden oder durch Dampfkraft befahren werden, sehr interessant sind, und das Interesse derselben ist durch die Ausdehnung der Eisenbahn-Plane in der neuesten Zeit bedeutend erhöht worden. Ohne hier in eine umständliche Untersuchung einzugehen, bemerken wir nur, daß ein auf dem Wasser gehendes Fahrzeug, wenn es sich mit einer gewissen Schnelligkeit bewegt, viermal so viel treibende Kraft verlangt, um mit doppelter Geschwindigkeit zu gehen, wenn anders nicht bei vermehrter Schnelligkeit das Fahrzeug weniger tief im Wasser geht. Versuche, die man auf Kanälen mit besonders gebauten und von Pferden gezogenen Böten gemacht hat, haben zu dem unerwarteten Schlusse geführt, daß nach der Erreichung einer gewissen Schnelligkeit der Widerstand, statt sich zu vermehren, sich vermindert hat. Diese Thatsache ist in Uebereinstimmung mit dem Gesetze des Widerstandes, der auf das Fahrzeug im Wasser wirkt. Die Ursache jener Erscheinung liegt in dem Umstande, daß, wenn die Geschwindigkeit einen gewissen Punkt erreicht hat, das Boot allmälig aus dem Wasser hinaufsteigt und nicht mehr so tief als früher geht.

Auf einigen Kanälen in Schottland gehen Fahrzeuge mit Reisenden gegen 10 englische Meilen in einer Stunde, ohne den Aufenthalt bei den Schleusen in Rechnung zu bringen. Die dabei gebrauchte Pferdekraft wird hier mit größerem Vortheile benutzt, als sie bei gleicher Schnelligkeit auf einer Heerstraße gebraucht werden könnte, und wahrscheinlich eben so vortheilhaft als auf einer Eisenbahn. Sie ist wahrscheinlich wohlfeiler als die Fortschaffung von Reisenden auf Eisenbahnen, aber die Geschwindigkeit weit geringer, und bei der Natur der treibenden Kraft kann sie auch nicht verstärkt werden.

Es läßt sich mit Grunde annehmen, daß eine ähnliche Wirkung bei Dampfschiffen statt findet. Man hat bei verstärkter Kraft der Dampfmaschine auf einigen Post-Dampfböten die Bemerkung gemacht, daß, während die Zeitdauer derselben Reise vermindert wurde, auch der Verbrauch der Feuerungsmittel sich verminderte. Da nun der Verbrauch der

Feuerungsmittel in geradem Verhältnisse mit der bewegenden Kraft steht, diese aber in geradem Verhältnisse zu dem Widerstande, so folgt, daß in diesem Falle auch der Widerstand sich vermindert haben muß. -

## 102.

Bei einer sehr geringen Geschwindigkeit der Fortschaffung sind die nützlichen Wirkungen der Pferdekraft auf Kanälen etwas größer, als die Wirkung derselben Kraft auf Eisenbahnen; aber bei jeder Geschwindigkeit von mehr als drei Meilen in einer Stunde ist die Wirkung auf Eisenbahnen größer, und wenn die Geschwindigkeit bedeutend ist, so wird der Kanal gar nicht mehr anwendbar sein, während die Eisenbahn keinen ihrer Vortheile verliert. Ein Pferd kann, bei sechs Meilen in einer Stunde, auf einer Eisenbahn dreimal so viel wirken als auf einem Kanal, und bei acht Meilen in einer Stunde fünfmal so viel.

Der Umstand aber, welcher in Beziehung auf Reisende den Eisenbahnen, in Vergleichung mit Kanälen, einen Vorzug gibt, der diesen nachtheilig ist, liegt darin, daß die größere Schnelligkeit und Wohlfeilheit, die eine Eisenbahn vermöge der Dampfkraft gewähren kann, solchen Bahnen immer nicht nur ein Monopol für die Beförderung von Reisenden sichern, sondern auch den Ertrag dieser Einnahmequelle in einem unermeßlichen Verhältnisse steigern müssen. Dieß hat sich auf der Bahn zwischen Liverpool und Manchester gezeigt. Vor der Eröffnung der Eisenbahn gingen täglich gegen 25 Wagen zwischen beiden Städten. Rechnen wir für jeden auf jeder Fahrt 10 Reisende, so erhalten wir ungefähr 500 für jeden Tag, oder 3000 auf jede Woche. In den letzten sechs Monaten des Jahres 1831 betrug die Zahl der Reisenden zwischen beiden Städten, ohne die unterwegs aufgenommenen zu rechnen, 256,321, und mit jenen gegen 300,000. Jetzt geht nicht mehr als ein Postwagen täglich zwischen Liverpool und Manchester, und es ergibt sich daraus, daß, abgesehen von dem Monopol der Fortschaffung von Reisenden, die Zahl der Reisenden sich vervierfacht hat.

Das auf diese Weise den Eisenbahnen gesicherte Fort-
schaffungs-Monopol wird einer Eisenbahn stets einen so bedeutenden Vortheil gewähren, daß sie im Stande ist, für Waaren eine verhältnißmäßig geringe Fracht zu nehmen.

Bei leichten Gütern, die schnelle Beförderung verlangen,
wird die Eisenbahn immer den Vorzug behaupten, und die
Fräge über die gegenseitigen Vortheile dieses Verbindungsmittels und der Kanäle kann nur in Hinsicht auf jene Arten
von schweren Gütern statt finden, wo auch eine geringe Ersparung an Fracht wichtiger als Schnelligkeit der Fortschaffung ist.

## 103.

Die erste Wirkung, welche die Eisenbahn auf die Kanäle
zwischen Liverpool und Manchester hatte, war ein Fallen der
Frachtpreise. Jetzt ist, so viel ich weiß, der Frachtpreis für
die Tonne auf der Eisenbahn und auf den Kanälen gleich.
Man wird daher natürlich fragen, warum denn unter diesen
Umständen die schnellere Fortschaffung und die größere Sicherheit auf Eisenbahnen diesen nicht in allen Fällen den Vorzug
sichere und den Kanälen nicht alle Fracht raube. Dieß liegt
in örtlichen und zufälligen Ursachen, wie auch in unmittelba-
rem Einflusse und in persönlichen Interessen. Ein großer
Theil der Bewohner beider Städte hat Kapital in den Kanälen
angelegt, und diese Personen sind sehr dabei betheiligt, die
Kanäle trotz den Eisenbahnen zu erhalten. Sie geben in ihren eigenen Angelegenheiten den Kanälen den Vorzug und bewegen alle, auf welche sie Einfluß haben, es in allen Fällen
zu thun, wo schnelle Fortschaffung nicht unumgänglich nöthig
ist. Ueberdieß gehen die Kanäle bis zu dem Ausschiffungs-
platze in Liverpool und durchfließen Manchester in verschiedenen Richtungen, so daß sie die Mauern vieler Niederlagen
und Faktoreien bespülen, für welche ihre Ladungen bestimmt
sind.

# Zehnter Abschnitt.

## Dampfwagen auf Heerstraßen.

### 104.

Wir haben bisher die Dampfkraft nur als ein Fortschaf=
fungsmittel auf Eisenbahnen betrachtet, aber der Unterneh=
mungsgeist ist in neueren Zeiten dabei nicht stehen geblieben.
Es sind verschiedene, zum Theil mit günstigem Erfolge gekrönte
Versuche gemacht worden, Dampfwagen auf Heerstraßen
zu gebrauchen. Man hat zwar die Ausführbarkeit dieses Ge=
dankens sehr in Zweifel gezogen; wenn wir aber in die Ge=
schichte der Erfindung der Dampfmaschine zurückblicken, so se=
hen wir, daß ähnliche Zweifel und Bedenklichkeiten sich fast bei
jedem wichtigen Fortschritte derselben erhoben haben. Verglei=
chen wir eine Heerstraße und eine Eisenbahn, so treten zwei
Umstände hervor, welche dieser offenbar einen Vorzug geben.
Einer dieser Umstände ist, daß die aus der Unebenheit der Ober=
fläche entstehenden Hindernisse der sich fortwälzenden Bewegung
der Räder auf einer Eisenbahn bedeutend geringer sind, als auf
einer Landstraße, und zwar in dem Verhältnisse von 1 zu 20.
Dieses Verhältniß aber ist durch die Beschaffenheit der Heer=
straße bedingt, mit welcher die Eisenbahn verglichen wird.
Eine gut gebaute Heerstraße bietet weniger Widerstand dar als
eine schlechte, und es ist eine ausgemachte Thatsache, daß eine
nach Mac Adam's System gebaute Heerstraße weit mehr Wi=
derstand darbietet als eine gut gepflasterte. Die Entscheidung
der Frage ist daher von einer andern abhängig, nämlich ob

Straßen durch Pflasterung oder auf andere Weise für Dampf=
wagen ebener und besser gebaut werden können, als es die jetzt
für Pferdekraft bestimmten sind.

Die Eisenbahnen haben aber, außer der größeren Eben=
heit, noch einen andern Vorzug vor den Heerstraßen, welchen
jedoch, wie ich glaube, die Gegner der Anwendung von Dampf=
wagen auf Straßen wohl sehr übertrieben haben. Es ist eines
der längst bekannten Gesetze der Adhäsion, daß diese größer
zwischen den Oberflächen von Körpern gleicher Natur, als zwi=
schen verschiedenen ist. So ist sie zwischen Metallen derselben
Art größer als zwischen zwei Metallen verschiedener Art. Zwi=
schen zwei Metallen jeder Art aber ist sie größer als zwischen
Metall und Stein oder zwischen Metall und Holz. Die Räder
eines Dampfwagens haben eine größere Adhäsion an die Ober=
fläche des Weges und zeigen daher einen größeren Widerstand
gegen das Umdrehen, ohne Fortbewegung des Wagens, als es
auf einer Heerstraße der Fall sein würde; denn auf der Eisen=
bahn bleibt der eiserne Felgenkranz in Berührung mit den eiser=
nen Schienen, während auf einer gewöhnlichen Straße die mit
Eisen beschlagene Felge mit der steinernen Oberfläche in Berüh=
rung ist. Staub und andere sich locker anhängende Stoffe, die
sich auf einer Heerstraße sammeln, wirken überdieß, wenn sie
zwischen die Räder und die feste Oberfläche der Straße gedrückt
werden, gewissermaßen wie Wälzen und geben 'en Rädern eine
größere Leichtigkeit zu gleiten, als wenn die Straße ganz rein
wäre und die Räder in unmittelbarer Berührung mit der harten
Oberfläche blieben. Die Richtigkeit dieser Bemerkung zeigt sich
auf den Eisenbahnen selbst, wo die Adhäsion vermindert wird,
so oft die Schienen mit fremdartigen Dingen, z. B. Staub oder
nassem Thon, bedeckt sind. Obgleich aber die Adhäsion der Rä=
der eines Wagens auf einer gewöhnlichen Straße geringer
ist, als bei den Rädern eines Dampfwagens auf Schienen,
so ist doch die wirkliche Adhäsion auf Heerstraßen größer, als
man es gewöhnlich vorausgesetzt hat, und völlig hinlänglich,
Wagen fortzutreiben, die beträchtliche Lasten nach sich ziehen.

Die verhältnißmäßige Leichtigkeit, mit welcher Wagen
auf Eisenbahnen und Heerstraßen fortgetrieben werden, trifft

auf gleiche Weise jede bewegende Kraft, mag sie von Pferden oder von Dampfwagen herrühren, und mögen Ladungen von der einen oder der andern Kraft fortgetrieben werden, die Eisenbahn besitzt in Vergleichung mit der Heerstraße immer denselben verhältnißmäßigen Vorzug, und eine gegebene Kraftmenge der einen oder der andern Art wird immer in demselben Verhältnisse weniger auf einer Heerstraße als auf einer Eisenbahn leisten. Dagegen aber sind die Kosten der ursprünglichen Anlage und der Aufwand für die Unterhaltung einer Eisenbahn gegen die gewisse Leichtigkeit der Fortschaffung in Anschlag zu bringen.

Bei den seither gemachten Versuchen, Dampfwagen auf Heerstraßen zu gebrauchen, hatten die Unternehmer zwei Zwecke im Auge, erstens leichtere und kleinere Maschinen zu bauen und zweitens verstärkte Kraft. Es liegt am Tage, daß sich diese beiden Zwecke bei dem jetzigen Zustande unserer Kenntnisse nur durch die Erzeugung eines Dampfes von sehr hoher Hitze und Spannung erreichen lassen, so daß Dampf von dem kleinsten Rauminhalte die größtmögliche mechanische Wirkung hervorbringe. Die Art, den Wagen fortzutreiben, ist im Ganzen der Forttreibungsweise auf Eisenbahnen gleich gewesen, nämlich durch Kurbeln, die auf die Achsen gestellt sind, während die Räder an denselben Achsen befestigt werden, oder durch Verbindung der Kolbenstangen mit den Rädern, wie in der Fig. 65 dargestellten Maschine. Bei einigen Wagen sind der Kessel und die bewegende Kraft, so wie der Wagen für die Reisenden, auf dieselben Räder gestellt; bei andern aber steht die Maschine auf einem besondern Wagen und zieht den für die Reisenden bestimmten Wagen nach sich, wie immer auf Eisenbahnen.

Der Hauptunterschied zwischen den Dampfmaschinen auf Eisenbahnen und den für Wagen auf Heerstraßen eingerichteten, besteht in dem Bau des Kessels. Es ist hier wesentlich, daß der Kessel, während die Kraft unvermindert bleibt, leichter und kleiner sei. Man hat zur Erreichung dieses Zweckes verschiedene Mittel versucht, das Wasser so zu vertheilen, daß eine mit ihm in Berührung stehende beträchtliche Oberfläche der Wirkung des Feuers ausgesetzt werde. Es wurde in dünnen Schichten auf flachen Platten ausgebreitet, oder zwischen Eisenplatten, die

ſich in geringer Entfernung von einander befanden, während das
Feuer zwiſchen ihnen wirkte, oder in kleine Röhren vertheilt,
um welche das Feuer ſpielte, oder in Cylinder, die in einander geſtellt waren.

### 105.

In der Geſchichte der Anwendung der Dampfkraft als
eines Fortſchaffungsmittels auf Heerſtraßen ſteht der Name
G o l d s w o r t h y  G u r n e y, eines Arztes und Chemikers in
Cornwall, obenan. Einige Verſuche, die er ſeit 1822 über
die Wärme angeſtellt hatte, lenkten ſeine Aufmerkſamkeit auf
den Plan, Dampfmaſchinen auf Heerſtraßen anzuwenden,
und ſeit 1825 war er bemüht, eine Dampfmaſchine zu bauen,
welche zur Erreichung ſeines Zweckes dienen konnte. Viele
andere folgten ihm nach. Ob ſie oder ſonſt jemand durch
glücklichern Erfolg, durch größere Begünſtigung des Publikums oder durch höhere Geiſteskraft ihm auf der betretenen
Bahn zuvorkommen werden, läßt ſich jetzt nicht leicht voraus-
ſagen. Was aber auch der Erfolg ſein möge, Gurney gebührt die Ehre, daß er zuerſt die Ausführbarkeit des Gedan-
kens dargethan hat.

Die Ungläubigkeit, der Widerſpruch und ſelbſt die Ver-
ſpottung, die Gurney's Plan fand, waren höchſt merkwürdig. Alle kunſtverſtändigen Werkmeiſter traten ſeinen Anſich-
ten ſogleich entgegen. Die geiſtige Beſchränktheit, die zuweilen durch eine hauptſächlich, ja ausſchließend auf einen
bloß praktiſchen Zweck gerichtete Bildung hervorgebracht und
ſpäter durch bloß praktiſche Beſtrebungen unterhalten wird,
erklärt einigermaßen dieſe Erſcheinung. Aber ich geſtehe, mit
Befremden habe ich in den letzten zehn Jahren die gänzliche
Ungläubigkeit bemerkt, die unter Männern von wiſſenſchaft-
licher Bildung herrſchte, eine Ungläubigkeit, welche ſelbſt
durch die unzweideutigſte praktiſche Bewährung kaum entfernt
worden iſt. „Unter den wiſſenſchaftlich gebildeten Männern,
ſagt Gurney, hat meine Meinung niemand begünſtigt, als
allein der verſtorbene Dr. Wo l l a ſt o n.“

Auch Gurney war von der falſchen Anſicht befangen,

welche so lange hinsichtlich der Anwendung von Dampfwagen
auf Eisenbahnen verbreitet gewesen ist und, wie wir gezeigt haben, die Fortschritte der Erfindung wesentlich aufgehalten hat.
Ohne die Frage durch Versuche zu entscheiden, nahm er bei
seinen ersten Arbeiten für ausgemacht an, daß die Abhäsion
der Räder auf einer Heerstraße zu gering sei, um einen Wagen forttreiben zu können. Ausgezeichnete Kunstverständige
versicherten ihm, wie er sagt, daß dieß durch wirkliche Versuche ausgemittelt sei. Es ist aber auffallend, daß ein so
einsichtiger und scharfsinniger Mann sich nicht genauer nach
den angeblichen w i r k l i c h e n  V e r s u c h e n erkundigte. Genug, er nahm es als entschieden an, daß die Räder nicht im
Stande wären, den Wagen fortzutreiben, und verschwendete
viel Mühe und Geschicklichkeit, Hebel und forttreibende Vorrichtungen zu erfinden, die auf den Boden ungefähr wie
Pferdefüße wirkten, um den Wagen fortzutreiben. Nach
mehren fruchtlosen Versuchen dieser Art brachte ihn die dabei erlangte Erfahrung zur Erkenntniß der Wahrheit, und er
fand, daß die Abhäsion der Räder nicht nur hinlänglich war,
einen schwer beladenen Wagen auf einer ebenen Straße fortzutreiben, sondern auch fähig, ihn über alle Anhöhen zu führen,
die auf gewöhnlichen Heerstraßen vorkommen.

Es würde meinem Zwecke fremd sein, alle Schritte,
welche allmälig zu einer Verbesserung seiner Erfindung führten, umständlich anzugeben. Sie ist, wie andere Erfindungen, nach mehren Fehlschlagungen weiter gekommen, hat aber
endlich den Punkt erreicht, wo sie allein durch eine umfassen-
dere praktische Anwendung zu weiterer Vollkommenheit gelangen kann.

### 106.

Der Kessel der Maschine ist so eingerichtet, daß kein
Theil desselben, in welchem Metall der Wirkung des Feuers
ausgesetzt ist, selbst die Stäbe des Rostes nicht ausgenommen,
außer Berührung mit dem Wasser wäre. Bedenkt man, wie
schnell die Wirkung eines heftigen Herdfeuers, Metall zerstört,
wenn nicht Wasser die Hitze abhält, sich anzuhäufen, so wird

man einsehen , wie vortheilhaft dieser Umstand ist. Ich habe
gesehen, daß die Stäbe eines neuen , nie vorher gebrauchten
Rostes auf einer einzigen Fahrt zwischen Liverpool und Man=
chester schmolzen, und der Erfinder einer anderen Form von
Dampfwagen hat mir gestanden, daß seine Roststäbe , ob=
gleich von ansehnlicher Stärke, nicht länger als eine Woche
dauern würden. In Gurney's Kessel sind die Roststäbe selbst
Röhren, die mit Wasser angefüllt sind, und bilden eigent=
lich einen Theil des Kessels. Dieser Kessel besteht aus
drei starken metallenen Cylindern, die horizontal über einan=
der liegen. Einen Vertikal=Durchschnitt gibt Fig. 62. Die
Enden der drei Cylinder sind D H und I. In die Seite des
untersten Cylinders D ist eine Reihe von Röhren eingelassen,
die Fig. 63 im Grundrisse zeigt. Diese Röhren sind ein we=
nig aufwärts gerichtet, aus einem Grunde, den wir bald er=
klären werden. In dem Vertikal=Durchschnitte Fig. 62 kann
nur eine dieser Röhren bei C sichtbar sein. Die anderen En=
den dieser Röhren A sind mit eben so vielen aufrecht stehenden
Röhren verbunden, von welcher E eine ist. Die oberen En=
den G dieser aufrecht stehenden Röhren sind mit einer anderen
Reihe von Röhren K in gleicher Anzahl in Verbindung, die
von G ausgehen und, ein wenig aufwärts gerichtet, sich in dem
zweiten Cylinder H endigen.

    In der Ansicht des Kessels Fig. 64 sind die drei Cylin=
der mit denselben Buchstaben bezeichnet. Zwischen den Cy=
lindern D und H befinden sich zwei Verbindungsröhren B und
ähnliche zwischen den Cylindern H und I. Der Natur des
Durchschnittes gemäß, können diese nur als eine einzige Röhre
in Fig. 62 erscheinen. Aus dem oberen Theile des Cylinders
I geht die Röhre N hervor, die der Maschine Dampf zuführt.

    Man sieht, daß der Raum F auf allen Seiten von ei=
nem aus Röhren bestehenden Roste eingeschlossen ist, welcher
mit den Cylindern D und H verbunden ist, die unter sich
durch die Röhren B in Verbindung stehen. Es ergibt sich
hieraus, daß Wasser, dem Cylinder I zugeführt, durch die
Röhren hinabfließt und, wenn es den Cylinder D und die Röh=
ren C gefüllt hat, allmälig in B und E hinaufsteigt, und

endlich die Röhren K und den Cylinder H füllt. Die Rost=
röhren CEK bilden den Feuerherd. Die Röhren C sind das
Feuerlager, die Röhren E und K die Hinterwand und die Decke
des Herdes. Die Feuerthüre sieht man bei M, Fig. 64. Der
Flammenzug geht über die Röhren K, und Flamme und heiße
Luft werden in den Rauchfang geführt. Der Theil der Hitze
des brennenden Feuers, welcher in andern Herden die Rost=
stäbe zerstört, wird hier verwendet, das in den Röhren C
enthaltene Wasser zu erwärmen. Die ausstrahlende Wärme
des Feuers wirkt auf die Röhren K, auf die Röhren E und
theilweise auf die Cylinder D und H und die Röhren B. Der
Zug der heißen Luft und der Flamme, der bei A in den Ka=
nal geht, wirkt auf die Rückseite der Röhren E und die obe=
ren Seiten der Röhren K und geht endlich in den Rauchfang
über.

Wird das Wasser in den Röhren CEK erwärmt, so
wird es spezifisch leichter als Wasser von geringerer Tempera=
tur und erhält daher ein Streben aufwärts zu steigen. Es
geht schnell in H über. Die kälteren Theile gehen mittler=
weile hinab und die geneigte Lage der Röhren C und K be=
günstigt jenes Streben des erwärmten Wassers, so daß ein
ungemein schneller Umlauf hervorgebracht wird, so bald das
Feuer auf die Röhren zu wirken beginnt. Hat das Wasser
eine so hohe Temperatur erlangt, daß schnell Dampf erzeugt
wird, so werden in den das Feuer umgebenden Röhren stets
Blasen gebildet, und wenn diese in den Röhren blieben, so
würde die Wirkung des Feuers nicht nur den Dampf zersetzen,
sondern auch die Röhren glühend machen, weil das Wasser
nicht hindurchginge, um die Hitze zu entführen. Die ge=
neigte Lage der Röhren verhindert diese nachtheilige Folge.
Eine in den Röhren C oder K entstandene Dampfblase, welche
das Streben hat, im Verhältnisse ihrer Leichtigkeit gegen das
Wasser sich zu erheben, steigt nothwendig aufwärts in C nach
A, in K nach H. Diese Bewegung des Dampfes aber wird
unterstützt durch die schnelle Bewegung des Wassers, die stets
in den Röhren statt findet, wie wir bereits erklärt haben; sonst
wäre es möglich, daß ungeachtet der Leichtigkeit des Dampfes

gegen Waffer, eine Blafe in der engen Röhre bleiben würde, ohne zu steigen. Ich hebe dieß befonders hervor, weil man das Verbrennen der Röhren, wie ich glaube irrig, dem Kef= fel zugefchrieben hat. Ich habe, um die Sache durch Er= fahrung zu erproben, zwei Cylinder, wie D und H, durch Glas= röhren verbunden, wie die mit CEK bezeichneten. Der fchnelle und beftändige Umlauf des Waffers wurde dadurch fichtbar: Es bildeten fich zwar Dampfblafen in den Röhren, aber fie gingen fchnell in den oberen Cylinder über und ftiegen zu der Oberfläche, fo daß die Glasröhren nie eine höhere Tempera= tur erhielten, als das durch diefelben gehende Waffer hatte.

Dieß ift, meiner Meinung nach, der Hauptvorzug von Gurney's Keffel. Kein Theil des Metalles, woraus er be= fteht, kann eine höhere Temperatur erhalten, als das darin enthaltene Waffer, und diefe Temperatur läßt fich, wie je= der fieht, mit der größten Genauigkeit regeln. Ich habe die Röhren diefes Keffels gefehen, während fie fchon lange Zeit der Wirkung des Feuers ausgefetzt waren, und nie bemerkt, daß der Ruß, der fie bedeckte, geglüht hätte, was der Fall gewefen fein müßte, wenn die Röhre bis zu einem gewiffen Grade wäre erhitzt worden. Da der Keffel in allen Theilen cylindrifch ift, fo hat er diejenige Form, welche in mechani= fcher Hinficht die größte Stärke gewährt und in gegebenen Dimenfionen die größte Waffermenge enthält. Auch ift er frei von den durch ungleiche Ausdehnung entftehenden Män= geln, die fo nachtheilig in röhrenförmigen Keffeln find. Die Röhren C und K können fich frei nach ihrer Länge ausdeh= nen, ohne in ihren Fugen locker zu werden und ohne irgend einen Theil der Vorrichtung zu fpannen. Die Röhren E, die kurz find, können fich nur fehr wenig ausdehnen, und man fieht leicht, daß die langen Röhren, mit welchen fie verbun= den find, dadurch keine Spannung erleiden.

Verwandelt fich Waffer in Dampf, fo wird jeder mit ihm verbundene fremdartige Stoff frei und auf den Boden des Gefäßes niedergefchlagen, in welchem das Waffer verdampft. Alle Keffel müffen daher von Zeit zu Zeit gereinigt werden, damit folche Niederfchläge fich nicht als eine Rinde auf der in=

neren Oberfläche anhäufen\*), und dieß iſt, wie man einſieht, bei röhrenförmigen Keſſeln mit beſondern Schwierigkeiten ver= bunden. In dem Keſſel, den wir hier betrachten, würde die aus dem Niederſchlage entſtandene Rinde ſich in den Röh= ren C und K anhäufen und, wenn ſie nicht weggeſchafft wür= de, die Röhren endlich verſtopfen, aber überdieß, da ſie ein ſchlechter Wärmeleiter iſt, die nachtheilige Wirkung haben, daß ſie die Hitze bei dem Uebergange aus dem Feuer zu dem Waſſer auffinge, wodurch das Metall der Röhre übermäßig erhitzt würde. Gurney, der dieß vorausſah, fiel auf ein ſinnreiches chemiſches Mittel, die Anhäufung des Niederſchlags zu verhüten, indem er zuweilen eine Säure in die Röhren goß, die ſich mit dem Niederſchlage verbinden und ihn wegſchaffen mußte. Dieſes Mittel war ganz wirkſam, wiewohl die prak= tiſche Anwendung deſſelben in den Händen gewöhnlicher Ma= ſchinenwärter nicht ohne Schwierigkeiten war. Gurney ließ ſich durch Wollaſton bewegen, es beizubehalten, bis die Er= fahrung ihm die Unmöglichkeit bewies, es bei der gewöhnli= chen Benutzungsart der Keſſel wirkſam anzuwenden. Er ging dann zu einem einfacheren, aber nicht minder wirkſamen Mit= tel über, den Niederſchlag durch mechaniſche Vorkehrungen wegzuſchaffen. Der Mündung der Röhren gegenüber und auf der anderen Seite der Cylinder D und H werden mehre Lö= cher angebracht, welche, wenn der Keſſel gebraucht wird, durch Metallſchrauben verſtopft werden. Bei der Reinigung der Röhren zieht man die Schrauben heraus und bringt durch die Löcher einen eiſernen Kratzer in die Röhren, welcher, rück= wärts und vorwärts geſchoben, den Niederſchlag wegräumt. Auf dieſe Weiſe kann ein gewöhnlicher Tagelöhner den Keſſel reinigen. Die Zeit, in welcher ein Keſſel dieſer Art der Rei=

---

\*) Außer beſondern Vorkehrungen bei der Einrichtung des Keſſels, ſucht man die Anhäufung des Bodenſatzes, der gewöhnlich aus kohlen= ſaurem Kalk und zuweilen auch Kochſalz beſteht, dadurch zu verhüten, daß man gekochte oder zerquetſchte Kartoffeln oder die Abfälle von Malz in den Keſſel wirft. Andre haben als das wirkſamſte Mittel einen Zuſatz von gröblich gepulverter Holzkohle vorgeſchlagen.

nigung bedarf, wird großentheils durch die Beschaffenheit des
gebrauchten Waffers bedingt. Selbst bei dem Gebrauche des
schlechtesten Waffers ist es, wie Gurney versichert, hinlänglich,
den Keffel alle vierzehn Tage zu reinigen.

### 107.

In den später gebauten Keffeln hat Gurney den Zug auf
dem Feuerherde durch die Art bewirkt, wie er den überflüffi=
gen Dampf in den Rauchfang treibt. Diese Vorrichtung hat
sich vollkommen wirksam bewiesen, und man hat gegen ihre
Anwendung in Dampfwagen auf Heerstraßen nur den Ein=
wurf gemacht, daß sie durch das Geräusch, welches sie her=
vorbringt, Pferde scheu machen würde.

In den Dampfmaschinen auf der Liverpool=Bahn geht
der Dampf durch die Ausleerungsröhre des Cylinders gerade
in den Rauchfang, indem er mit der abwechselnden Bewe=
gung des Kolbens stoßweise entweicht und ein Geräusch her=
vorgebracht wird, das auf einer Eisenbahn keine Unbequem=
lichkeit verursacht, auf Heerstraßen jedoch gewiß bedenklich
sein würde. In Gurney's Maschine wird der aus den Cy=
lindern entweichende Dampf in ein Behältniß geführt, wel=
ches er Blasekasten nennt, der zu demselben Zwecke dient,
wie die obere Abtheilung eines großen Blasebalgs. Er em=
pfängt den Dampf aus den Cylindern in einzelnen Stößen,
läßt ihn aber in einem stetigen Strome durch viele kleine Röh=
ren in den Rauchfang entweichen. Auf diese Weise wird ein
regelmäßiger Luftzug bewirkt und kein Geräusch bemerkt.
Auch hat der Dampf noch einen andern Ausgang, so daß der
Führer des Wagens im Stande ist, den Zug des Rauchfangs
zu verstärken oder zu vermindern oder auch ganz zu hemmen,
um die Stärke des Feuers nach der Beschaffenheit der Straße
zu bestimmen. Dieß ist in der Praxis eine große Bequem=
lichkeit, weil es auf einigen Straßen kaum nöthig ist, das
Herdfeuer durch Luftzug zu verstärken, auf andern aber ein
sehr heftiges Feuer unentbehrlich ist.

Mit jenem Blasekasten ist eine andere praktisch wichtige
Vorrichtung verbunden. Die Röhre, durch welche das den

Keſſel ſpeiſende Waſſer aus dem Behälter ihm zugeführt wird, läuft in Windungen durch den Blaſekaſten, ſo daß ein langer Faden des Speiſewaſſers der Hitze des aus dem Cylinder ent= weichenden und in dem Kaſten eingeſchloſſenen Dampfes aus= geſetzt iſt. Im Durchgange durch dieſe Röhre wird das Waſ= ſer von 12° auf 80° R. erwärmt. Die Feuerungsmittel, die nöthig ſein würden, dieß zu bewirken, werden daher erſpart, und man berechnet, daß dieß ⅛ der zur Verdampfung des Waſ= ſers erfoderlichen Feuerung beträgt. Noch wichtiger aber in ei= nem Dampfwagen iſt es, daß ein Theil des Gewichts der Ma= ſchine erſpart wird, ohne ihr dadurch etwas von ihrer Kraft zu entziehen. Während das Waſſer in der oben beſchriebenen wurmförmigen Röhre die Wärme des in dem Blaſekaſten ent= haltenen Dampfes aufnimmt, condenſirt es ⅛ des überflüſſigen Dampfes, welches dann von hier in den Waſſerbehälter ge= führt wird, ſo daß man auf dieſe Weiſe ⅛ an Gewicht und Raum des Waſſers erſpart, das auf dem Wagen znr Speiſung des Keſſels geführt werden muß *).

Die Erfahrung hat bewieſen, daß dieſe Vorrichtung alle Nachtheile verhütet, die durch Geräuſch entſtehen könnten.

In allen Keſſeln verurſacht die heftige Aufwallung bei dem Sieden eine Bewegung im Waſſer und viele Gegenſtrömungen, durch welche der Dampf, wenn er auf der Oberfläche des Waſ= ſers frei wird, einen anſehnlichen Theil des Waſſers in mecha= niſcher Miſchung mit ſich wegnimmt. Geht dieſes Waſſer, das keine der Eigenſchaften des Dampfes beſitzt, und die Kraft des Dampfes, mit welchem es ſich vermiſcht, nicht verſtärkt, durch die Cylinder, ſo wird ſehr viel Hitze und Waſſer verſchwendet,

---

*) In Keſſeln für ſtehende Maſchinen oder für Dampfſchiffe wird die Dampfröhre, nachdem ſie durch den Blaſekaſten gegangen iſt, fortgeſetzt und läuft in mehren Windungen über den Keſſel, um die überflüſſige Hitze nach dem Durchgange durch den Keſſel und ehe ſie den Rauch= fang erreicht, aufzunehmen. Die Erfahrung hat gezeigt, daß bei Dampf= wagen auf Heerſtraßen die durch die überflüſſige Hitze gewonnene Kraft nicht hinlänglich iſt, das Gewicht der Kohlen fortzuſchaffen, die nöthig ſind, ſie zu unterhalten.

und es entstehen andere nachtheilige Wirkungen. In jedem Kessel müssen daher Vorkehrungen gemacht werden, um das in dem Dampfe enthaltene Wasser abzuscheiden, ehe der Dampf in den Cylinder übergeht. In gewöhnlichen aus Metallplatten bestehenden Kesseln dient der über der Oberfläche des Wassers befindliche große Raum, der Dampfraum, zu diesem Zwecke. Der Dampf wird hier nicht bewegt oder gestört, das mit demselben mechanisch vermischte Wasser fällt daher vermöge seiner Schwere, und im oberen Theile bleibt der reine Dampf zurück. In den kleinen röhrenförmigen Kesseln aber hat die Sache größere Schwierigkeit gehabt. Die engen Räume, in welchen das Sieden hier statt findet, sind Ursache, daß sich mehr Wasser mit dem Dampfe vermischt, als in gewöhnlichen Kesseln statt finden würde, und der Mangel eines Dampfraums macht die Absonderung des Wassers von dem Dampfe etwas schwierig. Man hat diese Nachtheile durch mehre sehr sinnreiche Erfindungen besiegt. Ich habe bereits den durch die Einrichtung der Röhren bewirkten schnellen und regelmäßigen Umlauf des Dampfes beschrieben. Die Regelmäßigkeit der Dampfströmungen in diesen Röhren vermindert allein schon die Vermischung des Wassers mit dem Dampfe. Dazu kommt noch das wirksame Absonderungsmittel, das der Kessel I gewährt, ein ziemlich großer eiserner Cylinder, der außer dem unmittelbaren Einflusse des Feuers angebracht ist. Der Dampf wird zum Theil schon in dem Cylinder H von dem Wasser abgesondert, und der mit dem Wasser mechanisch vermischte Dampf, der sogenannte feuchte Dampf, geht in den Absonderungs-Cylinder I über. Hier, wo der Dampf gleichsam in ruhendem Zustande ist, fallen die Wassertheilchen nieder, und der reine Dampf bleibt in dem oberen Theile des Cylinders. Dieser Absonderungs-Cylinder vertritt daher völlig die Stelle des Dampfraums über der Oberfläche des Wassers in den großen Kesseln. Der trockne Dampf wird gesammelt, um durch die Röhre N zum Treiben der Maschine ausgeleert zu werden, während das auf dem Boden gesammelte Wasser durch die Röhre T in den untersten Cylinder D geführt wird, um wieder durch den Kessel seinen Umlauf zu machen.

Die Kolben der Maschine wirken auf die Achsen der Hinterräder des Wagens, welche die Maschine tragen, mittels Kurbeln, wie bei den Dampfwagen auf der Liverpool-Bahn, so daß die Achse sich stets umdreht, während die Maschine arbeitet. Die auf der Achse befindlichen Räder sind nicht beständig an derselben befestigt, wie bei den Eisenbahn-Wagen, sondern können sich auf ihr umdrehen, wie gewöhnliche Wagenräder. In den Rädern sind unmittelbar auf den Achsen zwei hervorragende Hebel befestigt, die sich mit der Achse drehen und die Stellung zweier entgegengesetzten Radspeichen haben. Sie können bald an das Rad befestigt, bald weggenommen werden, so daß sie nach dem Belieben des Wagenführers die Räder treiben, sich mit der Achse zu bewegen, oder der Achse die Freiheit lassen, sich unabhängig von dem Rade, oder dem Rade, sich unabhängig von der Achse umzudrehen. Die Maschine kann mittels dieser Hebel ein Rad oder beide treiben. Werden beide Hebel mit den Rädern in Verbindung gebracht, so bringt die Kurbelstange beide Räder zum Umdrehen, und in diesem Falle tritt dieselbe Wirkung ein, die wir bei den Dampfwagen auf der Liverpool-Bahn sehen. Selten aber ist dieß nöthig, da die Adhäsion e i n e s Rades mit der Straße gewöhnlich hinreichend ist, den Wagen fortzutreiben. Der Wagen wird meist nur durch eines der beiden Hinterräder getrieben. Die Vorderräder drehen sich wie gewöhnliche Wagenräder. Die Stellung dieser Räder kann von dem Wagenführer nach Belieben mittels einer einfachen Vorrichtung verändert werden, und so wird der Wagen stets mit Genauigkeit und Leichtigkeit geführt.

Die zur Forttreibung eines Wagens auf gewöhnlichen Straßen nöthige Zugkraft verändert sich nach der Beschaffenheit der Straße, und daher ist auch der Druck auf die Kolben der Maschine einer Veränderung unterworfen. Noch mehr Veränderungen aber bewirken die Unebenheiten der Heerstraßen. Die unvermeidliche Veränderung in der Stärke der treibenden Kraft wird erlangt, wenn der Dampf in dem Kessel mittels des Regulator-Ventils geregelt wird, wie wir bereits bei der Beschreibung der Dampfwagen auf Eisenbahnen angegeben haben. In dem vorliegenden Falle aber geht man weiter. Der Dampf

In dem Keſſel kann zu einem Drucke von 100 bis 200 Pfund auf den Quadratzoll geſpannt werden, wogegen der Druck auf den Kolben nicht über 30 bis 40 Pfund ſteigen darf. So ſteht dem Wagenführer ſtets eine unermeßliche Dampfkraft zu Gebote, und iſt ein Hügel zu überſteigen oder wird der Weg rauh, ſo kann er die Kraft erlangen, die er braucht, um die Schwierigkeiten zu beſiegen.

Zwei Schwierigkeiten gibt es, welche man bei der Anwendung von Dampfwagen auf Heerſtraßen immer gefürchtet hat, erſtens die Erlangung hinlänglicher Kraft, um über Anhöhen und rauhe Straßenſtrecken zu kommen, und zweitens die vermeinte Unzulänglichkeit der Abhäſion der Räder auf Heerſtraßen. Die erſte dieſer Schwierigkeiten hat man dadurch zu überwinden geſucht, daß man ſtets einen Dampf von ſehr hohem Drucke mit vollkommener Sicherheit im Keſſel unterhielt. Was die andere Schwierigkeit betrifft, ſo haben alle Verſuche gezeigt, es ſei kein Grund zu der Vorausſetzung, daß die Abhäſion der Räder unzureichend zum Forttreiben ſei. Gurney fuhr mit ſeinem Dampfwagen über bedeutende Anhöhen auf den Straßen um London.

Ein doppelter Kolbenhub bewirkt eine Umdrehung der treibenden Räder, und nöthigt den Wagen, ſich über einen Raum zu bewegen, der dem Umfange der Räder gleich iſt. Es iſt daher klar, daß, je größer der Durchmeſſer der Räder iſt, der Wagen deſto beſſer zu geſchwinder Fortſchaffung paßt, wogegen Räder von kleinerem Durchmeſſer beſſer für Kraftwirkung paſſen. Die von der Maſchine auf die Räder ausgeübte forttreibende Kraft ſteht im umgekehrten Verhältniſſe mit dem Durchmeſſer der Räder. Bei Wagen, die beſtimmt ſind, ſchwere Laſten mit mäßiger Geſchwindigkeit fortzuſchaffen, wird man kleinere Räder anwenden, wogegen bei denjenigen, welche Reiſende mit bedeutender Schnelligkeit fortſchaffen ſollen, Räder von wenigſtens 5 Fuß Durchmeſſer die vortheilhafteſten ſind.

Unter den vielen Vorurtheilen, zu welchen die neue Erfindung Anlaß gegeben hat, iſt in ſeinen Wirkungen das nachtheiligſte und in ſeiner Falſchheit das auffallendſte, die Meinung, daß Dampfwagen den Straßen ſchädlicher ſeien als die

von Pferden gezogenen Wagen. Dieser Irrthum ist in dem
Berichte deß zur Untersuchung der Dampfwagen=Angelegenhei=
ten ernannten Ausschusses des britischen Unterhauses klar und
gründlich aufgedeckt worden. Es wird darin einleuchtend dar=
gethan, daß Dampfwagen eine Straße nicht schneller verder=
ben als gewöhnliche Wagen, sondern daß die Füße der Pferde
eine Straße schneller zerstören, als die Wagenräder. Dampf=
wagen können breite Felgenkränze haben und wirken daher auf
die Straße wie Walzen, wodurch die Oberfläche derselben Fe=
stigkeit erlangt. Die treibenden Räder, die erweislich nicht
auf der Straße gleiten, wirken nicht nachtheiliger als die ge=
wöhnlichen rollenden Räder, daher wird die Straße durch Dampf=
wagen nicht mehr abgenutzt, als durch gewöhnliche Wagen;
aber die durch die stampfenden und aufwühlenden Pferdefüße
verursachte Abnutzung der Straße ist oft weit bedeutender als
die zerstörende Wirkung der Wagenräder. In dem angeführten
Berichte ist es erwiesen, daß die Einführung von Dampfwagen
wesentlich zur Erhaltung der Landstraßen beitragen wird und
daß Reisende dadurch ebenso viel ersparen werden, als sie an
Vortheilen schneller Fortschaffung gewinnen.

Man hat das Gewicht der bei Dampfwagen nöthigen
Maschinerie zuweilen als einen Einwurf gegen ihre praktische
Nützlichkeit angewendet. Gurney behauptet, es lasse sich durch
Verbesserung der Maschinerie das Gewicht seiner Wagen, ohne
ihre forttreibende Kraft zu schwächen, auf 35 Centner herabse=
tzen, mit Ausnahme der Ladung, der Feuerungsmittel und des
Wassers; aber er glaubt das Gewicht noch mehr vermindern
zu können.

Ein von Gurney gebauter Dampfwagen, der 8 Stunden
geht, verrichtet nach seiner Angabe das Werk von ungefähr
30 Pferden. Er berechnet, daß das Gewicht seines forttrei=
benden Wagens, der 18 Personen ziehen kann, dem Gewichte
von 4 Pferden gleich, und der Wagen, in welchem die Reisen=
den sitzen, eben so schwer als ein gewöhnlicher sei, der dieselbe
Personenzahl fassen könne. Die ganze Vorrichtung des forttrei=
benden Wagens und des Personenwagens würde daher so schwer
sein, als eine gewöhnliche Postkutsche mit 4 Pferden.

### 108.

Dampfwagen werden zur Fortschaffung von Personen oder Gütern auf gewöhnlichen Straßen in doppelter Art benutzt, entweder trägt der Wagen die Last, oder er zieht sie, und man hat bald die eine, bald die andere Weise versucht. Jede hat ihre Vortheile und Nachtheile. Trägt derselbe Wagen die Maschine und die Ladung, so wird das Gewicht des Ganzen im Verhältniß zu der Ladung geringer sein, und es kann ein größerer Druck auf die Räder hervorgebracht werden, um die Ladung fortzutreiben. Auch glaubt man, es lasse sich eine größere Leichtigkeit in der Wendung und Leitung des Fuhrwerks, eine größere Sicherheit in dem Hinabfahren von Anhöhen und eine Ersparung am Anlage = Kapital dadurch erlangen. Dagegen werden die Reisenden, wenn sie sich mit der Maschine auf demselben Wagen befinden, durch das Geräusch der Maschinerie und durch die Hitze des Kessels und des Herdes belästigt. Die Gefahr einer Explosion ist zwar so gering, daß sie vielleicht kaum Erwähnung verdient, aber selbst die F u r c h t vor einer Gefahr, sei sie auch ungegründet, sollte nicht unbeachtet bleiben. Diese Besorgniß wird offenbar gehoben oder vermindert, wenn die Reisenden in einem von der Dampfmaschine abgesonderten Wagen sitzen; der größte Vortheil einer solchen Absonderung aber ist, daß es dadurch erleichtert wird, eine Maschine mit einer andern zu vertauschen, wenn unterwegs ein Unfall oder eine Störung eintritt, und wofern ein solcher Unfall an einem Orte einträte, wo keine neue Maschine zu haben wäre, so könnten die Reisenden durch Pferde weiter geschafft werden, bis ein anderer Dampfwagen erlangt würde./ Auch darin liegt ein Vortheil, daß die Wagen für Reisende, wenn die Maschinen ausgebessert oder gereinigt werden müssen, nicht müssig zu bleiben brauchen. Es ist nicht dieselbe Zahl von Wagen für Reisende nothwendig, wenn die Maschine gebraucht wird, sie zu ziehen, als wenn man den Dampfwagen benutzt, sie zu tragen.

Wird eine sehr starke Dampfmaschine gebraucht, schwere Ladungen fortzuschaffen, so würde es unausführbar sein, die Maschine und die Ladung auf vier Räder zu stellen, da der

Druck so bedeutend sein würde, daß keine Heerstraße ihn tragen könnte. In diesem Falle wird es unumgänglich nöthig sein, wenigstens einen Theil der Ladung auf besondere Wagen zu legen, um von der Maschine gezogen zu werden.

Vergleicht man Dampfwagen mit gewöhnlichen Wagen, so ist kein Vortheil, den jene geben, einleuchtender, als die Sicherheit, die sie dem Reisenden gewähren. Die Dampfkraft steht vollkommen in unserer Gewalt und ein Dampfwagen läßt sich mit bewundernswürdiger Genauigkeit lenken. Man kann ihn plötzlich zum Stillstehen bringen, wie groß auch die Schnelligkeit der Bewegung sei; er läßt sich in einem kleineren Raume wenden, als für einen vierspännigen Wagen nöthig ist. Bei Wendungen um scharfe Ecken ist keine Gefahr, wenn der Wagenführer nur die gewöhnlichste Sorgfalt anwendet. Dagegen hat man Pferde weit weniger in der Gewalt, zumal bei der Schnelligkeit, die jetzt der Reiche für nothwendig hält. „Die Gefahr, daß die Pferde durchgehen und der Wagen umgeworfen werde — sagt Farey in dem Gutachten, das er dem Ausschusse des Unterhauses gab — wird bei einem Dampfwagen sehr vermindert. Es ist ungemein schwer, vier solche Pferde zu lenken, die eine schwere Postkutsche zehn englische Meilen in einer Stunde ziehen können, wenn sie scheu werden oder durchgehen, und bei so schnellem Fahren müssen sie so munter erhalten werden, daß sie immer Lust haben durchzugehen, zumal bergab und bei scharfen Krümmungen der Straße. Dampfkraft hingegen hat wenig Gefahr, da man sie vollkommen in der Gewalt hat und hemmen kann, wenn es bergab geht. Nur bei großer Nachlässigkeit kann ein Dampfwagen umgeworfen werden. Die Möglichkeit, daß der Wagen breche, wird nicht größer als in Postkutschen sein, wenn gehörige Sorgfalt angewendet wird. Die Gefahr des Zerspringens des Kessels ist die einzige neue Gefahr, die bei den Dampfwagen eintritt, und diese scheint sich mit der Gefahr, welcher man bei Pferden ausgesetzt ist, nicht vergleichen zu lassen."

Wie gering die Gefahr des Zerspringens sei, wenn sie wirklich vorhanden ist, beweist die Thatsache, daß die Kessel der Dampfwagen auf der Liverpool=Bahn, die größer und nicht

so ſtark als Gurney's Maſchinen ſind, nie verderbliche Wirkungen durch Exploſion gehabt haben, wiewohl ſie oft ge-
ſprungen ſind. Ich ſtand nahe bei einem Dampfwagen, als
der Keſſel ſprang. Es hatte weiter keine Wirkung, als daß
das Waſſer durch die Röhren in das Feuer lief und es aus-
löſchte.

In Fig. 65 ſehen wir Gurney's Dampfwagen, der einen Wagen für Reiſende nach ſich zieht.

## 109.

Eine der größten Schwierigkeiten, welche Dampfwagen
auf Heerſtraßen zu überwinden haben, iſt die Fahrt über ſehr
ſteile Anhöhen; denn man gibt allgemein zu, daß mäßige Anhöhen keine bedeutenden Schwierigkeiten darbieten, ſelbſt bei
dem jetzigen Zuſtande unſerer Kenntniſſe. Die Thatſache,
daß Gurney mit ſeinem Wagen über die Anhöhe Old Highgate,
die an einem Punkte 1 in 9 Fuß Steigung hat, gekommen
iſt, zu einer Zeit, wo ſein Dampfwagen noch ſehr unvollkommen war, entſcheidet die Frage über die Möglichkeit, jene
Schwierigkeit zu überwinden. Es bleibt jedoch noch zu ent-
ſcheiden, ob die Unbequemlichkeit, welche mit der Auffindung
von Mitteln, den Schwierigkeiten bei ſteilen Steigungen zu be-
gegnen, verbunden ſind, nicht größer ſei als der Vortheil, ſie
überwinden zu können. Farey, deſſen Meinung hier großes
Gewicht hat, glaubt, daß es im Ganzen vortheilhafter ſei,
auf ſehr ſteilen Anhöhen Poſtpferde zur Unterſtützung des
Dampfwagens zu nehmen, als ſich der Unbequemlichkeit aus-
zuſetzen, für ſelten vorkommende Fälle die nöthige Kraft und
Stärke der Maſchinerie ſich zu verſchaffen. Kommt es bloß
darauf an, eine bewegende Kraft zu erlangen, ſo ſcheint es
mir, daß Gurney's Keſſel völlig hinreichend ſein würde alles
zu leiſten, was erfoderlich wäre, um über irgend eine Anhöhe
auf einer Heerſtraße zu gelangen, aber man darf nicht ver-
geſſen, daß nicht bloß ein reichlicher Vorrath von bewegender
Kraft, ſondern auch eine Stärke und ein Gewicht der Maſchinerie, die in Verhältniß mit der auszuübenden Kraft ſtehen, unentbehrlich ſind. Die Stärke und das Gewicht, die

nöthig sind, um sehr steile Anhöhen zu befahren, sind weit
größer als man sie auf einer ebenen Straße oder bei geringen
Höhen braucht, und es folgt daraus, daß, wenn wir über
solche steile Hügel durch die bloße Kraft des Dampfwagens gelangen, die Maschine mit der ganzen Last der Maschinerie beladen werden muß, die für solche Nothfälle erfoderlich ist,
während eine solche Zusatzlast auf allen andern Theilen der
Bahn gar nicht gebraucht wird und daher hindert, in so fern
dadurch ein gleiches Gewicht an Gütern ausgeschlossen wird,
die man sonst hätte fortschaffen können. Es ist jedoch zu bemerken, daß über diesen Punkt abweichende Meinungen unter
den Kunstverständigen herrschen und einige es für ausführbar halten, eine Maschine ohne unbequemes Gewicht zu bauen,
die über alle Anhöhen auf einer Heerstraße gelangen könnte.

Wie dem auch sein möge, die Schwierigkeit ist von der
Art, daß sie bei dem in England befolgten verbesserten
Straßenbau=System verhältnißmäßig unbedeutend ist. Müßte
man bei Anhöhen, welche die Dampfmaschine nicht überwinden kann, Pferde zu Hilfe nehmen, so würde ein solcher Beistand höchstens dreimal auf den Heerstraßen zwischen London
und Holyhead nöthig sein und dasselbe gilt von andern Straßen,
auf welchem lebhafter Verkehr ist. Ich theile daher Farey's
Meinung, daß es wenigstens für jetzt besser sein werde, Wagen zu bauen, die geeignet sind, ohne Beistand über mäßige
Anhöhen zu gelangen, und Postpferde zu nehmen, wenn dieß
nicht möglich ist.

### 110.

In dem Kessel, der in dem von Walter Hancock
angegebenen Dampfwagen gebraucht wird, geschieht die Thei-
lung des Wassers auf die Art, daß ein Behältniß durch dünne
Metallplatten abgetheilt ist und das Wasser überall zwischen einem Plattenpaar fließt, wie bei E (Fig. 66), und die Zwi-
schenräume H die Kanäle bilden, durch welche die Flamme
und die heiße Luft fortgetrieben werden.

Mehre dünne Wasserschichten sind hier auf beiden Seiten
der stärksten Wirkung der Flamme und der heißen Luft ausge-

14

setzt, so daß Dampf von hohem Druck reichlich und schnell er=
zeugt wird. Die Platten, die den Kessel bilden, sind durch
starke eiserne Klammern verbunden, die sich über den Kessel
erstrecken, wie Fig. 66 zeigt. Die Entfernung zwischen den
Platten beträgt zwei Zoll. Es gibt zehn flache Wasserkam=
mern dieser Art, und zwischen ihnen zehn Feuerzüge. Unter
den Zügen ist der Feuerherd oder Rost, wo 6 Quadratfuß
Kohlen hell brennen. Die Kammern sind alle bis auf ⅔ ihrer
Tiefe mit Wasser gefüllt, und das andere Drittheil ist der
Dampfraum. Die Wasserkammern sind in der ganzen Reihe
an dem oberen Theile und dem Boden mit einander verbunden
und werden durch zwei große Riegel zusammengehalten.
Nimmt man diese Riegel weg, so fallen die Kammern aus
einander, und schraubt man sie zusammen, so werden sie
wieder fest vereinigt. Eine Pumpe führt das Wasser dem
Kessel zu, und der Dampf geht aus dem Mittelpunkt eines
der Kanäle am obern Theile.

Die Kessel sind so eingerichtet, daß sie einen Druck von
400 bis 500 Pfund auf den Quadratzoll aushalten können;
aber der durchschnittliche Druck des Dampfes auf das Sicher=
heits=Ventil ist 60 bis 100 auf den Quadratzoll. Es sind 100
Quadratfuß Oberfläche in Berührung mit dem Wasser, das
dem Feuer ausgesetzt ist. Ein solcher Dampfwagen legt 8
englische Meilen zurück, ehe frische Vorräthe von Kohlen und
Wasser eingenommen werden. Er braucht gegen 2 Bushel
(168 Pfund) entschwefelte Kohlen auf eine solche Station.

Hancock's Dampfwagen unterscheidet sich dadurch von
Gurney's Maschine, daß in jenem die Reisenden und die Ma=
schine sich auf einem und demselben Wagen befinden. Der
Kessel ist hinter dem Wagen. Ein Maschinenhaus befindet
sich zwischen dem Kessel und den Reisenden, die auf dem vor=
deren Theile des Wagens sitzen, so daß die ganze Maschinerie
hinter ihnen ist. Die Wagen haben Platz für 14 Reisende,
und wiegen außer ihrem eigenen Gewichte, gegen 3½ Tonnen.
Die Radfelgen sind 3½ Zoll breit. Hancock behauptet, die
Einrichtung seines Kessels sei von der Art, daß selbst bei dem
Zerspringen desselben keine Gefahr zu fürchten sei, noch auch

ein anderer Nachtheil als eine Hemmung des Wagens. Nach
seiner Angabe kam der Wagen, während er 9 engl. Meilen in
einer Stunde zurücklegte und mit einem Druck von ungefähr 100
Pfund auf den Quadratzoll wirkte, plötzlich zum Stillstehen.
Anfänglich bemerkte man die Ursache der Hemmung nicht, als
man aber einen der Hähne des Kessels öffnete, fand sich, daß
weder Dampf noch Wasser darin war. Bei weiterer Unter=
suchung sah man, daß der Kessel gesprungen war. Als man
die Schrauben der Riegel löste, zeigten sich in den Wänden
der Wasserkammer mehre große Oeffnungen, durch welche das
Wasser in das Feuer geflossen war, aber man hatte weder Ge=
räusch noch eine Explosion bemerkt, und der Unfall hatte sonst
keine gefährlichen Folgen.

Dieser Kessel hat einige auffallende Mängel. Es ist
offenbar, daß die dünnen flachen Platten diejenige Form sind,
welche, mechanisch betrachtet, die geringste Stärke gewähren,
und wie es scheint, wird auch kein wesentlicher Vortheil ge=
wonnen, der durch die Vergrößerung der dem Feuer ausge=
setzten Oberfläche Ersatz geben könnte. Es ist ein großer
Mangel, daß ein Theil der Oberfläche jeder Platte der Wir=
kung des Feuers ausgesetzt ist, während er nicht in Berührung
mit dem Wasser ist. In dem oberen Theile der mit E (Fig.
66) bezeichneten Räume ist nur Dampf enthalten. Kunst=
verständige haben bemerkt, und Versuche bestätigen es, daß,
wenn Dampf auf der Oberfläche des Wassers erhitzt wird, er
sich zersetzt und seine Elasticität verliert, dieß aber ist nicht
der einzige Nachtheil, der mit jener Einrichtung des Kessels ver=
bunden ist; denn auf diesen Theil des Metalls wirkt dennoch
das Feuer, zwar mit geringerer Stärke, als auf denjenigen,
der das Wasser enthält, aber doch so stark, daß das Metall
dadurch zerstört wird. Hancock suchte, wie es scheint, die=
sem Mangel dadurch abzuhelfen, daß er den flachen Wasser=
kammern eine veränderte Stellung gab, indem er die unteren
auf die Stelle der oberen brachte und umgekehrt. Dieß mochte
zu einer gleichförmigen Abnutzung der nicht vom Wasser be=
rührten Platten durch die Wirkung des Feuers führen, aber
das Ganze wurde darum nicht minder schnell zerstört. Es

scheint keine Vorkehrung zur Absonderung des Dampfes von
dem mit ihm vermischten Wasser vorhanden zu sein, und wirk=
lich hat diese Maschine nichts, was die Stelle des Absonde=
rungs=Behältnisses in Gurney's Dampfwagen vertreten könnte.
Es muß dadurch viel Kraft ungenutzt verloren gehen.

Die Roststäbe sind einer so starken Hitze ausgesetzt, daß
sie in einer stets gebrauchten Maschine kaum eine Woche dauern.
Der Zug auf dem Herde wird durch ein von der Maschine
in Bewegung gesetztes Gebläse bewirkt. Dieß ist vielleicht
der größte Mangel dieser Maschine. Die Kraft, welche zur
Bewegung dieser Vorrichtung gebraucht und der Maschine
entzogen wird, ist sehr bedeutend. Hancock hat die auf
den Achsen angebrachten Kurbeln aufgegeben und dafür eine
Kette ohne Ende und Zahnräder eingeführt. Auch dieß halte
ich für einen Mangel und für die Ursache eines großen Kraft=
verlustes, wiewohl dadurch freilich die Schwächung der Achse,
welche die Kurbeln immer bewirken, vermieden wird.

## 111.

Nathanael Ogle erhielt ein Patent auf einen Dampf=
wagen und machte einige Zeit Versuche mit seiner Erfindung;
da er aber seine Bemühungen aufgegeben zu haben scheint, so
vermuthe ich, daß es ihm nicht gelungen ist, diejenigen Bedingun=
gen zu erfüllen, ohne welche die Maschine nicht mit Ersparniß und
Vortheil benutzt werden konnte. Nach den Angaben, die er dem
Ausschusse des Unterhauses mittheilte, bestehen der Boden und
der Obertheil des Kessels aus Queerstücken, die inwendig cylin=
drisch und auswärts viereckig sind. Durch diese Stücke gehen
Löcher, und durch das Ganze zieht sich eine Luftröhre. Das
innere Loch der unteren Oberfläche und das untere Loch der obe=
ren sind etwas größer als die übrigen. Die Luftröhre umgibt
ein kleiner Cylinder, dessen Rand die größere Oeffnung der in=
neren Oberfläche der unteren Vorrichtung und die untere Ober=
fläche der oberen umschließt. Beide werden durch Schrau=
ben zusammengehalten. Die Querstücke werden durch Ver=
bindungsstücke vereinigt, und das Ganze ist so fest verbunden,
daß Hancock nach seiner Angabe in einem zehnmal kleinern

Raume und bei einem zehnmal geringern Gewichte dieselbe erhitzende Oberfläche und eben so viel Kraftwirkung, als durch
andere Kessel mit niedrigem Drucke gewonnen werden kann,
bei weit größerer Sicherheit erlangt. Der Kessel, mit welchem er seine Versuche anstellte, hatte eine erhitzende Oberfläche von 250 Fuß, in einem Raume, der 3 Fuß 8 Zoll
hoch, 3 Fuß lang, 2 Fuß 4 Zoll breit und gegen 8 Centner
schwer war. Er versorgte zwei Cylinder mit Dampf, welche
durch ihre Kolben mit einer Kurbel=Achse verbunden waren, an
deren einem Ende oder an beiden Räder befestigt waren, je
nachdem es das Bedürfniß der Maschine verlangte. Ein Rad
wurde hinlänglich befunden, außer unter sehr schwierigen
Umständen und bei Steigungen von 1 in 6 Fuß. Die Cylinder, aus welchen der Kessel besteht, sind so klein, daß sie
einen größeren Druck zu ertragen vermögen, als durch die
Feuerung unter dem Kessel erlangt werden könnte, und wenn
einer dieser Cylinder auf irgend eine Weise beschädigt werden
sollte, so würde er bloß als ein Sicherheits=Ventil für die
übrigen wirken. Selbst bei dem größten Drucke ist nach Hancock's Versicherung sein Kessel nie gesprungen und nach zwölf-
monatlichen Gebrauche nie gereinigt worden.

**112.**

Dr. Church in Birmingham erhielt mehre Patente auf
Erfindungen, die mit Dampfwagen für Heerstraßen in Verbindung standen. Es bildete sich ein Verein vermögender
Männer in Birmingham, um Maschinen nach seinem Plane
zu bauen. Sein Kessel ist von Kupfer. Das Wasser befindet sich zwischen zwei Kupferplatten, die durch kupferne Nägel
verbunden sind, ungefähr in der Art, wie der obere Theil
einer Matratze mit dem unteren. Diese Doppelplatten bilden
einen länglichen rechtwinkeligen Kasten, dessen Inneres den
Feuerherd und das Aschenloch enthält. Ueber dem Ende
desselben befindet sich der Dampfkasten. Der unmittelbaren
Wirkung des Feuers ist eine so große Oberfläche ausgesetzt,
daß mit großer Schnelligkeit Dampf erzeugt wird.

Bei solchen Kesseln ist es sehr schwierig, den Niederschlag

wegzuräumen, der sich zwischen zwei so enge verbundenen Kupferplatten als Pfannenstein anhäufen muß. Church wollte ihn durch eine, sich leicht mit demselben verbindende Säure wegschaffen. Es ist das Mittel, welches Gurney auf Wollaston's Empfehlung gebrauchte; er hat jedoch nach seiner Versicherung gefunden, daß es bei der gewöhnlichen Benutzungsart der Kessel nicht anwendbar ist.

Auch fürchte ich, daß in den Räumen zwischen den Kupferplatten, welche den beschriebenen Kessel in Church's Maschine bilden, die entstehenden Dampfblasen nicht leicht genug entweichen können, und wenn sie in dem, der Wirkung des Feuers ausgesetzten Theile des Kessels zurückbleiben, so wird das Metall einen ungehörigen Grad von Hitze erhalten. Ich habe übrigens diesen Dampfwagen in Thätigkeit gesehen, und seine Leistungen sehr befriedigend gefunden.

## 113.

Verschiedene andere Plane, Dampfwagen auf Heerstraßen anzuwenden, sind mehr oder weniger vorgeschritten, von welchen ich nur die von Maudslay und Field, Macerone und Russell in Edinburg entworfenen nenne; aber die mir gesteckten Gränzen erlauben mir nicht, in eine umständliche Beschreibung einzugehen.

# Elfter Abschnitt.

## Die Dampfschifffahrt.

### 114.

Unter den verschiedenen Anwendungen der Dampfma=
schine, welche die Fortschritte der menschlichen Gesellschaft
gefördert haben, ist keine so wichtig, als der Beistand, den sie
der Schifffahrt geleistet hat\*). Ehe sie der Schifffahrt

---

\*) Die Benutzung der Dampfkraft zur Bewegung von Schiffen ist
alt. Geschichtliche Nachrichten darüber gibt Marestier's schätzbares
Werk: „Mémoire sur les bateaux à vapeur dans les Etats Unis d'Amé=
rique." Paris 1824. 4. Wir geben hier die Hauptzüge der Geschichte
der Erfindung und Verbreitung der Dampfschifffahrt. Die älteste Nach=
richt von einem wahrscheinlich durch Dampfkraft bewegten Fahrzeuge
ist die oben Seite 26 — 27 mitgetheilte Angabe von dem Versuche des
Spaniers Blasco de Garay. In den Jahren 1682 bis 1690 machte
der Franzose Duquet zu Havre verschiedene Versuche, die Kraft des
Windes durch mechanische Mittel zu verstärken; doch kann man ihn
deswegen nicht, wie einige gethan haben, den Erfinder des Dampf=
schiffes nennen, da Vorschläge und Entwürfe dieser Art ohne Zweifel
schon früher gemacht wurden. Vor der Erfindung der Dampfmaschine
konnte von Dampfschiffen nicht die Rede sein. Savery zeigte
schon 1698 das Modell eines Schiffes, das durch Schaufelräder bewegt
werden sollte, die er durch andere Räder in Bewegung setzen wollte,
auf welche er das durch seine Maschine geförderte Wasser fallen zu las=
sen vorschlug. War dieß allerdings nur der erste Keim der Erfindung,
so kam ihr der Engländer Jonathan Hull noch weit näher, der
1736 ein Patent auf die Bewegung von Schiffen erhielt. Eine nach
Newcomen's Grundsätzen gebaute Dampfmaschine sollte durch Seile

ihre Riesenkräfte lieh, war die Fahrt über die Tiefe des Mee=
res mit großer und unvermeidlicher Gefahr und Unsicherheit
verbunden. Die Benutzung der Dampfkraft für die Schifffahrt

ohne Ende auf Räder wirken, die ein Schaufelrad drehten, und von
dem Boote, auf welchem die Maschine stand, sollten Schiffe in das
Schlepptau genommen werden. Die englische Admiralität, an welche
Hull sich wendete, wies ungläubig einen Gedanken zurück, aus welchem
achtzig Jahre später so große Ergebnisse hervorgehen sollten. Als Watt
die Dampfmaschine vervollkommnet hatte, baute Perrier 1775 ein
Dampfschiff, mit welchem er mittels einer Maschine, die nicht mehr als
die Kraft eines Pferdes hatte, die Seine nur stromabwärts befahren
konnte. Der Gedanke wurde wieder aufgegeben. Glücklicher war der
Marquis von Jouffroy, der 1781 zu Lyon ein großes Dampfschiff
baute, um die Saone zu befahren. Die Revolution störte ihn in sei=
nen Entwürfen. Mit besserem Erfolge ergriffen die Amerikaner den
fruchtbaren Gedanken. Schon Benjamin Franklin hatte 1775 vor=
geschlagen, Schiffe durch eine Dampfmaschine zu bewegen. Jona=
than Fitch baute 1780 ein Boot mit schaufelförmigen Rädern, doch
befriedigten seine Versuche die Erwartung nicht. Der Amerikaner Rum=
say ging um dieselbe Zeit nach England und baute ein Dampfschiff auf
der Themse, das gleichfalls seinem Zweck nicht genügte. Während der
Schottländer Patrick Miller 1788 einen sehr gelungenen Versuch
machte, der aber in England nicht weiter benutzt wurde, war besonders
der Amerikaner Robert Livingston bemüht, den Gedanken in gro=
ßem Maßstabe auszuführen. Er erhielt 1798 vom Staate New=York
einen Freibrief auf 20 Jahre, unter der Bedingung, daß er binnen
Jahresfrist ein Schiff von 20 Tonnen bauen sollte, das in einer Stunde
4 englische Meilen zurücklegte. Der Erfolg war ungünstig, wie andere
Versuche, die er machte. Er kam um 1803 als Gesandter der Vereinig=
ten Staaten nach Paris, wo er sich mit Robert Fulton verband, der
schon fünf Jahre früher der französischen Regierung die Erbauung eines
Dampfschiffes vorgeschlagen hatte. Fulton baute 1803 ein Dampfboot,
mit welchem er die Seine hinanfuhr; da aber die französische Regierung
seine Anerbietungen nicht annahm, ging er nach Amerika zurück. Mit
einer von Bolton und Watt verfertigten Maschine von 20 Pferdekräften
baute er 1807 ein großes Dampfschiff, Clermont genannt, das mit
160 Tonnen Ladung den 120 Seemeilen langen Weg von New=York
nach Albany in 32 Stunden zurücklegte. Er war besonders darum in
seinen Bemühungen glücklich, weil er größere Schiffe baute, als seine
Vorgänger und örtliche Umstände, vorzüglich das tiefe Fahrwasser der
amerikanischen Ströme, ihn begünstigten. Der gelungene Versuch, mit

aber hat den Seemann sehr gegen die Gefahren des Windes
und der Wogen gesichert, und schon jetzt, abgesehen von den
Verbesserungen, deren die Dampfschifffahrt noch fähig ist,
hat die Dampfkraft alle nicht zu lange Reisen so sicher und regelmäßig gemacht als Landreisen. Wir dürfen Verbesserungen
entgegen sehen, welche die Kraft der Dampfmaschine wahrscheinlich so sehr vermehren werden, daß sie als Mittel dienen
kann, die entlegensten Theile der Erde zu verbinden.

Die Art der Anwendung der Dampfkraft auf die Bewegung von Schiffen bedarf keiner umständlichen Erläuterung.
Zwei Räder, gewöhnlichen unterschlächtigen Rädern gleich, auf
den Rändern mit flachen Bretern, sogenannten Schaufeln, versehen, befinden sich auf beiden Seiten des Schiffes in einer
solchen Stellung, daß, wenn das Schiff bis zu seiner gewöhnlichen Tiefe im Wasser geht, die untersten Schaufeln eingetaucht werden. Diese Räder sind auf einer Welle befestigt,
welche sich mittels der darauf angebrachten Kurbeln umdreht,
wie das Schwungrad einer gewöhnlichen Dampfmaschine sich
umdreht. Es ist jetzt allgemein üblich, in Dampfschiffen
zwei Dampfmaschinen aufzustellen, deren jede eine der Kurbeln
bewegt. Diese beiden Kurbeln stehen in rechten Winkeln gegen
einander, wie die Kurbeln bei den bereits beschriebenen Dampfwagen. Ist eine Kurbel ruhend, so ist die andere in voller

---

Dampfschiffen gegen Wind und Wellen zu kämpfen, entschied das Glück
der Erfindung und es wurden bald viele Dampfschiffe in Amerika gebaut. – Eines der größten ist Fulton's Dampffregatte, ein Doppel-
schiff, 152 Fuß lang, 57 Fuß breit, 20 Fuß tief, mit 32 Achtzehn-
pfündern bewaffnet, in den Wänden 5 Fuß stark und durch eine Dampfmaschine von 120 Pferdekräften bewegt. Sie ward erst 1815 nach Fulton's Tode vollendet. Lange nach Miller's Versuche wurde auch in
England der Gedanke wieder aufgefaßt. Seit 1801 wurden durch
Bunter und Dickinson Versuche auf der Themse gemacht und Sy-
mington baute ein eigentliches Dampfboot, das mit Erfolg den Clyde
befuhr; aber erst Amerika's glänzendes Beispiel ermunterte seit 1812 zu
bedeutendern Versuchen, und nachdem zuerst Bell und Thomson
durch ihre Unternehmungen Aufmerksamkeit erregt hatten, vermehrte
sich auch in England und Schottland bald die Zahl der Dampfschiffe.

Thätigkeit, so daß ein Schwungrad hier nicht nöthig ist. Die Dampfmaschinen können condensirende oder Hochdruck-Maschinen sein, in Europa aber hat man die condensirende Maschine mit niedrigem Drucke allgemein für die Zwecke der Schifffahrt angewendet. In Amerika, wo die Dampfschifffahrt bis auf die neueste Zeit weit umfassender benutzt ward als in Europa, hat man gegen die Anwendung von Hochdruck-Maschinen weniger eingewendet, und bei dem kleinen Raum, den sie einnehmen, bei den geringen Anlagekosten, bei ihrem einfachen Bau sind sie besonders für die Flußschifffahrt sehr zu empfehlen.

Die Schiff-Dampfmaschine ist in einigen Beziehungen anders eingerichtet, als die gewöhnlichen Dampfmaschinen. Mangel an Raum macht kleinere Dimensionen nöthig, und um die Höhe der Maschine zu vermindern, wird der Balancier nicht über, sondern unter dem Cylinder angebracht. Sie hat eigentlich zwei solcher Hebel, einen an jeder Seite der Maschine, welche durch eine Parallel-Bewegung mit dem Kolben verbunden sind, indem die Stangen der Parallel-Bewegung sich von dem unteren Theile der Maschine bis zum oberen Theile der Kolbenstange erstrecken. Der wirkende Arm des Balanciers ist mit der Kurbel durch eine Leitstange verbunden, welche aufwärts geht, statt abwärts, wie bei der Land-Dampfmaschine. Das Verhältniß der Länge und der Durchmesser der Cylinder ist anders als bei den Land-Dampfmaschinen, und zwar aus gleichen Gründen, um an Höhe zu sparen, werden kurze Cylinder mit großen Durchmessern gebraucht. So beträgt in einer Maschine von 200 Pferdekräften die Länge des Cylinders zuweilen 60 Zoll und sein Durchmesser 53 Zoll. Die Steuerungs-Ventile, die Luftpumpe, der Condensator und andere Theile sind von den bereits beschriebenen Theilen der Land-Dampfmaschine nicht wesentlich unterschieden.

Die Leistungen der Schiff-Dampfmaschine sind von der Art, daß große Regelmäßigkeit der Wirkung weder nothwendig noch möglich ist. Bei der Bewegung der Oberfläche des Meeres ist die Eintauchung der Schaufelräder sehr veränderlich und der Widerstand der Maschine gleichfalls Veränderungen unterworfen. Der Regulator und andere Theile der beschriebenen

Vorrichtung, durch welche die Maschine jene Regelmäßigkeit
erhält, die bei der Anwendung in Fabriken unumgänglich nothwendig ist, kommen auf Schiffen nicht vor, und man braucht
nichts als was erfoderlich ist, die Maschine stets in voller
Wirkungskraft zu erhalten.

Es liegt am Tage, daß es von großer Wichtigkeit ist, den
Raum, welchen die Maschine auf dem Schiffe einnimmt, so
sehr als möglich zu beschränken. Die Kessel sind daher so gebaut, daß sie bei dem geringsten Umfange die nöthige Dampfmenge liefern. Zu diesem Zwecke ist eine, im Verhältnisse zu
der Größe des Kessels weit ausgedehntere Oberfläche der Wirkung des Feuers ausgesetzt. Die Züge, welche die erhitzte
Luft in den Rauchfang führen, gehen durch den Kessel, so daß
sie auf das Wasser überall in dünnen länglichen Platten wirken,
welche rückwärts und vorwärts durch den Kessel laufen, bis sie
endlich in den Rauchfang übergehen. Diese Einrichtung vermehrt zwar die Kosten der Anlage bedeutend, aber auf der andern Seite wird auch die dampferzeugende Kraft des Kessels
dadurch erhöht, und die von Watt in Birmingham angestellten
Versuche haben gezeigt, daß diese Kessel mit einer Ersparung
an Feuerungsmitteln arbeiten, die sich in Vergleichung mit den
Kesseln in Land-Dampfmaschinen wie 2 zu 3 verhält. Sie
haben daher auch noch den Vortheil, daß sie eine Ersparung
an Tonnengewicht gewähren.

Eine der furchtbarsten Schwierigkeiten, die bei der Aus-
wendung der Dampfmaschine auf die Schifffahrt zu überwinden
ist, entsteht aus der Nothwendigkeit, den Kessel mit Seewasser
zu speisen. Dieses auch zur Condensirung gebrauchte Wasser
wird in den Condensator gespritzt, und mit dem condensirten
Dampfe vermischt, wird es als Speisewasser in den Kessel geführt. Das in dem Seewasser enthaltene und nicht verdün-
stende Salz bleibt im Kessel. Es wird von dem Wasser auf
dieselbe Art wie bei der Destillation geschieden. Da nun die
Verdünstung im Kessel fortdauert, so wird das in dem Wasser
enthaltene Salz stets vermehrt, bis sich mehr davon angehäuft
hat, als das Wasser aufzulösen im Stande ist. Es bildet
sich ein Niederschlag, der sich in den Höhlungen auf dem Boden

des Kessels ansetzt, und es ist klar, daß bei längerer Fortdauer
dieses Niederschlags sich der Kessel endlich mit Salz anfüllen
würde.

Ueberdieß bildet sich zuweilen ein Niederschlag von Kalk=
erde *), und es entsteht eine harte Rinde auf der inneren Ober=
fläche des Kessels. Auch werden wohl mit dem eingepumpten
Speisewasser Sand und Schlamm in den Kessel gebracht. All
diese Stoffe, mögen sie sich auf den Boden des Kessels legen
oder als eine Rinde an die innere Oberfläche ansetzen, hemmen
das Eindringen der Hitze von dem Feuer in das Wasser. Die
Rinde ist nicht selten über 1 Zoll dick und so hart, daß starke
Meisel zerbrechen, wenn man sie damit wegschaffen will.
Die von diesen Stoffen mehr oder minder aufgefangene Hitze
sammelt sich in dem Metall und bringt es zu einer weit höheren
Temperatur als das darin enthaltene Wasser. Sie kann sogar,
wenn die Rinde dick ist, den Kessel zur Rothglühhitze bringen.
Diese Umstände veranlassen eine schnelle Zerstörung desselben
und machen ihn sogar gefährlich, indem sie ihn erweichen.

Gewöhnlich läßt man, um diese nachtheiligen Wirkungen
zu entfernen oder zu vermindern, stets einen heißen Wasser=
strom aus dem Kessel laufen, und durch die Speiseröhre eben
viel kaltes Wasser hineinströmen. Während das aus dem Kes=
sel fließende heiße Wasser außer seinem gewöhnlichen Salzge=
halt auch den Theil enthält, der von dem in Dampf verwan=
delten Wasser abgesondert ist, enthält das einströmende kalte
Wasser weniger Salztheile, da es aus dem Seewasser und dem
mit demselben vermischten, kein Salz enthaltenden condensirten
Dampfe besteht. Auf diese Weise kann die Anhäufung von
Salz im Kessel vermindert werden, doch ist dieß mit beträcht=
lichem Nachtheil und Verlust verbunden. Es liegt am Tage,
daß die Ausleerung des heißen Wassers und der Zufluß eines
so beträchtlichen kalten Wasserstroms eine starke Verschwendung
von Feuerungsmitteln verursachen und es folglich nothwendig

---

*) Das Seewasser enthält 3 Prozent Kochsalz und etwas Gips. Es
fängt an das Salz abzusetzen, wenn es auf $\frac{1}{15}$ seines Volumens ge=
bracht ist, und von 1000 auf 299 Theile gebracht, setzt es Gips ab.

machen, das Schiff mit weit mehr Kohlen zu belasten, als zur
Bewegung desselben durchaus nöthig sind. Auf langen Seereisen, wo dieser Nachtheil besonders empfunden wird, ist
dieser Umstand von Wichtigkeit. Ueberdieß wird, abgesehen
von der Verschwendung des Feuerungsbedarfs, auch die Geschwindigkeit des Schiffes vermindert, in so fern die Verdünstung im Kessel durch den steten Zufluß vom kaltem Wasser gehemmt wird. Jene Ausleerung des Wassers wird nur zuweilen angewendet. In den Dampfschiffen der englischen
Admiralität soll sie nach den bestehenden Vorschriften alle zwei
Stunden vorgenommen werden, geschieht aber gewöhnlich nur
einmal täglich.

Dieses Mittel hilft den Nachtheilen, die wir angedeu-
tet haben, nur zum Theil ab. Es wird dadurch vielleicht
der lockere Niederschlag entfernt, aber es bildet sich auch eine,
nach der Beschaffenheit des Wassers mehr oder minder dicke
Rinde im Kessel. Ueberdieß lassen sich die Maschinenwärter,
um die Wirksamkeit der Dampfmaschine für den Augenblick zu
unterhalten, leicht in Versuchung führen, das Ausleeren des
Wassers zu vernachlässigen, und selten kann man sich darauf
verlassen, daß sie dieses Mittel mit jener Stetigkeit und Regelmäßigkeit anwenden, die zur Erhaltung der Kessel durchaus nothwendig sind. Die Fahrzeuge, welche in dieser Hinsicht den meisten Schaden zu befürchten haben, sind die zu
Seereisen bestimmten Dampfschiffe der Admiralität. Nach
einem im August 1834 von den Seeoffizieren Lloyd und King-
ston erstatteten Berichte, ist die Ausleerung des Wassers, selbst
wenn sie täglich geschieht, unwirksam. Sie sagen, daß das
Kesselwasser, selbst wenn man noch so sorgfältig darauf sehe,
es von Zeit zu Zeit in das Meer ablaufen zu lassen, besonders
auf langen Reisen, dennoch viel Satz absetze, dessen erdige
Theile zu einer dicken Rinde verhärten, und daß die Kessel
oft in wenigen Monaten so sehr verderben, als es sonst erst
in eben so vielen Jahren geschehen würde. Auch sie bestätigen die große Verschwendung der Feuerungsmittel, die aus
der Schwierigkeit entsteht, die Hitze durch die dicke Rinde der
innern Oberfläche wirken zu lassen.

Es würde unausführbar sein, an Bord eines Dampf=
schiffs so viel reines und frisches Wasser mitzunehmen, als
zum Gebrauche der Maschine hinlänglich wäre. Man müßte
zu diesem Zwecke so viel Zufluß von kaltem Wasser haben, um
den condensirenden Behälter kalt zu erhalten und es in den
Condensator einspritzen zu können; man müßte einen Behälter
haben, in welchem das aus der Ausleerungsröhre des Kalt=
wasser=Brunnens fließende warme Wasser sich abkühlen könnte.
Die Kunstverständigen haben daher auf Mittel gesonnen, den
Dampf ohne Einspritzung zu condensiren, und nach der Con=
densation ihn zur Speisung des Kessels zu sammeln. Ließe
sich dieß ausführen, so würde es nicht nöthig sein, einen
größeren Vorrath von reinem Wasser zu haben, als hinrei=
chend wäre, den kleinen Theil zu ersetzen, der durch Lecke und
auf andere Weise verloren ginge, und dieß ließe sich leicht
durch Destillation des Seewassers erlangen, wozu ein Gefäß
dienen könnte, auf welches das den Kessel erhitzende Feuer
wirkte.

## 115.

Samuel Hall aus Basford bei Nottingham erhielt
ein Patent auf eine neue Einrichtung des Condensators, die
diesen Zweck erfüllen sollte, und einige andere Verbesserungen
der Maschine. Sein Condensator besteht aus vielen engen
Röhren, die in einen Behälter mit kaltem Wasser eingelassen
sind. Kommt der Dampf aus dem Cylinder, nachdem er
den Kolben getrieben hat, so tritt er in diese Röhren, deren
kalte Oberfläche ihn sogleich condensirt. Er fließt in Wasser=
gestalt von ihren äußersten Enden, wird durch die Luftpumpe
ausgezogen und auf die gewöhnliche Weise einem Behälter zu=
geführt, der den Kessel speiset. In den Schiffs=Dampfma=
schinen, die nach Hall's Patent gebaut wurden, haben die
Röhren des Condensators eine senkrechte Stellung, und der
Dampf strömt aus dem Cylinder in den oberen Theil des Con=
densators, der ein niedriger flacher Behälter ist, in dessen
Boden die oberen Enden der Röhren eingelassen sind. Der
Dampf strömt in diesen Röhren hinab und wird bei dem Durch=

gauze condensirt. Dann geht er in ein ähnliches unteres Be=
hältniß, aus welchem er durch die Luftpumpe gezogen wird.

Es liegt am Tage, daß man auf der See stets einen un=
beschränkten Zufluß von kaltem Waſſer erlangen kann, um den
condenſirenden Behälter kalt zu erhalten, so daß immer eine
vollkommene Condenſation durch jene Röhren bewirkt werden
kann, wenn sie klein genug sind. Das durch die Condenſa=
tion gewonnene Waſſer iſt reines deſtillirtes Waſſer, und wird
der Keſſel mit Waſſer geſpeiſt, in welchem keine erbigen oder
anderen Stoffe aufgelöſt sind, die niedergeſchlagen werden
oder als Rinde sich anſetzen können, so läßt er sich lange be=
nutzen, ohne Schaden zu leiden. Die geringe Menge von
Waſſer, das durch Lecke verloren geht, wird in Hall's Ma=
ſchine durch eine einfache Vorrichtung erſetzt, in welcher eine
hinlängliche Menge von Seewaſſer deſtillirt werden kann.
Hall zählt mehre Vortheile auf, die durch seinen Condenſator
gewonnen werden sollen. Er erspart an Feuerungsmitteln
so viel, daß es zuweilen ein Drittheil des gewöhnlichen Be=
darfs beträgt. Die Keſſel sind gegen die zerſtörenden Nach=
theile geſchützt, die bei den gewöhnlichen Maſchinen durch die
ätzende Wirkung des Seewaſſers oder eines anderen unreinen
Waſſers und durch die sich anlegenden erbigen Rinden entſte=
hen. Er erspart die zur Reinigung der Keſſel nöthige Zeit.
Die Kraftwirkung der Maſchine wird bedeutend vermehrt durch
die Reinlichkeit der Keſſel, durch die Abweſenheit des Ein=
ſpritzwaſſers, das aus dem luftleeren Raume ausgepumpt
werden muß, durch die beſſere Erhaltung des Kolbens und der
Ventile der Luftpumpe, und durch die aus einer andern Vor=
richtung des Erfinders hervorgehende größere Geſchmeidigkeit
der Maſchinentheile. Das Waſſer in dem Keſſel bleibt durch
eine ſelbſtwirkende Vorrichtung immer auf gleicher Höhe. Der
Keſſel, der eine beſtimmte Kraft ausübt, iſt wegen seiner
vollkommneren Wirkung weit kleiner als die gewöhnlichen.

Die Regierung ließ die Wirkung der von Hall erfundenen
Keſſel durch die erwähnten Seeoffiziere Lloyd und Kingſton un=
terſuchen, die in ihrem Berichte verſicherten, daß das Er=
gebniß nichts zu wünſchen übrig laſſe. Zu der dadurch ge=

wonnenen Vortheilen rechnen sie die vermehrte Dauerhaftig= keit der Maschine, die Verhütung von Unfällen, die durch Sorglosigkeit aus der Verstopfung des Condensators und der Luftpumpe mit Einspritzwasser entstehen, und die größere Sicherheit gegen das Zerspringen, dem die Kessel ausgesetzt sind, wenn das Wasser darin zu tief steht. Als die wichtig= sten Vortheile aber, welchen alle anderen nachstehen, betrach= ten sie die vermehrte Dauerhaftigkeit der Kessel und die Er= sparung an Feuerungsbedarf.

Gegen sechzehn Maschinen, die theils ganz nach Hall's Grundsätzen gebaut sind, theils nur seinen Condensator erhal= ten haben, waren im October 1835 in verschiedenen Theilen Großbritanniens auf mehren Schiffen seit kürzerer oder länge= rer Zeit wirksam und hatten nach den einstimmigen Zeugnissen der Eigenthümer und der Schiffsführer alle von dem Erfinder verheißenen Vortheile gewährt. Man hätte bezweifeln kön= nen, ob sich bei dem Mangel der gewöhnlichen Condensa= tionsart durch Einspritzung von kaltem Wasser, ein vollkom= men luftleerer Raum in dem Condensator erzeugen lassen würde; aber wie es scheint, wird in diesen Maschinen ein besserer luftleerer Raum erhalten als in den gewöhnlichen, die durch Einspritzung condensiren. Die Barometer=Probe wech= selt von 29 zu 29½ Zoll und steigt zuweilen bis zu 30. Dieß zeigt einen ziemlich vollkommnen luftleeren Raum an, der zu allen praktischen Zwecken genug ist. In allen Fällen sind die Kessel von Rindenansatz frei geblieben und Niederschlag war entweder gar nicht, oder nur in so unbedeutendem Grade vor= handen, daß der Kessel höchstens einmal halbjährlich gereinigt werden mußte. Auch bei der britischen Seemacht hat sich die Erfindung bewährt, so weit sie bis jetzt benutzt worden ist.

So viel ich weiß, hat man Hall's Vorrichtung noch nicht in Beziehung auf die, von einer gegebenen Menge Koh= len ausgeübte Kraft geprüft. Die bloße Thatsache, daß ein guter luftleerer Raum in dem Condensator unterhalten wird, kann für sich nicht als ein entscheidender Beweis von der Wirksamkeit der Maschine betrachtet werden. Ungeachtet man kein Wasser und keine Luft in den Condensator einführt,

hat Hall doch eine eben so große Luftpumpe als bei gewöhnlichen condensirenden Maschinen, ja er empfiehlt eine noch
größere. Wozu dieses Zubehör? möchte man fragen. Ist
nichts als der condensirte Dampf wegzuschaffen, so sollte man
sich mit einer sehr kleinen Pumpe begnügen. Man kann sich
nicht wundern, daß ein guter luftleerer Raum in dem Condensator unterhalten wird, wenn die auf die Luftpumpe verwendete Kraft benutzt wird, nicht condensirten Dampf
auszupumpen.

Uebrigens darf nicht unbemerkt bleiben, daß Hall's
Condensator nur die Erneuerung einer früheren Erfindung
Watt's ist. Watt's Sohn besitzt die Zeichnung von einem
Condensator, welche im Jahre 1776 dem Parlamente vorgelegt werden sollte. Hier wird dieselbe Vorrichtung, den Dampf
ohne Einspritzung zu condensiren, vorgeschlagen. Watt aber
gab den Gedanken wieder auf, weil er fand, daß er durch dieses Mittel nicht schnell oder nicht vollkommen genug einen luftleeren Raum erzeugen konnte. Wahrscheinlich bildete sich auch
ein Niederschlag in den Röhren des Condensators, wodurch
die Condensation gehindert wurde. Hall hat, wie es scheint,
Mittel gefunden, diese Wirkungen zu verhüten.

Seine Erfindung verdient noch in einer andern Beziehung Aufmerksamkeit. In allen Dampfmaschinen entweicht
viel Dampf durch das Sicherheits-Ventil. So oft das Fahrzeug anhält, geht der Dampf, den sonst die Cylinder aus dem
Kessel erhalten würden, durch jenes Ventil in die Atmosphäre
über. Wenn die Cylinder mit geringerer Kraft arbeiten und
den Dampf nicht so schnell verbrauchen, als der Kessel ihn
erzeugt, geht der Ueberfluß gleichfalls durch das Sicherheits-
Ventil. Nach Hall's Grundsatz aber ist es nöthig, das in
Dampfgestalt entweichende Wasser zu sparen, weil sonst das
reine Kesselwasser schneller würde verbraucht werden. Er bringt
daher ein Sicherheits-Ventil von besonderer Einrichtung mit
einer Röhre in Verbindung, die zu dem Condensator führt,
so daß in allen Fällen, wo sich Dampf in dem Kessel anhäuft,
der verstärkte Druck das Ventil öffnet und der Dampf durch
jene Röhre in den Condensator übergeht. Hier verwandelt

er sich wieder in Waffer und wird durch die Luftpumpe in
den Behälter gebracht, der den Kessel speiset.

Die Erreichung eines so nützlichen Zweckes, die Anwen=
dung der Dampfkraft auf die Schifffahrt weiter auszudehnen
und lange Seereisen ausführbar zu machen, in so fern es
durch die Wirksamkeit der Maschinerie geschehen kann, hat in
England den Erfindungsgeist vielfach angeregt. Die Erhal=
tung des Kessels durch die Verhütung von Niederschlag und
Rindenansatz, ist von großer Wichtigkeit, und die Erreichung
dieses Zweckes ist nothwendig mit einer andern Bedingung
verbunden, von welcher die Ausdehnung von Reisen auf
Dampfschiffen abhangen muß, nämlich die Ersparung von
Feuerungsbedarf. In dem Verhältnisse als die Ersparung an
Feuerungsmitteln steigt, in demselben Verhältnisse wird sich
die Gränze erweitern, bis zu welcher die Dampfschifffahrt ge=
hen kann.

## 116.

Thomas Howard in London erhielt ein Patent auf
eine Dampfmaschine, die in ihrer Form neu und sinnreich,
eine bedeutende Ersparung an Feuerungsmitteln gewähren,
und damit die von Hall's Maschine gerühmten Vorzüge ver=
binden sollte. In dieser, wie in Hall's Maschine, wird der
Dampf stets aus demselben Waffer wieder erzeugt, so daß reines
oder destillirtes Waffer gebraucht werden kann; aber Howard
bedient sich des Kessels gar nicht. Auch ist der Dampf, den
er anwendet, ganz verschieden von dem in gewöhnlichen Ma=
schinen gebrauchten. In diesen wird der Dampf unmittelbar
aus dem siedenden Waffer gewonnen und enthält so viel Waf=
fer als er bei seiner Temperatur halten kann. Ein Kubikfuß
Dampf, wie er in gewöhnlichen Maschinen gebraucht wird,
enthält bei einer Temperatur von 80° R. einen Kubikzoll Waf=
fer; aber in Howard's Maschine wird dem Dampf, ehe er
in den Cylinder übergeht, eine bedeutende Menge von Wärme
mitgetheilt, außer derjenigen, die nöthig ist, ihn in Dampf=
form zu erhalten.

Es wird eine gewisse Menge Quecksilber in einem nicht sehr tiefen eisernen Gefäße über ein Feuer von entschwefelten Kohlen gestellt und in einer Temperatur von 160 bis 200°R. erhalten. Die dem Feuer ausgesetzte Oberfläche ist ¼ eines Quadratfußes für jede Pferdekraft. Die obere Oberfläche des Quecksilbers ist mit einer sehr dünnen Eisenplatte bedeckt, die mit derselben in Berührung bleibt und so eingerichtet ist, daß sie eine beinahe viermal so große Oberfläche hat, als die unten dem Feuer ausgesetzte. Daneben steht ein Gefäß mit Wasser, das beinahe in der Siedehitze erhalten wird und mittels einer Röhre und eines Ventils mit dem unmittelbar über dem Quecksilber befindlichen Gefäße in Verbindung steht. Von Zeit zu Zeit, in Uebereinstimmung mit den Kolbenhüben, wird aus jenem Gefäße etwas Wasser gespritzt, das auf die das heiße Quecksilber bedeckende Eisenplatte fällt. Es erhält dadurch den Wärmegrad, der nöthig ist, es nicht nur in Dampf zu verwandeln, sondern auch diesen Dampf auszudehnen und ihn auf eine höhere Temperatur zu bringen als er haben würde, wenn er unmittelbar über dem Wasser aufstiege. Der dadurch erzeugte Dampf wird eine Temperatur haben, die nicht mit dem Drucke desselben in Uebereinstimmung ist, sondern ihn weit übersteigt, und er wird daher mehr oder weniger von seiner Wärme abgeben und seine Temperatur vermindert werden können, ohne auch nur theilweise condensirt zu werden, wogegen der in den gewöhnlichen Dampfmaschinen gebrauchte Dampf bei der geringsten Verminderung seiner Temperatur mehr oder weniger condensirt wird. Die Menge der in das Dampfbehältniß eingespritzten Flüssigkeit muß nach der Kraft abgemessen werden, mit welcher die Dampfmaschine arbeiten soll. Das Feuer wird durch ein Gebläse unterhalten, das genau geregelt wird. Der auf die angegebene Weise erzeugte Dampf geht in ein Behältniß über, das den arbeitenden Cylinder umgibt, und dieses Behältniß ist von einem andern Raum umschlossen, durch welchen die von dem Herde entweichende Luft gehen muß, ehe sie in den Kanal übergeht. Sie gibt auf diese Weise ihre überflüssige Hitze dem Dampfe ab, der den Cylinder treiben soll, und bringt ihn auf eine Temperatur von ungefähr 160° R., wel=

15*

renb der Druck nicht über 25 Pfund auf den Quadratzoll be=
trägt. Die Bentile, welche den Dampf in den Cylinder strö=
men lassen, sind so eingerichtet, daß er durch seine Ausdeh=
nungskraft wirken kann.

Sehen wir nun, wie der luftleere Raum auf der entge=
gengesetzten Seite des Kolbens durch Condensation unterhalten
wird. Der Condensator ist ein kupfernes Gefäß, das in einem
stets mit kaltem Wasser gespeisten Behälter steht und der Dampf
strömt ihm aus dem Cylinder durch eine Ausleerungsröhre auf
die gewöhnliche Weise zu. Eine Einspritzröhre geht aus einem
neben ihm befindlichen Gefäße hinein, welches, ehe die Ma=
schine zu arbeiten anfängt, mit destillirtem Wasser gefüllt wird.
Das Condensations=Wasser und der condensirte Dampf werden
aus dem Condensator durch Luftpumpen weggeschafft, die von
der gewöhnlichen Art, aber etwas kleiner sind, da hier keine
Luft weggeschafft werden muß, wie in gewöhnlichen Maschinen.
Das aus dem Condensator gepumpte warme Wasser wird in
eine wurmförmige kupferne Röhre getrieben, die in vielen Win=
dungen durch einen Behälter mit kaltem Wasser geht, so daß
es, wenn es an das Ende der Röhre kommt, die gewöhnliche
Temperatur der Atmosphäre hat. Die Röhre wird dann in das
bereits genannte Gefäß mit destillirtem Wasser geführt, und das
stets aus ihr entströmende Wasser ersetzt dasjenige, das durch
die condensirende Einspritzröhre in den Condensator geht. Da
das Condensations=Wasser von Luft rein ist, so braucht man
nur eine sehr kleine Luftpumpe, die bloß den Condensator und
die Röhren, wenn die Maschine wirken soll, auszuleeren und
die Luft wegzuschaffen hat, die etwa durch Lecke eingedrungen
ist. Howard behauptet, die Condensation werde so schnell und
vollkommen bewirkt, als in der besten Dampfmaschine, und
es liegt am Tage, daß diese Condensations=Art selbst in Fällen
angewendet werden kann, wo die beschriebene Vorrichtung, mit=
tels des Quecksilber=Behältnisses Dampf zu erzeugen, nicht an=
gewendet wird. Das Gefäß, aus welchem das Wasser auf den
Quecksilber=Apparat gespritzt wird, erhält seinen Zufluß gleich=
falls durch die mit dem Condensator verbundene Luftpumpe.
Es gibt außer der wurmförmigen kupfernen Röhre noch eine

andere, die aus dem Warmwasser=Brunnen zu jenem Gefäße
geführt ist, und das Wasser geht durch dieselbe, ohne abgekühlt
zu werden. Das Gefäß ist der Wirkung des Feuers hinlänglich
ausgesetzt, um eine Temperatur zu behalten, die nicht tief un=
ter dem Siedepunkte ist.

Ein Apparat dieser Art ward im Frühling 1835 auf dem
der Admiralität gehörenden Dampfschiffe, der Komet, in Ver=
bindung mit zwei Dampfmaschinen von 40 Pferdekräften auf=
gestellt. Howard behauptet, diese Maschinen seien zu der von
ihm angegebenen Vorrichtung wenig passend gewesen; aber das
Fahrzeug fuhr deß ungeachtet mit gutem Erfolge 800 englische
Meilen weit auf der Themse und machte eine Reise von Fal=
mouth nach Lissabon, konnte aber nicht zurückkehren, weil die
Maschinerie an der portugiesischen Küste beschädigt ward. Auf
dieser Fahrt brauchte es nie über ein Drittheil seines früheren
Feuerungsbedarfs. Nach jener Fehlschlagung, die jedoch aus
einem Zufalle hervorgegangen war und nicht den Grundsatz der
neuen Erfindung verdächtig machte, wollte die Admiralität kei=
nen neuen Versuch mehr wagen. Howard aber baute auf ei=
gene Kosten ein Dampfschiff mit zwei Maschinen von 40 Pfer=
dekräften, das zu Ende des Jahres 1835 vollendet ward. Er
gibt als Vorzüge seiner Erfindung an, 1. die Ersparung an
Raum und Gewicht, weil kein Kessel gebraucht wird, 2. den
geringeren Feuerungsbedarf, 3. die kleinere Gestalt der Feuer=
züge, 4. die Beseitigung der durch Niederschläge und Rinden=
ansetzung herbeigeführten Nachtheile, 5. die Abwesenheit des
Rauches. Einige dieser Verbesserungen werden, wenn sie sich
bewähren, für die Dampfschifffahrt wichtig sein. Dampf=
schiffe von gegebenem Tonnengehalt und bestimmter Kraftwir=
kung werden mehr Raum für Güter und Feuerungsbedarf ha=
ben, und auf kurzen Reisen können größere Ladungen oder mehr
Reisende aufgenommen, oder, wenn man mehr Feuerungs=
mittel*) nimmt, weitere Reisen gemacht werden, oder es läßt

---

*) Bei diesen Maschinen werden Cokes, nicht Kohlen gebraucht.
Ein Tonne Cokes nimmt eben so viel Raum ein als zwei Tonnen
Kohlen. Der Tonnengehalt wird daher durch Beschränkung des

sich bei gleichem Tonnengehalt und gleicher Ladung eine kräftigere Maschinerie anwenden.

### – 117.

Sollte eine bewegende Kraft ihre volle mechanische Wirkung in der Forttreibung eines Fahrzeuges äußern, so würde es nöthig sein, daß sie so stark wäre, durch beständiges Wirken gegen das Wasser in einer horizontalen Richtung und mit einer dem Laufe des Schiffes entgegengesetzten Bewegung fortzutreiben. Man hat jedoch bis jetzt noch keine mechanische Vorrichtung erfunden, durch welche sich dieser Zweck vollständig erreichen ließe. Den meisten Erfindungen, selbst den sinnreichsten, steht der Umstand entgegen, daß sie einen zu verwickelten Mechanismus haben. Kein Theil der Maschinerie eines Dampfschiffes auf der See ist so leicht Beschädigungen ausgesetzt als die Schaufelräder, und die Einrichtung derselben muß daher so einfach sein, daß die Ausbesserungen vorgenommen werden können, die in solchen Nothfällen möglich sind.

Das gewöhnliche Schaufelrad dreht sich, wie wir gehört haben, um eine von der Maschine bewegte Achse, und auf seinem Rande sind mehre flache Breter, Schaufeln genannt, befestigt, und so gestellt, daß die Flächen der Schaufeln von dem Mittelpunkte der Achse, um welche das Rad sich dreht, etwas divergiren. Die Folge dieser Einrichtung ist, daß jede Schaufel nur in derjenigen Richtung wirken kann, welche für die Forttreibung des Schiffes am vortheilhaftesten ist, wenn sie dem tiefsten Punkte des Rades nahe kommt. In Fig. 67 sei O die Achse, um welche sich das Rad bewegt. Die Stellung der Schaufeln bezeichnen AB u. s. w. XY deuten die Wasserfläche an, in der Voraussetzung, daß der Lauf des Schiffs von X nach Y gehe. Die Pfeile bezeichnen die Richtung, in welcher das Schaufelrad sich umdreht. Das Rad geht bis zur

Feuerungsbedarfs verhältnißmäßig nicht so sehr vergrößert werden als man an Feuerung erspart. Eine Menge von Feuerungsmitteln gleicher Kraft wird etwa die Hälfte des jetzigen Raumes einnehmen, aber das Fahrzeug wird weniger tief im Wasser gehen.

Tiefe der niedrigſten Schaufel im Waſſer, da eine geringere Tiefe einen Theil der Oberfläche jeder Schaufel mechaniſch un= nütz machen würde. In der Stellung A iſt die ganze Kraft des Schaufelrades zum Forttreiben des Schiffes wirkſam; aber wenn die Schaufel in der Stellung H in das Waſſer kommt, ſo iſt ihre Wirkung auf das Waſſer, da ſie nicht horizontal iſt, nur theilweiſe zum Forttreiben wirkſam; ein Theil der Kraft, welche die Schaufel treibt, wird aufgewendet, das Waſſer zu drücken, und der übrige Theil, es gegen den Lauf des Schif= fes zu treiben, wobei die Reaktion eine gewiſſe forttreibende Wirkung hervorbringt. Die Schaufel aber, die bei H in das Waſſer tritt, hat das Streben, eine Höhlung oder eine Mulde zu bilden, welche das Waſſer, vermöge ſeiner natürlichen Ei= genſchaft, ſtets wieder auszufüllen ſtrebt. Iſt die Schaufel durch ihren niedrigſten Punkt A gegangen und nähert ſie ſich der Stellung B, wo ſie aus dem Waſſer hervortaucht, ſo wirkt ſie wieder ſchräge, da nur ein Theil derſelben eine forttreibende Kraft hat, der übrige Theil aber ſtrebt, das Waſſer zu heben und eine Welle aufzuwerfen. Es iſt offenbar, daß, je tiefer das Schaufelrad im Waſſer geht, deſto größer das Verhältniß der forttreibenden Kraft iſt, die auf dieſe Weiſe verſchwendet wird, das Waſſer zu heben und niederzudrücken; und wenn das Rad bis an ſeine Achſe im Waſſer ginge, ſo würde die ganze Kraft der Schaufeln bei dem Eintritt in das Waſſer und bei dem Austritt verloren gehen, da kein Theil derſelben ein Stre= ben zum Forttreiben hätte. Würde das Rad noch tiefer einge= taucht, ſo würden die Schaufeln über der Achſe ein Streben er= halten, den Lauf des Fahrzeuges zu hemmen. Iſt daher das Fahrzeug in gehörigem Stande, ſo ſollte die Eintauchung weder über, noch unter die Tiefe der niedrigſten Schaufel gehen; aber aus verſchiedenen Gründen iſt es in der Praxis nicht mög= lich, dieſe beſtimmte Tiefe zu behaupten. Die Bewegung auf der Oberfläche des Meeres, welche das Schiff wälzt, muß eine große Veränderung in der Eintauchung der Schaufelräder hervorbringen, und das eine wird oft bis an die Achſe im Waſ= ſer gehen, während das andere ganz aus dem Waſſer gehoben wird. Auch wird durch Veränderung der Ladung die Waſſer=

tiefe des Schiffes verändert, was nothwendig bei Dampfschif=
fen vorfällt, die lange Reisen machen. Bei der Abfahrt haben
sie eine schwere Ladung von Feuerungsmitteln, nach deren all=
mähligem Verbrauche das Schiff leichter wird, und es ist, wie
es scheint, nicht ausführbar, Seewasser als Ballast zu ge=
brauchen, um die gehörige Eintauchung wieder herzustellen.

### 118.

Unter den Erfindungen, die man gemacht hat, um jenen
Mängeln des gewöhnlichen Schaufelrades abzuhelfen und Schau=
feln einzuführen, die ihre Stellung verändern können, indem
sie sich mit dem Umfange des Rades umdrehen, gibt es nur
eine, die in Gebrauch gekommen ist, nämlich Morgan's
Schaufelrad. Der ursprüngliche Erfinder war Elias Gal=
loway, der sein Patent an Morgan verkaufte. Später wur=
den einige Verbesserungen an diesem Rade angebracht, das
jetzt auf vielen Dampfschiffen der Admiralität gebraucht wird.
Es wurde zuerst auf dem Dampfschiffe Confiance einge=
führt und nach mehren gelungenen Versuchen auf andern, z. B.
auf dem großen prächtigen Dampfschiffe Medea von 860
Tonnen mit Dampfmaschinen von 220 Pferdekräften. Bei ver=
schiedenen Versuchen, die mit zwei Schiffen von gleicher Bau=
art und mit Dampfmaschinen von gleicher Wirkungskraft ange=
stellt wurden, zeigte dasjenige, das mit Morgan's Schaufel=
rädern versehen war, vor dem andern mit gewöhnlichen Rädern
einen entschiedenen Vorzug, sowohl auf ruhigem als bewegtem
Wasser. Nach dem Zeugnisse des Offiziers, der das mit Mor=
gan's Rädern versehene Dampfschiff Confiance befehligte,
wurde das Fahrzeug auf der See schneller als in stillem Wasser
fortgetrieben und die Kraftwirkung durch die Wogen nicht ge=
hemmt, da die Veränderung der Schnelligkeit der Maschinen=
wirkung nicht über ein bis zwei Umdrehungen in einer Minute
ging. Der Lauf des Schiffes wurde bei heftigem Winde nicht
gehemmt, und es war keine verstärkte Schwingung der Schau=
feln merklich. Das Dampfschiff Confiance legte in 54 Stun=
den einen Weg zurück, zu welchem ein anderes Dampfschiff
von gleicher Kraft, der Carron, 84 Stunden brauchte. Au=

ßer der Ersparung an Feuerungsmitteln, die auf 10 Bushel (840 Pfund) in einer Stunde angeschlagen wird, und an Zeit, gewähren jene Räder noch andere Vortheile, die theils in der bereits angedeuteten geschwindern Bewegung des Schiffs, theils in dem Umstande liegen, daß das Schiff sowohl als die Maschine durch die verbesserten Räder weniger leidet. Die Räder sind überdieß so dauerhaft, daß sie nach einer sechswöchentlichen Fahrt auf stürmischer See keine Beschädigung erlitten hatten.

Dieses Schaufelrad sehen wir in Fig. 70. Die Erfindung besteht darin, daß das Rad, welches die Schaufeln trägt, sich um einen Mittelpunkt dreht und die Halbmesser-Arme, welche die Schaufeln bewegen, um einen andern sich drehen. Es sei ABCDEFGHI der polygonische Umfang des Schaufelrades, der aus geraden Stangen besteht, welche an den Endpunkten der Speichen des Rades verbunden sind. Das Rad dreht sich um die von der Maschine bewegte Achse und sein Centrum ist bei O. In sofern gleicht dieses Rad dem gewöhnlichen Schaufelrade, aber die Schaufeln sind nicht, wie bei dem gewöhnlichen Rade, bei ABC u. s. w. befestigt, um sich immer nach dem Centrum O zu richten, sondern so gestellt, daß sie sich um Achsen drehen, die immer horizontal sind, und sie können daher in jeden beliebigen Winkel gegen das Wasser gestellt werden. Von den Mittelpunkten, um welche diese Schaufeln sich drehen, gehen kurze Arme K aus, die an die Schaufeln unter einem Winkel von ungefähr 120° befestigt sind. Eine diesem Arme K gegebene Bewegung wird daher der Schaufel eine übereinstimmende Winkelbewegung mittheilen, so daß sie sich um ihre Achse dreht. An den Endpunkten der Arme K befindet sich ein Zapfen, an welchen die Enden der Halbmesser-Arme L befestigt sind, so daß der Winkel zwischen jedem Arme L und dem kurzen Schaufelarm K durch jede dem Arme L mitgetheilte Bewegung verändert werden kann. Die Arme L sind am andern Ende mit dem Centrum P verbunden, um welches sie sich drehen können. Da nun die Punkte ABC u. s. w., die Zapfen, um welche die Schaufeln sich drehen, im Umfange eines Kreises bewegt werden, dessen Mittelpunkt O ist, so sind sie stets in gleicher Entfernung von diesem Punkte und werden daher

beständig ihre Entfernung von dem andern Centrum P verän=
dern. Kommt nun eine Schaufel in ihrer Umdrehung zu
dem Punkte, wo das Centrum P genau zwischen ihr und
dem Centrum O liegt, so ist ihre Entfernung von P geringer
als in jeder andern Stellung. Verläßt sie diesen Punkt, so
wird die Entfernung von dem Centrum P allmälig größer,
bis sie in ihrer Umdrehung auf den entgegengesetzten Punkt
kommt, wo das Centrum O zwischen ihr und P ist, und dann
ist ihre Entfernung von P am größten. Diese beständige Ver=
änderung der Entfernung zwischen jeder Schaufel und dem
Centrum P stimmt überein mit der Veränderung des Winkels
zwischen dem Arme L und dem kurzen Schaufel=Arme K;
wenn die Schaufel sich dem Centrum P nähert, vermin=
dert sich allmälig der Winkel, und wenn die Entfernung der
Schaufel von P zunimmt, wird auch der Winkel größer.
Diese Veränderung der Größe des Winkels, welche sich nach
der wechselnden Stellung der Schaufel gegen das Centrum
P richtet, sehen wir in der Figur. Die Schaufel D ist P am
nächsten, und wir sehen, daß der Winkel zwischen L und K
sehr spitzig ist. Bei E wird der Winkel zwischen L und K
größer, ist aber noch immer ein spitziger; bei F wird er zu ei=
nem rechten Winkel, bei G wird er stumpf, und bei K, wo
er am weitesten vom Centrum P entfernt ist, wird er sehr
stumpf. Er vermindert sich wieder bei I und wird ein rechter
Winkel zwischen A und B. Diese beständige Veränderung
der Richtung des kurzen Armes K ist nothwendig von einer
gleichmäßigen Veränderung in der Stellung der mit ihm ver=
bundenen Schaufel begleitet, und dem zweiten Centrum P
kann eine solche Stellung gegeben werden, daß die Schaufel,
wenn sie in das Wasser eintritt und aus demselben wieder her=
vortaucht, zur Forttreibung des Schiffes am vortheilhaftesten
wirkt und daher nicht sehr jener Schwingung ausgesetzt ist,
die hauptsächlich daraus entsteht, daß das Wasser durch die
schräge Wirkung der Schaufeln abwechselnd gedrückt und ge=
hoben wird.

### 118.

Wenn man annähernd bestimmen will, wie weit jetzt

die bei der Dampfschifffahrt wirkende Kraft geht, so ist es nothwendig, das gegenseitige Verhältniß zu beachten, in welchem der Tonnengehalt des Schiffes, die Größe, das Gewicht und die Kraft der Maschinerie, der für den Feuerungsbedarf bestimmte Raum und die bei jedem Wetter erreichbare mittlere Geschwindigkeit zu einander stehen, so wie auch den Umstand, ob das Schiff zur Fortschaffung von Gütern und Waaren oder bloß von Briefen und Reisenden dienen soll. Der für die bewegende Kraft bestimmte Theil des Tonnengehalts des Schiffs besteht in dem Raume, den die Maschine einnimmt, und dem für die Feuerungsmittel nöthigen Raum, dessen Umfang nothwendig von der Länge des Weges abhängt, den das Schiff machen muß, ehe es frischen Feuerungsvorrath einnehmen kann. Ist die Reise nicht lang, so kann dieser Raum beschränkt sein, und es bleibt ein größerer Raum für die Zubehörungen der Maschinerie übrig. Bei einer längeren Reise ist das Verhältniß umgekehrt. Es folgt daraus, daß auf einer kurzen Reise Schiffe von einer im Verhältniß zum Tonnengehalt größeren Wirkungskraft gebraucht werden können als auf einer langen.

Rechnet man im Durchschnitte 51 Reisen für die Dampfschiffe der englischen Admiralität, die von Falmouth nach Corfu hin und zurück gehen, in einem Zeitraume von vier Jahren, so ergibt sich, daß jedes Schiff, mit Ausschluß des Aufenthalts, $7\frac{1}{4}$ englische Meilen in einer Stunde zurückgelegt hat, wenn man die gerade Linie zwischen beiden Punkten ins Auge faßt und auf die nothwendigen Abweichungen im Laufe des Schiffs nicht Rücksicht nimmt. Die Schiffe, welche diese Reise machten, hielten 350 bis 700 Tonnen, und hatten Dampfmaschinen von 100 bis 200 Pferdekräften und Kohlenvorräthe von 80 bis 240 Tonnen. Das Verhältniß zwischen der Kraft und dem Tonnengehalt wechselte von 1 Pferde für 3 Tonnen zu 1 Pferde für 4 Tonnen.

Im Allgemeinen kann man annehmen, daß für die kürzesten Reisen das Verhältniß der Kraft zu dem Tonnengehalt eine Pferdekraft auf zwei Tonnen ist, wogegen für die läng-

ften Reifen das Verhältniß eine Pferdekraft auf vier Tonnen
fein würde.

Schiffe, in welchen diefes Verhältniß der Kraft zu dem
Tonnengehalt ftatt findet, können bei mittlerem Wetter
7¼ englifche Meilen in einer Stunde fahren, was 174 Meilen auf den Tag von 24 Stunden gleich kommt. Auf fehr
langen Reifen aber kann ein Dampffchiff felten ohne alle Unterbrechung wirken; außer den durch das Wetter verurfachten
Hemmungen gibt es zuweilen Störungen in der Mafchine-
rie, befonders in den Schaufelrädern. Wir werden daher
zu einer richtigern Schätzung kommen, wenn wir auf langen
Reifen den täglichen Lauf eines Dampffchiffes zu 160 engli-
fchen Meilen annehmen.

Aus forgfältigen Vergleichungen des Feuerungsbedarfs
für Schiffskeffel und gewöhnliche Dampfmafchinen-Keffel, die
Watt's Sohn in Soho bei Birmingham gemacht hat, ergibt
fich, daß für Schiffskeffel weniger Feuerung nöthig ift als
für gewöhnliche Keffel und zwar in dem Verhältniffe von 2 zu
3. Ich habe nach Beobachtungen in den Manufaktur-Bezir-
ken des nördlichen Englands gefunden, daß der Kohlenverbrauch für gewöhnliche Keffel, die nicht gerade zu den klein-
ften gehören, im Durchfchnitt zu 15 Pfund Kohlen auf eine
Pferdekraft in einer Stunde angenommen werden kann. Aus
diefem Ergebniffe, deffen Richtigkeit ich verbürge, kann man
in Verbindung mit dem Erfolge der in Soho angeftellten Verfuche den Schluß ziehen, daß der Kohlenverbrauch in Schiffs-
Dampfmafchinen im Durchfchnitt zu 10 Pfund auf eine Pferdekraft in einer Stunde anzunehmen ift. Wir können daher
den täglichen Kohlenverbrauch, wenn wir annehmen, daß
die Mafchine 22 Stunden wirkt und 2 Stunden für zufällige
Unterbrechungen in Abrechnung kommen, zu 220 Pfund auf
Eine Pferdekraft beftimmen. Auf kurzen Reifen, wo keine
Hemmungen ftatt finden, wird der tägliche Verbrauch etwas
mehr betragen, aber dagegen ein längerer Weg zurückgelegt
werden.

Bleibt das Verhältniß der Wirkungskraft zu dem Tonnengehalte unverändert, fo verändert fich die Gefchwindigkeit

des Schiffs nicht bedeutend. Wir können daher annehmen, daß 10 Pfund Kohlen auf eine Pferdekraft ein für lange See= reisen bestimmtes Dampfschiff $7\frac{1}{4}$ englische Meilen in gera= der Richtung forttreiben werden und folglich 138 Pfund nöthig sind, wenn es 100 englische Meilen zurücklegen soll. Die das mittelländische Meer befahrenden Dampfschiffe können Feuerungsbedarf in dem Verhältnisse von $1\frac{1}{4}$ Tonne auf eine Pferdekraft einnehmen, aber das Verhältniß ihrer Wirkungs= kungskraft zu ihrem Tonnengehalte ist größer als dasjenige, das wahrscheinlich für längere Fahrten würde bestimmt wer= den. Wir dürfen daher wohl annehmen, daß es ausführbar sei, ein Dampfschiff zu bauen, das $1\frac{1}{2}$ Tonnen Kohlen für eine Pferdekraft einnehmen kann. Nach dem angegebenen Verhältnisse des Feuerungsbedarfs würde dieß hinlänglich sein, das Schiff 2400 englische oder ungefähr 530 deutsche Meilen weit bei mittlerem Wetter zu bringen; da aber immer ein Feuerungsbedarf für Nothfälle in Anschlag gebracht werden muß, so können wir es nicht für möglich halten, daß es die= ses äußerste Ziel erreichen würde. Rechnen wir daher des für Nothfälle bestimmten Bedarf zu $\frac{1}{4}$ Tonne auf eine Pfer= dekraft, so würde ein Dampfschiff, ohne unterwegs frische Feuerungsmittel einzunehmen, einen Weg von 2000 engli= schen oder ungefähr 440 deutschen Meilen machen können.

### 119.

Jene Berechnung ist auf Versuche gegründet, die meist mit Kohlen aus dem nördlichen England angestellt wurden. Es geht jedoch aus Zeugnissen hervor, daß die Kohlen von Llangennech in Wales weit kräftiger sind, als die Kohlen von Newcastle, und zwar in dem Verhältniß von 9 zu $6\frac{1}{2}$.

Schiffe von 800 bis 1000 Tonnen mit Dampfmaschi= nen von 200 bis 250 Pferdekräften\*) sind am besten geeignet,

---

\*) Die Maschinen in Dampfschiffen haben gewöhnlich eine weit grö= ßere Wirkungskraft als die namentliche. Wir beziehen uns jedoch immer auf diese oder diejenige Kraft, mit welcher sie bei einem Dam= pfe von gewöhnlichem Drucke wirken würden.

lange Reisen zurückzulegen, ohne unterwegs Feuerungsmittel
einzunehmen. Solche Schiffe könnten 300 bis 400 Tonnen
Kohlen mitnehmen, welche, 20 bis 25 Tonnen auf den
Tag gerechnet, wohl für 14 Tage hinreichen würden.
Wenden wir aber diese Ergebnisse auf bestimmte Fälle an, so
dürfen wir nicht vergessen, daß sie nur durchschnittliche Berechnungen sind, und diejenigen Veränderungen erleiden, welche in besondern Fällen durch die Umstände herbeigeführt werden. Wird eine Reise bei vorherrschend widrigem Winde gemacht, so läßt sich die durchschnittliche Geschwindigkeit nicht
erreichen, oder, was dasselbe ist, es ist mehr Feuerungsbedarf
für eine gegebene Entfernung nöthig. Gegen einen heftigen
entgegengesetzten Wind kann selbst ein starkes Dampfschiff nicht
mehr als 2 bis 3 englische Meilen in einer Stunde zurücklegen.

## 120.

Aus den Ergebnissen der Erfahrungen, die man in dem,
Großbritannien umgebenden Meere gemacht hat, geht als Thatsache hervor, daß durch Vergrößerung des Verhältnisses der
Wirkungskraft zu dem Tonnengehalte eine Ersparung an Feuerungsbedarf sich bewirken läßt, während zu gleicher Zeit die
Schnelligkeit der Fahrt vermehrt wird. Dieß scheint auf den
ersten Blick mit der bekannten Theorie von dem Widerstande
fester Körper, die sich durch flüssige bewegen, nicht vereinbar zu sein, weil dieser Widerstand in demselben Verhältnisse
zunimmt, wie das Quadrat der Geschwindigkeit. Dieses
Gesetz aber gründet sich auf die Voraussetzung, daß der einge-
tauchte Theil des schwimmenden Körpers derselbe bleibe. Ich
habe mich jedoch auf Kanälen überzeugt, daß, wenn die Geschwindigkeit eines Bootes über einen gewissen Punkt wächst,
die Tiefe der Eintauchung schnell abnimmt, und auf einem
großen Dampffloß im Hudson fand man, daß es, wenn die
Geschwindigkeit zu 20 englischen Meilen in einer Stunde stieg,
um 7 Zoll weniger tief im Wasser ging. Ich zweifle daher
nicht, daß die vermehrte Geschwindigkeit der Dampfschiffe
eine ähnliche Wirkung haben werde, und sie sich höher im
Wasser heben. Obgleich der Widerstand vermöge ihrer ver-

mehrten Geschwindigkeit wächst, so wird er doch in einem noch größeren Verhältnisse vermöge ihrer verminderten Eintauchung vermindert.

Was indeß auch die Ursache sein möge, so viel ist gewiß, daß der Widerstand bei der Bewegung durch das Wasser vermindert werden muß, weil die bewegende Kraft immer im Verhältniß zu der verbrauchten Kohlenmenge steht und zu gleicher Zeit im Verhältnisse zu dem überwundenen Widerstande. Da nun die Menge der verbrauchten Kohlen auf einem gegebenen Wege vermindert wird, während die Geschwindigkeit zunimmt, so muß auch der auf demselben Wege sich darbietende Widerstand sich verhältnißmäßig vermindern.

### 121.

Man erwartet, daß die Anwendung der Dampfkraft auf die Schifffahrt durch die Erbauung eiserner Schiffe erleichtert werden möchte. Man hat bis jetzt eiserne Dampfböte meist nur zur Flußschifffahrt gebraucht, aber es läßt sich nicht einsehen, warum der Gebrauch derselben so beschränkt sein sollte. Sie bieten viele Vortheile für die Seeschifffahrt dar, da sie nicht halb so schwer sind als hölzerne Schiffe von gleichem Tonnengehalt, folglich bei gleicher Ladung weniger tief im Wasser gehen und daher der forttreibenden Kraft weniger Widerstand leisten, oder bei gleicher Eintauchung und gleichem Widerstande werden sie eine verhältnißmäßig schwere Ladung tragen. Die Beschaffenheit des Stoffes, woraus sie bestehen, macht sie steifer und unnachgiebiger als Holz und sie sind nicht den leichten Veränderungen unterworfen, die in der Lage der Planken auf Seereisen entstehen. Eiserne Schiffe haben auch den Vorzug, daß sie gegen das Scheitern auf Klippen mehr gesichert sind. Wenn ein hölzernes Schiff scheitert, so zerbricht eine Planke und es entsteht eine Oeffnung, die weit größer ist, als die Klippe, welche den Riß verursacht. Scheitert ein eisernes Schiff, so erhält es entweder bloß eine Beule oder ein Loch, das nicht größer ist als die Klippe, auf welche es stößt. Nach der Aussage eines Augenzeugen sank das eiserne Boot Alburkah und stieß auf seinen Anker, wobei der

woben eines hölzernen Schiffes wahrscheinlich wäre zersplittert
worden, aber jenes Fahrzeug bekam bloß eine Beule. Nicht
minder wichtig ist, besonders in heißen Erdgegenden, der
Vortheil, daß eiserne Schiffe kühler und von Ungeziefer frei
sind.

### 122.

Die größte Geschwindigkeit, die bis jetzt durch Anwen=
dung der Dampfkraft auf die Schifffahrt erlangt wurde, fand
bei einem auf dem Hudson gebauten Fahrzeuge von eigenthüm=
licher Form statt. Dieses Boot oder Floß hatte zwei hohle,
aus dünnen Eisenplatten gemachte Körper, welche die Gestalt
von Spindeln oder Cigarren hatten, daher es das Cigar=
renboot genannt wurde. In dem dicksten Theile hatten
diese Spindeln 8 Fuß im Durchmesser, liefen an den Enden
schmal zu und waren gegen 300 Fuß lang. Sie lagen paral=
lel neben einander mit einem Zwischenraum von mehr als 16
Fuß und trugen ein 300 Fuß langes und 32 Fuß breites Ver=
deck oder Floß. Ein Schaufelrad mit einem Durchmesser von
30 Fuß und 16 Fuß breit bewegte sich zwischen den beiden
Spindeln und wurde durch eine auf dem Verdeck befindliche
Dampfmaschine getrieben. Dieses Fahrzeug ging gegen 30
Zoll tief im Wasser und hatte eine Geschwindigkeit von 20 bis
25 engl., oder beinahe 4 bis 5 deutschen Meilen in 1 Stunde.
Es ging unter, aber der Erbauer beschäftigte sich gegen Ende
des Jahres 1835 mit dem Bau eines andern noch größeren
von gleicher Einrichtung. Es liegt am Tage, daß ein sol=
ches Fahrzeug für Seefahrten durchaus nicht paßt. Auf ei=
nem breiten schiffbaren Strom aber, wie der Hudson, wird
es ohne Zweifel den Vorzug größerer Geschwindigkeit haben.

### 123.

Man hat in der neuesten Zeit mehre Plane entworfen,
die Dampfkraft zu weiten Seereisen zu benutzen, und alle
Bemühungen, die Dampfschifffahrt zu verbessern, haben da=
durch ein erhöhtes Interesse erhalten. Ein Ausschuß des
britischen Unterhauses sammelte Zeugnisse und Gutachten über

diesen Gegenstand und erstattete in der Sitzung des Jahres
1835 einen Bericht zu Gunsten eines Versuchs, eine Verbindung zwischen Großbritannien und Indien
durch Dampfschiffe zu eröffnen. Der Bericht gab zwei Wege
an, deren jeder eine Fortsetzung der bereits von der britischen
Admiralität eingerichteten Linie von Dampfböten zwischen
Malta und den jonischen Inseln sein würde. Einer dieser
Wege soll durch Aegypten über das rothe Meer und den indischen Ocean nach Bombay oder einer andern Präsidentschaft
gehen, der andere durch den nördlichen Theil Syriens zu dem
Ufer des Eufrats, diesen Strom hinab zu dem persischen
Meerbusen und weiter nach Bombay. Jeder dieser Wege
hat seine eigenthümlichen Schwierigkeiten und auf beiden ist
eine lange Seereise zurückzulegen.

Wird der Weg über das rothe Meer gewählt, so sollen
Dampfböte zwischen Malta und Alexandria (860 englische
Meilen)*) gehen. Ein Dampfboot von 400 Tonnen mit einer Maschine von 100 Pferdekräften würde diese Reise bei
jedem Wetter im Durchschnitt in 5 bis 6 Tagen machen und
täglich 10 Tonnen Kohlen verbrauchen; aber wahrscheinlich
möchte man es vortheilhafter finden, ein höheres Verhältniß
zwischen der Maschinenkraft und dem Tonnengehalt eintreten
zu lassen. Von Alexandria könnte die Reise zu Lande über
die Landenge von Suez — 4 bis 5 Tagereisen — in Kara-
wanen und mit Kameelen gemacht werden, oder zu Lande
wie zu Wasser auf dem Nil von Alexandria nach Kahira —
173 englische Meilen — und von Kahira nach Suez — 93
englische Meilen — durch die Wüste in ungefähr 5 Tagen.
In Suez würde eine Station für Dampfschiffe sein und über
das rothe Meer die Fahrt in drei Tagen gemacht werden.
Wäre es nöthig, so könnte man Kohlenniederlagen in Kosseir,

---

*) Es ist zu bemerken, daß hier und bei andern Angaben von Ent-
fernungen auf dem Meere, wie es scheint, nach englischen Seemeilen gerechnet wird, die größer als die Landmeilen sind. Eine See-
meile hat 5915, eine gewöhnliche englische Meile 5135 rheinländische
Fuß, die geographische Meile 23661 Fuß.

Dschidda, Mocha und endlich auf der Insel Sokatra, jenseit der Mündung des rothen Meeres im indischen Ocean, einrichten. Der Weg von Suez nach Kosseir beträgt 300, von Kosseir nach Dschidda 450, von Dschidda nach Mocha 517, von Mocha nach Sokatra 632 englische Meilen. Man sieht, daß diese Entfernungen ohne Schwierigkeit selbst bei dem ungünstigsten Wetter, mit Hilfe der jetzigen Leistungskraft der Dampfschiffe zurückgelegt werden könnten. Wäre Bombay das Ziel der Fahrt, so würde der Weg von Sokatra dahin 1200 englische Meilen betragen und ließe sich im Durchschnitt bei jedem Wetter in etwa 8 Tagen mit Dampfschiffen zurücklegen. Die ganze Reise von Alexandria nach Bombay, 3 Tage für den Aufenthalt zwischen Suez und Bombay eingerechnet, würde in 26 Tagen gemacht werden, die Fahrt von Bombay nach Malta folglich 33 Tage dauern, und rechnet man 14 Tage für die Ueberfahrt von Malta nach England hinzu, so würde man 47 Tage zu der Reise von London nach Bombay brauchen.

Wäre Kalkutta das Ziel, so würde die Fahrt von Sokatra 1250 Meilen südöstlich nach den Maldiven gehen, wo eine Kohlenniederlage angelegt würde. Von den Maldiven ginge die Reise 400 Meilen weit nach der südlichen Spitze von Ceylon, Point de Galle — mit Ausnahme von Bombay der beste Hafen im britischen Indien — und von hier wäre eine Fahrt von 600 Meilen nach Madras und ungefähr eben so weit von Madras nach Kalkutta. Die Reise von London nach Kalkutta würde in ungefähr sechzig Tagen zurückgelegt werden.

In einer gewissen Jahreszeit gibt es auf dem Wege von Indien nach Suez ein mächtiges physisches Hinderniß, nämlich von der Mitte des Junius bis zu Ende des Septembers weht der südwestliche Passatwind (Mousson) mit unablässiger Heftigkeit über den indischen Ocean, besonders zwischen Sokatra und Bombay. Dieser Wind ist so stark, daß es dem stärksten Dampfschiffe nur eben möglich sein würde, ihm zu widerstehen, und die Fahrt könnte während dieser Monate nicht ohne bedeutende Beschädigungen von den Schiffen gemacht

werden, wenn anders eine ununterbrochene Fahrt in jener
Jahreszeit überhaupt ausführbar wäre. Die Aufmerksam=
keit des Parlaments hat sich daher auf eine andere Verbin=
dungslinie gerichtet, die von dieser Schwierigkeit frei ist.
Eine Linie von Dampfschiffen soll von Bombay über den per=
sischen Meerbusen nach dem Eufrat gehen. Die Fahrt von
Bombay nach Maskat auf der südlichen Küste des Meerbusens
ist 840 englische Meilen in nordwestlicher Richtung und daher
den südwestlichen Passatwinden nicht entgegengesetzt. Von
Maskat nach Basidor auf der nördlichen Küste der Einfahrt
in den persischen Meerbusen sind 255 Meilen, von Basidor
nach Büschir auf der östlichen Küste des Meerbusens 300,
von Buschir bis zur Mündung des Eufrat 120 Meilen. Es
ist klar, daß die längste dieser Linien keine größere Schwierig=
keit darbieten würde, als die Fahrt von Malta nach Alexan=
drien. Von Basra unweit der Mündung des Eufrats nach
Bir, auf dem linken Ufer des Stroms unweit Haleb, sind
1143 Meilen, eine Strecke, auf welcher sich der Flußschiff=
fahrt keine unüberwindlichen physischen Hindernisse entgegen=
stellen. Der wilde Charakter der Stämme an den Ufern des
Stromes bietet zwar einige Schwierigkeiten dar, doch glaubt
man, daß sich durch zweckmäßige Maßregeln und durch die
Mitwirkung des Paschas von Aegypten jedes aus dieser Ur=
sache hervorgehende bedeutende Hinderniß werde überwinden
lassen. Von Bir nach Skanderun, einem Hafen am mit=
telländischen Meere, Cypern gegenüber, geht die Reise zu
Lande, die nicht ohne Schwierigkeiten, aber nicht sehr lang
ist, und der Weg von Skanderun nach Malta ist ungefähr so
weit als von Malta nach Alexandria. Man berechnet, daß
die Reise von London nach Bombay auf diesem Wege um ei=
nige Tage kürzer sein werde als über Aegypten und das rothe
Meer.

Welcher von diesen Wegen nun auch gewählt werden
möge*), es ist klar, daß die Schwierigkeiten, in so fern die

---

*) Bekanntlich hat man seit 1835 den Versuch gemacht, die Fahrt
den Eufrat hinab zu unternehmen, wobei außer den angegebenen Hin=

Kraft der Dampfmaschine dabei betheiligt ist, in dem einen
Falle zwischen Sokatra und Bombay oder zwischen Sokatra
und den Maldiven, in dem andern zwischen Bombay und
Maskat liegen. Selbst der Weg von Malta nach Alexandria
oder nach Skanderun hat Bedenklichkeiten, weil sich befürch=
ten läßt, daß der Kessel der Dampfmaschine hier eine Rinde
ansetzen werde, wenn nicht wirksame Mittel angewendet wer=
den, diesem Nachtheile vorzubeugen. Sind indeß Hall's
oder Howard's Erfindungen oder andere Vorkehrungen zu
diesem Zwecke von gutem Erfolge, so wird die einzige Schwie=
rigkeit darin liegen, die nöthigen Kohlenvorräthe für eine so
lange Reise zu gewinnen. Diese Schwierigkeit ist jedoch
schon auf mehren Reisen des Dampfschiffs Hugh Lindsay
von Bombay nach Suez überwunden worden. Dieses Schiff
machte auf seinen Fahrten einen längern Weg, indem es nicht
nach Sokatra, sondern nach Aden auf der Küste Arabiens
ging, eine Strecke von 1641 engl. Meilen, die es in 10 Ta=
gen und 19 Stunden zurücklegte. Die ganze Entfernung
von Bombay bis Suez ward in einem Falle in 16 Tagen und
16 Stunden, in einem andern, unter den ungünstigsten
Umständen, in 23 Tagen zurückgelegt. Auf jede Fahrt ka=
men im Durchschnitt 21 Tage.

## 124.

Eine andere Verbindung durch Dampfschiffe, welche
für Großbritannien und Amerika von gleichem Interesse ist,
soll zwischen London und New=York eröffnet werden.
Nach der Vollendung der Eisenbahn zwischen London und
Liverpool wird Dublin mit London in einer durch Dampfkraft

---

berniffen auch viele aus den politischen Verhältniffen des Orients her=
vorgegangenen Schwierigkeiten zu überwinden waren. Nach den neue=
sten Nachrichten, die im Mai 1836 nach Europa kamen, hatten die bei=
den trefflichen eisernen Dampfböte, mit welchen der Seekapitän Ches=
ney die Fahrt macht, den Weg bis zur Mündung des Eufrats glück=
lich zurückgelegt. Das größere dieser Böte ist 105 Fuß lang und 19 Fuß
breit, das kleinere 87 Fuß lang und 16 Fuß breit.

bewirkten ununterbrochenen Verbindung fein. Es ist die Ab=
ficht, diese Linie durch eine Eisenbahn von Dublin bis zu ir=
gend einem Punkte auf der westlichen Küste Irlands zu ver=
längern, und man hat unter anderen den Hafen Valen=
tia*) genannt. Der nächste Punkt auf dem westlichen Con=
tinent ist St. John's in Newfoundland, 1900 englische Mei=
len von Valentia entfernt. Die Entfernnng von St. John's
nach New=York beträgt gegen 1200 Meilen, und Halifax in
Neu=Schottland ist eine bequeme Mittelstation, wo es über=
dieß Steinkohlen in Ueberfluß gibt. Die Entfernung von
Valentia nach St. John's kommt dem Punkte ziemlich nahe,
den wir als wahrscheinliche Gränze der jetzigen Leistungskraft
der Dampfschifffahrt bezeichnet haben. Das atlantische Meer
bietet in den westlichen Winden, die fast immer auf demsel=
ben herrschend sind, ein furchtbares Hinderniß dar. Diese
Winde sind die Reaction der beständigen Winde, die um den
Aequator in entgegengesetzter Richtung wehen, und durch die=
jenigen Theile der Aequatorial=Atmosphäre hervorgebracht wer=
den, welche, nach den nördlichen Breiten strömend, dem um
den Aequator stärkeren Schwunge der Erdumdrehung von We=
sten nach Osten folgen. Abgesehen von dieser Schwierigkeit
sind auch St. John's und Halifax, wegen des Klimas, wäh=
rend einiger Monate unzugänglich. Sollten diese Umstände
die Ausführung des Plans hindern, so könnte ein anderer
Weg gewählt werden. Man könnte von dem südlichsten Punkte
Irlands oder Englands nach den Azoren fahren, eine Ent=
fernung von ungefähr 1800 Meilen; von den Azoren nach
New=York hätte man ungefähr 2000 oder von den Azoren
nach St. John's 1600 Meilen.

---

*) Der Hafen auf der Insel Valentia ist sehr geräumig und hat zwei
tiefe Ausmündungen in das Meer, welche die Einfahrt und Ausfahrt
auch bei dem ungünstigsten Winde möglich machen. Der Hafen ist von
Dublin ungefähr 40 deutsche Meilen entfernt.

# Zwölfter Abschnitt.

## Ueber die Wirkung der Dampfkraft in Maschinen überhaupt.

### 125.

Wir haben in den vorhergehenden Abschnitten die wichtigsten Umstände entwickelt, die sich auf die verschiedenen Arten von Dampfmaschinen beziehen, und haben jetzt nur noch einige Einzelheiten zu erklären, welche mit der Kraft, den Wirkungen und der Einrichtung dieser Maschinen in Verbindung stehen.

Es ist im ersten Abschnitte (4.) gezeigt worden, daß Wasser unter dem gewöhnlichen atmosphärischen Drucke, dessen Betrag eine Quecksilbersäule von 28 Zoll anzeigt, aus dem flüssigen Zustande in den dampfförmigen übergeht, wenn es auf eine Temperatur von 80° R. steigt, und daß der dadurch erzeugte Dampf eine der atmopharischen gleiche elastische Kraft hat. Wird jedoch das Wasser, auf welches die Wärme wirkt, einem größeren oder geringern Drucke ausgesetzt, als der atmosphärische ist, so wird es bei einem größern oder geringern Wärmegrade sieden und immer einen Dampf von derjenigen elastischen Kraft erzeugen, der dem Drucke gleich ist, unter welchem es siedet. Es ist eine eben so merkwürdige als wichtige Thatsache, daß man, um ein gegebenes Gewicht von Wasser in Dampf zu verwandeln, dieselbe Wärmemenge braucht, unter welchem Drucke und bei welchem Wärmegrade das Wasser auch sieden möge. Nehmen wir nun an, es bewege sich in einer Röhre, deren unterer Theil einem Quadratfuß gleich sei, ein Kolben luftdicht und dampfdicht. Unmittelbar unter dem Kolben befinde sich ein Kubikzoll Wasser, das in einer dünnen Schicht auf dem Boden der Röhre ausgebreitet sei. Der Kolben habe ein, mittels eines Flaschenzuges wirkendes Gegengewicht, das dem Gewicht des Kolbens gleich sei, so daß er durch die Wirkung irgend eines Druckes unter ihm aufsteigen kann. Nun bringe man die Flamme einer Lampe an den Boden der Röhre, und das Wasser unter dem Kolben, das kein Druck von oben trifft, außer dem atmosphärischen, der auf den Kolben wirkt, wird bei einer Temperatur von 80° R. sieden und durch die fortdauernde Wirkung der Flamme endlich in Dampf verwandelt werden. Der Dampf, in welchen der Kubikzoll Wasser unter dem Kolben sich verwandelt, wird sich zu einem Kubikfuß ausdehnen, und eine dem atmosphärischen Drucke gleiche elastische Kraft ausüben, folglich der Kolben einen Fuß über seine erste Stellung in der Röhre gehoben werden, und der Kubikfuß unter ihm sich ganz mit Dampf füllen. Nehmen wir an, daß, um diese Wirkung hervorzubringen, die Lampe 15 Minuten hindurch auf die Röhre wirken müsse. Vorausgesetzt, das Wasser habe wieder seine ursprüngliche Temperatur erhalten und der Kolben sei wieder in seiner ersten Stellung, so werde auf ihn ein Gewicht gestellt, welches dem atmosphärischen Drucke gleich sei, so daß auf dem Wasser unter dem Kolben ein zweifacher atmosphärischer Drucke laste. Läßt man nun die Lampe wieder wirken, so wird das Wasser wie vorher in Dampf verwandelt werden, aber der Kolben dann nur 6 Zoll*) hoch von dem

---

*) Genau genommen, würde die Höhe, bis zu welcher der Kolben stiege, nicht in einem so bedeutenden Verhältnisse sich vermindern, als der Druck sich vermehrte, weil die Zunahme des Druckes nothwendig von einer Zunahme der Temperatur begleitet wäre, und folglich eine entsprechende Ausdehnung erfolgen würde. Es wird daher eine geringe Zunahme in der gesammten mechanischen Wirkung des Dampfes statt finden. Der Unterschied ist jedoch in der Praxis nicht sehr bedeutend,

Boden gehoben werden, da sich der Dampf nur bis zur Hälfte seines frühern Rauminhalts ausdehnt. Die Temperatur, bei welcher das Wasser anfangen würde sich in Dampf zu verwandeln, würde statt 80° R. gegen 97° sein, aber die Zeit, die zwischen dem Augenblicke der ersten Anwendung der Lampe und der vollständigen Verwandlung des Wassers in Dampf verflossen ist, wird immer noch 15 Minuten sein.

Würde der Kolben mit einem Gewichte von dem doppelten Drucke der Atmosphäre belastet, so würde das Wasser durch den Druck von drei Atmosphären niedergedrückt werden. Wird die Lampe wieder angewendet, so wird das Wasser in derselben Zeit in Dampf verwandelt werden, aber der Kolben wird jetzt nur 4 Zoll über seine erste Stellung erhoben werden, und der Dampf wird daher dreimal so dicht sein, als er bei dem bloßen Drucke der Atmosphäre auf den Kolben war.

Aus diesen und ähnlichen Versuchen ziehen wir mehre Schlüsse.

1. Der elastische Druck des Dampfes ist gleich dem mechanischen Druck, unter welchem das Wasser, das den Dampf erzeugt, zum Sieden gekommen ist.

2. Der Rauminhalt, welchen der Dampf füllt, vermindert sich in demselben Verhältnisse als der Druck des Dampfes zunimmt, oder mit andern Worten, die Dichtigkeit des Dampfes steht immer in gleichem Verhältnisse mit seinem Drucke.

3. Dieselbe Wärmemenge ist hinlänglich, dasselbe Wassergewicht in Dampf zu verwandeln, wie groß auch der Druck sei, unter welchem das Wasser zum Sieden gekommen ist, oder wie groß auch die Dichtigkeit und der Druck des erzeugten Dampfes sein möge.

4. Dieselbe in Dampf verwandelte Wassermenge bringt dieselbe mechanische Wirkung hervor, wie groß auch der Druck oder die Dichtigkeit des Dampfes sei. So ward im ersten Fall das Gewicht einer Atmosphäre einen Fuß hoch erhoben,

___

und gewöhnlich nimmt man an, daß die Dichtigkeit des Dampfes mit dem Drucke in gleichem Verhältniß stehe.

im zweiten Falle das Gewicht von zwei Atmosphären einen
halben Fuß hoch, und im dritten Falle das Gewicht von drei
Atmosphären ⅓ Fuß hoch, während in jedem Falle das Gewicht in demselben Verhältnisse zunahm als die Höhe, zu welcher es gehoben wurde, sich verminderte. Jede Gewichtzu-
nahme wird daher ausgeglichen durch eine verhältnißmäßige
Verminderung der Höhe, zu welcher es gehoben wird, und
die mechanische Wirkung ist daher dieselbe.

5. Dieselbe Menge von Wärme oder Feuerung ist nöthig und hinlänglich, dieselbe mechanische Wirkung hervorzubringen, was auch der Druck des dadurch erzeugten Dampfes sei.

Wird Dampf gebraucht, einen Kolben bloß gegen den
atmosphärischen Druck zu heben, so wird zwar eine bestimmte
physische Kraft von demselben ausgeübt und eine mechanische
Wirkung hervorgebracht werden, aber unter solchen Umständen wird er keine unmittelbar nützliche Wirkung ausüben; nachdem jedoch der Kolben gehoben worden ist und die
Röhre unter ihm sich mit Dampf gefüllt hat, welcher der Atmosphäre über ihm das Gleichgewicht hält, so kann eine nützliche Wirkung von gleichem Betrage erlangt werden, wenn die
Röhre abgekühlt und dadurch der Dampf wieder in Wasser
verwandelt wird. Der Kolben wird dann durch die unge-
hemmte Kraft der Atmosphäre niedergedrückt werden, und
jede daran befestigte Kette oder Stange wird durch eine gleich-
mäßige Kraft niedergezogen. Ist die Fläche des Kolbens,
wie wir vorausgesetzt haben, einen Quadratfuß groß, so
wird der atmosphärische Druck auf denselben, der vierzehn
Pfund auf jeden Quadratzoll beträgt, 144 mal 14 Pfund
sein, oder 2016 Pfund. Wenn nun der Kolben eine über
einen Flaschenzug gehende Kette niederzöge, würde er bei
dem Niedergange, Reibung und ähnliches nicht gerechnet, ein Gewicht von 2016 Pfund einen Fuß hoch heben.
Da nun 2016 Pfd. nicht viel unter einer Tonne sind, so kann
man, um eine runde Zahl zu nehmen, den Satz aufstellen:
Ein Kubikzoll Wasser, in Dampf verwandelt,
wird durch Condensation dieses Dampfes ein Ge-

wicht von einer Tonne einen Fuß hoch heben. So wird die Dampfkraft in der atmosphärischen Maschine praktisch nützlich gemacht.

### 126.

Die Benutzungsart des Dampfes in Watt's einfach wirkender Dampfmaschine ist in jeder Hinsicht gleich, außer daß der Kolben, statt durch die Kraft der Atmosphäre niedergedrückt zu werden, durch den Dampf hinabgetrieben wird, dessen Druck dem atmosphärischen gleich ist. Es liegt am Tage, daß das mechanische Ergebniß dadurch nicht geändert wird.

Wir haben angegeben, daß eine gegebene Dampfmenge eine bedeutend höhere Kraft ausübt, wenn man den Dampf absperrt, nachdem der Kolben einen Theil seines Niederganges gemacht hat, und das weitere Hinabsteigen durch die Expansiv=Kraft des bereits zugeströmten Dampfes bewirken läßt. Wir wollen nun ausführlicher das Prinzip erklären, auf welchem diese Kraftvermehrung beruht.

Es sei AB Fig. 71 die Röhre, deren Boden einem Quadratfuß gleich ist, und P der darin sich bewegende Kolben, der auf einem Kubikzoll Wasser ruht, das auf dem Boden sich ausbreitet; das leere Gefäß W halte dem Kolben völlig das Gleichgewicht. Durch die Anwendung einer Lampe wird das Wasser in Dampf verwandelt werden, der den Druck einer Atmosphäre hat, und der Kolben wird von P zu P' einen Fuß hoch gehen, wenn sich der Raum unter ihm mit Dampf füllt, und das Gefäß W wird einen Fuß tief niedersteigen. Es werde nun eine halbe Tonne Wasser in das Gefäß W gegossen, und das Gewicht desselben wird den Kolben P' aufwärts ziehen, so daß der Dampf unter ihm sich in einem größeren Raum ausdehnt. Als der Kolben P' bloß das Gegengewicht des leeren Gefäßes W hatte, ward er durch das ganze Gewicht der Atmosphäre über ihm niedergedrückt, welches gegen eine Tonne beträgt; nun aber hat die Hälfte dieses Druckes als Gegengewicht die halbe Tonne Wasser, die in das Gefäß W gegossen ist, und folglich wird die den Kolben

P' niederdrückende Kraft nur eine halbe Tonne oder die Hälfte ihres früheren Betrages sein. Der Kolben wird daher steigen bis der Druck des Dampfes unter ihm sich in demselben Maße vermindert hat. Nach der bereits gegebenen Erklärung wird dieß geschehen, wenn sich der Dampf in das Doppelte seines früheren Rauminhaltes ausdehnen kann, folglich wenn der Kolben zu P'' einen Fuß höher gestiegen ist, oder zwei Fuß von dem Boden der Röhre, so wird dann der Dampf genau dem von oben auf den Kolben wirkenden Drucke das Gleichgewicht halten und der Kolben daher stehen bleiben. Das Gefäß W mit der halben Tonne Wasser wird einen Fuß tiefer niedergestiegen sein oder zwei Fuß unter seinen ersten Stand. Wird nun der Dampf abgekühlt und wieder in Wasser verwandelt, und zugleich noch eine halbe Tonne Wasser in das Gefäß W gefüllt, so wird, da der Druck unter dem Kolben gänzlich entfernt ist, der atmosphärische Druck über ihm mit unverminderter Kraft wirken, und diese Kraft, die eine Tonne beträgt, das Gefäß W mit seinem Inhalte hinaufziehen. Geht der Kolben, wie es geschehen wird, auf den Boden der Röhre hinab, so wird die Tonne Wasser in dem Gefäße W zwei Fuß hoch senkrecht gehoben werden*).

Man sieht, daß hier die verbrauchte Dampfmenge nicht größer ist als in dem ersten Falle, nämlich der durch das Sieden eines Kubikzolls Wasser erzeugte Dampf. Betrachten wir aber die mechanische Wirkung, die dadurch hervorgebracht worden ist. Eine halbe Tonne Wasser ist einen Fuß tief hinabgestiegen, während eine Tonne zwei Fuß hoch gehoben wurde. Wenn wir die Kraft, die verloren ging, indem eine halbe Tonne einen Fuß tief niederstieg, von der Kraft abziehen, die wir erlangt haben, indem eine Tonne zwei Fuß gehoben wurde, so erhalten wir für die ganze mechanische Wirkung 1½ Tonne, einen Fuß hoch gehoben; denn es ist klar,

---

*) Strenge genommen, würde das Wasser, das sich nach unserer Annahme im Gefäße W befinden soll, dem atmosphärischen Druck nur eben das Gleichgewicht halten. Es muß daher dem Kolben ein kleines Uebergewicht gegeben werden, um die Bewegung hervorzubringen,

daß eine halbe Tonne von dem niedrigsten Punkte, auf wel=
chen das Gefäß W hinabstieg, einen Fuß über jenen Punkt
gehoben worden ist, und eine Tonne ist einen andern Fuß
hoch gehoben worden, welches gleich ist 1½ Tonne, einen
Fuß hoch gehoben.

Vergleichen wir dieß mit der in dem ersten Falle hervor=
gebrachten Wirkung, wo der Dampf condensirt ward, ohne
ihn auszudehnen, so ist es klar, daß bei der ganzen hier er=
zeugten mechanischen Wirkung eine Zunahme von 50 Prozent
statt findet.

Die Kraftzunahme des Dampfes durch Expansion geht
aber noch weiter. Statt den Dampf zu condensiren, wenn
der Kolben bei P'' angekommen ist, gieße man noch mehr
Wasser in das Gefäß W, und zwar ⅛ Tonne zu der halben
Tonne, die es schon enthält, und der wirkliche Druck auf
den Kolben P'', der nur eine halbe Tonne beträgt, wird
durch das größere Gewicht in dem Gefäße W überwogen
werden, und der Kolben folglich steigen. Er wird stehen
bleiben, wenn der Dampf durch Ausdehnung einen Theil sei=
ner Kraft verliert, der dem vermehrten Gewichte gleich ist,
welches das Gefäß W erhalten hat. Dieses Gefäß, das nach
und nach mit ½ und ⅛ Tonne Wasser gefüllt ward, enthält
nun ⅔ Tonne, folglich beträgt der den Kolben wirklich hinab=
treibende Druck nur ⅓ Tonne, und um mit diesem in das
Gleichgewicht zu kommen, muß der Dampf sich in das Drei=
fache des Rauminhalts ausdehnen, den er einnahm, als er
dem atmosphärischen Drucke gleich war. Er muß daher auf
P''' steigen, drei Fuß über dem Boden der Röhre. Wird nun
der Dampf in der Röhre condensirt und zu gleicher Zeit noch
⅓ Tonne Wasser in das Gefäß W gefüllt, daß der ganze
Inhalt eine Tonne beträgt, so wird der Kolben niedersteigen,
da er durch den ungehemmten atmosphärischen Druck hinab=
getrieben wird, und die in dem Gefäße W enthaltene Tonne
Wasser wird 3 Fuß hoch senkrecht gehoben werden.

In diesem Falle, wie in dem vorigen, ist die verbrauchte
Dampfmenge aus einem Kubikzoll Wasser erzeugt, aber ihre
mechanische Wirkung ist noch höher gesteigert worden. Wol=

len wir ihren Betrag berechnen, so müssen wir erwägen, daß eine halbe Tonne Wasser zwei Fuß gefallen ist, was so viel ist als eine Tonne, einen Fuß gefallen, und überdieß ist $\frac{1}{2}$ Tonne einen Fuß gefallen. Der ganze Verlust durch das Fallen des Wassers ist daher $1\frac{1}{2}$ Tonne, einen Fuß tief, gewesen, wogegen die durch das Aufsteigen des Wassers gewonnene Kraft eine Tonne, drei Fuß gehoben, gewesen ist, was so viel ist als drei Tonnen, einen Fuß hoch gehoben. Ziehen wir nun von 3 Tonnen $1\frac{1}{2}$ ab, so bleibt übrig $1\frac{1}{2}$, einen Fuß hoch gehoben. Diese Wirkung ist über 80 Prozent höher als in dem ersten Falle, wo der Dampf nicht ausgedehnt wurde.

Gehen wir in dieser Untersuchung einen Schritt weiter. Wir nehmen an, bei der Ankunft des Kolbens in P''' werde zu dem Wasser in dem Gefäße W noch $\frac{1}{12}$ Tonne gegossen, wodurch mit dem bereits darin enthaltenen Wasser der Inhalt auf $\frac{1}{4}$ steigt, so wird der wirkliche Druck auf den Kolben nur $\frac{1}{4}$ des atmosphärischen betragen. Der Dampf würde diesem das Gleichgewicht halten, wenn er sich auf das Vierfache seines früheren Rauminhaltes ausdehnte, und der Kolben würde daher bei P'''', vier Fuß über dem Boden der Röhre, in einen Zustand der Ruhe kommen, und das Gefäß W 4 Fuß senkrecht hinabgestiegen sein. Wird nun der Dampf in der Röhre condensirt, wie in den frühern Fällen, und zugleich noch $\frac{1}{4}$ Tonne Wasser in das Gefäß W gefüllt, so wird der Kolben auf den Boden der Röhre hinabsteigen, und die Tonne Wasser in dem Gefäße wird 4 Fuß hoch senkrecht gehoben werden. Wollen wir die dadurch erlangte mechanische Wirkung bestimmen, so müssen wir, wie vorher, den Gesammtbetrag der durch das Fallen des Wassers verlorenen Kraft von der durch die Hebung desselben gewonnenen Kraft abziehen. Das Wasser ist in drei verschiedenen Theilen gefallen, erstens $\frac{1}{2}$ Tonne 3 Fuß senkrecht, was so viel ist als $1\frac{1}{2}$ Tonne 1 Fuß tief; zweitens $\frac{1}{4}$ Tonne 2 Fuß tief, so viel als $\frac{1}{2}$ Tonne 1 Fuß tief, und drittens $\frac{1}{12}$ Tonne 1 Fuß tief. Diese Theile betragen zusammen $1\frac{11}{12}$, 1 Fuß tief gefallen. Eine Tonne ist 4 Fuß gehoben worden, so viel als 4 Tonnen 1 Fuß hoch;

ziehen wir davon die durch das Fallen verlorene Kraft ab, so bleiben als Gewinn $2\frac{1}{14}$, einen Fuß hoch gehoben, beinahe 108 Prozent mehr als die Kraft, welche durch die Condensation des Dampfes ohne Expansion gewonnen wurde.

Die Theorie setzt der Zunahme der auf diese Weise erlangten mechanischen Wirkung keine Gränze. Nach der von uns gegebenen Erläuterung würde man, um die größtmögliche Wirkung durch einen gegebenen Grad der Expansion des Dampfes zu erlangen, das Wasser oder ein anderes Gegengewicht dem Gefäße W nicht in einzelnen Theilen, wie wir vorausgesetzt haben, zuführen müssen, sondern in einem stetigen Zuflusse, um ein regelmäßiges Aufsteigen des Kolbens hervorzubringen.

Dieß ist das Prinzip, auf welchem die Vorzüge der Expansiv-Maschine von Watt und Hornblower beruhen, in so fern es sich ohne höhere mathematische Analyse erklären läßt.

## 127.

Wir haben jedoch bis jetzt nur das, durch die Condensation des Dampfes hervorgebrachte Ergebniß der Wirkung beachtet, und wollen nun untersuchen, wie die Wirkung geschieht.

Der Kolben P sei mittels eines Stabes mit einer Last verbunden, die gehoben, oder mit einem Widerstande, der überwunden werden soll. Beträgt diese Last eine Tonne, so ist die ganze auf den Kolben wirkende Last zwei Tonnen, nämlich eine Tonne als der atmosphärische Druck, die andere als das Gewicht der Last. Wirkt Hitze auf das Wasser, so wird Dampf erzeugt, und ist das Wasser vollkommen verdünstet, so wird der Kolben 6 Zoll hoch von dem Boden der Röhre gehoben werden. Die gesammte mechanische Wirkung ist daher 1 Tonne, 6 Zoll hoch gehoben, so viel als $\frac{1}{4}$ Tonne, 1 Fuß hoch gehoben.

Ist die auf den Kolben wirkende Last 2 Tonnen, so wirkt auf das Wasser unter demselben ein Gesammtdruck von 3 Tonnen, mit Einschluß des atmosphärischen Druckes. Wird das

Waffer unter diesem Drucke in Dampf verwandelt, so hebt es den Kolben und seine Last 4 Zoll hoch; die nützliche mechanische Wirkung besteht daher in 2 Tonnen, ⅓ Fuß hoch gehoben, oder ⅔ Tonne, 1 Fuß hoch. Wäre der Kolben mit 8 Tonnen belastet, so würde die mechanische Wirkung sein ⅔ Tonne, 1 Fuß hoch gehoben.

Es geht aus diesen Erörterungen hervor, daß, wenn die unmittelbare Kraft eines Dampfes von größerem Drucke als der atmosphärische ist, ohne Condensation angewendet wird, die gesammte mechanische Wirkung immer geringer ist als diejenige, die durch Condensation des atmosphärischen Dampfes ohne Expansion hervorgebracht wird; daß aber, je größer der Druck ist, unter welchem der Dampf erzeugt wird, desto geringer der Unterschied zwischen diesen Wirkungen ist. Im Allgemeinen wird das Verhältniß der mechanischen Wirkung des Dampfes von hoher Spannung zu der durch Condensation des atmosphärischen Dampfes hervorgebrachten Wirkung sein wie die Zahl der Atmosphären, die den Druck des Dampfes angibt, zu derselben Zahl mit Hinzufügung von eins. Ist z. B. der Dampf unter dem Drucke von 6 Atmosphären hervorgebracht, so wird das Verhältniß seiner Wirkung zu der Wirkung der Condensation des atmosphärischen Dampfes sein wie 6 zu 7.

### 128.

Eine andere mechanische Benutzungsart der Dampfkraft besteht darin, die unmittelbare Wirkung desselben mit Condensation zu verbinden, aber ohne Expansion.

Der Kolben sei, wie vorher, mit einer Tonne belastet. Die Verdampfung des Waffers hebt ihn 6 Zoll hoch, und in so fern ist das Ergebniß wie 1 Tonne, ½ Fuß hoch gehoben; aber angenommen, die Kolbenstange wirke auch mittels einer über ein Rad laufenden Kette oder eines Seiles auf ein zu hebendes Gewichte, so kann der Dampf, der eben eine Tonne 6 Zoll hoch gehoben hat, condensirt werden, und der Kolben wird mit der Kraft von einer Tonne in den dadurch entstan-

denen luftleeren Raum hinabsteigen, und eine andere Tonne
kann auf diese Weise einen halben Fuß hoch gehoben werden.
Die gesammte von dem Dampfe erlangte mechanische Kraft ist
dann, wenn zu ihrer unmittelbaren Leistung die durch Condensation gewonnene Wirkung hinzugefügt wird; 1 Tonne,
1 Fuß hoch gehoben, eine Wirkung, die genau derjenigen
gleich ist, welche durch Condensation des atmosphärischen
Dampfes erlangt wird.

Wird der Kolben mit 2 Tonnen belastet, so wird die
unmittelbare Wirkung desselben, wie wir gezeigt haben, diese
zwei Tonnen 4 Zoll hoch heben, was so viel ist, als $\frac{2}{3}$ Tonne 1 Fuß hoch gehoben. Wird dieser Dampf condensirt, so
kann eine Tonne auf dieselbe Weise gehoben werden, indem
der Kolben $\frac{1}{3}$ Fuß hinabgeht, oder, was dasselbe ist, $\frac{1}{3}$ Tonne
wird 1 Fuß hoch gehoben.

Verfolgt man diese Erörterungen, so wird sich ergeben,
daß, wenn die unmittelbare Kraft eines Dampfes von hoher
Spannung mit der durch Condensation gewonnenen mittel-
baren Kraft vereinigt wird, die gesammte mechanische Wirkung genau der mechanischen Wirkung gleich ist, welche durch
die bloße Condensation des atmosphärischen Dampfes hervorgebracht werden kann.

## 129.

Wird das Prinzip der Expansion auf die unmittelbare
Wirkung eines Dampfes von hoher Spannung angewendet,
so lassen sich Vortheile gewinnen, die denjenigen gleich sind,
welche wir bereits in Beziehung auf die Methode der Condensation erklärt haben.

Wir nehmen an, der Kolben sei mit drei Tonnen belastet. Durch die Verdampfung des Wassers unter demselben
wird dieses Gewicht, mit Einschluß des atmosphärischen Druckes, 3 Zoll hoch gehoben werden. Wird nun eine Tonne
hinweggenommen, so werden die übrigen zwei Tonnen durch
die Ausdehnung des Dampfes noch einen Zoll hoch gehoben.
Nimmt man auch die zweite Tonne hinweg, so wird der noch
mit einer Tonne belastete Kolben durch die Ausdehnung des

Dampfes 6 Zoll hoch von dem Boden steigen. Diese Folgen ergeben sich unmittelbar aus dem Grundsatze, daß sich der Dampf in dem Verhältnisse ausdehnt, als der Druck auf denselben sich vermindert, wobei aber zu bemerken ist, daß in diesem Falle der atmosphärische Druck, der eine Tonne beträgt, immer dem Gewichte hinzugefügt werden muß. Es werden dabei drei verschiedene Wirkungen hervorgebracht. Eine Tonne wird 3 Zoll hoch gehoben, oder $\frac{1}{4}$ Tonne 1 Fuß hoch, die andere Tonne 4 Zoll hoch, oder $\frac{1}{3}$ Tonne 1 Fuß hoch, die dritte 6 Zoll hoch, oder $\frac{1}{2}$ Tonne 1 Fuß hoch. Diese Wirkungen betragen zusammen $1\frac{1}{12}$ Tonne, 1 Fuß hoch gehoben, wogegen dasselbe Gewicht, durch Dampf von hoher Spannung ohne Expansion gehoben, und $\frac{1}{2}$ Tonne, 1 Fuß hoch gehoben, gleich sein würde.

Werden 5 Tonnen auf den Kolben gestellt, so wird die Verdampfung des Wassers dieses Gewicht $\frac{1}{5}$ Fuß hoch heben. Wird nun eine Tonne hinweggenommen, so werden die übrigen 4 Tonnen von dem Boden der Röhre $\frac{1}{4}$ Fuß hoch steigen. Wird die Last noch um eine Tonne vermindert, so werden die übrigen 3 um $\frac{1}{3}$ Fuß hoch steigen, und so weiter bis die letzte Tonne $\frac{1}{1}$ Fuß hoch gehoben wird. Wollen wir die dadurch hervorgebrachte gesammte mechanische Wirkung bestimmen, so ist zu erwägen, daß die verschiedenen, aus ihrer ersten Stellung gehobenen Tonnen $\frac{1}{5}$, $\frac{1}{4}$, $\frac{1}{4}$, $\frac{1}{3}$ und $\frac{1}{1}$ Fuß gehoben werden, was eine Gesammtwirkung gibt, die $\frac{1}{5}$, $\frac{1}{4}$, $\frac{1}{4}$, $\frac{1}{3}$ und $\frac{1}{1}$ Tonne, 1 Fuß hoch gehoben, gleich ist. Diese zusammengenommen, geben überhaupt $\frac{1}{2}\frac{2}{3}$ Tonnen, 1 Fuß hoch gehoben.

Im allgemeinen wird daher die auf die unmittelbare Wirkung des Dampfes von hoher Spannung angewendete Expansiv-Kraft nach demselben Gesetze ihre Wirkung steigern und auf denselben Grundsätzen beruhen, welche wir in Beziehung auf die mit Expansion verbundene Methode der Condensation aufgestellt haben.

Diese Expansiv-Wirkung des Dampfes von hohem Drucke kann mit Condensation verbunden sein und dadurch die mechanische Wirkung bedeutend erhöht werden, denn nachdem

die Gewichte, mit welchen der Kolben belastet war, nach ein=
ander so hoch als es die elastische Kraft des Dampfes erlaubte,
gehoben und dann von dem Kolben hinweggenommen worden
sind, wird sich der Dampf ausdehnen, bis er mit dem atmo=
sphärischen Drucke im Gleichgewicht ist. Man kann ihn nachher
noch mehr ausdehnen, wenn man zu dem Gegengewicht W auf
die bereits erklärte Weise neue Gewichte hinzufügt, und wird
dann der Dampf condensirt, so werden alle den Kolben hin=
abdrückenden Wirkungen erlangt werden, die wir früher an=
gegeben haben. Es liegt am Tage, daß auf diese Weise die
mechanische Wirkung bedeutend gesteigert werden kann.

## 130.

Wir haben bis jetzt den Kolben in Beziehung auf den
über ihm wirkenden atmosphärischen Druck betrachtet, aber
wie aus den vorhergehenden Abschnitten sich ergibt, wird in
den neuern Maschinen die Luft aus dem Innern derselben ge=
trieben, indem der Dampf erst frei durch alle Höhlungen geht
und dann aus irgend einer Oeffnung entweicht, in welche, da
sie nach außen sich öffnet, die Luft nicht wieder einströmen
kann. Die Kolbenstange und andere Theile, die von außen
in das Innere der Maschine gehen, sind gleichfalls so einge=
richtet und so eingeschmiert, daß weder Dampf entweicht,
noch Luft zuströmen kann. Wir haben daher jetzt die Wirkung
des Dampfes gegen den Kolben P zu betrachten, wenn ein
Widerstand auf ihn wirkt, der in irgend einem Grade geringer
als der atmosphärische Druck ist.

In solchen Maschinen wirkt der Druck immer sowohl un=
mittelbar durch seine Kraft als mittelbar durch seine Conden=
sation. Wollen wir seine Wirkungen berechnen, ohne auf
Reibung und ähnliches Rücksicht zu nehmen, so haben wir
nur seine gesammte, auf den Kolben wirkende Kraft zu bestim=
men und die Kraft des nicht condensirten Dampfes abzuziehen,
welcher der Bewegung des Kolbens widersteht.

Nehmen wir an, die gesammte auf den Kolben wirkende
Kraft, nach Abzug des von dem nicht condensirten Dampf

ausgeübten Widerstandes, betrage eine Tonne, und die Länge
des Cylinders sei ein Fuß, so wird jede Bewegung des Kol=
bens von einem Ende des Cylinders bis zu dem andern eine
mechanische Wirkung hervorbringen, welche einer Tonne, einen
Fuß hoch gehoben, gleich ist. Wenn in diesem Falle die
Größe des Kolbens einen Quadratfuß beträgt, so wird
der Druck des Dampfes dem atmosphärischen gleich sein und
die in Dampfgestalt im Cylinder enthaltene Wassermenge wird
einen Kubikzoll betragen, während der Dampf einen Kubikfuß
einnimmt. In dem Verhältnisse als die Fläche des Kolbens
größer wird, vermindert sich der Druck des Dampfes, wenn
die bewegende Kraft dieselbe bleiben soll, aber mit jeder Ver=
minderung des Druckes wird sich die Dichtigkeit des Dampfes
in demselben Verhältnisse vermindern und der Cylinder immer
dieselbe Wassermenge in Dampfgestalt enthalten. Auf diese
Weise kann Dampf als mechanische Kraft mit einem Drucke
gebraucht werden, der irgend geringer als der atmosphärische
ist und bei bedeutend niedrigern Temperaturen als 80° R.
Will man dieselbe mechanische Kraftwirkung erlangen, so ist
es bloß nöthig, den Kolben in demselben Verhältnisse zu ver=
größern, als der Druck des Dampfes vermindert wird.

Bei gehöriger Aufmerksamkeit auf diesen Umstand kann
die Expansiv=Kraft des Dampfes, sowohl in der unmittelba=
ren Wirkung desselben als durch Condensation, mit beträcht=
lich vermehrtem Vortheile gebraucht werden und dieß ist das
Prinzip, auf welches die Vortheile von Woolf's Erfindungen
sich gründen. Wirkt Dampf von hohem Drucke, z. B. von
3 bis 4 Atmosphären, auf den Kolben und treibt er denselben
nicht tief in den Cylinder hinab, so kann er abgesperrt wer=
den und seine Ausdehnungskraft auf den Kolben wirken, bis
der Dampfdruck bedeutend geringer als der atmosphärische ist.
Dann kann der Dampf condensirt, ein luftleerer Raum erzeugt
und das Verfahren wiederholt werden.

In der doppelt wirkenden Dampfmaschine, die gewöhnlich
in Fabriken und auf Schiffen gebraucht wird, und noch mehr in
den auf Dampfwagen gebrauchten Hochdruck=Maschinen scheint
die vortheilhafte Anwendung des Prinzips der Expansion seither

mit Schwierigkeiten verknüpft gewesen zu sein; denn ungeach= tet dadurch ohne Zweifel an Feuerung erspart werden kann, so ist es doch noch nicht allgemein geworden. Will man aus diesem Prinzip alle Vortheile ziehen, so würde es nöthig sein, daß die sich verändernde Kraft des ausgedehnten Dampfes von einer gleichen oder beinahe gleichen Veränderung des Wi= derstandes begleitet wäre, und dieß ließe sich in Maschinen, die zur Hebung von Wasser bestimmt sind, durch verschiedene Mittel erreichen; wenn sie aber, wie in Fabriken, einen bei= nahe gleichförmigen Widerstand zu überwinden haben, oder wie auf Dampfschiffen und Dampfwagen, einen sehr unregel= mäßigen Widerstand, so ist die gehörige Anwendung der Aus= dehnung schwierig, wenn überhaupt ausführbar.

Wir haben gesehen, daß die durch Dampf hervorge= brachte mechanische Wirkung, wenn das Princip der Ausdeh= nung nicht gebraucht wird, immer mit der im Dampfe ent= haltenen Wassermenge in Verhältniß steht und gleichfalls in demselben Verhältnisse ist, so lange ein gegebener Grad von Expansion angewendet wird. Es ist daher klar, daß die mechanische Kraft, die durch eine Maschine ausgeübt wird oder werden sollte, in geradem Verhältnisse zu der Menge des verdünsteten Wassers steht. Wir haben auch gezeigt, daß die in Dampf übergegangene Wassermenge, wie groß auch der Dampfdruck sein möge, in geradem Verhältnisse zu der aus den Feuerungsmitteln entwickelten Wärmemenge steht, und daher auch in geradem Verhältnisse zu dem Betrage der Feuerungsmittel selbst, so lange als die Wärme in demselben Verhältnisse dem Wasser mitgetheilt wird.

### 131.

Die Kraft einer Maschine bedeutet das Verhältniß, in welchem sie fähig ist, eine gegebene Last zu heben, oder einen gegebenen Widerstand zu überwinden. Spricht man von der Leistung einer Maschine, so wird dadurch die Last ausge= drückt, welche mittels der Verbrennung einer gegebenen Koh= lenmenge auf eine gegebene senkrechte Höhe gehoben werden kann.

Als die Dampfmaschinen zuerst in Anwendung kamen, wurden sie gewöhnlich gebraucht, um Pumpen oder Mühlen in Bewegung zu setzen, bei welchen man früher Pferde als bewegende Kraft benutzt hatte. Es war daher anfänglich angemessen, ja nöthig, die Leistung dieser Maschinen durch Beziehung auf die Wirkungen thierischer Kraft anzugeben, an welche Fabrikarbeiter, Bergleute und andere lange gewohnt waren. Wenn nun eine Maschine im Stande war, in einer gegebenen Zeit dieselbe Arbeit zu verrichten, welche eine gegebene Anzahl von Pferden mittlerer Stärke gewöhnlich leistete, so sagte man, die Maschine habe so oder so viel Pferdekräfte. Dieser Ausdruck wurde lange sehr schwankend und unbestimmt gebraucht; als aber die Dampfmaschinen immer mehr in Anwendung kamen, lag es am Tage, daß Verwirrung und Nachtheile entstehen müßten, wenn nicht jenem Ausdruck eine so bestimmte Bedeutung gegeben würde, daß die bei der Maschine beschäftigten Arbeiter sich einander klar verstehen könnten, wo von der Wirkungskraft dieser Maschinen die Rede wäre. Der Ausdruck Pferdekraft war so lange in Gebrauch gewesen, daß es angemessen war, ihn beizubehalten, und es war nur nöthig, sich über eine Einheit zu verständigen, durch welche die Kraft bestimmt werden konnte.

Man nahm die Kraft eines Pferdes von mittlerer Stärke, das täglich 8 Stunden arbeitet, als die Einheit für die Kraft der Dampfmaschine an. Smeaton berechnete den Betrag der mechanischen Wirkung, den ein Pferd geben könnte, zu 22,916 Pfund, einen Fuß hoch in einer Minute gehoben; Desaguliers aber zu 27,500 Pfund, zu derselben Höhe gehoben. Bolton und Watt ließen mit den in den Brauereien zu London gebrauchten starken Pferden Versuche machen, und nach den gewonnenen Ergebnissen nahmen sie 33,000 Pfd.*) einen Fuß hoch in einer Minute gehoben, als den Werth der Kraft eines Pferdes an. Dieß ist die jetzt allgemein gebräuchliche Annahme, und wenn man sagt, eine Maschine habe

---

*) Hier, wie in andern Angaben, ist von englischen Pfunden die Rede. Es sind 100 Pfund englische 97,007 Leipziger oder 80,972 Wiener Pfund.

eine gewiſſe Anzahl von Pferdekräften, ſo wird dadurch ausgedrückt, daß ſie, wenn ſie in gutem Stande ſich befindet,
fähig ſei, einen Widerſtand zu überwinden, welcher eben ſo
vielmal 33,000 Pfd., einen Fuß hoch in der Minute gehoben,
gleich iſt. So iſt eine Dampfmaſchine von 10 Pferdekräften
im Stande, 330,000 Pfd. 1 Fuß in einer Minute zu heben.

Da dieſelbe in Dampf verwandelte Waſſermenge immer
dieſelbe mechaniſche Wirkung hervorbringen wird, wie groß
auch die Dichtigkeit des daraus entwickelten Dampfes ſein
und bis zu welchem Grade die Verdampfung gehen möge, ſo
iſt es klar, daß die Kraft einer Dampfmaſchine von zwei
Umſtänden abhängig iſt, erſtens von dem Verhältniſſe, in
welchem der Keſſel mit ſeinem Zubehör fähig iſt, Waſſer zu
verdampfen, und zweitens von dem Verhältniſſe, in welchem
die Maſchine den Dampf bei ihrer Arbeit zu verbrauchen im
Stande iſt. Wir wollen dieſe beiden Umſtände einzeln betrachten.

Das Verhältniß, in welchem der Keſſel Dampf erzeugt,
iſt abhängig von dem Verhältniſſe, in welchem von dem Feuer
dem im Keſſel enthaltenen Waſſer Hitze mitgetheilt werden
kann. Dieſe Hitze wird auf doppeltem Wege mitgetheilt, entweder durch die unmittelbare Wirkung des Feuers, das gegen
die Oberfläche des Keſſels Hitze ausſtrahlt, oder durch die
Flamme und die erhitzte Luft, welche auf die früher angegebene Weiſe durch die Züge ſtrömen. Die der unmittelbaren
Wirkung der ausſtrahlenden Wärme des Feuers ausgeſetzte
Oberfläche des Keſſels heißt die Feuer-Oberfläche, und diejenige, die von der Flamme und der Luft auf dem Wege zum
Schornſtein Hitze erhält, die Zug-Oberfläche. Für die Erzeugung des Dampfes wirkt jene am meiſten. Bei ſtehenden
Keſſeln für condenſirende Maſchinen, wo auf Größe und Gewicht nicht viel ankommt, hat man gefunden, daß im Allgemeinen die größte Wirkung hervorgebracht wird, wenn man
4½ Quadratfuß für die Feuer-Oberfläche und 4½ Quadratfuß
für die Zug-Oberfläche auf jede Pferdekraft annimmt. Bei
ſolchem Maß für beide Oberflächen kann ein Kubikfuß Waſſer
in einer Stunde verdampft werden.

Wir haben bereits gezeigt, daß die gesammte durch einen Kubikzoll Wasser ausgeübte Kraft 2016 Pfund, einen Fuß hoch gehoben, gleich ist. Ein Kubikfuß Wasser enthält 1728 Kubikzoll, und man findet daher die durch deſſen Verdampfung gewonnene Kraft, wenn man 2016 mit 1728 multiplizirt. Das Product, 3,483,648 drückt die Zahl der Pfunde aus, die durch Verdampfung eines Kubikfußes Waſſer einen Fuß hoch gehoben werden könnten, vorausgesetzt, daß ihre gesammte mechaniſche Kraft benutzt würde. Wollte man dieß aber in der Praxis vorausſetzen, ſo würde man annehmen, daß die Maſchine ſich ohne eine, auf ihre eigenen Theile verwendete Kraft bewegte, man würde annehmen, daß all ihre bewegten Theile frei von Reibung und andern Urſachen des Widerſtandes wären. Will man daher eine praktiſche Schätzung der durch die Verdampfung einer gegebenen Waſſermenge erlangten nutzbaren mechaniſchen Kraft machen, ſo muß man unterſuchen, wie viel von dieſer Kraft an die Maſchine abgegeben werde, durch welche ſie geht. Bei den verſchiedenen Formen der Dampfmaſchine, ja faſt bei jeder einzelnen Dampfmaſchine, iſt der Betrag dieſes Verluſtes verſchieden; es läßt ſich jedoch eine annähernde Schätzung machen, welche hinlänglich genau iſt, um darauf allgemeine Schlüſſe gründen zu können.

Betrachten wir nun insbeſondere die Art und Weiſe, wie mechaniſche Kraft an die Maſchine abgegeben wird.

Erſtens muß der Dampf aus dem Keſſel in den Cylinder ſtrömen, um den Kolben zu treiben; wobei er nothwendig durch mehr oder minder enge Röhren geht und daher der Reibung wie der Abkühlung auf ſeinem Wege ausgeſetzt iſt; zweitens geht durch die Wärmeſtrahlung des Cylinders und ſeines Zubehörs Hitze verloren; drittens muß die Reibung des Kolbens im Cylinder überwunden werden; viertens geht durch Lecke Dampf verloren; fünftens wird Kraft aufgewendet, indem der Dampf nach der Wirkung auf den Kolben ausgetrieben wird; ſechstens iſt Kraft erfoderlich, um die Ventile zu öffnen und zu ſchließen, um das Waſſer aus dem Condenſator zu pumpen und die Reibung der verſchiedenen Achsen zu überwinden, und siebentes wird Kraft zur Bewegung der Luftpumpe verwendet.

In Maschinen, welche den Dampf nicht condensiren und daher mit Dampf von hohem Druck arbeiten, sind einige jener Quellen der Kraftverschwendung nicht vorhanden, dagegen andere desto wirksamer. Nehmen wir an, die gesammte Wirkungskraft des in einer Stunde im Kessel verdampften Wassers sei 1000, so berechnet man, daß die Verschwendung in einer Hochdruck-Maschine 392 sei, oder mit andern Worten, wenn man die ganze unverminderte, durch Verdampfung erlangte Kraft zu 10 annimmt, so werden beinahe 4 Theile durch die Bewegung der Maschine verbraucht und nur 6 geben eine Nutzwirkung.

Angenommen, in einer einfach wirkenden Maschine, die den Dampf condensirt, bezeichne 1000 die gesammte mechanische Kraft des verdunsteten Wassers, so wird 402 den bei der Bewegung der Maschine verbrauchten Theil bezeichnen, und es bleiben nur 598 Theile als praktisch wirksame Kraft übrig, oder, um runde Summen anzunehmen, wir werden hier dasselbe Ergebniß erhalten, das wir bei nicht condensirenden Maschinen finden, nämlich die gesammte Kraft des verdunsteten Wassers ist 10, wovon 4 verschwendet werden und 6 nutzbar sind.

Bei einer doppelt wirkenden Maschine ist das Verhältniß des nutzbaren Theils der Kraft etwas größer zu der Gesammtkraft. Nehmen wir für diese wieder 1000, so kommen 368 auf die von der Maschine verbrauchte Kraft, und 632 bezeichnen die Nutzwirkung.

Wir können daher im allgemeinen annehmen, daß die mechanische Kraft von $\frac{4}{10}$ des im Kessel verdampften Wassers von der Maschine aufgenommen und die übrigen sechs Zehntheile als bewegende Kraft benutzt werden. Bei dieser Bewegung ist jedoch der in der condensirenden Maschine durch den nicht condensirten Dampf hervorgebrachte Widerstand nicht in Anschlag gebracht. Der Betrag dieser Kraft ist abhängig von der Temperatur, welche das Wasser im Condensator behält. Bleibt das Wasser in einer Temperatur von 39°R.,

so wird der aus demselben aufsteigende Dampf einen Druck
haben, der durch $3\frac{7}{10}$ Zoll der Quecksilber=Säule bezeichnet
wird. Nehmen wir an, der Druck des Dampfes im Kessel
sei 37 Zoll der Quecksilber=Röhre gleich, so wird der Wider=
stand des nicht condensirten Dampfes $\frac{1}{10}$ der ganzen Kraft
des Kessels betragen, und wenn wir dieß zu den bereits an=
gegebenen $\frac{4}{10}$ hinzufügen, so ergibt sich, daß die Hälfte der
gesammten Kraft des Kessels verschwendet ist und nur die
Hälfte des verdunsteten Wassers als bewegende Kraft zu be=
nutzen sein würde.

Bleibt die Temperatur des Condensators 30° R., so
wird der Druck des nicht condensirten Dampfes 2 Zoll der
Quecksilber=Säule gleich sein, und folglich der Verlust an
Kraft als ein verhältnißmäßig kleinerer Bruchtheil der ganzen
Kraft sich zeigen.

Wir wollen durch ein Beispiel die Art der Schätzung
der wirklichen Kraft einer Dampfmaschine erklären.

In einer gut beschaffenen doppelt wirkenden Maschine
werden von 1000 Theilen der Gesammtkraft des Kessels mit
Ausschluß des Widerstands des nicht condensirten Dampfes
368 von der Maschine weggenommen und 632 als nutzbare
Wirkung übriggelassen. Nehmen wir nun an, der Druck
des Dampfes im Kessel entspreche einer Quecksilber=Säule von
35 Zoll, so wird der tausendste Theil davon $\frac{7}{200}$ Zoll der
Quecksilber=Säule entsprechen, und 632 dieser Theile werden
den wirksamen Theil der Kraft ausdrücken. Multiplicirt man
$\frac{7}{200}$ mit 632, so erhält man ungefähr 22. Angenommen,
die Temperatur des Condensators sei 519° R., so wird der
dieser Temperatur entsprechende Dampfdruck $3\frac{7}{10}$ Zoll der
Quecksilber=Säule gleich sein. Zieht man dieß von 22 ab,
so bleiben $18\frac{3}{10}$ Zoll übrig als die auf den Kolben wirkende
Kraft, was gegen 7 Pfund auf jeden Kreißzoll gleich ist.

Hat der Durchmesser des Kolbens 24 Zoll, so wird die
Oberfläche desselben aus einer Zahl von Kreißzollen bestehen,
welche durch das Quadrat von 24 oder $24 \times 24 = 576$ aus=
gedrückt wird, und da auf jeden dieser Kreißzolle 7 Pfund drü=
cken, so finden wir den Gesammtdruck in Pfunden, wenn wir

576 mit 7 multipliciren, was 4032 Pfund gibt. Der Raum, in welchem diese Kraft in einer Minute wirkt, wird gefunden, wenn man die Länge des Cylinders und die Zahl der Kolbenhübe in einer Minute kennt. Nehmen wir die Länge des Cylinders zu 5 Fuß, die Zahl der Kolbenhübe in einer Minute zu 21½ an, so wird bei jedem Hub*) der Kolben sich durch einen Raum von 10 Fuß bewegen und in einer Minute durch 215 Fuß gehen. Die bewegende Kraft ist daher 4032 Pfund in einer Minute durch 215 Fuß bewegt, was 215 mal 4032 gleich oder 866,880 Pfund ist, einen Fuß hoch in einer Minute gehoben.

Für jede 33,000 Pfund, die in jener Summe enthalten sind, hat die Maschine e i n e Pferdekraft. Um daher die Pferdekraft zu finden, dividiren wir 866,880 durch 33,000, und der Quotient ist unfähr 26, folglich hat die Maschine 26 Pferdekräfte.

Wie aber bestimmt man die Wassermenge, die der Kessel in einer Stunde für jede Pferdekraft der Maschine in Dampf verwandeln muß?

Wir wissen, daß 33,000 Pfund, einen Fuß hoch in einer Minute gehoben, eine Pferdekraft ausdrücken, oder 1,980,000 Pfund, einen Fuß hoch in einer Stunde gehoben. Man findet die Wassermenge, welche nöthig ist, diese mechanische Wirkung durch Verdampfung hervorzubringen, wenn man sich erinnert, daß ein Kubikzoll Wasser durch Verdampfung eine mechanische Kraft erhält, welche 2016 Pfund, einen Fuß hoch gehoben, gleich ist. Dividiren wir daher 1,980,000 durch 2016, so finden wir die Zahl der Kubikzolle Wasser, die in einer Stunde verdunstet werden müssen, um die mechanische Wirkung zu erzeugen, die durch e i n e Pferdekraft ausgedrückt wird. Der Quotient ist 982, und dieß ist daher die Zahl der in einer Stunde zu verdunstenden Kubikzolle Wasser, die einer Pferdekraft gleich ist. Wir haben aber gezeigt, daß auf jede 6 Kubikzolle des

---

*) Ein Kolbenhub ist eine Bewegung des Kolbens von einem Ende des Cylinders und wieder zurück.

im Keffel verdunſtenden Waſſers, die als bewegende Kraft
nuzbar ſind, 4 Kubikzoll an die Maſchine abgegeben werden.
Wollen wir nun den Betrag der Kraftverſchwendung finden,
der auf 982 Kubikzoll Waſſer kommt, ſo müſſen wir dieſe
Zahl durch 6 dividiren, und den Quotient mit 4 multipliciren.
Wir erhalten als Ergebniß 652 Kubikzoll Waſſer, daß für
die Maſchine verbraucht wird.    Die geſammte Waſſermenge,
die in einer Stunde verdunſten muß, um die Wirkung von ei=
ner Pferdekraft hervorzubringen, wird gefunden, wenn man
652 zu 982 addirt, was 1634 gibt.

Da dieſes Ergebniß aber auf eine Vorausſetzung ſich
ſtützt, welche den Maſchinen einen höhern Grad von Wirkſam=
keit beilegt, als ſie durchſchnittlich haben, ſo nimmt man ge=
wöhnlich einen Kubikfuß Waſſer auf die Stunde für jede Pfer=
dekraft, folglich, da ein Kubikfuß 1728 Kubikzoll hat, 11
Procent mehr als unſere Berechnung.

## 132.

Wir haben angegeben, daß, um einen Kubikfuß Waſſer
in einer Stunde zu verdunſten, 9 Quadratfuß Oberfläche der
Wirkung des Feuers und der erhitzten Luft ausgeſetzt ſein müſ=
ſen.    Dieß iſt die für jede Pferdekraft erfoderliche Oberfläche,
und wir finden daher die geſammte für einen Keſſel von gege=
bener Kraft nöthige Oberfläche, wenn wir die Zahl der Pfer=
dekräfte mit 9 multipliciren.    Das Ergebniß drückt aus, wie
viel Quadratfuß der Oberfläche des Keſſels der Wirkung des
Feuers ausgeſetzt werden müſſen.    Die eine Hälfte davon iſt
die Feuer=Oberfläche, die andere die Zug=Oberfläche.    Da
die dem Keſſel mitgetheilte Wärme mit der Menge der ver=
brannten Kohlen im Verhältniß ſteht, und die Kohlenmenge
vom Umfange der Oberfläche des Roſtes abhängt, ſo iſt es
klar, daß ein beſtimmtes Verhältniß zwiſchen der Kraft des
Keſſels und dem Umfange des Roſtes ſtatt finden muß.    Die
Menge des Sauerſtoffes, der ſich mit der Feuerung verbindet,
iſt verſchieden nach der Beſchaffenheit des Brennſtoffes, und
wechſelt bei den verſchiedenen Arten von Kohlen von 2 bis 3
Pfund für jedes Pfund Kohlen.

Wir wollen im Durchschnitt 2½ Pfund annehmen. Wenn nun 2½ Pfund Sauerstoff 30 Kubikfuß betragen, so enthalten 5 Kubikfuß atmosphärische Luft 1 Kubikfuß Sauerstoff, und es werden folglich 150 Kubikfuß atmosphärische Luft nöthig sein, um ein 1 Pfund Kohlen zu verbrennen. Wenigstens ⅓ der Luft, die durch das Feuer geht, entweicht, ohne demselben Sauerstoff abzugeben, durch den Rauchfang, und wir müssen daher 220 Pfd. Luft auf jedes zu verbrennende Pfd. Kohlen durch die Roststäbe gehen lassen. Da nun Kessel in Land=Dampfmaschinen 15 Pfund, und Kessel in Schiff= Dampfmaschinen 10 Pfund Kohlen für jede Pferdekraft in einer Stunde verbrauchen, so folgt, daß die Räume zwischen den Roststäben und der Umfang der Oberfläche des Rostes hinlänglich sein müssen, um 3000 Kubikfuß Luft auf eine Stunde in Land=Dampfmaschinen, und 2000 Fuß in Schiff=, Dampfmaschinen für jede Pferdekraft durch den Rost gehen zu lassen, oder was dasselbe ist, für jeden in einer Stunde in Dampf zu verwandelnden Kubikfuß Wasser. Der dazu erforderliche Umfang der Oberfläche des Rostes scheint nicht genau bestimmt zu sein, aber vielleicht können wir in annähernder Schätzung für den Kessel in Land=Dampfmaschinen einen Quadratfuß Rost=Oberfläche auf eine Pferdekraft, und bei Schiff=Dampfmaschinen ⅔ Quadratfuß annehmen, wenn die Räume zwischen den Roststäben von gleicher Weite sind.

Es ist klar, daß der Raum innerhalb eines Kessels für Wasser und Dampf in einem bestimmten Verhältnisse zu der Leistungsfähigkeit der Maschine stehen muß. Wir haben gezeigt, daß für jede Pferdekraft ein Kubikfuß Wasser in einer Stunde aus dem Kessel übergehen muß. Nun aber liegt es am Tage, daß der Dampf nicht von gleichförmiger Kraft sein könnte, wenn nicht die in jedem Augenblicke in dem Kessel enthaltene Dampfmenge bedeutend größer wäre, als der Inhalt des Cylinders. Wenn z. B. das Volumen Dampf im Kessel dem Rauminhalte des Cylinders völlig gleich wäre, so würde, wenn der Cylinder sich füllte, der Dampf in das Doppelte seines Rauminhaltes ausgedehnt werden und daher die Hälfte seiner Kraft verlieren, vorausgesetzt, daß er frei aus dem Keſſel in den Cylinder überginge. Wäre aber das Volumen Dampf im Keſſel zweimal ſo groß als der Inhalt des Cylinders, ſo würde der Dampf für den Augenblick den dritten Theil ſeiner Kraft verlieren, und ſo weiter. Der dem Dampfe überlaſſene Raum muß daher um ſo vielmal größer als der Umfang des Cylinders ſein, daß, wenn die zur Füllung des Cylinders nöthige Dampfmenge aus dem Keſſel entweicht, die Kraft des Dampfes dadurch nur unbedeutend vermindert wird.

Eben ſo tritt die Nothwendigkeit hervor, daß zwiſchen der geſammten im Keſſel befindlichen Waſſermenge und dem an den Cylinder abgegebenen Dampfe ein beträchtliches Verhältniß ſtatt finden muß. Wenn z. B. die im Keſſel enthaltene Waſſermenge nicht größer wäre, als die in einer Minute in den Cylinder ſtrömende Dampfmenge, ſo würde es nöthig ſein, daß der Inhalt des Keſſels einmal in jeder Minute durch Zufluß von kaltem Waſſer erſetzt würde, und es iſt klar, daß unter ſolchen Umſtänden die Wirkung der Hitze auf das Waſſer ſich gar nicht regeln ließe. Doch abgeſehen davon, muß die Waſſermenge hinlänglich ſein, den Keſſel bis über den Punkt zu füllen, wo die Oberfläche der Feuerzüge endigt, weil ſonſt die Hitze des Feuers auf den Theil des Keſſels wirken würde, der Dampf aber nicht Waſſer enthielte, und der Keſſel würde durch ungehörige Temperatur allmälig zerſtört werden.

Der geſammte, für Waſſer und Dampf erfoderliche Raum in dem Keſſel iſt nach Verhältniß der Wirkungskraft der Maſchine bedeutenden Veränderungen unterworfen. In kleinen Keſſeln iſt ein größeres Verhältniß des Raumes für Dampf und Waſſer nöthig, oder ein verhältnißmäßig größerer Inhalt als in großen, und daſſelbe findet in Beziehung auf ihre Feuer= und Zug= Oberfläche ſtatt.

Die Erfahrungen der Werkmeiſter haben zu dem Schluſſe geführt, daß ein gewöhnlicher Keſſel von niedrigem Drucke einen Raum für 10 Kubikfuß Waſſer, und 10 Kubikfuß Dampf verlangt, für jeden Kubikfuß Dampf, den die Maſchine in einer Stunde verbraucht, oder mit andern Worten für jede

Pferdekraft. So würde nach dieser Regel eine Maschine von 10 Pferdekräften einen Kessel haben müssen, welcher 200 Kubikfuß Inhalt hätte, der stets zur Hälfte mit Wasser gefüllt sein müßte. Es sind jedoch die Anschläge in dieser Beziehung verschieden. Einige Werkmeister glauben, daß ein Kessel für jede Pferdekraft 25 Kubikfuß Inhalt haben müsse, während andere nur 8 Kubikfuß für den Dampf verlangen. In einer Tabelle über den Rauminhalt der Kessel für Maschinen von verschiedener Leistungsfähigkeit und über den nöthigen Wasserzufluß bestimmt Tredgold für einen Kessel in einer Maschine von 5 Pferdekräften 14 Kubikfuß Wasser auf jede Pferdekraft, für 10 Pferdekräfte 12½ Kubikfuß, für 40 Pferdekräfte 11 Kubikfuß.

Für Maschinen von größerer Leistungsfähigkeit ist es im allgemeinen vortheilhaft, zwei Kessel von geringerem Umfange, als einen großen zu haben. Dieß findet gewöhnlich auf Dampfschiffen statt, und hat den Vortheil, daß die fortdauernde Wirkung der Maschine gesichert ist, wenn je ein Kessel in seiner Thätigkeit gestört werden sollte. Auch ist es zweckmäßig, mehr Dampfkraft als die Maschine braucht, in dem Kessel zu haben. So gewährt es Vortheil, eine Maschine von 60 Pferdekräften mit zwei Kesseln, jeden für 40 Pferdekräfte, und eine Maschine von 80 Pferdekräften mit zwei Kesseln, jeden für 50 Pferdekräfte, zu versehen.

### 133.

Der Dampfdruck im Cylinder einer Maschine ist immer geringer als der Dampfdruck im Kessel, weil der Dampf im Durchgange durch die Röhren und Ventile Hemmungen erleidet. Der Unterschied zwischen diesen Graden des Druckes ist von der Form und Größe der Durchgänge abhängig; je gerader und weiter sie sind, desto geringer ist der Unterschied; sind sie aber enge und haben sie Biegungen, besonders Winkelbiegungen, so wird der Dampf bedeutend von seinem Drucke verlieren, ehe er in den Cylinder kommt. Das Regulator-Ventil in der Dampfröhre kann auch so gesteuert werden, daß sich der Druck des Dampfes im Cylinder beliebig vermindern läßt. Man sieht, daß es durch solche Mittel möglich ist, dem Dampfe im Keſſel jeden beliebigen Grad von hohem Drucke zu geben, während die Maſchine bei jedem beliebigen Grade von niedrigem Drucke wirkt. Da aber der Dampfdruck im Cylinder ein weſentliches Element bei der Leiſtung der Maſchine iſt, ſo ſind Größe, Stellung und Geſtalt der Dampfröhre und der Ventile von einer großen praktiſchen Wichtigkeit. Die Theorie gibt uns jedoch nicht viel mehr, als allgemeine Grundſätze, die uns leiten können. Eine praktiſche Regel, die man angenommen hat, beſteht darin, dem Durchmeſſer der Dampfröhre nur $\frac{1}{5}$ des Cylinder=Durchmeſſers zu geben. Da dieſelbe Dampfmenge in einer Minute durch dieſe Röhren ſtrömen muß, wie durch den Cylinder, ſo muß die Geſchwindigkeit des Dampfes in dem Durchgange durch die Dampfröhre fünf und zwanzig mal ſo groß als die Geſchwindigkeit des Kolbens ſein.

### 134.

Eine andere angenommene Regel iſt, dem Querſchnitt der Dampfröhre einen Quadratzoll Größe für jede Pferdekraft zu geben.

Das Ergebniß dieſer und aller ähnlichen Regeln iſt, daß der Dampf nimmer mit derſelben Geſchwindigkeit durch die Dampfröhre gehen muß, was auch die Leiſtungsfähigkeit der Maſchine ſei.

In Maſchinen von gleicher Leiſtungsfähigkeit wird die Geſchwindigkeit des Kolbens im Cylinder ſehr verſchieden ſein, je nach dem wirklichen Drucke des Dampfes und nach den Verhältniſſen und dem Umfange des Cylinders. Nach den bereits gegebenen Erläuterungen iſt es klar, daß, wenn die Leiſtungskraft dieſelbe iſt, dieſelbe wirkſame Dampfmenge in jeder Minute durch den Cylinder gehen muß; wird aber der Dampf mit bedeutendem Druck im condenſirten Zuſtande gebraucht, ſo wird daſſelbe Gewicht des Dampfes einen geringern Raum einnehmen, und folglich ſind die Cylinder in Hochdruckmaſchinen kleiner, als diejenigen von gleicher Kraft in Maſchinen, die mit niedrigem Drucke arbeiten. Die Größe des Cylinders und des Kolbens, wie die Geschwindigkeit des letztern, sind daher zuerst von dem Dampfdrucke abhängig. Aber bei einem Dampfe von bestimmtem Drucke wird die Geschwindigkeit des Kolbens verschieden sein, und bei einem gegebenen Rauminhalt des Cylinders und einem gegebenen Dampfdrucke bestimmt die Leistungsfähigkeit der Maschine die Zahl der Kolbenhübe in jeder Minute. Die wirkliche Geschwindigkeit des Kolbens ist jedoch in diesem Falle von dem Verhältnisse abhängig, in welchem der Durchmesser des Cylinders zu dessen Länge steht. Je größer der Durchmesser des Kolbens gegen die Länge desselben ist, desto geringer wird seine Geschwindigkeit sein.

Bei stehenden Dampfmaschinen, wie man sie zu Lande gebraucht, wird dasjenige Verhältniß des Durchmessers des Cylinders zu seiner Länge angenommen, das der wirksamsten Leistung der Maschine am günstigsten ist. Nach einigen Werkmeistern soll der Cylinder zweimal so lang, als sein Durchmesser sein*), andere verlangen eine Länge von dritthalb Durchmessern; es gibt jedoch Umstände, in welchen die Rücksicht auf praktische Vortheile es nothwendig macht, andere Verhältnisse anzunehmen. In Schiff-Dampfmaschinen, wo sehr lange Cylinder unzulässig sein würden und auf der andern Seite eine beträchtliche Kraft verlangt wird, werden kurze Cylinder von großem Durchmesser gebraucht. In diesen Maschinen ist die Länge des Kolbenhubes oft nicht größer, als der Durchmesser des Kolbens, und zuweilen noch geringer.

In Maschinen mit niedrigem Drucke hat diejenige Geschwindigkeit des Kolbens die beste praktische Wirkung, die gegen 200 Fuß in einer Minute beträgt. Dieß erleidet jedoch einige Veränderungen.

### 135.

Ein gegebenes Gewicht von Feuerungsmitteln, die un=

---

*) Dieß ist das Verhältniß, bei welchem der Cylinder von einem gegebenen Inhalte die möglich geringste Oberfläche der abkühlenden Wirkung der Atmosphäre aussetzt.

ter dem Keſſel verbrannt werden, kann mittels der Maſchine
eine mechaniſche Wirkung hervorbringen, welche, wenn ſie
in einer gleich geltenden Zahl von Pfunden, einen Fuß gehoben, ausgedrückt wird, die Leiſtung der Maſchine heißt.
Könnte alle durch Verbrennung der Kohlen entwickelte Hitze
dem Waſſer im Keſſel mitgetheilt und zur Erzeugung von
Dampf benutzt werden, und könnte überdieß der ganze auf
dieſe Weiſe erzeugte Dampf für die eigentliche Wirkung mechaniſch nutzbar gemacht werden, ſo würde die Leiſtung der
Maſchine die völlige unverminderte Wirkung der durch die
Verbrennung erzeugten Hitze ſein; aber es liegt am Tage,
daß dieß in der Praxis nie der Fall ſein kann. Fürs erſte
kann die durch die Verbrennung der Kohlen erlangte Hitze nie
ganz dem Waſſer in dem Keſſel mitgetheilt werden; ein Theil
derſelben entweicht, ohne in den Keſſel zu kommen, ein anderer wird verbraucht, das Metall des Keſſels zu erhitzen und den
durch die Wärmeſtrahlung ſeiner Oberfläche herbeigeführten
Verluſt zu erſetzen, wieder ein anderer geht durch die verſchiedenen Urſachen der Dampfverſchwendung und durch Lecke verloren, ein anderer wird durch die Gegenwirkung des condenſirten Dampfes entzogen, und endlich ein anderer Theil verbraucht, um die Reibung und den Widerſtand der Maſchine
ſelbſt zu überwinden. Man ſieht ein, daß all dieſe Urſachen
der Dampfverſchwendung ſich nach den Umſtänden und nach
den Verhältniſſen der Maſchine, wie nach der Geſtalt und
Einrichtung des Herdes, der Züge, des Keſſels, ändern müſſen. Die Leiſtung der verſchiedenen Maſchinen wird daher
verſchieden ſein, und wenn man ſolche Maſchinen vergleicht,
um den Aufwand an Feuerungsmitteln zu beſtimmen, ſo iſt es
nothwendig, die verbrauchte Feuerung mit dem überwundenen
Widerſtände ſorgfältig zu vergleichen. In Maſchinen, die in
Fabriken oder auf Dampfſchiffen gebraucht werden, iſt es nicht
leicht, den Betrag des Widerſtandes, den die Maſchine überwinden muß, zu ermeſſen; wenn ſie aber zum Auspumpen
von Waſſer gebraucht werden, läßt ſich ihre Leiſtung leichter
beſtimmen.

Im Jahre 1811 glaubten mehre Eigenthümer von

Kohlengruben in Cornwall, daß ihre Maschinen nicht die mit den verbrauchten Feuerungsmitteln in gehörigem Verhältnisse stehende Leistung hätten, und beschlossen, die Leistung auf eine gleichförmige Weise zu prüfen. Zu diesem Zwecke ward ein sogenannter Hubzähler*) an jeder Maschine angebracht, welcher die Zahl der Kolbenhübe angab. Alle Maschinen wurden unter die Aufsicht zweier Werkmeister gestellt, und diese, wie die Eigenthümer, verpflichteten sich, die Erreichung des Zweckes auf alle Weise zu erleichtern. Die beiden Werkmeister mußten monatlich einen Bericht von der Leistung jeder Maschine bekannt machen, worin der Name der Kohlengrube, die Größe des Cylinders, die auf der Maschine liegende Last, die Länge des Kolbenhubes, die Zahl der Pumpenhebungen und deren Tiefe, der Durchmesser der Pumpen, die Arbeitzeit, der Kohlenverbrauch, die von der Pumpe zu hebende Last und endlich die Leistungsfähigkeit der Maschine oder die Zahl der durch Verbrennung eines Bushels**) Kohlen einen Fuß hoch gehobenen Pfunde angegeben wurden. Die Bekanntmachung dieser Berichte begann im August 1811 und ist seitdem bis auf diesen Augenblick regelmäßig fortgesetzt worden.

Die günstige Wirkung, welche diese Berichte auf die Wachsamkeit der Werkmeister gehabt haben, und der dadurch erregte Wetteifer unter den Verfertigern der Maschinen und den Maschinenwärtern zeigt sich in der Verbesserung, welche allmälig in der Leistung der Maschinen bis auf unsere Zeit hervorgetreten ist. Nach einem im December 1826 bekannt gemachten Berichte hatte eine Maschine in der Kohlengrube Wheal-Hope in Cornwall die höchste Leistung, indem sie

---

*) Mit dem Baláncier ist eine Art von Uhrwerk verbunden, das nach der Einrichtung des Schrittzählers bei jedem Aufsteigen und jedem Niedergange des einen Armes das Steigrad um einen Zahn fortrückt. Die Zeiger geben die Zahl der Kolbenhübe für eine bestimmte Zeit an, da das Zifferblatt mehre Zeiger hat, von welchen der eine seinen Umlauf bei 100, der andere bei 1000 Hüben macht. Der Zähler kann auch mit einem Pendel versehen werden.

**) Ein Bushel = 84 Pfund englisch = 64 Wiener Pfund.

auf einen Buſhel Kohlen 46,838,246 , oder in runder Sum=
me 47 Millionen Pfund , 1 Fuß hoch hob.

Ein im Jahre 1835 bekannt gemachter Bericht meldet,
eine Dampfmaſchine in dem Kupferbergwerke bei St. Auſtell
in Cornwall habe im Durchſchnitte 95 Millionen Pfund 1 Fuß
hoch bei der Verbrennung von einem Buſhel Kohlen gehoben.
Dieſe ungeheure mechaniſche Wirkung erregte einige Zweifel
gegen die Genauigkeit der Beobachtungen, auf welche der Be=
richt ſich ſtützte , und es wurde beſchloſſen, einen neuen Ver=
ſuch in Gegenwart ſachkundiger und unbetheiligter Zeugen an=
zuſtellen. Das von erfahrnen Werkmeiſtern beglaubigte Er=
gebniß war, daß die Maſchine auf jeden Buſhel verbrauchter
Kohlen 125½ Millionen Pfund einen Fuß hoch heben konnte.

### 136.

Es wird nicht unintereſſant ſein, den Betrag der Kraft,
welche ſich in der Steinkohle befindet, auf eine faßliche Weiſe
durch Vergleichungen zu erläutern.

Kann ein Buſhel Kohlen 56,027 Tonnen einen Fuß
hoch heben , ſo folgt, daß 1 Pfund Kohlen 667 Tonnen auf
gleiche Höhe, und eine Unze Kohlen 42 Tonnen einen Fuß
hoch oder 18 Pfund eine engliſche Meile hoch heben würde.
Da nun eine Kraft von 18 Pfund fähig iſt, 2 Tonnen auf einer
Eiſenbahn zu ziehen, ſo ergibt ſich, daß eine Unze Kohlen eine
mechaniſche Kraft hat, die hinlänglich iſt, 2 Tonnen eine Meile
weit, oder eine Tonne 2 Meilen weit auf einer ebenen Eiſen=
bahn zu ziehen *).

Der Umfang der Erde beträgt 25000 engliſche oder 5400
geographiſche Meilen. Wäre ſie von einer Eiſenbahn umgür=
tet, ſo würde eine Laſt von einer Tonne in ſechs Wochen
durch die mechaniſche Kraft, welche ⅞ Tonne Steinkohlen be=
ſitzt, rings um dieſelbe gezogen werden.

*) Der wirkliche Kohlenverbrauch auf Eiſenbahnen iſt ungefähr 8 Un=
zen für die Tonne auf eine engliſche Meile. Es wird daher mit einer
ſechzehnmal geringeren Wirkung als in der oben erwähnten Maſchine
gearbeitet.

Die große Pyramide bei Dschiseh in Aegypten steht auf einer Grundlage, die auf jeder Seite gegen 700 Fuß mißt, und ist 500 Fuß hoch. Ihr Gewicht ist 12,760,000,000 Pfund. Mit der Erbauung derselben waren 100,000 Menschen 20 Jahre lang beschäftigt, wie Herodot angibt. Ihre Bestandtheile würden durch Verbrennung von 479 Tonnen Kohlen von dem Boden in ihre jetzige Stellung gehoben werden.

Das Gewicht der Kettenbrücke über der Meerenge Menai, welche die Insel Anglesea von Wales trennt, beträgt 4,000,000 Pfund, und ihre Höhe über der Oberfläche des Wassers ist 120 Fuß. Diese ganze Masse könnte von der Oberfläche des Wassers in ihre jetzige Lage durch Verbrennung von 336 Pfund Kohlen gehoben werden.

Der ungeheure Kohlenverbrauch in Fabriken und bei der Dampfschifffahrt hat in der neuesten Zeit die Besorgniß erregt, daß die Gruben endlich erschöpft werden könnten. Diese Furcht aber ist in England durch die Behauptung sachkundiger Männer beschwichtigt worden, daß, wenn man den jährlichen Kohlenverbrauch zu 16 Millionen Tonnen rechnet, nur die Kohlenlager in Northumberland und Durham allein hinlänglich sind, noch für 1700 Jahre den Bedarf zu liefern, und daß nach Verlauf dieser Zeit das große Kohlenflötz im südlichen Wales denselben Bedarf noch 2000 Jahre länger geben würde.

Aber bei Berechnungen dieser Art darf man die wahrscheinlichen, ja gewissen Fortschritte der Verbesserungen und Entdeckungen nicht übersehen, und wir dürfen mit Zuversicht aussprechen, daß lange vorher, ehe ein kleiner Theil jenes Zeitraumes verflossen sein wird, andere und mächtigere mechanische Kräfte den Gebrauch der Steinkohlen verdrängt haben werden. Die Naturwissenschaft deutet schon auf Quellen unerschöpflicher Kraft in den Erscheinungen der Electricität und des Magnetismus. Die abwechselnde Zersetzung und Wiederzusammensetzung des Wassers durch Magnetismus und Electricität hat eine zu große Aehnlichkeit mit der abwechselnden Verdampfung und Condensation, als daß sie nicht auffallen sollte. Die Entwickelung von Gasen aus festen Körpern durch chemische Verwandtschaften und ihre nachherige Condensation in flüssige Gestalt hat man bereits als ein Kraft= mittel anzuwenden versucht. Mit einem Worte, der jetzige Zustand der Naturwissenschaften, die Kraft, die Thätigkeit und der Scharfsinn, womit unter allen gebildeten Völkern wissenschaftliche Untersuchungen betrieben werden, die hohe Achtung, welche die Pfleger der Wissenschaft genießen, alles berechtigt zu der Erwartung, daß wir mechanischen Entde= ckungen nahe sind, die noch größer sein werden, als alles, was wir gesehen haben; daß selbst die Dampfmaschine mit den Riesenkräften, die der unsterbliche Watt ihr gab, unbedeu= tend erscheinen wird gegen die verborgenen Naturkräfte, die noch enthüllt werden sollen, und daß eine Zeit kommen wird, wo diese Maschine, die jetzt ihre Wohlthaten bis an die Grän= zen der gesitteten Welt verbreitet, nur noch in der Geschichte lebt.

# Dreizehnter Abschnitt.

## Regeln für Eisenbahn-Anlagen.

### 137.

Nicht lange nach der Vollendung der Eisenbahn zwischen Liverpool und Manchester entstanden.Zweifel über den endlichen Erfolg derselben als einer auf den Handelsverkehr berechneten Unternehmung, und noch jetzt, nachdem die Bahn bereits einige Jahre befahren ist, haben bedenkliche Menschen noch kein festes Vertrauen auf die Dauer der Vortheile, welche sie gewährt. Es wurde selbst von vielen wissenschaftlich gebildeten Männern lange bezweifelt, ob es möglich sein würde, mit der zu Anfange des Unternehmens bewirkten unerhörten Geschwindigkeit eine regelmäßige Fortschaffung von Gütern und Personen zu unterhalten, und nachdem diese Möglichkeit einige Jahre lang durch regelmäßige Benutzung der Bahn war bewiesen worden, bezweifelten manche noch immer, ob es ausführbar sein werde, bei jener Geschwindigkeit die Unternehmung dauernd nützlich zu machen, was andere geradezu läugneten. Die Vorsteher der Aktiengesellschaft haben die zahlreichen Schwierigkeiten, die besiegt werden mußten, und den ungeheuren Aufwand für die Dampfwagen in ihren halbjährigen Berichten offen eingestanden. Manche, die bei Kanälen und andern Mitbewerbungen der Eisenbahnen betheiligt waren, schrieben die Dividenden gewissen Vorkehrungen der Vorsteher zu, und behaupteten, daß sie, wenn sie den Gewinn zu theilen schienen, in der That ihr Kapital theilten.

Diese Täuschung konnte indeß nicht lange fortdauern. Die ununterbrochene Bezahlung einer halbjährigen Dividende von 4½ Prozent seit der Eröffnung der Bahn, und der bereits vorhandene Anfang eines Reservefonds von ansehnlichem Betrage, wie das Steigen der Aktien über 100 Prozent, haben selbst diejenigen, die für Gründe unempfänglich sind, zur Ueberzeugung gebracht, und die öffentliche Meinung, die anfänglich gegen die Eisenbahnen war, hat sich jetzt so leidenschaftlich für dieselben erklärt, daß diejenigen, zu deren Beruf solche Untersuchungen gehören, verpflichtet sind, den Eifer des Publikums eher in gehörigen Gränzen zu halten, als ihn noch mehr anzuregen.

Die Entwürfe zu großen Eisenbahnen für die Beförderung des inneren Verkehrs, welche bereits angekündigt sind, würden bedeutende Geldmittel verlangen, wenn sie ausgeführt werden sollten. Bedenken wir, daß der Voranschlag immer geringer ist, als das wirklich erfoderliche Anlage=Kapital, so werden wir vielleicht keine übertriebene Schätzung machen, wenn wir die nöthige Summe zu 50 Millionen Pfund Sterling rechnen. Die Größe dieses Betrags hat bei manchen die Besorgniß erregt, daß die Verwendung eines so ansehnlichen Kapitals auf diese Unternehmungen dem Interesse des Handels nachtheilig werden könnte. Man sollte jedoch erwägen, daß, selbst wenn alle entworfenen Plane endlich ausgeführt würden, doch bis zur Vollendung dieser Werke vielleicht eine Zeit von wenigstens funfzehn bis zwanzig Jahren verfließen möchte, und das erfoderliche Kapital nicht auf einmal, sondern nach und nach in einzelnen kleinen Zahlungen verlangt wird. Selbst wenn es wahr wäre, daß die zur Ausführung jener Entwürfe nöthigen Geldmittel anderen gewerblichen Zwecken entzogen würden, so würde doch die veränderte Verwendung so langsam geschehen, daß sie keine wirklichen Nachtheile herbeiführen könnte. Es ist aber gar nicht wahrscheinlich, daß irgend eine solche Ableitung von Geldmitteln nöthig sein werde. Handel und Fabriken sind in den britischen Inseln in einem ungemein blühenden Zustande, und die jährliche Anhäufung des Kapitals ist so bedeutend, daß die Schwierigkeit wahrscheinlich nicht darin liegen möchte, Geldmittel für nutzbare Anlagen, sondern darin, nutzbare Anlagen für das zunehmende Kapital zu finden. In Manchester allein soll die jährliche Zunahme des Kapitals nicht weniger als 3 Millionen Pfund Sterling betragen. In funfzehn Jahren wird daher auf diesem Handelsplatze allein der gesammte Geldbedarf für die Vollendung aller entworfenen Eisenbahnen zu finden sein, ohne anderen gewerblichen Unternehmungen Kapital zu entziehen.

Die bequeme Gelegenheit, welche die Aktienvereine zur Anlegung selbst eines sehr kleinen Kapitals darbieten, die Lockung, die in der Aussicht auf einen bedeutenden Gewinn liegt, und die geringen Zinsen, welche die Staatsschuldscheine geben, haben sehr viele große und kleine Kapitalisten gereizt, Aktien zu kaufen, mit der Absicht, sie zu behalten. Dagegen gibt es aber auch sehr viele Spekulanten, welche auf eine große Anzahl von Aktien unterzeichnet haben, ohne die mindeste Absicht, ja ohne auch nur im Stande zu sein, den Betrag derselben zu bezahlen. Der Verlust, den Leute dieser Art erleiden können, möchte wenig Mitleid erwecken, wenn nicht die nachtheiligen Folgen zu bedenken wären, welche für die ernstlichen Käufer entstehen müßten, wenn eine ungünstige Wendung einträte und der Markt mit den Aktien jener waghalsigen Spekulanten überschwemmt würde, die nur kaufen, um wieder zu verkaufen. Es wird daher für diejenigen, die wirklich die Absicht haben, ihr Geld in Unternehmungen dieser Art anzulegen, nicht ohne Nutzen sein, wenn wir bestimmt und faßlich die Hauptumstände darlegen, von welchen die nutzbare Wirksamkeit der Eisenbahnen abhängig ist, um sie in Stand zu setzen, einigermaßen eine begründete Vermuthung über die Vortheile, welche die verschiedenen Plane versprechen, sich zu bilden. Wir wollen unsere Angaben nur auf einfache Thatsachen und Ergebnisse stützen, die weder abgeläugnet, noch bestritten werden können, und es meist andern überlassen, die Folgerungen daraus zu ziehen, wozu sie führen.

Diejenigen, die sich in Eisenbahn-Unternehmungen einlassen wollen, müssen erstens eine Uebersicht der **Steigungen** sich verschaffen, oder eine genaue Angabe von allen Anhöhen der Bahnlinie von einem Endpunkte bis zum andern, wobei bestimmt ist, um wie viel eine geneigte Ebene auf einer bestimmten Strecke z. B. von 300 Fuß steigt oder fällt, und wie lang sie ist. Auch würde es zweitens nützlich sein, die Länge der Halbmesser der verschiedenen Krümmungen der Bahn, wie auch die Länge der Krümmungen selbst, zu kennen. Es ist drittens eine Uebersicht des Verkehrs nöthig, der in einer gegebenen Zeit auf der Heerstraße zwischen den durch eine Eisenbahn zu verbindenden Endpunkten stattgefunden hat, wobei die Zahl der die Straße befahrenden Postkutschen und die durchschnittliche Zahl der Personen, welche sie fortschaffen, angegeben werden muß. Auch ist eine Angabe des Betrags der fortgeschafften Waaren nöthig, wiewohl dieser Punkt von geringerer Wichtigkeit ist. Endlich muß man viertens auf die Wasserverbindung zwischen den Endpunkten der künftigen Bahn ein Augenmerk richten und den Betrag der auf solchen Wegen fortgeschafften Ladungen beachten.

Hat man sich über diese Punkte unterrichtet, so möchten die Grundsätze, die wir aufstellen wollen, nützlich gefunden werden.

## I.

Keine Eisenbahn kann Vortheil bringen, wenn sie nicht einen ansehnlichen Personenverkehr hat. Güter, Waaren, Ackerbau=Erzeugnisse und andere Ladungen müssen nur als Gegenstände von untergeordneter Wichtigkeit betrachtet werden.

## II.

Eine wahrscheinliche Schätzung des Personenverkehrs, der sich auf einer Eisenbahn erwarten läßt, erhält man, wenn man die Durchschnittzahl der Reisenden in den letzten drei Jahren auf der Heerstraße in doppeltem Verhältnisse annimmt.

Die tägliche Durchschnittzahl der Reisenden zwischen Liverpool und Manchester, vor der Anlegung der Eisenbahn,

war gegen 450, jetzt aber ist die Durchschnittzahl über 1300.
Auf der kurzen, im Jahre 1834 eröffneten Eisenbahn zwischen
Dublin und Kingstown, die nicht viel über eine deutsche Meile
lang ist, hat die Zahl der Reisenden ungefähr in gleichem
Verhältnisse zugenommen.

## III.

Personen werden in England mit Vortheil
auf Kanälen fortgeschafft, und zwar mit einer
Geschwindigkeit, die nicht zwei deutsche Mei=
len in einer Stunde übersteigt, mit Ausschluß
der Zögerungen bei Schleusen, gegen einen
Fahrpreis von einem Penny (8 Pfennigen) für je=
den Reisenden auf eine englische Meile. Auf
der Bahn zwischen Liverpool und Manchester
rechnet man im Durchschnitt auf den Kopf für
jede Meile ungefähr 1⅓ Penny, bei einer Ge=
schwindigkeit von 20 englischen oder ungefähr
4½ deutschen Meilen in einer Stunde.

Reisende mit einer Geschwindigkeit von 10 englischen
Meilen in einer Stunde auf einer Eisenbahn fortzuschaffen,
würde nicht viel weniger kosten, als die größere Geschwindig=
keit von 20 Meilen in einer Stunde, so daß eine Eisenbahn
nicht gleiche Bedingungen mit einem Kanal gewähren könnte,
wenn die Geschwindigkeit gleich wäre.

## IV.

Bei einem Fahrpreise von 1⅓ Penny auf
den Kopf für die Meile ist der Gewinn auf der
Manchester = Bahn 100 Prozent.

## V.

Güter können auf Kanälen vortheilhaft
gegen geringere Fracht fortgeschafft werden, als
auf Eisenbahnen, doch ist die Geschwindigkeit

für Güter auf Kanälen nur ⅓ der Geschwindig=
keit auf der Eisenbahn.

## VI.

Auf der Bahn zwischen Liverpool und Man=
chester beträgt die Fracht für Güter 3 Pence und
3 Farthings (gegen 2 Groschen 3 Pfennige) für die Ton=
ne auf die Meile, mit einem Gewinn von etwa
40 Prozent, da zwischen beiden Endpunkten auch
eine Kanalverbindung besteht.

## VII.

Eine lange Eisenbahn kann mit verhält=
nißmäßig geringerem Aufwande befahren wer=
den, als eine kurze.

## VIII.

Dampfmaschinen arbeiten mit der größten
Wirksamkeit und dem geringsten Aufwande, wenn
der Widerstand, den sie zu überwinden haben,
vollkommen gleichförmig und unveränderlich ist.

## IX.

Die Veränderung des Widerstandes auf
Eisenbahnen ist erstens von Steigungen, zwei=
tens von Krümmungen abhängig.

Unter Krümmungen versteht man überhaupt Abwei=
chungen von der Richtung der Bahn zur Rechten oder zur Lin=
ken. Die Richtung einer Eisenbahn kann sich nicht plötzlich
in einem Winkel verändern, sondern muß allmälig in einer
Krümmung (Curve) bewirkt werden. Ist die Curve, wie
gewöhnlich, der Bogen eines Kreises, so ist der Halbmesser
der Curve die Entfernung des Mittelpunktes des Kreises von
der Curve. Dieser Halbmesser ist ein wichtiges Element in
der Schätzung einer Bahn.

## X.

Je mehr eine Eisenbahn sich einer vollkommnen Ebene nähert und je gerader sie ist,
desto vortheilhafter läßt sie sich benutzen.

## XI.

Der Gesammtbetrag mechanischer Kraft,
der erfoderlich ist, eine gegebene Last von ei=
nem Endpunkte der Eisenbahn bis zum andern
zu schaffen, ist leicht und genau zu berechnen,
wenn die Steigungen und Krümmungen bekannt
sind, und die Vorzüge verschiedener Bahnli=
nien lassen sich dann in dieser Beziehung mit
einander vergleichen; es ist jedoch nicht die
einzige Probe, die hier in Anwendung kommen
muß.

## XII.

Eine Eisenbahn, deren Steigungen über
17 Fuß in einer englischen Meile oder über 1
Fuß in 300 betragen, verlangt mehr mechani=
sche Kraft, sie zu befahren, als wenn sie voll=
kommen eben wäre, und je mehr solcher ho=
hen Steigungen auf einer Bahn vorkommen
und je steiler sie sind, desto größer ist dieser
Nachtheil.

## XIII.

Verlangt auch eine Eisenbahn, die keine
Steigungen von mehr als 1 Fuß in 300 hat,
nicht mehr mechanische Kraft, als eine Ebene, so
wird doch die mechanische Kraft, die sie fodert,
nicht so vortheilhaft verwendet werden und da=
her nicht so wohlfeil sein.

## XIV.

Eine Eisenbahn, die Steigungen von mehr
als 1 Fuß in 170 (oder 30 Fuß in einer englischen Meile)

hat, verlangt für solche Steigungen Hilfs=Dampf=
wagen, die mit einer Kraftverschwendung und
nach Verhältniß der Anzahl und Länge solcher
Steigungen mit einer größeren oder geringe=
ren Vermehrung des Aufwandes verbunden sind.

## XV.

Auf einer sehr langen geneigten Ebene kann
nicht ohne großen Aufwand ein Hilfs = Dampf=
wagen angewendet werden, und daher müssen
Steigungen über 1 Fuß in 300 nur kurz sein.

## XVI.

Steigungen über 1 Fuß in 100 können nur
mit Hilfe von stehenden Dampfmaschinen und
Zugseilen vortheilhaft benutzt werden, aber
dieses Hilfsmittel ist mit so vielen Nachtheilen
verbunden, daß es bei starkem Personenverkehr
kaum anwendbar ist.

## XVII.

Steile Steigungen, wenn sie von den End=
punkten einer Bahnlinie abfallen, sind zuläs=
sig, vorausgesetzt, daß sie kurz sind.

## XVIII.

Die Wirkung der Steigungen auf die Ver=
mehrung des Widerstandes bei dem Hinanfah=
ren läßt sich ermessen, wenn man erwägt, daß
bei einer Steigung von 1 Fuß in 300 der Wi=
derstand doppelt so groß ist als auf der Ebene,
bei 1 Fuß in 170 dreimal so groß, und bei ei=
ner Steigung von 1 Fuß in 600 um die Hälfte
größer.

## XIX.

Bei der auf Eisenbahnen jetzt erreichbaren Geschwindigkeit sollte man Krümmungen vermeiden, deren Halbmesser kürzer als 5000 Fuß ist. Es lassen sich Mittel zur Verminderung des Widerstandes finden, aber durch die Nachlässigkeit der Wagenlenker können sie doch immer gefährlich werden. In der Nähe der Endpunkte einer Bahn ist gegen Krümmungen nichts einzuwenden.

## XX.

Am nachtheiligsten ist eine Krümmung am Fuße einer geneigten Ebene, wegen der Geschwindigkeit, welche der Wagenzug bei dem Hinabfahren erlangt, und weil es zuweilen unmöglich ist, ihn zu hemmen.

## XXI.

In dem Verhältnisse als die Geschwindigkeit der Dampfwagen durch die Verbesserungen, welche sie wahrscheinlich erhalten werden, sich vermehren wird, werden die mit Krümmungen verbundenen Nachtheile und Gefahren zunehmen.

## XXII.

Die Schwierigkeit, die mit einem langen Tunnel verbunden ist, entsteht daraus, daß durch die Verbrennung der Kohlen die reine Lebensluft verderbt wird. Ein Tunnel auf einer ebenen Bahn sollte daher 25 bis 30 Fuß hoch sein und durch Schächte oder andere Vorkehrungen gelüftet werden.

## XXIII.

Der Uebergang aus dem Lichte in die Dun-

telheit, der unangenehme Einfluß der Feuch-
tigkeit und im Sommer der Wechsel einer warmen Luft mit einer kalten, werden immer Einwendungen gegen einen langen Tunnel auf einer für einen bedeutenden Personenverkehr bestimmten Bahn sein.

## XXIV.

Alle Einwendungen gegen einen Tunnel werden verstärkt, wenn er auf einer Anhöhe ist.
Die Lebensluft wird bei dem Hinanfahren in
demselben Verhältnisse mehr verderbt werden,
als die bewegende Kraft verstärkt wird. Hat
die Anhöhe eine Steigung von 1 Fuß in 300, so
wird die Luft zweimal so verdorben sein, als auf
einer Ebene, bei einer Steigung von 1 Fuß in
150 dreimal, bei 1 in 100 viermal so verdorben.

## XXV.

Verlangt eine gebieterische Nothwendigkeit, auf einer Anhöhe einen Tunnel anzulegen,
so muß er größer sein und mehr Vorkehrungen
zur Lüftung haben, als auf einer Ebene, in demselben Verhältnisse als der auf einer Anhöhe
hervorgebrachte Widerstand größer ist, als der
Widerstand auf einer Ebene.

## XXVI.

Ein Tunnel sollte in Zwischenräumen, die
nicht größer als 600 Fuß sind, durch Schachte
Lüftung erhalten.

## XXVII.

Während ein Wagenzug durch einen Tunnel fährt, können Schachte keine wirksame Lüftung geben. Die Maschine läßt die unreine Luft,
die sie erzeugt, hinter sich, und die Reisenden

werden von derselben umgeben, ehe sie durch
die Schachte entweichen kann. Man kann je=
doch den Tunnel so groß machen, daß alle dar=
aus entstehenden nachtheiligen Folgen verhütet
werden.

## XXVIII.

Ein Tunnel auf einer Ebene, der nicht über
1700 Fuß lang ist, möchte ohne Nachtheile sein,
aber ein Tunnel von gleicher Länge auf einer
Anhöhe würde größere Nachtheile haben.

Es ist im allgemeinen zu bemerken, daß wir noch nicht
viele, ja fast gar keine Erfahrungen über die Wirkung eines
Tunnels auf Eisenbahnen haben, wo ein bedeutender Per=
sonenverkehr stattfindet. Die Eisenbahn zwischen Leicester
und Swannington, die meist nur zu Kohlenfuhren aus
den nahen Gruben und von den Bewohnern der umliegenden
Dörfer benutzt wird, hat einen Tunnel, der auf einer beinahe
vollkommnen Ebene gegen 5000 Fuß lang ist und durch 8
Schachte gelüftet wird. Ich habe ihn oft auf einem Dampf=
wagen befahren, und selbst in einem verschlossenen Wagen war
die Beschwerde so groß, daß sie auf einer Bahn, wo ein star=
ker Personenverkehr wäre, ganz unerträglich sein würde. Auf
dieser Bahn werden Kohlen, nicht Cokes gebraucht, und
es wird daher ein Rauch erzeugt, der weit unangenehmer ist
als die durch Verbrennung von Cokes erzeugten Gase. Die
Eisenbahn zwischen Leeds und Selby hat einen Tunnel auf
einer beinahe ganz ebenen Linie, der gegen 2100 Fuß lang,
22 Fuß breit, 17 Fuß hoch ist und durch drei Schachte ge=
lüftet wird, die 10 Fuß im Durchmesser haben und 60 Fuß
hoch sind. Die Bahn wird täglich von 400 Reisenden befah=
ren, die bei der Fahrt durch den Tunnel nicht über Beschwer=
den klagen. Man brennt Cokes auf dieser Bahn.

# Anhang.

Das vor Kurzem erschienene Werk „A practical treatise on locomotive engines upon railways etc." von
dem ehemaligen französischen Artillerie-Offizier Ritter von
Pambour (London 1836), das zuerst 1835 in französischer
Sprache herausgegeben wurde, gibt die schätzbaren Ergebnisse
der Versuche, welche der Verfasser während seines Aufenthalts in England, besonders auf der Eisenbahn zwischen Liverpool und Manchester angestellt hat, und ist reich an neuen,
manche früheren Ansichten berichtigenden Angaben, die vorzüglich für Praktiker wichtig sein werden. Wir entlehnen daraus mehre Bemerkungen, welche einige Stellen der vorliegenden Schrift erläutern können, oder über einige darin berührte
Fragen eine andere Ansicht geben.

## A.

Der Ritter von Pambour nimmt die Ehre der wichtigen Erfindung, die von dem Herde entweichende heiße Luft mittels Röhren durch das Wasser des
Kessels in den Rauchfang zu leiten, welche Lardner Seite 159 seinem Landsmann Booth zuschreibt, für
den Fabrikanten Seguin zu Annonay in Anspruch. Seguin
erhielt, sagt er, sein Patent bereits im Februar 1828, und
erst im April 1829 lenkte der Ausschuß des Aktien-Vereins
der Liverpool-Bahn durch die Aussetzung eines Preises die
Aufmerksamkeit der englischen Mechaniker auf die Verbesserung der Dampfwagen. Erst im October desselben Jahres
wurde der von Stephenson gebaute Dampfwagen Rocket

mit der von Booth angegebenen Verbesserung vollendet, die weder im Prinzip noch in der Form von Seguin's Erfindung verschieden ist, wie der Ritter behauptet.

### B.

Die Dampfwagen auf der Eisenbahn zwischen Liverpool und Manchester (s. Seite 135 ff.), deren es über 30 gibt, zerfallen nach den Dimensionen ihrer Theile, von welchen ihre Wirkungskraft hauptsächlich abhängt, in fünf Klassen, und noch jetzt sind deren vier im Gebrauche.

| Klasse | Durchmesser des Cylinders | Kolbenhub | Durchmesser der Räder | | Gewicht | Druck auf den Quadratzoll im Kessel |
|---|---|---|---|---|---|---|
| | Zoll | Zoll | Fuß | Zoll | Tonne | Pfunde |
| 1 | 14 | 16 | 4 | 6 | 12 | 50 |
| 2 | 12 | 16 | 5 | | 12 | 50 |
| 3 | 11 | 16 | 5 | | 8—9 | 50 |
| 4 | 11 | 18 | 5 | | 8—9 | 50 |

In die fünfte Klasse gehören die bei der Eröffnung der Bahn gebrauchten Dampfwagen. Ihre Cylinder haben 10 Zoll und noch weniger im Durchmesser, und Kolbenhub, Durchmesser der Räder und Gewicht der Maschine sind nach Verhältniß verschieden. Sie werden jetzt fast gar nicht mehr gebraucht.

Von den 32 für die Gesellschaft gebauten Dampfwagen, von welchen sie noch 30 besitzt, haben 2 einen Cylinder von 14 Zoll im Durchmesser, 4 von 12 Zoll, 16 von 11 Zoll mit 16 Zoll Kolbenhub und 2 von 11 Zoll mit 18 Zoll Kolbenhub. Die übrigen acht sind von geringern Verhältnissen und gehören in die fünfte Klasse. Alle haben einen wirklichen Druck von 50 Pfund auf den Quadratzoll im Kessel.

Nach jenen Dimensionen wird gewöhnlich die Wirkungskraft der Dampfwagen angegeben. Soll aber eine solche Angabe vollständig und zur Bezeichnung der Wirkung der Maschine unter allen Umständen hinreichend sein, so müssen noch zwei andere Elemente hinzugefügt werden, nämlich die Reibung

der Maschine und der Umfang der heizenden Oberfläche des Kessels.

Die bei stehenden Dampfmaschinen gewöhnliche Art, die
Leistungsfähigkeit durch Vergleichung mit Pferdekräften auszu-
drücken, ist in allen Fällen mangelhaft und würde bei Dampfwagen gar nicht anwendbar sein.   Erstens ist die Wirkungskraft eines Dampfwagens nicht allein von der in dem Dampfe
befindlichen Kraft abhängig, sondern auch von dem Gewichte der Maschine, welches eine größere oder geringere Abhäsion der Räder auf den Schienen verursacht, und folglich die
Bewegung einer mehr oder weniger beträchtlichen Last bewirkt.
Zweitens muß sich der Dampfwagen mit verschiedener Geschwindigkeit bewegen.   Außer dem Gewichte der Ladung ist
auch der Umstand zu berücksichtigen, daß die Maschine, indem sie sich fortbewegt, ihre eigene Reibung zu überwinden
hat.   Diese Reibung, die daher immer als eine unveränderliche Größe bei dem Widerstande erscheint, von welchem sie
zuvörderst abgezogen werden muß, beschränkt, nach Verhältniß der Geschwindigkeit der Bewegung, die in der Maschine
übrig bleibende, auf die Ladung zu verwendende Kraft. Wenn
wir daher die Kraft der Maschine durch die hervorgebrachte
Wirkung bestimmen wollten, so würden wir finden, daß eine
solche Schätzung bei jedem Grade der Geschwindigkeit, in welchem wir die Maschine betrachteten, verschieden ausfallen würde.   Drittens bewegt sich der Dampfwagen dreimal bis viermal schneller, als es ein Pferd vermag, und es würde daher
eine unverständliche Fiction sein, seine Leistungsfähigkeit mit
Pferdekräften zusammenzustellen. — Man vergleiche was
Lardner Seite 261 über das Prinzip der Schätzung nach
Pferdekräften sagt.

## C.

Mit einem Kessel von der Größe und Gestalt, wie man
ihn in den Wagen auf der Liverpool-Bahn sieht, von 6 bis 7
Fuß Länge und aus 60 bis 140 Röhren bestehend, kann die
Maschine in jeder Minute gegen 1 Kubikfuß Wasser in Dampf
verwandeln, oder 1 Pfund in einer Sekunde, bei einem Drucke
von 50 Pfund auf den Quadratzoll.

ſtigkeit des Keſſels. Werden die Platten, aus welchen er
beſteht, ſehr dünn, ſo wird der Druck zuweilen bis auf 36
Pfund vermindert, dagegen unter andern Umſtänden auf 60
Pfund geſteigert.

### E.

Der von dem Dampfe bewegte Kolben gibt den Rädern
eine wälzende Bewegung, welche den Wagen forttreiben muß,
wenn anders nicht der nachfolgende Wagenzug einen größeren
Widerſtand entgegenſetzt, als die Kraft der Maſchine über=
winden kann.

Die Wagenzüge beſtehen gewöhnlich aus einer größern
oder geringern Anzahl von Laſtwagen, auf welche die Güter
geladen werden. Ihr Widerſtand hängt nicht bloß von ihrem
Gewichte ab, ſondern auch von der Beſchaffenheit der Eiſenbahn
und der mehr oder minder vollkommenen Einrichtung der Wa=
gen. Iſt die Bahn nicht in gutem Stande oder paßt ſie nicht
für die Zwecke, zu welchen ſie beſtimmt iſt, ſo muß der Wi=
derſtand, den der Wagenzug den Schienen entgegenſetzt, um
ſo größer ſein. Derſelbe Fall tritt ein, wenn die Wagen,
weil ſie ſchlecht gebaut oder nicht gut ausgebeſſert ſind, eine
bedeutende Reibung verurſachen.

Es ergibt ſich daraus, daß die Kraft, welche erfoder=
lich iſt, eine gewiſſe Laſt, z. B. 1 Tonne, zu ziehen, nicht
auf allen Eiſenbahnen und nicht bei allen Wagen gleich ſein
kann. Auf einer vollkommen ebenen und glatten Bahn und
mit gut gebauten und gut eingeſchmierten Wagen wird zum
Ziehen einer Tonne nur eine Kraft von 8 Pfund erfodert,
das heißt, ein Gewicht von 8 Pfund am Ende eines über ei=
nen Flaſchenzug laufenden Seiles würde in dieſem Falle hin=
länglich ſein, einen mit einer Laſt von einer Tonne beladenen
Wagen zu ziehen. Auf einer andern Bahn und bei Wagen
von anderer Einrichtung hingegen könnte dieſelbe Laſt eine
Kraft von 10 Pfund und mehr erfodern.

Die alten Wagen, mit welchen auf der Liverpool=Bahn
einige Verſuche gemacht wurden, foderten 10 bis 12 Pfund
für jede Tonne der Ladung. Nach der Einführung der neuen

verbesserten Wagen hat man nur mit einem einzigen Wagen
einen Versuch angestellt, aber zu einer Zeit, wo der Wagen
eben aus der Werkstätte kam. Da dieser Wagen sorgfältig eingeölt war und noch keine Stöße seine Achsen gebogen, seine
Räder gekrümmt hatten und überdieß die Schienen der Bahn
sorgfältig gereinigt waren, so konnte das Ergebniß des Versu-
ches kaum als ein praktisches betrachtet werden. Die Reibung
des Wagenzuges wird auch noch jetzt auf der Liverpool=Bahn
zu 10 Pfund für jede Tonne berechnet.

Die Versuche, welche der Ritter von Pambour im
Jahre 1834 mit Wagen von der neuern Einrichtung anstellte,
zeigten ihm als Ergebniß, daß die Reibung der Wagen 8 Pfund
auf die Tonne im Durchschnitt nicht übersteigen kann.

## F.

Finden wir zuweilen Berechnungen der Wirkungskraft
von Dampfwagen oder von Dampfmaschinen anderer Art,
worin von einer verlorenen Kraft die Rede ist, Berech=
nungen, nach welchen es scheinen könnte, als ob diese Ma=
schinen in der Praxis nur ½ oder selbst nur ⅓ ihrer sogenann=
ten theoretischen Kraft ausübten, und ist dieser Unterschied
zwischen Praxis und Theorie jetzt so allgemein angenommen,
daß es als Regel gilt, zu sagen, praktische Pferde seien
nur das Drittheil theoretischer Pferde, so liegt der
Grund bloß darin, daß die vermeinte theoretische Kraft falsch
berechnet ist. Man hat die verschiedenen hier eintretenden Um=
stände nicht gehörig beachtet. Vor aller Berechnung hat man
den atmosphärischen Druck abgezogen, der Widerstand der Ma=
schine oder dessen Zunahme nach Verhältniß der Ladung ward
übersehen, und überdieß wurde der Druck auf den Kolben
dem Drucke im Kessel gleich gesetzt, obgleich beide sehr ver=
schieden sind. Bei so vielen Irrthümern ist es nicht auffal=
lend, daß man auf Ergebnisse gekommen ist, welchen die
Erfahrung widerspricht, oder daß man sehr gute Maschinen
bauen kann, ohne im Stande zu sein, ihre Kraft oder ihre
Wirkung zu berechnen. Nehmen wir aber auf jeden überwundenen Widerstand Rücksicht, nehmen wir den Druck im Cy=

linder für dasjenige, was er wirklich ist, so werden wir auf
ein merkwürdiges Ergebniß kommen, welches auf alle Arten
von Dampfmaschinen anwendbar ist, nämlich daß sich jede
verwendete Kraft in der hervorgebrachten Wirkung nachweisen
läßt, und daß es kein einziges Pfund gibt, dessen Nutzen sich
nicht darthun ließe.

## G.

Ueber die Einrichtung der Seite 160 erwähnten Röh=
re, welche den Dampf in den Rauchfang treibt,
geben wir hier eine nähere Erklärung. Diese aufwärts ge=
richtete Röhre hat eine sehr kleine Mündung, die sich in der
Mitte des Rauchfanges öffnet. Der Dampf, der bei jedem
Ausströmen die Luftsäule hinauftreibt, die den Rauchfang
füllte, läßt einen luftleeren Raum hinter sich, den unmittel=
bar die äußere Luft füllt, die nun durch den Herd strömt.
So wird nach jeder Dampfausströmung das Feuer lebhaft an=
gefacht. Dieser künstliche Luftstrom ist so nothwendig, daß,
wenn die Blaseröhre beschädigt ist oder ein Leck hat, die
Maschine fast unwirksam wird, weil der gewöhnliche Zug des
Rauchfangs nicht stark genug ist.

Je enger die Mündung der Röhre ist, desto stärker ist
der Luftzug und desto mehr wird das Feuer angefacht. Es
wird daher in derselben Zeit mehr Dampf erzeugt, oder die
Kraft der Maschine vermehrt. Dieß ist bei der Bestimmung
der Wirkungskraft der Maschine ein wichtiger Punkt, denn
wenn der Durchmesser der Blaseröhre geändert wird, so än=
dert sich auch die wärmestrahlende Kraft des Kessels. In den
Maschinen auf der Bahn zwischen Liverpool und Manchester
ist der Durchmesser dieser Röhre 2¼ bis 2½ Zoll. Man ver=
kleinerte die Mündung nach und nach so sehr als es möglich
war, ohne den Durchgang des Dampfes zu hindern, bis
man endlich fand, daß sich durch weitere Verminderung des
Durchmessers nicht mehr Kraft erlangen ließ.

Bei einem Durchmesser der Mündung von 2½ Zoll oder
5 Quadratzoll Fläche und bei Cylindern von 11 Zoll Durch=
messer, oder 190 Quadratzoll Fläche, das heißt bei einer Mün=

dung, die nur $\frac{1}{38}$ der Fläche der Cylinder beträgt, muß, wenn
der gesammte Dampf auf diesem Wege entweichen soll, seine
Geschwindigkeit in der Röhre 38 mal so groß sein, als im Cy=
linder. Die Geschwindigkeit der Ausströmung im Rauchfange
wird daher bei den Dimensionen, die wir annehmen, 38 mal
so groß als die Geschwindigkeit des Kolbens sein, oder $6\frac{1}{3}$ mal so
groß als die Geschwindigkeit der Maschine, da diese ungefähr
sechsmal so groß als die Geschwindigkeit des Kolbens ist.

Fährt der Dampfwagen 30 englische Meilen in einer
Stunde, so wird die Geschwindigkeit der Ausströmung der
Blaseröhre 195 Meilen in einer Stunde gleich sein, oder
286 Fuß in einer Sekunde, und da diese Geschwindigkeit nicht
bloß durch das Streben des Dampfes, in die Atmosphäre zu
entweichen, hervorgebracht werden kann, so muß bei dieser
großen Geschwindigkeit ein Theil der Kraft der Maschine selbst
verwendet werden, um den Dampf auszutreiben, das heißt,
um das Feuer auf dem Herde anzufachen. Da nun die Ver=
mehrung der Wirkung durch ein Opfer der Kraft hervorge=
bracht wird, so muß ein Punkt kommen, wo der Vortheil
durch den Aufwand aufgewogen wird, der nöthig ist, ihn zu
erlangen, und wo aller Gewinn aufhört.

## H.

Geneigte Ebenen oder schiefe Flächen sind ein
großes Hinderniß der Bewegung auf Eisenbahnen. Sobald
ein Wagenzug eine geneigte Ebene erreicht, tritt ein bedeutend
vermehrter Widerstand ein, weil die Schwere der gesammten
aufwärts zu ziehenden Masse zunimmt.

Nehmen wir an, es werde ein Wagenzug von 100 Ton=
nen durch eine Maschine gezogen. Ist auf einer Ebene die Rei=
bung der Wagen gleich 8 Pfund auf die Tonne, so wird die
Maschine eine Kraft von 800 Pfund auf einer Ebene brau=
chen. Dieser Wagenzug soll eine schiefe Fläche bei einer Stei=
gung von 1 Fuß in 100 hinanfahren. Außer dem durch die
Reibung der Wagen verursachten Widerstande kommt hier noch
ein anderer hinzu, die Schwere der gesammten, auf der Ebe=
ne in Bewegung gesetzten Masse. Diese Schwere ist die Kraft,

vermöge welcher der Wagenzug zurückrollen müßte, wenn er nicht aufgehalten würde, und sie ist gleich dem Gewichte der Masse, dividirt durch die Zahl, welche die Neigung der Ebene anzeigt. Wird nun die Last von 100 Tonnen von einem Dampf=wagen gezogen, der 10 Tonnen schwer ist, so wird die gesamm=te, auf die geneigte Ebene gebrachte Masse 110 Tonnen oder 246,400 Pfund sein, und ihre Schwere auf der schiefen Flä=che von der angenommenen Steigung von 1 Fuß in 100 ist daher ²⁴⁶⁴⁰⁰⁄₁₀₀ oder 2464 Pfund. Die vermehrte Zugkraft, welche die Maschine unter diesen Umständen aufwenden muß, ist daher 2464 Pfund, und da wir gesehen haben, daß auf einer Ebene eine Last von 1 Tonne eine Zugkraft von 8 Pfund verlangt, so ergibt sich, daß jene 2464 Pfund den Wider=stand bezeichnen, den auf einer Ebene eine Last von 308 Ton=nen entgegensetzen würde. Die Maschine, die vorher 100 Tonnen zog, muß nun 408 ziehen, oder doch dieselbe Kraft aufwenden, als ob sie 408 Tonnen auf einer Ebene zöge.

So muß der Widerstand auf einer schiefen Fläche berech=net werden. Sehr oft wird bei einer solchen Berechnung nur die Schwere der Last beachtet, ohne auf die Schwere der Maschine zu sehen, die auch in Anschlag gebracht werden muß.

Die geneigten Ebenen auf der Bahn zwischen Liverpool und Manchester, deren Steigung auf den ersten Blick un=bedeutend erscheint, machen doch eine vermehrte Wirksamkeit der Maschine nöthig, welche ⅓ mehr als die Kraft beträgt, die auf einer Ebene nöthig ist. Wir sehen daher, wie wichtig es ist, bei der Anlegung einer Bahn dahin zu trachten, daß sie so viel als möglich eine vollkommene Ebene werde. Es ist oft der Fall, daß man, wenn eine Bahnstrecke nicht geebnet, daß heißt, ein Hügel nicht durchschnitten, oder ein Damm in einem Thale nicht angelegt wird, viel zu ersparen glaubt. Dieß ist ein großer Irrthum, denn in den meisten Fällen erspart man nur in der ersten Anlage, wogegen die jährliche Vermehrung des Aufwandes bei weitem die Zinsen des ersparten Kapitals übersteigt.

Behält man auf einer Bahnlinie eine geneigte Ebene, so wird es nicht nur unmöglich, die Fracht für Güter wohlfeil zu machen, sondern, was noch weit wichtiger ist, es entstehen oft bei dem Hinabfahren von steilen Anhöhen Unglücksfälle, deren geringster Nachtheil ist, daß sie das Vertrauen des Publikums schwächen. Es ist daher nothwendig, bei der Anlegung einer Eisenbahn den Grundsatz fest zu halten, daß der Zweck auf eine vollkommen ebene Bahn gerichtet sein soll. Vergl. Seite 172 ff.

Auf der Bahn zwischen Liverpool und Manchester sind die Wagenzüge selten so schwer, daß die Kraft der Maschine, selbst bei den höchsten Steigungen von 1 Fuß in 96 und 1 in 89, nicht hinreichend wäre. Gewöhnlich gehen die Maschinen diese Höhen ohne Hilfe hinan, und auf der ebenen Bahnlinie wird die Geschwindigkeit durch theilweises Verschließen des Regulators geregelt.

Die Hilfsmaschinen, die man in schwierigen Fällen an dem Fuße einer schiefen Fläche aufstellt, sind auf eine langsame Bewegung und eine bedeutende Kraftanwendung berechnet. Ihre Cylinder haben 12 bis 14 Zoll im Durchmesser mit dem gewöhnlichen Kolbenhub von 16 Zoll, und der Durchmesser der Räder ist nur 4 Fuß 6 Zoll. Um die Adhäsion zu vermehren, hat die Maschine ein Gewicht von 12 Tonnen und die vier Räder sind verbunden.

Die Dampfwagen erhalten in dem Augenblicke, wo sie über eine geneigte Ebene gehen, eine bedeutende Kraftvermehrung, weil bei der plötzlich verminderten Geschwindigkeit die Cylinder weniger Dampf verzehren. Das durch die frühere Geschwindigkeit der Bewegung lebhaft angefachte Feuer liefert fortdauernd dieselbe Dampfmenge, und ein großer Theil derselben entweicht durch das Ventil, das aber zu enge ist, um allen Dampf ausströmen zu lassen. Der Dampf erhält dadurch einen höheren Druck im Kessel. Ist der wirkliche Druck gleich 50 Pfund auf den Quadratzoll, so kann er auf geneigten Ebenen bis zu 60 Pfund steigen. Dieß muß in Anschlag gebracht werden, wenn man die Last berechnen will, welche die Maschinen auf einer geneigten Ebene zu ziehen im Stande sind. Es ist jedoch zu bemerken, daß dieß nur wirksam ist, wenn die geneigten Ebenen nicht zu lang sind, weil in diesem

Falle das Feuer nicht mehr in demselben Verhältnisse angefacht wird und daher die erhöhte Wirkungskraft abnimmt.

Auch in dem Augenblicke, wo der Dampfwagen sich in Bewegung setzen soll, ist eine vermehrte Kraft nöthig. Ist die Bewegung einmal hervorgebracht, so braucht sie nur immer dem Widerstande gleich zu sein; sie muß ihn aber übertreffen, wenn sie die Masse erst in Bewegung setzen soll. In dem ersten Fall muß die Geschwindigkeit bloß unterhalten, in dem anderen muß sie hervorgebracht und unterhalten werden.

## I.

Die beträchtlichen Lasten, welche Dampfwagen auf Eisenbahnen zu ziehen im Stande sind, müssen die Besorgnisse derjenigen entfernen, welche glauben, daß die Räder dieser Wagen immer zu gleiten geneigt sind, und die, um diesem eingebildeten Uebel abzuhelfen, Dampfwagen auf Heerstraßen zu gebrauchen suchen, ohne gewiß zu sein, daß die Adhäsion hier stärker sein werde. Vergl. Seite 191 ff.

Wir sehen Dampfwagen auf einem Schienenwege 244 Tonnen durch Dampfkraft und nicht weniger als 75 Tonnen durch Adhäsion ziehen.

Auf einer Heerstraße, wo der Widerstand sehr bedeutend ist, würde nicht eine jener Maschinen im Stande sein, durch ihre Dampfkraft eine Last von 75 Tonnen, viel weniger von 244 zu ziehen. Ihre Last würde immer und unter allen Umständen geringer sein, als auf einer Eisenbahn.

Betrachten wir eine dieser Maschinen mit demselben Gewichte und demselben Drucke in jenen beiden ganz verschiedenen Verhältnissen.

Die von dem berühmten englischen Baumeister Telford angestellten Versuche zeigen, daß die zur Fortschaffung einer Last von einer Tonne nöthige Zugkraft auf verschiedenen Arten von Heerstraßen — auf gut gepflasterten, oder mit Kies bedeckten, oder mit kleinen Steinen belegten — im Durchschnitt 67 Pfund ist. Auf einer Eisenbahn sind für eine Tonne nur 8 Pfund nöthig.

Der Dampfwagen Fury, der bei einem Dampfdruck

von 65 Pfund 244 Tonnen ziehen konnte, würde bei gleichem Drucke selbst auf der besten Heerstraße Englands nicht im Stande sein, mehr als ⅛ jener Last oder 30 Tonnen zu ziehen.

Dabei ist noch zu erwägen, daß der Widerstand der Maschine auf einer Heerstraße, wie der Widerstand der Wagen des Zuges, sich bedeutend vermehren wird. Sie muß daher, um sich zu bewegen, weit mehr von ihrer eigenen Kraft verbrauchen, wodurch in gleichem Verhältnisse die 30 Tonnen, die sie sonst hätte ziehen können, sich vermindern werden.

Wir sehen, daß auf einer Heerstraße der Widerstand der Wagen die nutzbare Wirkung weit schneller hemmt, als es die Adhäsion auf einer Eisenbahn thut, und daß unter allen Umständen dem Dampfwagen auf Eisenbahnen, hinsichtlich der Ladung, der Vorzug gebührt.

Ein Umstand scheint für die Anwendung der Dampfwagen auf Heerstraßen zu sprechen. Man will den Aufwand für die Anlegung einer Schienenbahn vermeiden und glaubt dadurch bedeutend zu ersparen. Allerdings wird das für den Bau und die Unterhaltung einer Eisenbahn erfoderliche Kapital nicht aufgewendet werden, aber es wird auch der Hauptvortheil der Unternehmung verloren gehen.

Warum will man sich scheuen, ein Kapital anzulegen, wenn ein bedeutender Gewinn daraus zu ziehen ist? Warum den ersten Aufwand meiden, wenn die Folge davon ist, daß man jährlich mehr als die Zinsen der erwarten Summe ausgeben muß?

Dieß ist hier ganz der Fall. Die Kosten der Anlegung einer Eisenbahn sind freilich beträchtlich, aber sie sind das Hauptelement eines glücklichen Erfolges. Man gibt Geld zur Ebenung einer Straße aus, um künftig ohne Schwierigkeit Güter fortschaffen zu können und von diesem Augenblicke an Vortheile zu ernten.

Ist es vortheilhaft, Eisenbahnen für Pferde anzulegen, wie eine vieljährige Erfahrung in England in den Steinkohlen-Bezirken bewiesen hat, wie sollte es unvortheilhaft sein können, sie für Dampfwagen anzulegen?

Es mag auffallen, einen Dampfwagen auf einer Heer-
ftraße zwei bis drei Poftkutſchen, jede mit 12 bis 15 Reiſenden, ziehen zu ſehen. Aber die Dampfwagen in Liverpool
zogen einſt 800 Reiſende mit einer Schnelligkeit von 15 eng-
liſchen Meilen in einer Stunde.

Man hat bis jetzt kein Beiſpiel, daß ein Dampfwagen
auf einer Heerſtraße mehr als drei Wagen gezogen hätte. Die
Urſache iſt leicht einzuſehen. Es gibt keine Heerſtraße ohne
bedeutende Erhöhungen, und um dieſe Hinderniſſe zu überwinden, iſt es nöthig, der Maſchine nur ſo viel Laſt zu geben,
als ſie über die ſteilſten Steigungen zu bringen vermag. Bei
einer Steigung von 1 in 12 Fuß gibt das Gewicht von drei
Poftkutſchen, oder 9 Tonnen, verſtärkt durch das Gewicht
der Maſchine, einen Widerſtand, der demjenigen gleich iſt,
den 45 Tonnen oder 15 Poftkutſchen auf einer ebenen Straße
darbieten würden. Eine Dampfmaſchine, die drei Dampfwagen auf einer längeren Reiſe ziehen ſoll, muß daher im
Stande ſein, 15 beladene Poftkutſchen auf einer ebenen Heerſtraße zu ziehen. Dieß iſt alles, was man, ungeachtet aller
Verbeſſerungen, vorausſetzen kann, denn dieſe Kraft ent-
ſpricht 120 Dampfwagen auf einer Eiſenbahn. Wir müſſen
daher 2 bis 3 Poftkutſchen als die gewöhnliche Laſt für einen
Dampfwagen auf einer Heerſtraße annehmen.

Durch die Anlegung einer Eiſenbahn ſetzt man jene Maſchinen in Stand, 40 beladene Poftkutſchen oder Wagen zu ziehen. Wollte man dieſelbe Leiſtung auf einer Heerſtraße möglich machen, ſo würden zwölfmal ſo viele Dampfwagen mit
zwölfmal ſo vielen Maſchinenwärtern nöthig ſein. Erwägt
man überdieß, wie nachtheilig es für die Maſchinen hinſichtlich des Feuerungsbedarfs iſt, kleine Laſten zu ziehen, ſo dürfen wir annehmen, daß ſich die Koſten für die Feuerung ver-
doppeln werden. Wir müſſen uns davon um ſo mehr über-
zeugen, wenn wir in Erwägung ziehen, daß ein Kraftzuſchuß
nöthig iſt, um auf einer unebenen Straße die Maſchine ſelbſt
zu bewegen.

Die Ausbeſſerung der Dampfwagen verurſacht ſelbſt auf
Eiſenbahnen einen bedeutenden Aufwand. In Liverpool ſind

von den 30 der Aktiengesellschaft gehörenden Maschinen nur
zehn in Thätigkeit, um Güter und Reisende fortzuschaffen.
Sie sind täglich 8 bis 10 Stunden im Gange, und die jährlichen Unterhaltungskosten betragen für alle 18,000 Pf. Sterling oder 1800 Pfund für jede. Diese Kosten werden gedeckt
und sind eine Gewinnquelle, weil auf einer Eisenbahn die
Dampfwagen beträchtliche Lasten ziehen; aber es würde nicht
so sein, wenn man die Wagenzüge verminderte, oder mit andern Worten, wenn eine größere Zahl von Maschinen nöthig
wäre, dasselbe Werk zu verrichten. Wie beträchtlich würden
die Ausbesserungskosten sein, wenn die Dampfwagen, statt
auf einer Schienenbahn hinzufliegen, auf unseren unebenen
Heerstraßen rollen sollten? Und man hätte zwölfmal so viele
Maschinen auszubessern.

Der Hauptvortheil solcher Unternehmungen ist die Geschwindigkeit der Fortschaffung. Als die 30 Meilen zwischen
Liverpool und Manchester in 4 Stunden zurückgelegt wurden,
fuhren täglich 450 Personen auf dieser Straße; und jetzt, wo
der Weg in höchstens anderthalb Stunden zurückgelegt wird,
zählt man beinahe dreimal so viele. Der aus der schnellen
Fortschaffung entspringende Gewinn muß aufgegeben werden,
wenn die Dampfwagen nur 8 bis 10 englische Meilen in einer
Stunde zurücklegen können.

Da die Dampfwagen auf Eisenbahnen nicht schwerer
als 8 bis 9 Tonnen sind, so kann man dem Kessel einen hinlänglichen Umfang geben, um eine bestimmte Dampfmenge in
einer Minute zu erzeugen und folglich eine bestimmte Geschwindigkeit bewirken. Wenn aber die Beschaffenheit der
Straße uns nöthigt, das Gewicht der Maschine auf 3 Tonnen
zu vermindern und wegen der Stöße auf einem unebenen Wege alle Theile stärker zu machen, so wird der Kessel eine geringere erhitzende Oberfläche haben und folglich eine geringere Geschwindigkeit erlangt werden. Daher kommt es, daß Dampfwagen auf Heerstraßen selten mehr als zehn englische Meilen
in einer Stunde zurücklegen.

Endlich fügen wir hinzu, daß bis auf diesen Augenblick
Dampfwagen auf Heerstraßen sich als eine sehr unsichere Un-

ternehmung zeigen, während für das Gedeihen der Eisenbah=
nen *) ihre fortdauernde Ausdehnung spricht. Dampfwagen
mögen noch manche Verbesserungen zu erwarten haben; aber
welche Vortheile sie auch auf einer Heerstraße darbieten mögen,
es läßt sich nicht bestreiten, daß diese Vortheile auf einer Ei=
senbahn weit größer sein werden.

## K.

Aus mehren angestellten Versuchen hat sich ergeben, daß es
in Hinsicht auf den Feuerungsbedarf vortheilhaft ist, den Maschi=
nen, wo möglich, die größte Ladung zu geben, die sie fortzu=
schaffen vermögen. Der Dampfwagen Atlas in Liverpool zog
eine Last von 25 Tonnen und verbrauchte 720 Pfund Cokes,
während er, mit 190 Tonnen beladen, nur das Doppelte jener
Feuerung nöthig hatte. Dieser Unterschied liegt offenbar in dem
Umstande, daß in beiden Fällen eine Kraftverwendung erfoderlich
ist, um den Widerstand der Atmosphäre, der Maschine und
ihres Vorrathswagens zu überwinden. Bei den angestellten Ver=
suchen wurden die besten Cokes gebraucht. Wenn Cokes aus
Gasbeleuchtungs=Anstalten gebraucht werden, so sind
12 Prozent mehr davon nöthig, ohne den Verlust zu rechnen, wel=
cher aus der Zerreiblichkeit derselben entsteht. Auch hat man ge=
funden, daß die darin enthaltenen Schwefeltheile dem Metalle
sehr nachtheilig sind. In Liverpool hat man den Gebrauch die=
ser Kohlen, ungeachtet ihrer Wohlfeilheit, gänzlich aufgegeben.
Gebraucht man gute Steinkohlen, so ist beinahe eben so viel da=
von nöthig, als von guten Cokes, aber sie sind für die Maschine
eben so nachtheilig, als die Cokes aus Gasbeleuchtungs=Anstalten.

---

*) Die Aktien der Bahn zwischen Liverpool und Manchester von 100
Pfund Sterling sind jetzt auf 210 gestiegen. Die Aktien der Bahn von
Darlington gelten 300 Pfund.

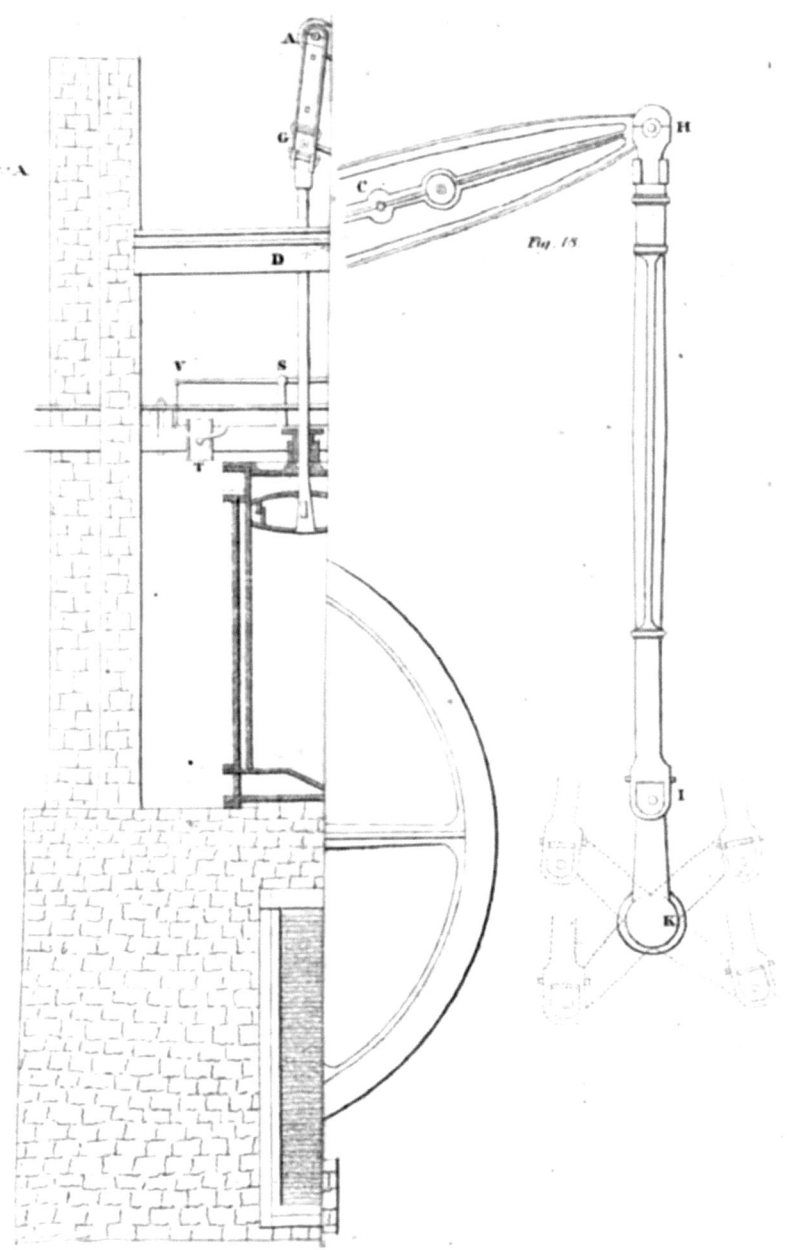

Fig. 18

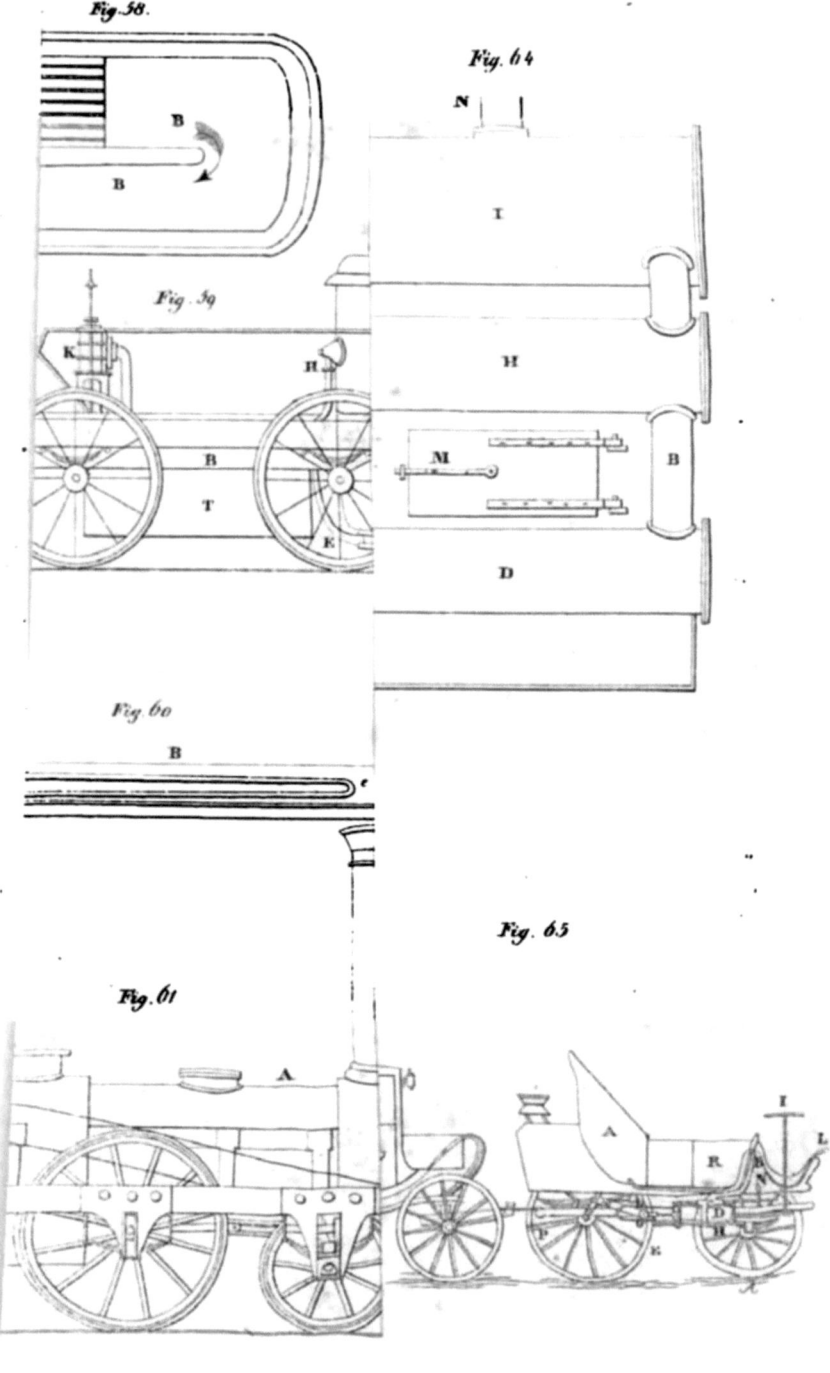

Fig. 58.

Fig. 59.

Fig. 60.

Fig. 61.

Fig. 64

Fig. 65.

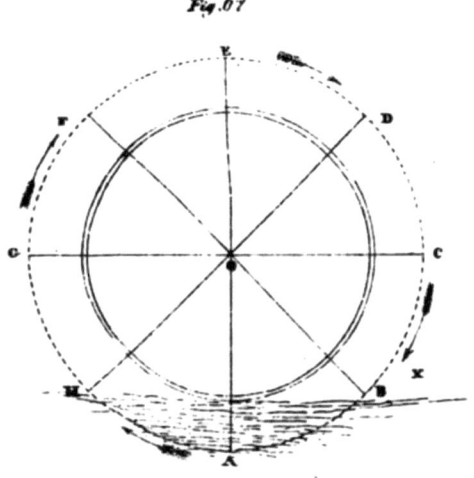

*Fig. 67*

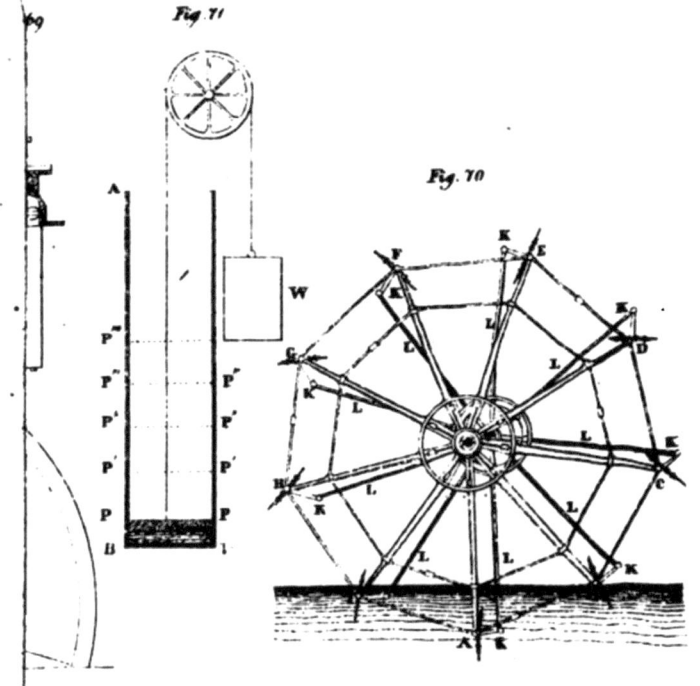

*Fig. 71*

*Fig. 70*